Gustloff im Papierkorb

Ein Forschungskrimi

Guy P. Marchal

HIER UND JETZT

Vorbemerkung

Als ich an jenem Frühlingstag auf die zwei gelben Kuverts stiess, als ich vorsichtig die wenigen Schriftstücke herauszog und zu lesen begann, als mich die Neugier packte, wusste ich nicht, wohin mich diese Neugier führen würde. Ich konnte nicht im Entferntesten ahnen, dass meine Recherchen mich einmal zum Finanzchef der NSDAP – dem Reichsschatzmeister –, zum «Mindener Bericht» über das SS-Wirtschafts-Verwaltungshauptamt, der in einem britischen Internierungslager entstanden ist, zu Himmlers Dienstkalender, zur Entnazifizierung in der Sowjetzone und schliesslich zum deutschen Wirtschaftswunder bringen würden.

Und doch: Am Anfang lagen, wie meistens, lediglich ein paar wenige alte Schriftstücke vor. Bis diese jedoch als aussagekräftige Quellen für ihre Zeit erkannt und in ihrer Bedeutung voll verstanden werden können, braucht es einen langen Weg, viele Schritte und manchmal einen langen Atem. Diesen Weg beschreibt das vorliegende Buch auf allgemein verständliche Art und Weise: meine Recherchen und Überlegungen, die Überraschungen, die ich dabei erlebte, und die Irrwege, denen ich bisweilen folgte. Es ist eine Geschichte darüber geworden, wie aus «Vergangenheit», die endgültig entschwunden ist, über einige zufällige Zeitzeugnisse «Geschichte» werden kann.

Das Buch ist also so entstanden, wie es im Folgenden berichtet wird. Wenn sich die grösste Überraschung in dem Moment einstellt, in dem ich das ursprüngliche Büchlein für abgeschlossen betrachte, wenn ich nochmals beginnen muss, die Geschichte in einem zweiten Teil andersherum zu erzählen, wenn ich mich in einem dritten Teil auf die Suche nach einem Geheimagenten mache, so ist das kein dramaturgischer Trick. Es ist so geschehen.

Teil 1
Paul – Geheimnisse
im Papierkorb (1933)
S. 9
*
Zwei gelbe Kuverts S. 10
Drei Briefe aus Basel S. 20
Der Papierkorb S. 37
Geschichten schreiben S. 44
Schicksal S. 50
Seidenhandel S. 58
Schattenduell im Kontor S. 70
Weiterleben S. 112
Dicke Post aus Berlin S. 116
Fiktion und Faktizität S. 126
Zeit und Gerechtigkeit S. 133

Teil 2
Max – Die Geheimnisse
des Staatsarchivs (1945)
S. 145
*
Ein Archivar hilft weiter S. 146
«Zellwolle bedeutet
Fortschritt» S. 153
Sich um Kopf und
Kragen reden S. 163
Sich reinwaschen S. 184
Gustloff taucht
wieder auf S. 208
Die Entscheidung S. 232

Teil 3
Rumpelstilzchen –
Spurensuche im
Internet (2018)
S. 243
*
Fragen über Fragen S. 245
Recherchen S. 251
Geheimoperation
«Recenia Basel» S. 265
Wirtschaftswunder S. 287

Farewell!
S. 299
*
P.S.: Das letzte Geheimnis
des Staatsarchivs S. 304

Dank S. 306

Die Quellen
S. 309
*
Der Inhalt des
Papierkorbs S. 310
Akten aus dem
Bundesarchiv Berlin S. 326
Akten aus dem
Staatsarchiv Basel S. 332

Anmerkungen S. 355
Bildnachweis S. 360

Paul – Geheimnisse im Papierkorb (1933)

Teil 1

10

Zwei gelbe Kuverts

Dinge reisen durch die Zeit. Einige sind schon mehrere Menschengenerationen unterwegs, andere erst seit Kurzem.

Dinge transportieren Erinnerungen. Manche reisen offen und feierlich, und die Erinnerung gibt ihnen Bedeutung. Jenes Silberbesteck weist ein Monogramm auf, und die Namen der einstigen Besitzer sind in der Familientradition noch immer bekannt. Ein einfacher barocker Schrank voller Engelsköpfe und Ornamente, die zu versteckten Teufelsfratzen stilisiert sind, zeigt stolz das Datum 1688. Es lässt sich nur mehr ahnen, dass er wohl aus einer Sakristei stammen könnte. Wie er den Weg in eine Familie gefunden haben mag und hier seine Zeitreise fortgesetzt hat, davon gibt es verschiedene Erzählungen. Der altehrwürdige, massive Familientisch aus Eichenholz, an dem ich sitze, weist verschiedene Gebrauchsspuren auf. Früher stand

Paul

er bedeutungslos in meinem Kinderzimmer, und über ihn rollte eine Modelleisenbahn durch Gipsberge und über Ebenen. Seine Reise hat er aber viel früher, schon im 19. Jahrhundert, angetreten und ist wohl mit den Urgrosseltern den Rhein herauf nach Basel gekommen.

Andere Dinge, Alltagsgegenstände wie Kaffeelöffel, Brieföffner oder Aschenbecher, reisen verstohlen mit. Sie sind einfach da, gehören «seit je» zur Familie, ohne dass man wüsste, von wem her, wann und wie sie zur Zeitkarawane der Familie gestossen sind. Nur einer gewissen Sentimentalität verdanken sie den Umstand, dass sie mehr geschätzt werden als ein fabrikneues Produkt und nicht längst weggeworfen wurden.

Und dann gibt es Dinge, die im Dunkeln reisen. Vergessene Alben, die niemand mehr öffnet, Fotos, auf denen man niemanden mehr kennt, Bündel von Liebesbriefen oder Reiseberichten von Verwandten, die man längst vergessen hat. Alte Aufsatzhefte in deutscher Schrift, vergilbte Schulzeugnisse, Postkartengrüsse aus alter Zeit – alles Dinge, die bei jeder Räumung und jedem Umzug überraschend wieder zum Vorschein kommen und die jeweiligen Besitzer vor die Frage stellen, was weggeworfen und was aufbewahrt werden soll. Aus einer merkwürdigen Pietät heraus werden die Stücke schliesslich behalten, verschwinden in Schubladen und Schachteln, gehen da vergessen und warten wieder geduldig Jahre, Jahrzehnte lang, bis sie wiederentdeckt werden. Und manchmal, nicht immer, wird dann plötzlich ihre wirkliche Bedeutung erkannt.

In dieser dunkeln Zone reisten auch zwei mittelgrosse, gelbe Kuverts mit, bis ich sie an einem freundlichen Frühlingstag 2017 bei einer Aufräumaktion in einer übervollen Schachtel wiederfand. «Ach ja, Papas gelbe Kuverts!», erinnerte ich mich.

*

Zwei gelbe Kuverts

1987 wars, wenn ich mich recht erinnere, zu weihnächtlicher Zeit. Ich war mit meiner Familie bei Erica und Paul, meinen alt gewordenen Eltern, zu Besuch. Irgendwann an jenem Abend nahm mich mein Vater zur Seite und überreichte mir mit diskreter Feierlichkeit mehrere mittelgrosse, gelbe Kuverts, die er mit kurzen Inhaltsangaben beschriftet hatte. Es seien Erinnerungen aus seiner Kindheit und den 1930er-Jahren, und beim Historiker, der ich ja nun sei, seien sie am besten aufgehoben. Ich spürte schon, dass dies seine Art war, mir, dem Jüngsten, dem «Kleinen», wie er immer zu sagen pflegte, seine Anerkennung auszudrücken. Es hat mich berührt und etwas verwirrt, und so habe ich die Beschriftungen der Umschläge nur flüchtig zur Kenntnis genommen. Namen standen da: «Saurenhaus», «Gustloff», «Nationalsozialistische Umtriebe». Aber Ende der Achtzigerjahre war ich viel zu sehr mit anderem beschäftigt. Damals hatte ich eben die für mich stürmische Zeit um das Sempacher Jubiläum von 1986 hinter mir, arbeitete an den Luzerner Rechtsquellen, verfolgte verschiedene Fragestellungen im Bereich der Mediävistik, forschte über die Veränderungen des Geschichtsbilds von den «Alten Eidgenossen» vom Mittelalter bis ins 20. Jahrhundert, und schon standen auch berufliche Veränderungen an, kurz: Ich hatte schlicht keine Zeit für das, was die Kuverts enthielten.

    Später an jenem Abend, zu Hause, schaute ich schon flüchtig hinein. Aber die «Nationalsozialistischen Umtriebe» interessierten mich damals eigentlich nicht. Zudem handelte es sich nur um wenige handgeschriebene, merkwürdig zusammengeklebte Papiere. Was nur liesse sich mit diesen paar Blättern anfangen? Und Max Saurenhaus, der Schwager und ehemalige Geschäftspartner meines Vaters? Er war eine unerfreuliche Erinnerung, die noch bis in die 1960er-Jahre in der Familie bisweilen evoziert worden war. Aber meistens erregte sich Mutter dann, und Vater wollte nichts mehr davon hören. Dann wurde

Paul

es still um Saurenhaus. Weshalb sollte ich mich also jetzt, nach dieser langen Zeit, damit beschäftigen? Die Kuverts verschwanden in irgendeiner Kartonschachtel, wo auch anderes, nicht Benötigtes lag, das man doch nicht wegwerfen wollte.

Die Jahre gingen ins Land. Die Schachtel wanderte mit dem Umzugsgut nach Luzern und zehn Jahre später wieder nach Basel zurück, ohne dass sie näher angeschaut worden wäre. Mutter war inzwischen gestorben und dann auch Vater. Ich wurde emeritiert, arbeitete bei einem internationalen Forschungsprogramm mit, das die europäischen Nationalgeschichten vergleichend analysierte und das ich noch in meiner Aktivzeit lanciert hatte, genoss schliesslich die Freuden des Ruhestands bis – ja, bis eine schwere Erkrankung mich dazu bewog, meine Sachen zu ordnen.

*

Und jetzt war er da, jener milde Frühlingstag im Jahr 2017, an dem ich in diesen paar Papieren von 1987 endlich erkennen sollte, was sie waren: ein eigentümlicher Quellenfund, klein zwar, aber er hatte es in sich.

Ich war wieder zu Kräften gekommen, die Sonne schien zum Fenster herein, der Duft frischer Blätter und Blumen wehte durchs Zimmer, draussen spielten Kinder, und ich nahm mir die beiden Kuverts, die Erinnerungen aus den 1930er-Jahren enthielten, vor. Vorsichtig zog ich die Schriftstücke heraus, begann zu lesen, und diesmal packte mich eine fiebrige Neugier. Nun wollte ich wissen, was hier vorlag, worum es hier ging. Der eine Umschlag war dünn und enthielt einige Seiten maschinengeschriebener Durchschläge auf dünnem, gelbem Papier, wie es im Zeitalter der Schreibmaschine üblich gewesen war. Der andere war prall gefüllt mit Papieren unterschiedlichsten Formats. Auf dem dünnen Kuvert stand geschrieben: «Nazi Umtriebe in der Schweiz. Kopie einiger Original Briefe. Je ein Exemplar wur-

Zwei gelbe Kuverts

de an das politische Dep. nach Bern gesandt. Ohne sichtbaren Erfolg, denn einige Zeit später wurde Gustloff tatsächlich zum Konsul in Davos akzeptiert!! Bern übermittelte diese Briefe an das Polizeidepartement Basel, wo die Briefe verschwanden!!!»

Auf dem dickeren Umschlag stand in grosser Schrift: «Nationalsozialistische Umtriebe in der Schweiz. Korrespondenz: Gustloff, Saurenhaus, Böhmer».

Ich falte die Blätter so behutsam wie möglich auseinander. Denn sie sind zusammengeklebt mit Klebstreifen und Rabattmarken auf der Rückseite. Sie könnten leicht auseinanderfallen. Sofort fällt ein grosses, intaktes Blatt auf mit einem protzigen Briefkopf: im Mittelpunkt ein Hakenkreuz im Lorbeerkranz mit einem Adler darüber und dem Motto «Freiheit und Brot». Dick in Frakturschrift und unterstrichen steht zuoberst: «Nationalsozialistische Deutsche Arbeiterpartei». Darunter in gespreizter Schrift und zentriert: «Landesgruppe Schweiz». Links ist zu lesen «Ortsgruppe Basel» und «Propagandaleitung Basel», rechts der Hinweis auf das «Zentralorgan der Landesgruppe ‹Der Reichsdeutsche›».

Ich halte ein, vergesse Raum und Zeit. Das brüllende Stakkato einer gutturalen Stimme dringt in mein Ohr, das Trampeln von Tausenden von Stiefeln, Marschlieder, das Schreien einer Volksmenge. Vor meinem inneren Auge wehen zahllose Hakenkreuzfahnen im Wind, wippen Stahlhelmreihen auf und ab, auf und ab, schwingen Arme in zackiger Bewegung, schnellen gestreckte Beine im Stechschritt vor. Und ringsum eine bis an den Horizont ausufernde Menschenmenge, und überall steif nach vorn gestreckte Arme. 1933.

Die Schriftstücke, die ich da entfalte, weisen alle irgendwo und irgendwie ein Datum des Jahres 1933 auf. Auf den zerrissenen und zusammengeklebten Blättern eine ungestüm schwungvolle, vorwärtsdrängende Schrift mit wilden Streichungen, auf anderen Blättern eine sorgfältige, senkrechte Schrift. Und

Paul

beinahe überall taucht ein Name auf: Max Saurenhaus. Der Kassenwart Max Saurenhaus, der mit einem Formular die ausstehenden Mitgliederbeiträge für die Ortsgruppe der Nationalsozialistischen Deutschen Arbeiterpartei (NSDAP) anmahnt. Max Saurenhaus, der sich als Wirtschaftsberater der NSDAP Landesgruppe Schweiz vorstellen will. Max Saurenhaus, der für den Aussenhandelsverband Berlin irgendwelche Listen erstellen will. Max Saurenhaus, der mit dem Aussenpolitischen Amt der NSDAP in Berlin korrespondiert und sich warm für den ihm widerfahrenen Empfang bedankt. Und die Briefentwürfe schliessen, soweit sie bis ans Ende kommen, immer wieder mit dem Gruss «Heil Hitler!». Und da beginnt ein Brief tatsächlich so: «Lieber Herr Gustloff, sehr geehrter Herr Parteigenosse»! Am Ende schliesst er mit: «Mit herzlichen Grüssen von Haus zu Haus, Heil Hitler». Ich suche in den Blättern. Gustloff wird wiederholt angeschrieben, und Gustloff antwortet.

Gustloff? – Wilhelm Gustloff.

Stand der Name nicht vor einiger Zeit in allen Zeitungen? Ich suche mich zu erinnern, ich schaue im Internet nach. Ja, da ist es: Am 4. Februar 1936 wurde er erschossen durch den jüdischen Studenten David Frankfurter. Achtzig Jahre ist das her. Im Gedenken an dieses Ereignis erschienen 2016 überall detaillierte Berichte. Die *Neue Zürcher Zeitung* (NZZ) etwa schilderte, wie Frankfurter allen Mut zusammennimmt, sich Zugang zu Wilhelm Gustloffs Haus verschaffen kann und ins Büro geführt wird, wie er, verunsichert, seinen Mut verliert und Gustloffs Stimme hört. «‹Diesen Schweinejuden werden wir es schon zeigen›, ruft Gustloff im Flur draussen noch ins Telefon, wie Frankfurter später angibt. Das lässt ihn den ersehnten Mut finden. Als der Nazi ins Arbeitszimmer tritt, schiesst der junge Mann drauflos und trifft viermal.»[1] Von Gustloff wurde geschrieben, der die NSDAP Landesgruppe Schweiz leitete und wohl Gauleiter der Schweiz geworden wäre, wenn ... Gustloff, der Fanatiker, der von sich

Zwei gelbe Kuverts

gesagt haben soll: «Würde der Führer mir befehlen, heute Abend um 6 meine Frau zu erschiessen, so mache ich fünf Minuten vor sechs meinen Revolver parat, und fünf Minuten nach sechs ist meine Frau eine Leiche.»[2] Und hier liegen vor mir Briefe an diesen Nazifanatiker. Ich kanns kaum fassen.

*

Ich habe das letzte Blatt, gelbes Durchschlagpapier, auf den Tisch zurückgelegt. Da liegen sie, die Blätter und Fetzen. Einige sind leicht zerknittert, andere wieder zusammengefalzt, so, wie sie Jahrzehnte durch die Zeit gereist sind. Einige bilden merkwürdig steife Gebilde, die durch Rabattmarken und Klebstreifen zusammengezogen werden und nicht mehr in die ursprüngliche Faltung zurückfinden. Und darunter unübersehbar der Briefkopf mit dem Reichsadler und dem Hakenkreuz im Lorbeerkranz.

Langsam meldet sich das Hier und Jetzt zurück. Ein leichter Windstoss lässt die Blätter etwas erzittern. Das linde Rauschen des jungen Laubs draussen dringt wieder ans Ohr, Vogelgezwitscher, fernes Motorengeräusch, die Rufe und Schreie von Kindern und das Klatschen eines Balls auf dem Asphalt. Mild zieht die Luft dieses Frühlingstags durch den Raum. Das Leben kehrt zurück. Erwachen, wie aus einem schweren Albtraum, und Fragen: Wie kann man heute diese paar Blätter verstehen und in das, was man allgemein weiss, einordnen? Wie ist diese in ein gelbes Kuvert verschlossene Dokumentation überhaupt entstanden?

Und, ach Gott, wäre es nicht besser gewesen, die Umschläge ungeöffnet zu entsorgen?

*

Wegwerfen? Das kann ich nicht. Nicht mehr, seitdem ich den Inhalt der Kuverts zur Kenntnis genommen habe. Nicht mehr, seit der Historiker in mir zu ahnen begann, dass hier ein kleiner,

Paul

aber einzigartiger Quellenbefund vorliegen könnte. Doch was soll ich nun damit tun?

Es ist eine absurde Situation: Endlich kann ich die paar Blätter in einen grösseren Zusammenhang stellen. Aber jetzt sind jene, die ich über damals hätte befragen wollen, meine Eltern und meine Schwester, die das Geschäft am besten kannte, 1997 und 2010 verstorben.

Ich überlege hin und her. Ich ordne die Papiere schon mal chronologisch und erstelle «Regesten», also Zusammenfassungen ihres Inhalts. Aber wohin soll das führen? Schliesslich entscheide ich mich: Sollte sich ihr Inhalt tatsächlich als noch nicht bekannt erweisen, werde ich diese paar Quellen publik machen. Aber wie?

Für einen wissenschaftlichen Artikel in einer Fachzeitschrift, etwa «Unbekannte Quellen zur frühen Geschichte der NSDAP in Basel», mit einer Edition, kann ich mich nicht erwärmen, und das zu edierende Schriftgut ekelt mich eher an. Es gehört eigentlich definitiv in den Papierkorb.

Doch da kommt mir unvermittelt die Idee, diese Quellen in Form eines «dokumentarischen Romans» oder einer «romanhaften Geschichtsschreibung» bekannt zu machen. Streng wissenschaftlich und diszipliniert – meist limitiert auf eine gewisse Textlänge –, so habe ich mein Leben lang geschrieben und sogar diese Art zu schreiben als eine Kunst ausgeübt. Aber jetzt bin ich alt, muss mich nicht mehr ausweisen, jetzt könnte ich drauflos schreiben, nach Lust und Laune. Schreiben, wie und so viel ich selbst will.

Der Entscheid fällt mir auch aus einem anderen Grund leicht. Ich bin ja kein Spezialist der Neueren Geschichte, kein Zeitgeschichtler. Ich bin ein Mediävist, ein Mittelalterhistoriker. Ich weiss ziemlich gut, wie man mit Quellen umgeht. Aber meine Zeitreisen gingen bisher Jahrhunderte zurück, in eine Epoche, die vielen fremd geworden ist, ins Jahrtausend zwischen dem

Zwei gelbe Kuverts

6. und dem 16. Jahrhundert. Da lagen meine abenteuerlichen Jagdgründe. Die Schweiz in den 1930er-Jahren hat mich bislang nur am Rand interessiert. Für diese Zeit bin ich sozusagen ein wissenschaftlich geschulter Unwissender.

Genau darin erkenne ich meine Chance. Ich will ja ohnehin wissen, welche Bewandtnis diese zusammengeklebten Papiere haben. Ich muss mich informieren, muss in einem Feld recherchieren, mit dem ich wissenschaftlich bis jetzt wenig zu tun hatte, muss Erfahrungen sammeln. Es ist dieser Prozess des allmählichen Zugewinns von Erkenntnissen, den ich hier darstellen will. Man soll mitverfolgen können, wie es zum Schreiben von Geschichte kommt: dem Forscher über die Schulter schauen, wenn er auf eine Spur stösst, ihm durch Bibliotheken und Archive folgen. Man soll die Grenzen bei der Rekonstruktion vergangenen Geschehens erfahren, auch wenn diese hier bisweilen leichtfüssig überschritten werden. Man soll die Quellen selbst einsehen und mit ihnen die Interpretation überprüfen können. Und man soll auch das Abwägen mitdenken, wenn es darum geht, eine wissenschaftlich vertretbare Würdigung des Festgestellten zu finden. Es soll so etwas wie ein allgemein verständlicher, ja spielerischer «Werkstattbericht» werden. Kurz: Leserinnen und Leser sollen, wenn sie sich darauf einlassen, am Abenteuer historischer Forschung teilnehmen können.

Das Buch bietet also Geschichte auf eine ungewohnte Art dar. Im Zeitalter der Fake News ist es aber vielleicht dennoch nötig, von vornherein klarzustellen: Was folgt, ist eine Mischung aus Fakten und Fiktion. Die abgedruckten Briefe und Dokumente sind echt. Die Geschichten um sie herum bewegen sich zwischen Fiktion und Faktizität. So viel Fantasie in die Fiktion eingeflossen ist, sie bemüht sich immer um Plausibilität: Unter Berücksichtigung der Zeitumstände und der Quellenaussagen könnte es tatsächlich so gewesen sein. Auch die für jene Jahre zu den einzelnen Daten gesetzten Wochentage stimmen.

Paul

Man darf das ruhig mit Grotefends «Taschenbuch der Zeitrechnung» überprüfen.

Merkwürdigerweise habe ich erst im Nachhinein erkannt, dass damit so etwas wie ein Krimi entstanden ist. Denn detektivische Erlebnisse gehören eigentlich zum normalen Alltag der Historiker und zu ihrer Arbeit mit Quellen aller Art. Das macht die Faszination dieses Metiers aus.

So ist eine Art Forschungskrimi entstanden – geschrieben für all jene, die keine Fachleute, keine Historiker sind, die aber interessiert sind daran, wie «Geschichte» eigentlich entsteht. Und dieser Forschungskrimi beginnt natürlich mit der Publikation, die ich ursprünglich geplant und verfasst habe.[3]

Zwei gelbe Kuverts

Drei Briefe aus Basel

Die Frage, die sich mir zuallererst stellt, lautet: Ist, was in meinem Quellenfund berichtet wird, überhaupt schon bekannt? Davon wird ja abhängen, ob ich mich weiter damit beschäftige. Ich nehme mir zunächst die drei Durchschlagskopien aus dem dünnen Kuvert vor, deren Originale nach Bern geschickt worden waren. Ihr Inhalt muss also an offizieller Stelle von irgendjemandem zur Kenntnis genommen worden sein. Wie hatte man reagiert? Zeitigten die Briefe Folgen? Weiss man heute noch von dem, was sie berichten? Am besten ist es also, dieses Kapitel aus der Perspektive der damaligen Empfänger zu erzählen.

Oktober 1933
Am 16. Oktober 1933, einem Montag, traf im Bundeshaus in Bern ein kleines Kuvert aus Basel ein, adressiert «an das Eid-

Paul

genössische Politische Departement, Abteilung Auswärtiges, Bern». Darin lag ein kurzer, maschinengeschriebener Brief, datiert vom 14. Oktober, mit dem Titel «Mitteilung»:

«Die Treibereien der nationalsozialistischen Partei in der Schweiz dürften Ihnen bekannt sein. Vielleicht ist es dennoch von Nutzen für unser Land, wenn ich Sie von Nachstehendem in Kenntnis setze. Anfangs Oktober war ein Delegierter der deutschen nat. soz. von Basel in Berlin, um mit dem dortigen Aussenpolitischen Amt der N.S.D.A.P. die Organisation der Partei in der Schweiz durchzuberaten.
Die Gruppe soll straffer geführt werden und der Propagandatätigkeit in der Schweiz soll eine ganz besondere Aufmerksamkeit geschenkt werden. Man will die Schweiz nicht mit Waffen erobern, hofft aber durch Verbreitung der nat. soz. Ideen nach und nach eine Annäherung an das III. Reich zu erlangen.
Die verschiedenen Angriffe der schw. Presse gegen die nat. soz. Partei in der Schweiz wurden ebenfalls besprochen. Da man eine Ausweisung befürchtet, will man nun dazu übergehen, den hauptsächlichen ‹Führern› amtliche Funktionen zu übertragen, damit sie gegen die Zugriffe der eidg. Behörden geschützt sind und auch die Presse ihre Angriffe einstellt. So soll vorerst der Landesgruppenführer Herr Gustloff in Davos ein Konsulat übertragen bekommen, ‹denn wenn einmal› – so heisst es in dem Bericht – ‹die Schweiz das Exequator an Pg. [Parteigenosse, Anm. d. A.] Gustloff gibt und sie wird es geben,

Drei Briefe aus Basel

(!) sind weitere Angriffe nicht mehr möglich.›
In Ihrer Hand liegt es, die deutschen Herren in die
gebührenden Schranken zu setzen.»

Der Brief war nicht unterschrieben. Konnte ein solch anonymes Schreiben, das zudem keinen Namen preisgab, in Bern überhaupt ernst genommen werden? Immerhin schien der Verfasser Informationen über Interna der NSDAP zu haben, und er berichtete Unbekanntes über Wilhelm Gustloff.

Kenner der Szene wussten damals, dass Wilhelm Gustloff der Sekretär des Physikalisch-Meteorologischen Observatoriums in Davos war. Hierhin hatte es den Schweriner während des Ersten Weltkriegs zum Auskurieren einer Lungenkrankheit verschlagen. Man wusste, dass er ein Nazi geworden war und in Davos nebenher einen NSDAP-Stützpunkt gegründet hatte. Ende 1931 wurde bekannt, dass er zum Landesvertrauensmann der NSDAP in der Schweiz ernannt worden war. 1932 liess sich erkennen, dass er am Aufbau einer NSDAP Landesgruppe Schweiz arbeitete. Zum Zeitpunkt, als der Brief in Bern eintraf, war die innerhalb der NSDAP-Auslandsorganisation selbstständige NSDAP Landesgruppe Schweiz Tatsache, und ihr Führer, der Landesgruppenleiter Gustloff, war bereits durch antidemokratische und antisemitische Äusserungen aufgefallen.[4] Dass er offiziell zum Konsul in Davos ernannt werden sollte, davon hatte man aber keine Ahnung. Und: Was hatte eine Basler Ortsgruppe, von der man noch kaum etwas wusste, damit zu tun? Man wird den Brief fürs Erste beiseitegelegt haben.

Doch drei Wochen später, am 8. November, traf erneut ein Kuvert aus Basel ein, datiert vom 7. November. Es enthielt einen dreiseitigen Brief, überschrieben mit «Mitteilung Nr. 2».

«Am 14. Oktober 1933 ging Ihnen die Meldung
zu betr. der eventl. Ernennung des Landesgrup-

penführers in der Schweiz der NSDAP in Davos.
In dieser Angelegenheit antwortet nun das A.P.
der N.S.D.A.P. in Berlin am 26. Oktober 1933:
‹Was die Übertragung des Konsulats in Davos an
Pg. Gustloff anbetrifft, so muss das Aussenpolitische Amt aus finanziellen Gründen auf diese Neueinrichtung verzichten. Pg. Gustloff bleibt aber für diesen Posten vorgemerkt.›
Ferner wird ein eingesandter Artikel der Nationalzeitung Basel vom 30. Sept. 1933 ‹Die Achtung der Grenze› verdankt. Dieser Artikel spricht am Schluss von der Notwendigkeit die deutsche NSDAP auszuweisen.
Die Ortsgruppe Basel erneuert nun ihren Antrag nach Berlin und schreibt, dass es für die hiesigen Pg. eine ausserordentliche Beruhigung wäre, wenn dem Antrag entsprochen würde. Die Lage für die NSDAP in der Schweiz sei sehr heikel und man habe das Gefühl, auf einem Pulverfass zu sitzen. – Was wunder, wenn man sich der unlauteren Machenschaften bewusst ist, von denen die beiliegenden Briefcopien Zeugnis ablegen. Weiter wird betont, dass die Errichtung des Konsulats in Davos ja keine besonderen finanziellen Aufwendungen verursache, da es sich ja lediglich um ein Honorarkonsulat handeln würde. Die Situation der Partei in der Schweiz werde von Tag zu Tag unhaltbarer, besonders für die leitenden Organe. Der Obmann der hiesigen Gruppe beklagt sich über die terrormässigen Zustände, die hier herrschen. Ein weiterer Vorsteher der Partei in Basel missbraucht schon jetzt seine Stellung als Konsul eines kleinen südamerikanischen

Drei Briefe aus Basel

Staates um von Zugriffen der Behörden geschützt zu sein.
Vom Aussenpolitischen Amt sind nun die Massnahmen zur Förderung des deutschen Exports dem Aussenhandelsverband in Berlin übertragen worden.
Ich werde die Angelegenheit weiter verfolgen und Ihnen berichten. Ich betone, dass ich keiner politischen Partei angehöre und keiner der genannten Personen schaden möchte. Ich finde aber, dass es meine Pflicht ist, die Landesbehörde von diesen Vorgängen zu unterrichten.

Abschrift No. I.
Berlin den 19. Oktober 1933
Aussenhandelsverband Berlin NW 7,
Robert Koch Platz 7
(Handelsvertragsverein)
An die NSDAP Basel, z.Hd. des Herrn X Basel
Zeichen J.Nr.Dr.N./Pf.
Sehr geehrte Herren!
Die Tatsache, dass der deutsch-feindliche Boykott in einem grossen Teil des Auslandes noch immer andauert und soweit wir unterrichtet sind, von einem Abflauen wenig zu merken ist, gibt uns Veranlassung, Ihnen die Anregung zu unterbreiten: Gemeinsam mit den amtlichen deutschen Auslandsvertretungen, wenn möglich mit den etwaigen Ortsgruppen der NSDAP und des Bundes der Auslanddeutschen, den deutschen Auslands-Handelskammern, den Vertrauensleuten des Leipziger Messe Amtes und des Deutschen Auslands Instituts Stuttgart folgende Listen aufzustellen:

Paul

– Eine Liste solcher Firmen und Vertreter, von denen bekannt ist, dass sie mittelbar oder unmittelbar zum Boykott deutscher Waren auffordern.
– Eine Liste von zuverlässigen und geschäftstüchtigen Vertretern, wenn möglich arischer Abstammung, möglichst nach Branchen geordnet.
– Listen von Zeitungen:
a) deutsch-freundlichen
b) deutsch-feindlichen
Vielfach wird es nötig sein, dass deutsche Firmen ihre Vertretungen im Ausland wechseln und sie in die Hände zuverlässiger deutscher Herren legen. Es wäre daher sehr wertvoll, wenn wir für die in Frage kommenden Länder über solche Listen verfügen. Selbstverständlich sind wir uns bewusst, dass die Aufmachung solcher Listen geraume Zeit beanspruchen wird und wohl auch nur in gewissem Umfange möglich sein dürfte. Aber auch dann, wenn die Listen zunächst nur wenig Adressen enthalten sollten und eine Ergänzung erst später von Zeit zu Zeit stattfindet, würden sie für uns von unschätzbarem Wert sein. Durch eine Mitarbeit würden Sie sowohl unserem Verband wie dem deutschen Aussenhandel überhaupt einen grossen Dienst erweisen.
Wir wenden uns noch an die angeführten Stellen und bitten sie um ihre Mitarbeit. Um ihre dortigen Adressen festzustellen, empfiehlt es sich, dass Sie sich mit der dortigen Auslandsvertretung in Verbindung zu setzen. Wir geben diese Anregung auch den übrigen Stellen.
Mit vorzüglicher Hochachtung die Geschäftsführung, gez. Niezsche

Drei Briefe aus Basel

Darauf frägt die hiesige Ortsgruppe den Landesgruppenführer Herr Gustloff in Davos an, ob er damit einverstanden sei, dass man dieser Anregung Folge geben [soll] und bittet gleichzeitig eines ihrer Mitglieder zum Wirtschaftsberater der N.S.D.A.P. Landesgruppe Schweiz zu ernennen. Dieser Bitte wird entsprochen und der Kassenwart der hiesigen Ortsgruppe zum Wirtschaftsberater der N.S.D.A.P. Landesgruppe Schweiz ernannt.

Am 27. Okt. 1933 schreibt Herr Gustloff wörtlich: ‹Bitten möchte ich Sie, dem Gesuch der Aussenhandelsvertretung zu entsprechen, allerdings würde ich raten, dem Verband zu schreiben, dass Ihre Auskünfte gegenüber den Amtsstellen in der Schweiz (Konsulate etc.) streng geheim zu halten sind, da diese nicht als verlässig bezeichnet werden können.›

Von Basel aus wird nun an den Aussenhandelsverband in Berlin was folgt geschrieben: (Anfangs November 1933)
‹Wir kommen zurück auf Ihr gesch. Schreiben vom 19. v. M. Ohne Zweifel ist unbedingt eine Gegenmassnahme gegen die gegen Deutschland gerichtete Boykottbewegung dringend erforderlich.
Es wird von gewissen Kreisen geheim aber sehr stark gegen Deutschland gearbeitet und zwar ist in der letzten Zeit eher eine Verschärfung festzustellen als ein Abflauen des Boykotts.
Wir sind gerne bereit, die von Ihnen angeregte Arbeit durchzuführen. Auf Wunsch des Landesgruppenführers in der Schweiz der N.S.D.A.P.

Paul

müssen wir aber zur Bedingung machen, dass den amtlichen deutschen Stellen im Ausland (deutsche Konsulate, Gesandtschaften usw.) das von uns zur Verfügung gestellte Material nicht zur Kenntnis gebracht wird. Der Landesgruppenführer der Schweiz hat diese Anregung nach reiflicher Überlegung getroffen. Wir haben auch mit einem Konsulat in der Schweiz die denkbar schlechtesten Erfahrungen gemacht. Wir würden überhaupt empfehlen, die Sache vertraulich zu behandeln, da es nicht im deutschen Interesse liegt, dass Ihre Schritte an der Öffentlichkeit bekannt werden.›

Ein anderer Brief aus Basel sagt: ‹Gerade in den letzten Tagen haben wir festgestellt, dass die Vertretung einer grossen deutschen Firma in einer ausgesprochen deutschfeindlichen Hand liegt.› In einem weiteren Schreiben werden die übrigen Ortsgruppen in der Schweiz und Kreisleiter zur Mitarbeit aufgefordert.»

Das war nun dicke Post. Kaum anzunehmen, dass diese Information einfach zur Seite gelegt wurde. Die Nachricht von den erbetenen Listen war neu und musste beunruhigend gewesen sein. Es stellten sich Fragen: Der Absender hatte offenbar direkten Zugang zur Korrespondenz der NSDAP. Wer konnte das wohl sein? Wiederum verhielt er sich geheimnisvoll, nannte keine Namen. Aber er legte Fährten aus, schrieb von einem Kassenwart der Ortsgruppe Basel, von einem Wirtschaftsberater der NSDAP, von dessen Existenz zu diesem Zeitpunkt noch niemand Kenntnis hatte. Er erwähnte einen Konsul, verbarg aber das Land, das dieser vertrat, in einer Umschreibung. Warum

Drei Briefe aus Basel

nur? War dem Ganzen überhaupt zu trauen, oder handelte es sich um eine Desinformation?

Noch war man in der Posteingangsstelle des Eidgenössischen Politischen Departements am Rätseln, als schon wieder ein Umschlag aus Basel eintraf. Er enthielt einen zweiseitigen Brief, datiert vom 8. November, und war wiederum anonym. Merkwürdigerweise beinhaltete er das Gleiche wie das bereits vorliegende Schreiben. Allerdings wurde hier alles bloss resümierend berichtet. Ausser dem Rundschreiben des Berliner Aussenhandelsverbandes wurde nichts mehr wörtlich zitiert und auch die Datierung der verschiedenen Korrespondenzen weggelassen. Der Brief schloss mit den Worten:

> «Ich werde Sie weiter unterrichtet halten, falls ich neuerdings Nachrichten erfahre, die von Interesse sind. Sie können versichert sein, dass meine Mitteilungen den Tatsachen entsprechen. Wenn die Behörden einmal einschreiten müssen, werden sie sich sofort von der Richtigkeit meiner Meldungen überzeugen. Es sei noch erwähnt, dass ein Hauptbeteiligter der N.S.D.A.P. als Konsul eines ganz unbedeutenden überseeischen Staates sich der Exterritorialität rühmt. Ich vermute, dass das belastende Material dort in Sicherheit gebracht wird. Endlich bitte ich Sie noch, die Meldung als vertraulich zu behandeln. Seien Sie überzeugt, dass es einzig die Pflicht meinem Vaterlande gegenüber ist, die mich zu diesem Schritte veranlasst.»[5]

Aus dem Kuvert fiel noch ein kleines, von Hand beschriebenes Blatt: «Bitte bei Befragungen diesen Brief vorlegen zur Wahrung der Vertraulichkeit.»

Paul

Das alles wird die zuständigen Bundesbeamten ziemlich irritiert haben. Warum nur machte der Anonymus auch hier keine Personen namhaft? Wenn er doch dem Vaterland helfen wollte, hätte er Namen nennen müssen. Immerhin waren einige Hinweise vorhanden, denen man folgen konnte. Aber das machte am besten die Polizei vor Ort. Eine Bundespolizei, die man damit hätte beauftragen können, gab es damals noch nicht.[6] Man wird in diesem Stadium ohne weitere Abklärung gewiss darauf verzichtet haben, bereits die Bundesanwaltschaft einzuschalten. Die Mitteilungen werden im besten Fall wieder auf die Reise geschickt worden sein, zurück nach Basel ins Polizeidepartement.

In Basel sah man sich aber mit ganz anderen Problemen konfrontiert.[7] Hier hatte man es mit Schikanen und Übergriffen deutscher Beamter an der Riehener Grenze und beim Hörnli zu tun, mit Entführungen, mit dem Hissen von Hakenkreuzfahnen am Badischen Bahnhof und anderswo und vor allem mit der Saalschlacht anlässlich des Sommerfests der politisch neutralen Deutschen Kolonie an der Mustermesse am 1. Juli 1933.

Die Bevölkerung war aufgewühlt. Beim Badischen Bahnhof gab es bereits stürmische Gegendemonstrationen. Die Polizei musste eingreifen. Die Basler Zeitungen, am aggressivsten die *Arbeiterzeitung*, aber auch die *Basler Nachrichten* und die *Nationalzeitung*, schossen aus allen Rohren gegen die Umtriebe und Rechtsverletzungen der «Nazis». Am Sommerfest nun trat erstmals ein «NSDAP Ortsgruppenführer» auf und missbrauchte die ihm zugestandenen Grussworte zu einer agitatorischen Hetzrede. Dieser «Obmann der NSDAP Ortsgruppe Basel» war von der Polizei schon am 26. Mai bei der Gründung der «Deutschen Studentenschaft» im Braunen Mutz identifiziert worden, als «Ernst Böhmer-Silberbauer, geb. 13.6.1894, preussischer Staatsangehöriger, Kontrolleur bei der Mitropa-Schlaf- und Speisewagengesellschaft». Seine Rede löste spöttische Zwischenrufe aus, und als nachher unprogrammgemäss das «Horst-Wessel-Lied»,

Hakenkreuz über Basel: die umstrittene Fahne am Turm des Badischen Bahnhofs.

die Parteihymne der NSDAP, angestimmt wurde, blieben viele sitzen. Nun erschienen, so die *Arbeiterzeitung*, ungefähr fünfzig Schläger, schrien: «Aufstehen und mitsingen!», schlugen auf einige Leute ein und jagten sie aus dem Saal. Auf einen Journalisten der *Nationalzeitung* sei besonders eingedroschen worden. Als die Polizei sich nachträglich ein Bild zu verschaffen suchte, erhielt sie widersprüchliche Angaben. Der beim Sommerfest anwesende Leiter der Deutschen Kolonie, Prof. Erwin Ruh, schrieb am 6. Juli, dass «von Gleichschaltung» der Deutschen Kolonie keine Rede sein könne und dass es sich bei der NSDAP Ortsgruppe Basel um eine «kleine Gruppe von Reichsdeutschen» handle, «die nicht einmal 1% der deutschen Kolonie ausmachen». Der Journalist der *Arbeiterzeitung*, Wilhelm Auffenmann, beharrte darauf, dass er «ca. 50 NSDAP-Schläger» gesehen habe. Der im Saal anwesende Detektiv Hofer hatte nur einen kleinen Zwischenfall aufgrund einer Verwechslung bemerkt, der mit einer korrekten Entschuldigung abgeschlossen worden sei. Das eben erst gegründete Wochenblatt der NSDAP Schweiz, *Der Reichsdeutsche,* berichtete am 7. Juli, «über 100 Mitglieder und Freunde der Bewegung» seien anwesend gewesen und hätten Hitler hochleben lassen.[8] Das Polizeidepartement konnte die NSDAP Ortsgruppe Basel schlicht nicht beurteilen, umso weniger, als diese ansonsten nicht in Erscheinung trat, so erhitzt und aufgewühlt die Atmosphäre in Basel damals auch war. Sollte da die Polizei wirklich die Schnitzeljagd aufnehmen, die ein mysteriöser Anonymus ausgelegt hatte? Und wäre das überhaupt möglich gewesen? Die gesetzlichen Grundlagen wurden erst 1935 mit dem eidgenössischen «Spitzelgesetz» geschaffen. Eine «Politische Abteilung», die gerade für solche Fälle zuständig wäre, wurde im Basler Polizeidepartement gar erst 1938 eingerichtet.[9]

Als der Regierungsrat 1946 seinen abschliessenden «Bericht über die Abwehr staatsfeindlicher Umtriebe in den Vorkriegs- und Kriegsjahren sowie die Säuberungsaktion nach Kriegsschluss» vorlegte, behandelte er das Jahr 1933 nur kursorisch. Die Machtergreifung Hitlers am 30. Januar 1933 habe den nationalsozialistischen Elementen sofort starken Auftrieb gegeben. Die NSDAP Ortsgruppe, für die schon im Jahr zuvor der Boden bereitet worden sei, sei gegründet und vom Ortsgruppenleiter geradezu diktatorisch geführt worden. Sie habe regelmässig Sitzungen in einem Saal des Deutschen Reichsbahnhofs abgehalten. Über die Mitgliederzahl könne man erst ab 1936 Aussagen machen. Die Deutsche Kolonie sei dann 1938 gleichgeschaltet worden. Die Bevölkerung habe 1933 vor allem auf die Hakenkreuzfahne reagiert, die am Badischen Bahnhof, am Bahnhof der Wiesentalbahn und am Konsulat als offizielle Reichsflagge gehisst worden sei. Erst 1935 hätten kantonale Interventionen dazu geführt, dass die Hakenkreuzflagge bei festlichen Gelegenheiten nur mehr am deutschen Konsulat gehisst worden sei. Von weiteren Umtrieben der NSDAP Ortsgruppe im Jahr 1933 wusste wohl auch der Regierungsrat nichts, und er erwähnte sie auch nicht.[10]

*

Warum bin ich dazu gekommen, die Wirkung der Briefe so zu beschreiben, wie ich es getan habe? Ich habe schon unter der Hand die Literatur konsultiert. Das Fazit: Niemand weiss etwas von diesen Umtrieben der NSDAP im Jahr 1933. Punkt. Aber ich habe doch nützliche Informationen erhalten, und diese sollen hier kurz vorgestellt werden:

Die Literatur über die NSDAP in der Schweiz hat in letzter Zeit etwas zugenommen. Der jüngste, 2016 erschienene Beitrag von Peter Bollier, der die «Geschichte einer existentiellen Herausforderung für Davos, Graubünden und die Schweiz»[11] darstellen will, ist vor allem auf den Landesleiter Gustloff ausgerichtet. Eine Ortsgruppe Basel wird nicht thematisiert und kommt nur beiläufig vor. Doch bietet Bollier einige interessante Aufschlüsse zur Organisation der NSDAP in der Schweiz. Sie erfassen allerdings das Jahr 1933 kaum: Gustloff habe erstmals 1934 begonnen, sich um das seit 1932 vakante Konsulat in Davos zu bemühen. Er habe damals nämlich regelmässige Einkünfte gesucht, nachdem er seine Stelle am Physikalisch-Meteorologischen Observatorium habe aufgeben müssen. Die NSDAP Ortsgruppen hätten monatlich Tätigkeitsberichte und Abrechnungen an Gustloff schicken müssen, und einmal jährlich seien die Parteikader verpflichtet gewesen, an einer Amtswaltertagung teilzunehmen. Das Aussenhandelsamt der NSDAP Ausland Organisation habe seit seiner Gründung Informationen über die schweizerische Wirtschaft gesammelt. Hierzu sei die Landesgruppenleitung in der Schweiz konsultiert worden. Die Ortsgruppen Basel und Zürich hätten sogar über Wirtschaftsberater verfügt, welche «an prominenter Stelle (z.Bsp. als Leiter der deutschen Handelskammer)» die Nachrichtenbedürfnisse der Zentrale zu befriedigen gehabt hätten. Diese Auskünfte hätten nicht nur Wirtschaftlichem gegolten, sondern auch die politische Einstellung, die Haltung gegenüber dem Boykott und private Daten der Führungskräfte beinhaltet. Allerdings scheint dann 1934 nur die Deutsche Arbeitsfront (DAF) in dieser Beziehung tätig gewesen zu sein. 1935 habe die NSDAP Schweiz 5000 Mitglieder gezählt, was drei Prozent der in der Schweiz wohnhaften Deutschen ausmache. Deren Zahl habe dann abgenommen, und zwar auf Druck der Parteileitung. Schliesslich bietet Bollier aufgrund einer Zusammenstellung vom 1. Januar 1935 einen Überblick über die Organisationsstruktur: Aus Basel kamen zwei Leitungsmitglieder, nämlich der «Landesgruppenverwalter der Deutschen Arbeiterfront G. Schrader» und der «Kreisleiter Nordwestschweiz E. Geiger». Wirtschaftsberater für die Schweiz kommen keine vor. Allerdings wechseln diese Zusammenstellungen innert kurzer Zeit häufig.[12] Aus älteren Darstellungen lässt sich entnehmen, dass es vor allem in der Ostschweiz schon 1933 Gleichschaltungsbemühungen gegeben habe, während die Deutsche Kolonie in Basel bis 1935 sich erfolgreich habe wehren können.[13] Parteigenossen in der Schweiz sei ein «direkter dienstlicher Verkehr mit Parteiinstanzen in Deutschland untersagt gewesen», er habe sich über einen Dienstweg, nämlich «über den Ortsgruppen- und Landesgruppenleiter», abwickeln müssen.[14]

Zur Situation in Basel gibt es zwei Beiträge: Martin Meier bietet im Katalog zur Ausstellung des Historischen Museums über das «Réduit Basel» von 1989 den ersten Überblick über «die NS-Organisationen in Basel». Die NSDAP Ortsgruppe Basel sei offiziell in den ersten Monaten des Jahres 1933 gegründet worden und am Sommerfest der Deutschen Kolonie erstmals in Erscheinung getreten. Im Oktober 1933 habe ein Kameradschaftstreffen stattgefunden. Nach dem Bericht im *Reichsdeutschen* habe es der «Festigung des Verbundenheitsgefühls aller Parteigenossen im Sinne der grossen Ideen unseres Führers» gegolten und sei ein voller Erfolg gewesen. Nach dem Schlussbericht des Bundesrats von 1946 hätten der NSDAP in Basel wegen der erschwerten Aufnahmebedingungen nur etwa 160 Mitglieder angehört. Über sonstige Aktivitäten der Ortsgruppe und ihre Organisation erfährt man nichts.[15] Die neueste Arbeit, jene von Kai Arne Bühler über die Machtübernahme der NSDAP in Deutschland im Spiegel der Basler Presse 1933/34, bietet einen wertvollen Einblick in die damalige Stimmung und die Einschätzungen der Lage, weist aber darauf hin, «dass die Geschichte der NS-Organisationen in Basel insgesamt nur wenig aufgearbeitet ist und hier noch ein Nachholbedarf besteht».[16] Aber finden sich überhaupt noch Unterlagen, etwa Sitzungsprotokolle, Abrechnungen, Mitgliederverzeichnisse und Korrespondenzen, mit denen eine Geschichte der NSDAP Ortsgruppe Basel geschrieben werden könnte?

Ein Archiv der Ortsgruppe Basel existiert, wenn es ein solches überhaupt je gab, heute natürlich nicht mehr. Als der Krieg zu Ende war, hat sich der Spuk vollständig verflüchtigt. Aber gibt es vielleicht Spuren im Basler Staatsarchiv?

Der Gang ins Archiv beginnt immer im Internet. Dort lassen sich mit einem speziellen Suchprogramm im Archivkatalog die Bestände durchforsten. Findet sich etwas Nützliches, lässt es sich elektronisch bestellen. Ich gebe also «NSDAP» in die Volltextsuche ein. Sofort werden alle Bestände aufgelistet, in denen dieses Kürzel vorkommt. Viele sind es nicht, und vor allem: Es gibt keine eigenen Bestände der Ortsgruppe. Lediglich das Gästebuch des Deutschen Heims aus den Jahren 1941 bis 1944 ist noch vorhanden und Materialien, die bei der polizeilichen Schliessung 1945 konfisziert worden waren.[17] Für das Jahr 1933 findet sich in den Einlieferungen des Polizeidepartements unter der Rubrik «Nationalsozialismus» eine Ablage «Allgemeine Akten» für die Jahre 1932–1947.[18] Die bestelle ich, soweit sie die Jahre 1933 und 1934 betreffen. Hier finden sich zahlreiche Zeitungsausschnitte von Berichten über Vorkommnisse in der Stadt, etwa über das Sommerfest, über Demonstrationen und Flugblattaktionen, es finden sich Flugblätter, Verhörprotokolle, Berichte von Detektiven, Korrespondenzen und Berichterstattungen des Departementsvorstehers Ludwig sowie Bekanntmachungen des deutschen Konsuls Foerster. Man erhält einen lebendigen Einblick in die bedrückenden Geschehnisse jener Jahre. Meine kurze Darstellung der Situation in Basel hat sich auf dieses Material gestützt. Auch einige Anzeigen von privater Seite lassen sich finden. Am ehesten hier wären wohl auch die «Mitteilungen» des Anonymus zu erwarten gewesen. Sie sind nicht vorhanden. Und irgendwelche Schriftstücke der NSDAP Ortsgruppe sucht man vergebens. Aber vielleicht findet sich etwas im Schweizerischen Bundesarchiv in Bern? Ich führe in

Drei Briefe aus Basel

dessen Archivkatalog die gleiche Internetrecherche durch: Für die Ortsgruppe Basel findet sich tatsächlich ein Bestand, aber erst über die Jahre 1940 bis 1947.[19] Das Jahr 1933 kommt in keinem für meine Frage relevanten Archivbestand vor. Trotzdem: Ich fahre an einem regnerischen Tag nach Bern. Das Aktenmaterial ist wirklich reichhaltig. Aber wiederum handelt es sich um Polizeiberichte, Verhöre, Zeugenaussagen, Anklagen mit Belegmaterial. Akten der NSDAP Ortsgruppe selbst lassen sich nicht finden. Eigentlich erstaunlich, dass dieses reichhaltige Quellenmaterial im Basler Staatsarchiv und im Schweizerischen Bundesarchiv noch niemand verwertet hat!

Es gibt schlicht keine Quellen mehr, die Aufschlüsse über die NSDAP Ortsgruppe Basel, ihre Organisation und ihr Innenleben geben könnten. Für mich aber ist jetzt klar: Es gibt kein Zurück mehr. Ich muss die Schriftstücke publizieren. Sie berichten ja so genau von jenen Geschehnissen im Jahr 1933, über die heute niemand mehr Bescheid weiss. Und das heisst, ich muss auch herausfinden, unter welchen Umständen die Briefe geschrieben wurden und in die Hände meines Vaters gelangt sind.

Paul

Der Papierkorb

Frühjahr 2017
Draussen scheint die Sonne, draussen spielen Kinder. Draussen ist das Leben, und es herrscht Freude am Frühlingserwachen der Natur. Doch hier drin, am Tisch mit den zusammengeklebten Papieren, lässt sich eine Person nicht mehr wegdrängen: Max Saurenhaus. Seine ungeduldig vorwärtsstrebende Handschrift lugt zwischen den zerstreuten Blättern hervor. Unwirsche Streichungen, Neuversuche und wieder Streichungen, bis der Text neu ansetzend weiterläuft. Und am Ende, wenn es denn einmal erreicht wird, zwei schwungvolle Krakel, in denen sich das «Heil Hitler» andeutet. Was war das nur für ein Mensch? Ich lese die Schriftstücke genauer durch.

Die Briefe verraten einiges über seine Persönlichkeit. Von Grossmannssucht scheint er getrieben zu sein, will sich mit «Konsul» angesprochen wissen (11),[20] auch wenn das mit der Partei gar nichts zu tun hat. Ein Wichtigtuer, der frustriert politische Phrasen drescht, obwohl oder gerade weil er nichts bewirken kann (4, 12). Nach oben ein Schleimer, der sich beim Landesführer Gustloff einschmeichelt, diesem wegen dessen unglaublicher Arbeitsleistung Bewunderung zollt – nicht ohne auf seine eigenen Erfahrungen in der Parteiarbeit hinzuweisen –, um dann um die Ernennung zum Wirtschaftsberater zu betteln (5). Mit dem Landesgruppenführer vertrauter geworden, spricht er ihn gerne mit «Lieber Kamerad Pg. Gustloff» an und grüsst familiär «von Haus zu Haus» (12). Nach unten ist er rücksichtslos, wenn er etwa ein widerständisches Vorstandsmitglied der Deutschen Kolonie «entfernen» will – wenn auch (wiederum) ohne Erfolg – oder den Ortsgruppenleiter Böhmer bei Gustloff anschwärzt (12). Er ist einer, der sich gerne in Funktionen, die ihm wichtig erscheinen, sehen würde (10, 15) und, wenn er eine innehat, dies nicht genug bekannt machen kann (6, 7, 8). Als «Amtswalter» formuliert er in seinen Verlautbarungen möglichst umständlich und gestelzt, etwa mit dem häufigen einleitenden «Ich gestatte mir» und «Erlauben Sie mir» (2, 7, 8, 10) oder wenn er Berlin etwas luftig, ohne genaue Referenz, «informiert» (20). Effizient scheint er kaum gewesen zu sein. Wie schwer tut er sich doch bei der Formulierung eines Rundschreibens (6–8). Und als er von Gustloff mit der Zusammenstellung der schwarzen Listen, für die er sich anerboten hat, betraut wird, meldet er sich gleich wieder zurück, um Hilfe bittend und umständlich Modalitäten erörternd (9). Und aus einer Frustration heraus kann er sich auch mal zielbewusst betrinken, wie in der Zeit nach Gustloffs Ermordung: «zwei Flaschen Wein», «total besoffen» usw. Ob er auch in Geschäfte mit Raubkunst verwickelt ist? Am 3. April 1936 trägt er eine «Versteigerung Isak von Ostade» in seinen Taschenkalender ein (19). Der Gesamteindruck ist: mehr Auftreten als Handeln, mehr Schein als Sein.

Paul

Irgendwie trifft die Feststellung des damaligen Botschafters in der Schweiz, Ernst von Weizsäcker, auch für ihn zu: «Das Gros aber aller Ortsgruppen-, Kreis- und sonstigen Leiter in der Partei rekrutierte sich aus Existenzen, die es in ihren Berufen zu nichts gebracht hatten und nun ihre Zeit gekommen glaubten. Wie bei jeder Revolution kamen die Nichtarrivierten, die Schreihälse und die Spitzelnaturen an die Oberfläche.»[21]

Wichtiger sind andere Einblicke. Es gibt sie, auch wenn die damalige Entwicklung im Allgemeinen bekannt ist. Schon aus dem abschliessenden Bericht der Basler Regierung von 1946 lässt sich entnehmen,[22] dass mit der Ernennung Hitlers zum Reichskanzler am 30. Januar 1933, den Reichstagswahlen am 5. März und mit dem Ermächtigungsgesetz, das in der «berühmten Reichstagssitzung in der Kroll-Oper» am 24. März beschlossen wurde, auch «die Aktivitäten der nationalsozialistischen Elemente innerhalb der deutschen Kolonie Basels sofort starken Auftrieb» bekamen. Doch Details werden nicht angeführt.

Hier aber erfährt man Atmosphärisches: Aus den Blättern des gelben Kuverts weht einem die Stimmung entgegen, die damals unter den Parteigenossen in Basel und in der Schweiz herrschte: Man fühlt sich als Vorkämpfer des Reichs, wie es Hitler verlangt: «Meine Herren, Sie haben eine der wichtigsten Aufgaben übernommen.» Sie stehen «an vorderster Front unserer deutschen Kampfbewegung als Vorposten Deutschlands».[23] Eine Aufbruchstimmung herrscht. So etwas wie: «Jetzt sind wir dran!» Noch stehen die Deutschnationalen im Wege und sind nicht «zum Sozialismus» zu bekehren. So ärgerlich erscheint das, dass Gustloff das biblische Gleichnis vom «Kamel und der Öse» bemüht (1). Die Deutsche Kolonie ist unbrauchbar. Saurenhausens Angriff im Vorstand scheitert, weil der Ortsgruppenobmann Böhmer vor den Argumenten des deutschen Konsuls einknickt. Er selbst sei «blamiert», was nicht schlimm sei, denn «in einem halben Jahr ist die NSDAP Ortsgruppe Basel die

Der Papierkorb

deutsche Kolonie» (12). Es zeigt sich eine ungestüme Siegesgewissheit, auch den inneren Feinden gegenüber, wie etwa dem Auswärtigen Amt, dessen «Herren noch durchaus capitalistisch verfilzt sind». Aber getrost, nach der im kommenden November stattfindenden «Abstimmung» – gemeint ist wohl jene über den aussenpolitischen Kurs, die mit Reichstagswahlen verknüpft war – wird ja «unser Führer alles in die eigene Hand nehmen» (4). «Länger als vielleicht noch ein halbes Jahr kann der Zustand nicht andauern. Auch die Herren vom Auswärtigen Amt werden wir klein kriegen» (12).

Auch das ungewiss Fliessende des Augenblicks deutet sich an. Die Unklarheiten, die durch die Konkurrenz zwischen Parteiinstitutionen und den staatlichen Instanzen für Verwirrung sorgen, etwa zwischen Auswärtigem Amt und dem Aussenpolitischen Amt der NSDAP. Nicht bei der staatlichen Instanz in Berlin, die in dieser Frage noch immer zuständig ist, macht Saurenhaus seine Demarche zugunsten Gustloffs Konsulat, sondern bei der entsprechenden Institution der NSDAP. Die hat noch keinen Zugang zu den Finanzen und muss ihn vertrösten (2). Und Gustloff verlangt ausdrücklich, dass Aktivitäten der NSDAP, wie die Erstellung schwarzer Listen, vor den amtlichen Vertretungen Deutschlands geheim zu halten sind (B2, B3). Auch Unsicherheiten bei den anzuschreibenden Adressaten und die noch vereinsmässig gestaltete Aussenhandelsorganisation zeigen, wie alles noch im Fluss ist (3, 9, 11, 15). Als Vorposten wähnen sich die Parteigenossen ständig in Gefahr, zumal in Basel, wo sie nicht nur durch die Presse angeprangert werden, sondern in der Bevölkerung auf Widerstand stossen. Diese demonstriert laut vor dem Deutschen Reichsbahnhof, protestiert gegen das Hissen des Hakenkreuzes und stört Reden mit Zwischenrufen. Die eigene Situation erscheint als «heikel», ja «unhaltbar». Die Parteigenossen fühlen sich «auf einem Pulverfass» und versuchen, für die leitenden Funktionsträger Schutz zu finden in amtlichen

Anstellungen, also unter den Fittichen des deutschen Staats, den man eigentlich als überholt ansieht (2, B2).

Und so spärlich sie sind, die Texte erzählen mir doch Geschichten. Geschichten, die bislang unbekannt waren. Als Reaktion auf den Boykott deutscher Produkte wird bereits 1933 an schwarzen Listen gearbeitet und auf eine Ablösung gegnerischer Geschäftsvertreter durch Arier hingewirkt. Auch die Zeitungen sind im Visier. Man will in Berlin wissen, welche deutschfeindlich sind. Innerhalb der eben gegründeten NSDAP Ortsgruppe Basel ist eine gewisse Rivalität spürbar. Der Ortsgruppenobmann scheint nicht gerade über einen diktatorischen Habitus verfügt zu haben. Ihr Kassenwart hatte bereits das Einziehen der Mitgliederbeiträge formalisiert und scheint einen guten Draht zum Landesgruppenleiter Gustloff gefunden zu haben. Auch die Einstellung gewisser Katholiken scheint durch.

Der nach Bern schreibende «Anonymus» war offensichtlich gut dokumentiert.

Aber was ist von diesen Papieren zu halten? Viele sind zu zahlreichen Schnipseln zerrissen und nachträglich wieder zusammengeklebt worden. Auf anderen finden sich Abschriften mit Bleistift in einer anderen, sehr disziplinierten, feinen und senkrechten Schrift. Die meisten Texte sind Entwürfe. Man muss sich daran erinnern, dass im Zeitalter der Schreibmaschine Korrekturen sehr umständlich waren. Heute lässt sich ein Text am Computer laufend korrigieren und nachher beliebig ausdrucken. Damals musste man, sollten mehrere Exemplare angefertigt werden, Kopien mit eingelegten Kohlen- und Durchschlagpapieren machen. Im Falle einer Korrektur mussten alle Durchschläge bearbeitet werden, und das Original nahm erst noch Schaden, denn man konnte nichts löschen. Besser neu beginnen! Daher schrieb man den Text zunächst von Hand und formulierte den Brief ganz aus, wobei man Korrekturen einfach vornehmen konnte. Das fertige Elaborat ging dann zur Schreibkraft, und das Konzert

Der Papierkorb

N.S.D.A.P., Ortsgruppe Basel
Kassenwart:
Max Saurenhaus, Basel
Gundeldingerstrasse 190
Postscheckkonto Basel V 10030

Sehr geehrter Parteigenosse/genossin!

Bei Durchsicht meiner Kassenkartei finde ich, dass
bei Ihnen noch folgende Beiträge rückständig sind:

Da ich in kurzer Zeit mit der Landesgruppe abrechnen muss, bitte ich, mir umgehend die entsprechende
Ueberweisung zugehen zu lassen. Einzahlungsschein
füge ich bei.

Nach Eintreffen der Ueberweisung werde ich Ihnen die
Beitragsmarken sofort übersenden.

Sollten Sie aus irgend einem Grunde Ausstand wünschen, so bitte ich um Ihre Mitteilung. Nach den Anweisungen der Reichsleitung der N.S.D.A.P. ist ein
Pg., der infolge Erwerbslosigkeit nicht in der Lage
ist, seiner Beitragspflicht nachzukommen, von der
Beitragszahlung während der Dauer der Erwerbslosigkeit befreit. In einem solchen Falle ist jedoch eine
kurze Mitteilung an den Ortsgruppenleiter oder mich
notwendig.

Heil Hitler!

MAX SAURENHAUS
BASEL
Gundeldingerstrasse 190

Das Formular des Kassenwarts Max Saurenhaus zur Anmahnung ausste-
hender Mitgliederbeiträge.

Paul

der klappernden Schreibmaschine konnte beginnen. So verfuhr man aber auch, wenn man die Reinschrift nachher selbst tippte. War die Arbeit getan, konnte der Entwurf getrost im Papierkorb landen, meist zusammengeknüllt oder, wenn der Inhalt vertraulicher war, eben zerrissen. Normalerweise.

Hier aber sind die Fetzen sorgfältig wieder herausgefischt und fein säuberlich zusammengeklebt worden. Anderes wurde bloss abgeschrieben.

So ist es dazu gekommen, dass es ein Papierkorb ist, der all diese Geschichten erzählt hat. Sein Inhalt ist das Einzige, was von der NSDAP Ortsgruppe Basel noch erhalten geblieben ist.

Dieser Papierkorb stand im Kontor eines Fernhandelsgeschäfts, und zwar einer Familienfirma, der «M. Marchal AG». Um zu verstehen, warum und wie er zur Rolle eines Geschichtenerzählers gekommen ist, warum also die Papiere wieder aus ihm geborgen und schliesslich in zwei gelben Kuverts auf die ungewisse Reise der Dinge durch die Zeit geschickt wurden, braucht es neue Geschichten, andere Geschichten, eine Familien- und eine Firmengeschichte.

Der Papierkorb

Geschichten schreiben

Ich muss also selbst zum Geschichtenerzähler werden. Aber wie mache ich das, wenn ich nur über einige wenige Dokumente verfüge? Ich breite auf dem Tisch aus, was ich habe. Es sind Schriftstücke, welche die ungewisse Reise der Dinge durch die Zeit auf irgendeine abenteuerliche Weise überstanden haben: in Schachteln, in denen aufbewahrt wurde, was die entschwundene Generation noch als «familiäre Erinnerungsstücke» zusammengestellt und der nachfolgenden übergeben hat; in Schubladen einer alten Kommode, in die Wachshefte, Dokumente, Fotos, alte Zeugnisse, Aufsatzhefte in deutscher Schrift, Blätter mit Algebra-Aufgaben, die ein fleissiger, Französisch sprechender Schüler einmal gelöst hat, hineingestopft worden sind. Kurz: ein schreckliches und zufälliges Durcheinander.

Paul

Ich suche also Brauchbares heraus und lege es zur Seite:
- ein schweizerisches Dienstbüchlein, das 1921 angelegt worden ist und die Daten der zahlreichen Aktivdienstleistungen ausweist;
- ein ganzes Bündel von notariell beglaubigten Kaufverträgen und Erbschaften, Verkäufen und Hypotheken aus alten Zeiten, alle auf Bassenge in Belgien bezogen und – ich schaue genauer hin – tatsächlich bis zum Beginn des 18. Jahrhunderts zurückreichend;
- Urkunden der belgischen Könige Leopold I. und Albert I., die 1894 einen «Sieur» zum Konsul in Basel ernennen und später, 1918, seine «démission honorable» akzeptieren. Oh, da wurde der Konsul noch zum «chevalier de l'Ordre de Léopold» ernannt;
- der Menüvorschlag für ein Hochzeitsbankett im Basler Casino von 1912;
- eine Heiratsurkunde von 1888 aus Mülheim am Rhein, die auch das Alter und die Eltern der Frischvermählten angibt;
- ein aus dem *Basler Volksblatt* ausgeschnittener Nachruf von 1931;
- ein 1880 von der belgischen Armee erteilter «congé définitif», eine definitive Beurlaubung;
- ein Geburtsschein aus Basel, ausgestellt 1921, versehen mit einem kleinen Stempel des Zivilstandsamts mit dem Datum einer Einbürgerung;
- eine Urkunde, 1894 ausgestellt von der Ambassade de Belgique in Bern, die bestätigt, dass ein Ehepaar und seine drei Töchter sich als in der Schweiz residierende Belgier haben registrieren lassen;
- ein grosses Wachsheft aus den 1920er- und 1930er-Jahren, das tabellarische Aufzeichnungen über Geschäftsvorgänge mit diversen Seidenabfällen enthält;
- eine Todesanzeige von 1931;

Geschichten schreiben

- ein kleines Wachsheft mit kaum lesbaren Kriegsaufzeichnungen von 1914/15;
- ein autobiografischer Lebenslauf, bei der Trauerfeier vorzulesen;
- eine hübsche Broschüre mit dem Titel «Das kleine Buch der Nähseide»;
- einige Briefe.

Ja, und da finden sich noch drei weitere gelbe Kuverts mit maschinengeschriebenen Erinnerungsberichten über den «Quatorze Juillet 1913 in Belfort», über den «Kriegsausbruch 1914», über einen «Tag im Hitler-Deutschland 1938», alle datiert vom April 1986, Februar, Mai 1987.[24]

Wahrlich, ein etwas disparates Puzzle! Aber ich kann mir fürs Nötigste im Basler Staatsarchiv helfen lassen. Ein Archiv ist eine schöne Sache: Für die Dinge auf der Reise durch die Zeit stellt es die Luxusklasse dar. Hier sind sie sicher. Hier ruhen sie, geordnet und sorgfältig verwahrt seit Jahrhunderten. Hier steht die Zeit still, und es ist gerade umgekehrt: Wer ins Archiv geht, kann sich selbst auf die spannendsten Zeitreisen begeben, Jahrzehnte, Jahrhunderte zurück. Alles ist registriert und auffindbar, und, wenn man nicht weiterweiss, sind da hilfreiche Geister. Für die Familiengeschichte stehen die Akten des «Civilstands» im Alten Hauptarchiv zur Verfügung. Hier lassen sich Eheschlüsse und Geburten über entsprechende Repertoires in den Ehe- und Geburtenregistern finden. Es sind mächtige und schwere Folianten, aber man findet alles, punktgenau. Unglaublich, dieses Gedächtnis eines Staats.

Für die Firmengeschichte habe ich praktisch nichts auf meinem Tisch, das sich verwenden lässt, ein dickes Wachsheft, einen Brief mit Geschäftsanweisungen. Aber es gibt Abhilfe. Es gibt das Schweizerische Handelsregister. Ein erstaunlicher Zeuge geordneten Staatslebens. Bei der Gründung der Schweizerischen Eidgenossenschaft 1848 hatte man auch an die Wirtschaft gedacht. Und da die Schweizer nun mal fabelhaft ordnungsliebend sind, legten sie gesetzlich fest, dass sich jede Handelsfirma bei ihrer Gründung in das Schweizerische Handelsregister eintragen müsse. Ebenso, wenn Änderungen, sei es bei Statuten und Rechtsform oder beim Kapital, vorgenommen oder Vollmachten erteilt wurden. Kaum zu glauben: Seit Mitte des 19. Jahrhunderts werden Firmen, wo immer sie gegründet werden, was immer sie Rechtsrelevantes tun, in ein Register eingetragen. Das heisst auch, dass dieses Register riesig ist und man schon genau wissen muss, was man suchen will. Aber gemach, im Staatsarchiv finden sich Hilfsmittel. Zunächst das Ragionenbuch: ein nach Kantonen gegliedertes Nachschlagewerk, in dem Jahr für Jahr alle Handelsfirmen mit ihrem aktuellen Status alphabetisch verzeichnet werden, so lange, bis sie im Handelsregister gelöscht worden sind. Dort wird immer auch das Datum der letzten Änderungen angegeben. Hat man das Gesuchte gefunden, kann man unter dem entsprechenden Datum im Basler Kantonsblatt nachschlagen und hat schon mal das Wesentliche in der Hand. Wenn man es ganz genau wissen will: Das Kantonsblatt gibt immer auch das genaue Datum und die Seite an, wo das Rechtsgeschäft im Handelsregister eingetragen wurde. Auf diese Weise kann ich die Entwicklung der Firma grob verfolgen. Mehr brauche ich nicht. Aber nötigenfalls kenne ich den Weg.

Denn es ist etwas Merkwürdiges um meine Geschichten. Ich werde eine Familiengeschichte erzählen, aber ich bin kein Genealoge, will das gar nicht sein. Ich werde eine Firmengeschichte erzählen, aber ich bin kein Wirtschaftshistoriker, will es gar nicht sein.

Ich werde diese Geschichten nur so weit erzählen, als sie die Geschehnisse erklären und nachvollziehbar machen.

Ich weiss aus der Familientradition, wo sie hinführen werden, aber wie es sich genau zugetragen hat, muss ich mir ausden-

Geschichten schreiben

ken. Und natürlich: Ich habe Erinnerungen, mit denen das, was aus den Quellen nicht ersichtlich ist, zum Leben erweckt werden kann. Zum Beispiel die Geschichte mit dem kleinen Koffer und der Parteiuniform, auch wenn sie sich nicht genau so abgespielt haben mag, wie ich sie einbauen werde; über sie konnten wir in der Familie dann später oft lachen. Vom gemeinsamen Zusammenkleben der zerrissenen Briefe haben Vater und Mutter wiederholt erzählt. Vaters Arbeitsweise bei der Qualitätsprüfung der Seidenabfälle im Büro habe ich als kleiner Junge manchmal beobachten können und war fasziniert vom weissen Glanz der Seide, wenn er langsam einen Strang auseinanderzupfte. Die Kokons und ihre Geschichte – dargestellt in einem Schaukasten im Hausflur – haben mich oft träumen lassen. Wie die Ware mit Schnüren in grosse, merkwürdig riechende Ballen aus grobem Sacktuch eingenäht war, konnte ich damals bei Besuchen mit Vater im Zollfreilager sehen. Dass es am Ende sicherlich auch die Frage «Kunstseide oder nicht» war, die 1938 zur Trennung der Geschäftspartner führte, daran konnte sich mein älterer Bruder erinnern – und die Dokumente, die mir später aus Berlin zugesendet werden würden, sollten dies bestätigen. Von den Geldtransporten in die Gundeldingerstrasse haben mir Schwester und Bruder erzählt. Vaters «Das Rheinland ist nicht Deutschland», wenn man ihn wegen seiner nicht nur belgischen Abstammung hänselte, oder seine Freude am Kölner Karneval und Rosenmontag, den er am Fernsehen verfolgte, haben wir in der Familie oft erlebt. Den von ihm geliebten Spaziergang am Bachgraben, der in der Geschichte vorkommen wird, habe ich als kleiner Junge viele Male mitgemacht und mich dabei nie an den Ortsnamen «Blotzheim» erinnern können, obwohl er mich jedes Mal danach fragte.

Wo die Erinnerungen gar zu spärlich sind, kann ich überlegen, wie es gewesen sein könnte, ich kann meine historische Fantasie einsetzen, um diese möglichen Geschichten plausibel

Paul

in die Zeitumstände einzubetten. Ich kann auch verschiedene Vermutungen anstellen und es dabei bewenden lassen. Und wo ich gar nichts von den Handlungen wissen kann und nur die Ergebnisse dieser Handlungen kenne, lasse ich für einmal der einfühlenden Fantasie freien Lauf.

Wir werden sehen…

Schicksal

Sie kamen aus Wallonien. Bassenge war ihre Heimat, ein Dörfchen nördlich von Liège und nahe der Maas in der damaligen belgischen Provinz Limburg gelegen. Im 19. Jahrhundert hiess das: Sie kamen aus einer Gegend, deren Spezialität das Flechten von und der Handel mit Strohhüten war.

In der Region um Liège gab und gibt es noch immer viele Familien Marchal, und eine davon stammte aus Bassenge. Irgendwann heiratete einer von ihnen, der 1816 geborene «fabricant de chapeaux de paille» Michel Marchal, die ebenfalls aus Bassenge stammende, im rheinpreussischen Köln wohnhafte Anna Maria Botty.[25] Die Verbindung wird wohl durch Geschäftsbeziehungen zustande gekommen sein, denn auch die Familien Botty fabrizierten und handelten im Rheintal von Aachen bis Köln und auch im Westfälischen mit Strohhüten.[26]

Paul

Die Marchal-Bottys blieben zunächst in Bassenge. Dem Paar wurden vier Kinder geschenkt, drei Töchter, Catherine, Elisabeth und Odile, und 1860 ein Sohn, Mathieu. Mit vier Kindern mag ein Auskommen im ärmlichen Dorf schwer geworden sein. So zog die Familie in die reichere Heimat der Frau nach Köln oder vielleicht auch nach Mülheim, das Köln gegenüber am rechten Rheinufer lag. Dort war gut leben. In der lebenslustigen Stadt wird das Strohhutgeschäft floriert haben. Vielleicht wurde Michel hier auf die Seidenbänder aufmerksam, mit denen die Hüte für modebewusste Damen geschmückt wurden. Hatte er die Chancen einer direkten Zusammenarbeit mit der Seidenbandindustrie erkannt? Vor Ort konnte er die neuesten Bänder leichter und früher finden als die ferne Konkurrenz. Man musste nur rheinauf in die Stadt der Seidenbänder, nach Basel, reisen. Hier stand die Seidenbandindustrie in voller Blüte. Seidenbänder waren damals der Exportschlager.[27]

So wird Michel, ein unternehmungslustiger Mann, mit der ganzen Familie und seinen Strohhüten wohl Mitte der 1860er-Jahre in die Stadt am Rheinknie gezogen sein. Seinen Sohn schickte er hier in die katholische Schule am Lindenberg und später an die vom gleichen Schulorden, den Marianisten, geführte höhere Internatsschule in Belfort.[28] Nach dem Schulabschluss, mit 17 Jahren, trat Mathieu die kaufmännische Lehre bei einem Kolonialwarengeschäft in Basel an.[29] Als er, zwanzig Jahre alt geworden, ins belgische Militär hätte eingezogen werden sollen, liess er sich von der Armee am 6. August 1880 das «congé définitif» erteilen.[30] Dann tat er sich mit Heinrich Fleck aus Fulda in der Provinz Hessen zusammen, der im Januar 1885 die Aktiven und Passiven der Firma «Pfaff-Müller, Agenturen, Handel in Rohseide und Seidenabfällen» in der Steinenvorstadt 57 in Basel übernommen und die Firma «H. Fleck» gegründet hatte.[31] Nach sechs Jahren wurde Mathieu zum Mitinhaber der Firma. Sie wurde 1891 in eine Kollektivgesellschaft, die

Firma «Fleck & Marchal», umgewandelt. 1895 erwarb diese die Wallstrasse 11 als Firmensitz. Als Fleck sich altershalber zurückzog, wurde die Kollektivgesellschaft am 17. Oktober 1898 aus dem Handelsregister gelöscht. Mathieu übernahm die Aktiven und Passiven. Die Firma «M. Marchal, Agenturen, Handel in Rohseide und Seidenabfällen» war gegründet.[32]

Wie mag dieser geschäftige Mathieu seine künftige Frau, eine Kölnerin, kennengelernt haben? Zog es die Marchals immer wieder zurück in ihre wallonisch-rheinländische, katholische Heimat? Etwa um den Kölner Karneval zu besuchen? Oder zu Weihnachtsfesten mit der Verwandtschaft daheim? Wir wissen es nicht. Doch an einem sonnigen Sommertag, am 6. August 1888, trafen sich zwei Familien im Standesamt von Mülheim am Rhein. Der «Kaufmann» Mathieu Marchal, geboren zu Bassenge, vermählte sich mit der «geschäftslosen» Anna Maria Bornheim aus Mülheim am Rhein. Beide waren damals 28 Jahre alt. Zugegen waren die Eltern, einerseits der «Strohhutfabrikant» Michel Marchal und dessen Frau, die «geschäftslose» Anna Maria geborene Botty, beide zu Basel wohnhaft, andererseits der «Rentner» Christian Bornheim und die «geschäftslose» Catharina, geborene Stahl, beide aus Mülheim am Rhein. Das Paar wohnte fortan in Basel an der Leonhardstrasse 25, ab 1898 an der Wallstrasse 11.

1894 wurde «Sieur Marchal (M.)» vom belgischen König Leopold II. zum Konsul in Basel ernannt «avec juridiction sur les cantons de Bâle, de Schaffouse, d'Argovie et de Soleur».[33] Mathieu Marchal war nun eine geachtete Persönlichkeit, aber, der katholischen Diaspora angehörend, wird die belgische Familie kaum in das Basler Gesellschaftsleben integriert gewesen sein.

1901 wurde Paul geboren, der später die Firma weiterführen sollte. Bis dahin war es noch ein weiter Weg; aber Paul sollte zielbewusst auf diese Aufgabe vorbereitet werden. Man schickte ihn zur Ausbildung in den französischen Sprachraum nach

Der Firmengründer und belgische Konsul Mathieu Marchal mit seiner Gattin Anna Maria.

Schicksal

Fribourg ins katholische Internat St-Michel. Mathieu wird sich trotzdem um den Fortbestand des Geschäfts gesorgt haben. Ein Lichtblick wird es für ihn gewesen sein, als seine älteste Tochter Katharina Anna Maria am 6. September 1912 den 28-jährigen Kaufmann Auguste Georg Ferdinand Wein heiratete, einen in Basel geborenen, an der Wallstrasse 18 wohnhaften Franzosen aus Paris. Die Eheankündigung erfolgte international, im 2ème Arrondissement von Paris und in Bassenge. Den beiden musste einerseits vom französischen Konsul in Basel, andererseits von der Gesandtschaft des Königreichs Belgien in Bern ein Ehefähigkeitszeugnis ausgestellt werden.[34] Der lebensfreudige Schwiegersohn sollte zu gegebener Zeit die Geschäftsführung übernehmen. Paul muss «Gusti», wie er in der Familie genannt wurde, bewundert haben. Am 14. Juli 1913 reiste Gusti mit dem zwölfjährigen Jungen nach Belfort, um dort das grosse Defilee auf dem Champs de Mars zu verfolgen, an dem auch Gustis Regiment teilnahm. Paul war begeistert.[35]

Ein Jahr später befand sich der Junge wieder in der Nähe von Belfort, in Mélisey, und erlebte hautnah den Ausbruch des Ersten Weltkriegs. In der Nacht zogen unerwartet Truppen vorbei, und er und sein Vater, der geschäftlich bei der dortigen Seidenspinnerei weilte, mussten überstürzt nach Hause zurückreisen – auf Umwegen, denn die Grenze zum deutschen Elsass war bereits unpassierbar. In Basel herrschte wegen des Kriegsausbruchs grosse Aufregung, und der Junge war mittendrin. Belgien war von den deutschen Armeen überfallen worden. Viele Belgier verbrachten ihre Ferien in der Schweiz und wussten nun nicht mehr weiter. Paul sah, wie sein Vater, der Konsul Marchal, zu allen Tages- und oft auch Nachtzeiten in der Grenzstadt von Hilfesuchenden bestürmt wurde. Er musste Rat geben, Ausweise ausstellen, oft finanziell weiterhelfen und für Unterkünfte und Nahrung für die Gestrandeten sorgen. Paul half, wo er konnte, und war stolz, wenn er mit dem Magaziner des Geschäfts Kriegsvorräte einkaufen und einen Leiterwagen voller Esswaren und Petroleumkanister nach Hause karren konnte.[36] Dann rückte Gusti nach Belfort zu seinem Regiment ein. Dies alles vermittelte dem 13-Jährigen das Gefühl, einen erschütternd grossen Augenblick der Geschichte zu erleben. Er kaufte sich ein wächsernes Oktavheft und schrieb auf die erste Seite in grosser Schrift den Titel: «Der Europäische Krieg vom 1. August 1914 –... Von Paul Marchal». Schon im März brauchte er ein weiteres Heft: «Heft 2. Inhalt vom 8. März 1915 – ». Mit kleiner Schrift in eng beschriebenen Zeilen notierte er Tag für Tag die Kampfhandlungen, wie er sie aus Zeitungen und wohl auch von seinem gut unterrichteten Vater erfahren hatte – und hielt das durch bis zum 16. Oktober 1915. Merkwürdiger Junge! Eigenbrötlerisch am Verlauf von Offensiven, Gegenoffensiven und Schlachten zu Land und zur See interessiert. Im November 1916 traf die Nachricht ein, dass Gusti bei der Monastir-Offensive der Alliierten gefallen war.

Schicksal.

Es war ein schwerer Schlag und hatte Folgen auch für Paul: Der Vater konnte nun nicht mehr eine längere Ausbildungszeit für ihn vorsehen. Paul musste sich so bald wie möglich ins Geschäft einarbeiten. Als das Ende des Kriegs absehbar wurde, suchte sich sein Vater zudem von seinen diplomatischen Pflichten zu entlasten, um sich ganz aufs Geschäft konzentrieren zu können. Am 10. September 1918 akzeptierte der belgische König Albert I. die «démission honorable» seines Konsuls.[37] Paul wurde am 18. Mai 1918 Bürger von Basel.[38] Er wollte nicht mehr abseitsstehen, sondern ebenfalls Militärdienst leisten, in der Kavallerie, für die Schweiz.

Diese Jugenderlebnisse prägten Paul fürs ganze Leben. Deutschland stand er immer misstrauisch, ja zeitweilig feindselig gegenüber. Noch in hohem Alter konnte er sein negatives Urteil im Grunde nicht revidieren. Zeitlebens stand er auf der

Seite Frankreichs, Belgiens natürlich und der Alliierten. Allerdings nahm er immer das Rheinland aus. Die Familie hielt nämlich die Kontakte zu den Verwandten in Mülheim und Köln stets aufrecht. Für Paul blieben die Weihnachtstage in Mülheim und das «Kölle Alaaf!» unvergessliche Kindheitserinnerungen, und das Kölsch war das Idiom seiner Mutter.

Nach dem Krieg muss die alte Heimat wieder näher gerückt sein. Die Familie besass ja noch immer Besitzrechte in Bassenge, von denen sie sich erst 1937 trennen sollte.[39] Es wird wieder zu gegenseitigen Besuchen gekommen sein – und hierbei wird die zweitälteste Schwester ihren künftigen Ehemann kennengelernt haben. Am 31. Mai 1920 beurkundete das Standesamt Basel die Eheschliessung zwischen dem 31-jährigen «Kaufmann (Colonialwaren en gros)» Maximilian Joseph Saurenhaus, «preussischem Staatsangehörigen, geboren und wohnhaft in Mülheim, Stadt Köln am Rhein», und der 29-jährigen «berufslosen» Anna Christine Ernestine Marchal von Bassenge, wohnhaft an der Wallstrasse 11 in Basel. Im Alltag nannte man sie Max und Erna. Max' Vater, der «Kaufmann» Wilhelm Saurenhaus, war damals bereits verstorben. Die Mutter, Anna Catharina Alexandrine geborene Botty, lebte noch in Mülheim. Trauzeugen waren die Kaufleute Mathieu Marchal und Pascal Botty, der ebenfalls in Basel wohnte. Wieder, wie ganz am Anfang dieser Geschichte, erscheinen die beiden Kaufmannsfamilien Marchal und Botty. Zugleich zeigt sich, wie wenig integriert die Familie des belgischen Honorarkonsuls in der Basler Gesellschaft war, auch wenn sie noch so sehr am Leben der Stadt teilgenommen haben mochte. Trauzeugen waren keine Basler Freunde. Man bewegte sich unter seinesgleichen, im Milieu der in Basel niedergelassenen ausländischen Kaufleute. Und fast will es scheinen, als wäre diese Ehe zwischen Max und Erna arrangiert gewesen. Von nun an war Erna Saurenhaus-Marchal aus Bassenge deutsche Staatsangehörige.

Paul

Man mag schon etwas erstaunt darüber sein, dass nach all den schmerzhaften Erfahrungen des Kriegs ein Deutscher in den Familienkreis aufgenommen wurde. Aber die entfernte Verwandtschaft, das gemeinsam Rheinländische und das Berufsmilieu überwogen offensichtlich gegenüber den nationalen Ressentiments. An einem der ersten Junitage des Jahres 1920, nach der kirchlichen Trauung, wird man, wie 1912 bei der Hochzeit von Gusti und Maria,[40] gewiss ein grosses Hochzeitsfest im Basler Casino gefeiert haben. Das Essen war reichlich, man tanzte und lachte. Niemand konnte wissen, was die Zukunft bringen würde.

Schicksal.

Und wenn man die Anfänge im Grenzland zwischen Belgien, Holland und dem preussischen Rheinland und später den Einbezug von Paris mitbedenkt: europäisches Schicksal.

Schicksal

Seidenhandel

Für die nächsten Jahre habe ich keine Nachrichten und kann wiederum bloss Vermutungen anstellen. Geht man davon aus, dass es sich eher um eine arrangierte Vermählung handelte, so werden beide Seiten Vorteile gesehen haben. Für Mathieu Marchal, der nun doch schon sechzig Jahre alt war, wird mit dem kaufmännisch geschulten Schwiegersohn die Sicherung des Fortbestands seiner Firma im Vordergrund gestanden haben, bis sein eigener Sohn bereit sein würde, die Geschäftsleitung anzutreten. Für Saurenhaus war die Einheirat in ein florierendes Geschäft wohl attraktiv. Nimmt man das an, so werden Paul und Max zu Beginn der 1920er-Jahre in der Firma «M. Marchal, Agenturen, Handel mit Rohseide und Seidenabfällen» mitgearbeitet haben. Sie werden in den 1930er-Jahren die Akteure jenes Schattenduells sein, in dem der Papierkorb eine zentrale

Paul

Rolle spielen wird. Aber wie ist es zu dieser Auseinandersetzung gekommen? Welche Bedeutung hatte sie für die beiden?

Um diese Fragen zu beantworten, muss ich mehr von der Firma, von der Arbeitsweise beim Seidenabfallhandel und von den Akteuren erzählen.

Paul, der wohl gerne eine militärische Karriere bei der Kavallerie angetreten hätte, sah sich durch einen Unfall 1923 während des Abverdienens als Unteroffizier aus seinem Traum herausgerissen. Nun arbeitete er sich gewissenhaft in die Materie des väterlichen Geschäfts ein. Er muss damals für Besuche der Handelspartner in Europa weit herumgekommen sein. Die einzelnen Destinationen sind jedoch nicht mehr zu ermitteln. Mélisey in den Vogesen, mit seiner Seidenspinnerei, gehörte jedenfalls wieder dazu. Dorthin machte sich der Kavallerist hoch zu Pferd von Basel aus auf, in einem unvergesslichen Tagesritt, der von fünf Uhr früh bis um Mitternacht dauerte.[41] Die Sorgfalt, die beim Umgang mit den unterschiedlichen Seidenabfallformen nötig war, lag ihm. Er erwies sich bei der Qualitätsbeurteilung der angebotenen Waren als talentiert und entwickelte ein Flair für die wechselnden Geschäftslagen. Worum handelte es sich genau bei den sogenannten Seidenabfällen?

Am Anfang steht eine bedauernswerte Künstlerin: die bis zu neun Zentimeter lange, bleiche Raupe des Maulbeerfalters. Wenn sie sich an Maulbeerblättern vollgefressen hat, wickelt sie sich in drei Tagen kunstvoll in einen Kokon ein, wobei sie einen feinen Faden von drei Kilometern Länge erzeugt. Ist die Spinndrüse leer, verwandelt sie sich in eine kleine Puppe und besiegelt ihr Schicksal. Die meisten Puppen werden mit heisser Luft abgetötet, damit das Kunstwerk intakt bleibt. Einen kleinen Teil lässt man überleben. Die Schmetterlinge werden ausschlüpfen und dabei leider ihren Kokon beschädigen. Sie werden sich paaren und ihre Eier massenweise und sorgsam an Maulbeerblättern fixieren. Aus hundert Gramm Eiern schlüpfen dann ungefähr 140 000 Raupen. Sie fressen sich einen Monat lang durch vier Tonnen frische Maulbeerblätter, bis zu ihrer Verpuppung. Darüber hinaus sind sie äusserst empfindlich gegenüber klimatischen Einflüssen. Temperaturwechsel und Veränderungen der Luftfeuchtigkeit können verheerende Wirkungen haben. Geht alles gut, dann lassen sich mit den Kunstwerken dieser 140 000 Raupen ungefähr 150 Kilogramm Seide gewinnen. Gehandelt wird aber in Tonnen. Kurz gesagt: Die Kokons sind ein schwer zu gewinnendes, äusserst wertvolles Gut. Sie waren das Gold Asiens.

    Deshalb wird alles vom Kokon verwertet. Schon das wirre Seidennetz, mit dem die Raupe den Kokon an die Zweige heftet und das nach dem Abnehmen des Kokons mit Blatt- und Zweigstücken durchsetzt zurückbleibt, wird als Flockseide gehandelt. Hat man den Kokon abgelöst, wird er mit Bürsten von den äusseren groben Windungen befreit, bis nur noch der abhaspelbare Teil des Kokons da ist. Auch dieser Abfall wird in wirren Knäueln oder Bündeln als sogenannte Frisons gehandelt und zu Schappeseide verarbeitet. Der verbleibende Kokon wird in einer Seifenlösung gekocht, zur Entfernung des Seidenleims. Nun kann der Raupenfaden aus dem Kokon abgehaspelt werden. Dabei werden mehrere der ausserordentlich feinen Fäden, der sogenannten Baves, zu einem durch das natürliche Sericin zusammengehaltenen Grègefaden zusammengeführt. Aus den drei Kilometer langen Baves werden so Fäden von jeweils 300 Metern Länge gewonnen, die homogen und regelmässig sein müssen. Das ist das Wertvollste des Kokons: die Grège- oder Hauptseide, die Peignés, die in wunderbar gelblich oder weiss glänzenden, zusammengeknoteten Strängen gehandelt werden. Schliesslich wird die Innenschicht des Kokons, welche die Puppe umschlossen hat, in warmem Wasser eingeweicht, von der Puppe gelöst, getrocknet und als Pelettes verkauft. Auch die Kokons selbst können geliefert werden, wobei auf ihr Ge-

Paul

wicht, 1,5 bis 2,5 Gramm, je schwerer desto besser, geachtet wird. Zerrissene, schadhafte oder stark befleckte und schmutzige Kokons, die nicht abgehaspelt werden können, oder Bassinés, das sind Kokons, deren Abhaspeln abgebrochen werden musste, sind von geringerem Wert und werden, so wie sie sind, verkauft. Schliesslich werden auch alle Abfälle aus der Spulerei, wie verknotete und unregelmässige Fäden und Fadengewirre, als Bourre gehandelt. In der Praxis allerdings wird Bourre mit Flockseide, Frisons, Pelettes und schadhaften Kokons vermengt. Man spricht dann einfach von Déchêts. Alle diese Abfälle werden in den Schappespinnereien wieder gekocht und gekämmt und zur viel verwendeten Schappeseide gesponnen. Damit ist die Ausbeute noch immer nicht zu Ende: Aus den Rückständen des Kämmens für die Schappeseide wird die minderwertige Bouretteseide gewonnen, die nur noch zu einem Vliesstoff kardiert werden kann. Und schliesslich werden die Rückstände des Kardierens als Blousse wieder in Umlauf gebracht.[42]

All dies und noch mehr musste Paul kennen und Erfahrungen sammeln, um die Qualität der angebotenen Ware korrekt beurteilen zu können. Die Qualitätsprüfung war ein wichtiger Teil der Arbeit im Kontor einer Seidenfernhandelsfirma. Es war eine stille und pingelige Arbeit. Waren die Kokons zu leicht, zu stark beschädigt, der Anteil schwarzer oder verschmutzter Kokons zu gross, oder waren Flockseide und Frisons zu sehr mit Fremdkörpern durchsetzt, verlor die Ware an Wert. Ebenso war die Mischung der Bourre zu prüfen, sie konnte akzeptabel oder zu minderwertig sein. Ein Strang der angebotenen Peignés musste aufgelöst werden, um zu prüfen, ob die Länge der Faser korrekt, ob die Zugbelastbarkeit normgerecht war. Sicherheit gewann man hier nur durch Erfahrung, denn die Beurteilung, ob die Qualität dem Preisangebot entsprach, und der Vergleich mit der Ware eines anderen Anbieters waren eine Ermessensfrage. Aber Paul liebte die Arbeit mit diesem Material, den seidenglän-

Der Ort des Geschehens, die Wallstrasse in Basel um 1920: Vom Eckhaus Nummer 11 hinten auf der rechten Strassenseite ist nur der Schatten vor der Kapelle der Methodisten zu sehen.

zenden Peignés und den Déchêts, die voller Überraschungen sein konnten. So füllte sich im Kontor immer wieder ein Tisch mit kleinen Päckchen mit der Aufschrift «Muster ohne Wert», die ein Muster der angebotenen Ware enthielten, etwa einen Strang Peignés, zwanzig Kokons und so fort. Sie kamen von Anbietern aus aller Welt und wurden eine Zeit lang als Vergleichsmaterial aufbewahrt oder gegebenenfalls an die Kundenspinnereien weiterversandt. Dies war übrigens das Einzige, was der Kaufmann von seiner Ware sah. Die eigentliche Sendung, grosse, manchmal stickig riechende Ballen aus dicker Jute, in welche die Seidenabfälle eingenäht waren, lagerten jeweils im Zollfreilager am Wolfsbahnhof.

Die Firma M. Marchal betrieb also Zwischenhandel von Rohseide und Seidenabfällen zwischen Anbietern vor allem in China, Japan, Indien und vereinzelt Italien und den Kundenspinnereien in der Schweiz, in Deutschland, Frankreich, auch in Grossbritannien und Belgien. Die Qualitätsfrage war aber längst nicht der einzige Faktor, den es zu berücksichtigen galt.

Deshalb wohl führte Paul über Jahre hinweg Buch – ähnlich wie er früher die Kriegshandlungen aufgezeichnet hatte: Er notierte in einem Wachsheft Tag für Tag oder in grösseren Intervallen in kleiner, sorgfältiger Schrift alle Verkaufsangebote japanischer oder chinesischer Anbieter an ihn und die Konkurrenz in Europa und deren Reaktion. Das dicke Wachsheft war wohl die Grundlage für seine Entscheidungen. Geordnet nach Kategorien wie «Offres en Blousses», «Offres en Bourettes», «Peignés Japon», «Déchêts Canton» oder «Déchêts de Shanghai» notierte er den Anbieter, die Qualität und die Quantität des Angebots, den jeweils möglichen Einschiffungstermin, den Preis und vermerkte die Abschlüsse, sofern er Kenntnis davon hatte. Auf diese Weise konnte er Trends wie sich abzeichnende Überangebote oder Lieferlücken in einer Kategorie ausmachen und durch die Vergleichsmöglichkeit die Kaufangebote sicherer beurteilen. Ausserdem war er so in der Lage, aufgrund seiner Kenntnisse der Schiffsbewegungen Angebote mit der Garantie einer raschen Verschiffung attraktiver zu gestalten.

Die Kunden meldeten den Zwischenhändlern etwa, wenn ihr Bouretteslager zur Neige ging, wie viele Tonnen Bourettes sie kaufen wollten, und boten den Preis, den sie zu zahlen bereit waren. Diese Angebote waren zeitlich meist limitiert, um das Risiko negativer Kursschwankungen zu minimieren. Die konkurrierenden Zwischenhändler verhandelten also in einem gewissen Zeitraum mit beiden Seiten die Preise möglichst so aus, dass sie besser waren als die der Konkurrenz und dennoch einen gewissen Gewinn für sie abwarfen. So liess sich beispielsweise, wenn die Nachfrage dringend war, ein günstigeres Angebot der Konkurrenz mit der Garantie einer früheren Verschiffung und Lieferung ausmanövrieren. Und hier kamen nun die fleissig erworbenen Kenntnisse und der Instinkt Pauls zum Tragen. Das Geschäft lief gut, auch wenn es bisweilen einen Ausreisser wegen überraschender Kursschwankungen geben konnte. Was Paul damals mit Fleiss und Ausdauer erarbeitete, ist heute im Internet rasch auffindbar. Und den Schiffsverkehr kann heute jedermann beinahe in Echtzeit verfolgen. Damals war das aber schon eine besondere Leistung.

Welche Aufgaben Max Saurenhaus in der Firma übernahm, lässt sich nur vermuten. Am ehesten wird er die Pflege der deutschen Kundschaft übernommen haben. Die pingelige Arbeit mit den vielfältigen Seidenabfällen mag ihm weniger gelegen haben. Aber er hielt die Nase in den Wind. Der wehte von Norden her und raunte: «Kunstseide.» Dieser neuen Form von Glanzstoff wird er vielleicht schon bei seiner Geschäftstätigkeit in Köln-Mülheim begegnet sein. In Würzburg war Ende des 19. Jahrhunderts die Pauly-Seide entwickelt worden. In Jülich wurde nochmals eine andere «Kunstseide» produziert, die Acetatseide. Bei Aachen fabrizierten bereits die Vereinigten Glanzstoff-Fabriken Filamentgarne industriell. Sie hatten die Vistrafasern erfunden, die aus Flachs gewonnen wurden. In Premnitz stellte die Köln-Rottweil AG 1919 gerade von der Pulverfabrikation auf Vistrafasern um und begann 1920, diese Faser industriell zu produzieren. Vistra war «das weisse Gold Deutschlands».[43] Das alles war für Max so viel einfacher und sauberer als die vielfältigen und schmutzigen Abfälle aus dem fernen Osten. Vielleicht hatte er auch schon erfahren, dass sich die für nicht färbbar gehaltene Acetatseide neuerdings auch beliebig färben liess, dank Bernhard Clavel und seiner Erfindung eines Färbeverfahrens 1920 in Basel. Zudem wurde die Acetatseide ab 1921 vielerorts und nicht mehr nur in Deutschland massenweise produziert.[44] Sie war im Kommen. Das war ein völlig neues Gebiet, und Saurenhaus wandte sich diesem zu. Vor allem wird ihn auch dazu bewogen haben, dass er die Handelsbeziehungen auf Deutschland konzentrieren konnte. Das scheint zu Spannungen über die Ausrichtung der Firma geführt zu haben.

Ein noch erhaltener Brief von Mathieu Marchal aus Lugano vom 23. Oktober 1926 an seinen Sohn gibt einen Einblick: Der Vater besuchte damals die Partnerspinnerei Torricelli in Merone und konnte gleich eine grosse Menge Seidenabfälle aus Canton verkaufen. Paul habe jetzt, so schrieb er weiter, genug für die Peignés gearbeitet. Der Preis liesse sich kaum weiter senken, denn die Schappe verkaufe sich, besonders in Lyon, «assez facilement», und für Cordonnet, feines Garn, würden sich Bedürfnisse abzeichnen. Warten wir zu, riet er seinem Sohn. «Im November werden wir sehen, was man unternehmen kann, je nach Markt.» Torricelli habe eben einen Kauf von 16 000 Kilogramm mit der Konkurrenz abgeschlossen, «ce que je n'aurais pas fait». Dieser Brief zeigt den Kaufmann, der abwägt, auf bessere Gelegenheit wartet und aufgrund seiner Erfahrung klar beurteilen kann, ob Torricellis Kauf richtig war. Aus dem

Brief lässt sich auch ersehen, dass Max Saurenhaus die deutsche Kundschaft bearbeitete; genannt werden die Kunden Dietsch und Steffen. «Max m'a dit», dass deren ausstehende Rechnungen nun endlich bezahlt würden.

Aber es zeigte sich auch, dass Spannungen bestanden. Paul hatte irgendwelche Besorgnisse über Saurenhaus' Verhalten geäussert. Der Vater antwortete ihm nun: «J'ai pris note de ce que tu me dis à propos de M ... Il faut le laisser faire, il finira bien par se persuader, qu'il n'est pas sur le bon chemin. Comme principe nous devons conserver la devise: ‹L'union fait la force›.» Was war wohl gemeint mit diesem offenbar falschen Weg, auf dem sich Max befand? Handelte es sich um eine von Saurenhaus angestrebte Diversifizierung auf die deutsche Kunstseide hin? Oder ging es um Politisches? Der Vater stand den Vorgängen ebenfalls kritisch gegenüber, war aber davon überzeugt, dass Saurenhaus auf den guten Weg zurückfinden werde. Am 14. März 1928 erteilte er jedenfalls beiden die Einzelprokura.[45]

In der Zwischenzeit hatte Paul 1927 geheiratet, und zwar entgegen der Tradition der Familie. Die allein von ihm Auserwählte gehörte zur Basler Gesellschaft und war Protestantin. Die Tochter des Fotografen Jacques Weiss-Meister hätte ihm Wege in andere Gesellschaftskreise eröffnen können. Doch da zu jener Zeit Mischehen zwischen den Konfessionen unmöglich waren, musste Erica Weiss zum Katholizismus konvertieren. Sie folgte ihrer Liebe und zog ins «innere Exil» der katholischen Diaspora. Am Hochzeitstag war auch die ganze Verwandtschaft Meister aus dem Emmental zugegen. Selbst ein Berner Grossrat war gekommen. Aber diese Familienbeziehungen wurden späterhin vor allem aus konfessionellen Gründen kaum mehr gepflegt. Paul blieb gesellschaftlich ein Aussenseiter, und als es darauf ankam, war er allein.

Paul

Eine neue Generation: Erica und Paul 1927 im Oberengadin.

Seidenhandel

Mathieu Marchal war nun alt geworden und müde, und so ging er daran, die Firma für die Zukunft neu zu ordnen. Am 20. Mai 1931 vermeldet das *Kantonsblatt Basel-Stadt*, dass die Firma «M. Marchal, Agenturen, Handel mit Rohseide und Seidenabfällen» infolge Verzichts des Inhabers erloschen sei. Aktiven und Passiven würden an die Firma «M. Marchal, Aktiengesellschaft» in Basel übergehen. Unter der Firma M. Marchal Aktiengesellschaft (M. Marchal, Société anonyme) habe sich aufgrund der Statuten vom 19. Mai 1931 eine Aktiengesellschaft auf unbestimmte Dauer gebildet, zur Weiterführung des unter der Firma M. Marchal betriebenen «Handels und der Kommission in Seidenabfällen, Rohstoffen und Fabrikaten der Textilbranche, insbesondere der Schappe- Rohseiden- und Kunstseidenindustrie». Es folgen finanzielle Angaben über die Abfindung des vorherigen Inhabers und das verbleibende Aktienkapital von 250 000 Franken, eingeteilt in 250 Namenaktien von 1000 Franken. Der Verwaltungsrat bestehe aus einem bis drei Mitgliedern. «Einziges Mitglied ist Paul Marchal, Kaufmann, von und in Basel. Zu Direktoren sind ernannt worden Mathieu Marchal, Kaufmann, belgischer Staatsangehöriger, und Max Saurenhaus, Kaufmann, deutscher Staatsangehöriger, beide in Basel. Alle führen Einzelunterschrift.» Das Geschäftslokal bleibe weiterhin an der Wallstrasse 11.[46]

Das Arbeitsfeld der Firma war also ausgeweitet worden, auch auf Erzeugnisse der Kunstseidenindustrie. Das wurde mit dem «insbesondere» sogar betont. Und Direktor war nun Max Saurenhaus, der elf Jahre älter war als Paul Marchal. Als Verwaltungsrat hatte Paul wohl eine Mitverantwortung und ein entscheidendes Wort mitzureden, aber die Geschäftsführung der Firma lag nicht bei ihm. Auch wenn dies bloss die vorgegebene rechtliche Form war und in der Praxis wohl anders gehandhabt worden sein dürfte, erstaunlich ist es schon. Hatte Max Druck aufgesetzt? Hatte Mathieu Marchal die Neuausrichtung, für die Max stand, akzeptiert? Hatte er an eine Übergangslösung ge-

Paul

dacht, bis er selbst als Direktor ausscheiden würde? Vertraute er doch dem entfernt verwandten Rheinländer und Schwiegersohn? Oder blieb Paul für ihn einfach noch immer der Jüngste, der «Kleine»?

Als Kodirektor gedachte Mathieu Marchal wohl, noch eine Zeit lang mit dem Gewicht seiner Erfahrung in die gewünschte Richtung wirken zu können. Er erkrankte und starb nicht ganz zwei Monate später, am 5. Juli 1931.

Seidenhandel

Schattenduell im Kontor

Der Kontor einer Fernhandelsfirma war nicht gross. Es reichten ein oder zwei Zimmer in einem Privathaus: eines für die Kaufleute und eines für die Schreibkraft und den Buchhalter. Im Kontor «M. Marchal» an der Wallstrasse 11 sassen sich also Paul und Max an ihren Pulten gegenüber, wie üblich. Aber der Patron und Mediator war entschwunden. Die Unterschrift des Direktors Mathieu Marchal war am 8. Oktober 1931 erloschen.[47]

Wie lebte es sich nun weiter? Paul wird intensiv die asiatischen Geschäftsbeziehungen gepflegt haben, Max die Verbindung zu Deutschland und das Ressort Kunstseide. So kam man gut aneinander vorbei. Briefe und vor allem die immer heiss erwarteten Telegramme aus Japan und China wird man am Postfach in der nahe gelegenen Bahnhofpost abgeholt haben. Diese Telegramme enthielten reihenweise Buchstaben in

Fünfergruppen, die selbst keinen Sinn ergaben. Je nach Absender wird Paul zu den dicken Codebüchern gegriffen haben, zum «Code A B C, 5th Edition» oder zum «Bentley-Code». Die Bücher waren ähnlich wie Wörterbücher gegliedert: Die erste Hälfte bot in der linken Spalte unzählige fixe Buchstabenkombinationen an, denen in der rechten Spalte jeweils der Textbaustein eines Geschäftsbriefs entsprach. In der zweiten Hälfte wurden in gleicher Weise Textbausteine alphabetisch aufgelistet und die entsprechende Kombination in der zweiten Spalte angeboten. Hatte Paul sich notiert, was er antworten wollte, suchte er in der zweiten Bandhälfte die Kombinationen aus, die seinen Text am ehesten wiedergaben, und schrieb diese auf. Auch diese exakte Arbeit gefiel ihm. Dann gings zum Telegrafenamt, um das Telegramm aufzugeben. So konnte man sehr rasch möglichst viel mit möglichst geringen Kosten mitteilen. Telegramme wurden nämlich nach Wörtern – hier also nach Fünferblöcken – bezahlt. Da wäre ein nichtchiffrierter Geschäftsbrief sehr teuer geworden. Auch Briefe wurden entworfen und provisorische Berechnungen flüchtig hingeschmiert. Bei dieser Tätigkeit entstanden bei Paul wie bei Max viele Abschriften, Entwürfe und Notizen – und wieder Abschriften und Entwürfe und Notizen. Dieses ganze Papier flog nach Gebrauch in elegantem Bogen in den grossen, weidengeflochtenen Papierkorb. Der stand an der Seite zwischen den beiden Pulten und wurde alle zwei Wochen beim Reinemachen geleert.

In der Mitte zwischen den Pulten befand sich auch etwas anderes: eine grosse Schachtel «Corona»-Zigarren, aus der sich die Herren nach Belieben bedienten. Im Duft der Zigarren werden Paul und Max gewiss auch viel miteinander gesprochen haben: übers Geschäft und verschiedene Angebote und Preise. Auch über anderes, etwa über den vergangenen Sonntag oder Familiengeschichten, worüber man eben so sprach, wenn man ein Büro teilte. Aber wie vertrauensvoll mochten diese Gespräche gewesen sein? Blieb im Hintergrund nicht jene Spannung, die schon 1926 an den Tag getreten war?

Max begab sich immer wieder auf Geschäftsreise nach Deutschland. Zu Beginn der 1930er-Jahre muss er begonnen haben, bei dieser Gelegenheit einen kleinen Koffer mitzuführen. Im Badischen Bahnhof, auf deutschem Territorium also, muss er sich in einen Raum begeben haben. Diesen verliess er ohne Koffer, aber eingekleidet in die braune Parteiuniform der NSDAP. Die Geschäftsreise konnte bisweilen bis nach Berlin führen, wo Max auch anderen Geschäften nachging. Wann wohl hat Paul diese Machenschaften bemerkt?

Im Lauf des Jahres 1933 muss sich Max' Verhalten zusehends verändert haben. In Deutschland war Hitler an die Macht gekommen. Max wurde immer fiebriger und merkwürdig aktiv. Er wird wohl auch als Direktor herrischer aufgetreten sein. Die nationalsozialistische Bewegung hatte ihn voll ergriffen. Er zweifelte nicht daran, dass hier die Zukunft lag. Weil er davon überzeugt war, dass die Sache des Nationalsozialismus siegen und Deutschland den Lauf der Dinge endgültig in die Hand nehmen würde, bemühte er sich nicht mehr, seine politische Einstellung zu verbergen. Er war von der Sache völlig in Beschlag genommen und dachte an nichts anderes mehr. Und so begann er, auch im Kontor für die Partei zu arbeiten. Paul muss das, zunehmend alarmiert, verfolgt haben. Max, in seiner Siegesgewissheit, bemühte sich nicht mehr um Geheimhaltung. Seine Entwürfe zerriss er lässig, bevor er sie in den Papierkorb warf, und liess auch gelegentlich etwas auf seinem Schreibtisch liegen. Ja, vielleicht bereitete es ihm sogar Vergnügen, Paul, dessen franzosenfreundliche Einstellung er kannte, zu reizen.

Und Paul, was konnte er dagegen tun? Max offen zur Rede stellen, ihn gar aus dem Geschäft werfen, das war ein Ding der Unmöglichkeit. Max war der Direktor seiner Familienfirma. Seine viel älteren Schwestern und andere Verwandte waren mit

Aktien beteiligt. Nie könnte er, der Jüngste, bei einer Generalversammlung gegen sie aufkommen. Eine offene Konfrontation würde die Firma nicht überstehen. Aber Paul wollte wenigstens in Erfahrung bringen, was sich da bei Max tat.

An einem Freitag, Max hatte sich für ein längeres Wochenende verabschiedet, durchstöberte Paul die Mappen, in denen Max seine Korrespondenzen abzulegen pflegte. Sie waren angeschrieben mit «Gütermann», «Steffen», «Köln-Rottweil» et cetera. Und da war eine ohne Anschrift. Paul klappte sie auf, und sein Herz begann zu pochen: Da war ein Brief von niemand anderem als dem bekannten und verhassten Wilhelm Gustloff, datiert vom 7. Oktober 1933. Paul setzte sich hin und las. Aus dem recht persönlich gehaltenen Inhalt konnte er entnehmen, dass Max schon längere Zeit mit diesem in Kontakt stand. Offenbar hatte er Gustloff ermunternde Worte geschrieben, für die sich Gustloff bedankte. Sie hätten ihm in seinem Herzeleid wegen Parteigenosse Gilfert wieder Mut gemacht. Paul, der ein regelmässiger Leser der NZZ war, wird wohl dort von der Affäre Gilfert erfahren haben. Dieser hatte als Landespropagandaleiter und Herausgeber der neu geschaffenen Wochenzeitung *Der Reichsdeutsche* seit dem 1. Mai die Gleichschaltung der deutschen Vereine propagiert und sich in Zürich unvorsichtig exponiert. Er war wegen landesschädlicher Aktivitäten angezeigt worden, und die Kriminalpolizei hatte sich für ihn zu interessieren begonnen. Da hatte sich Gilfert nach Deutschland abgesetzt und von dort Gustloff berichtet, dass er als Schriftleiter zur Tageszeitung *Der Führer* in Karlsruhe berufen worden sei. Gustloff hatte seinen wichtigsten Gefährten verloren.[48] Aber, so las Paul weiter, Gustloff hoffte auf den kommenden Botschafter. Es war ihm zuwider, den ganzen Brief abzuschreiben. Er fasste das Wesentliche zusammen.

Das zweite Blatt enthielt den Entwurf eines Briefs an das Aussenpolitische Amt der NSDAP in Berlin, den Max – so

Schattenduell im Kontor

notierte es Paul – am 10. Oktober abgeschickt hatte. Je mehr er las, desto mehr wurde ihm bewusst: Da wurde den eidgenössischen Behörden eine Falle gestellt! Höchst alarmiert schrieb Paul den Brief wortgetreu ab, soweit er die hingeworfenen Schriftzeichen lesen konnte. Wo er unsicher war, setzte er in Klammern ein Fragezeichen. Auch die Streichungen erschienen ihm wichtig, und so gab er diese ebenfalls wieder:

«Saurenhaus an Aussenpolitisches Amt der
N.S.D.A.P. Berlin
Betr.: Abteilung Organisation
Zunächst erlaube ich mir Herrn Schumann und
Herrn Zelger (?) meinen verbindlichsten Dank
für die freundliche Aufnahme während meines Aufenthaltes in Berlin auszusprechen.
In Ergänzung meiner mündlichen Ausführungen
möchte ich mir nochmals gestatten darauf hinzuweisen, dass es für uns Auslandsdeutsche, der wir
der Nat. soz. deutschen Arbeiter Partei angehören,
eine ausserordentliche Beruhigung sein würde,
wenn der Landesgruppenführer der Schweiz der
N.S.D.A.P., Pg. Gustloff, durch Übertragung des
Konsulates in Davos (ev. auch nur als Honorarkonsul) eine amtliche Stellung erhalten würde.
Wir Auslandsdeutsche in der Schweiz sind fast ausschliesslich [in] festem Beruf oder als Angestellter
tätig. Täglich erleben wir wegen der Tatsache,
dass wir der N.S.D.A.P. angehören, grosse Unannehmlichkeiten wie Zurücksetzungen, Angriffe etc.
Bei meiner Rückkehr finde ich wieder einen typischen Artikel der Nationalzeitung Basel, die
Zeitung mit der grössten Auflage in der Schweiz,
und der so recht zeigt, in welchen unangenehmen

Paul

Situationen wir Auslandsdeutsche Nationalsozialisten in der Schweiz stehen (?). Ich möchte Sie auf den Artikel «Achtung vor der Grenze» hinweisen. ~~Der Artikelschreiber J. B. Ruch, Ragaz, hat in einer anderen Zeitung schon einmal ausgeführt, dass die amtliche Vertretung Deutschlands~~ Besonders beachtenswert ist der letzte Abschnitt des Artikels. Der Verfasser (ein bekannter Schweizer Journalist) dieses Artikels hat die gleiche Forderung, nämlich Ausweisung der Stützpunktleiter sowie Amtswalter, ebenso in einem früheren Zeitungsartikel erhoben und gleichzeitig darauf hingewiesen, dass im Gegensatz zu der Parteiorganisation die amtlichen Vertretungen Deutschlands in der Schweiz nicht als nationalsozialistisch zu betrachten sind. ~~Sie sehen in~~ All diesen ~~Ursachen~~ Machenschaften könnte durch Ernennung des Ptg. Gustloff zum Konsul in Davos die Spitze abgebrochen werden. Wenn die Schweiz Pg. Gustloff das Exequator gibt <u>und sie wird es geben</u>, sind derartige Angriffe, die durchaus nicht vereinzelt dastehen, nicht mehr möglich.»

Das Exequatur: Die Schweiz würde also Gustloff im Amt eines Deutschen Konsuls zulassen. Das war die Falle! Und Max schien überzeugt zu sein, er unterstrich es ja, dass die schweizerischen Behörden hineintappen würden! Paul musste etwas dagegen unternehmen, und zwar rasch! Es gab noch weitere Schriftstücke. Aber Paul war durch diesen Brief so aufgewühlt, dass er sofort nach Hause wollte. Er versorgte die Papiere wieder in der Mappe und legte diese sorgfältig in den Stapel auf der rechten Pultseite zurück.

Tief besorgt radelte Paul nach Hause. Man musste Bundesbern unbedingt warnen. Aber wie? Er konnte sich mit

Schattenduell im Kontor

niemandem besprechen. Freunde, mit denen er hätte «Pferde stehlen» können, hatte er keine. Und mit dem Berner Grossrat Werner Meister, einem Cousin seiner Frau, immerhin einem Politiker, der ihm hätte raten können, war er zu wenig vertraut. Auf jeden Fall wollte er seine junge Familie da raushalten. Nachts fand er wenig Schlaf und wälzte Gedanken. Aber als er erwachte, hatte er einen Plan. Am Nachmittag fuhr er mit dem Fahrrad wieder ins Büro. Er wollte die Bundesbehörden warnen. Doch musste er vermeiden, dass man die Spur zu Saurenhaus aufnehmen konnte. Das hätte nicht nur dem Ruf der Firma geschadet. Er wollte auch sich selbst und seine Familie schützen. Bei der brodelnden Stimmung in Basel, dem impertinenten Auftreten der Nazis und den Zwischenfällen an der Grenze musste man auf alles gefasst sein. Niemand konnte abschätzen, wie stark die Partei tatsächlich war. Paul musste vorsichtig sein und vermeiden, dass die Polizei in der Wallstrasse aufkreuzte. Max hätte rasch herausgefunden, dass er es gewesen war, der ihn verraten hatte. Wer wusste schon, was die Zukunft bringen würde? Paul war vorsichtig und musste damit rechnen, dass Max sich – wer weiss – einmal revanchieren könnte. Er beschloss, Bundesbern mit einem kurzen und allgemein gehaltenen Bericht zu informieren. Und es sollte irgendwie offiziell aussehen, er wollte es daher nicht von Hand, sondern mit der Schreibmaschine tun. Die stand im Kontor, wo an diesem Samstag, es war der 14. Oktober, niemand war. Als Adressat wählte er das für die Aussenbeziehungen zuständige Departement aus. Wenn Max schon mit dem Aussenpolitischen Amt in Berlin korrespondierte, so konnte auch er ganz oben einsteigen. Im Politischen Departement würde man die Bedeutung seiner «Mitteilung» am ehesten erkennen und daraus Konsequenzen ziehen können. So schloss er den Brief: «In Ihrer Hand liegt es, die deutschen Herren in die gebührenden Schranken zu weisen» (B1). Wie im Geschäft üblich, legte er noch ein Kohlepapier und ein gelbes Blatt ein,

Paul

bevor er tippte. Das Original brachte er zur Post, das Doppel behielt er. Den Brief unterschrieb er natürlich nicht. Nun war er beruhigt. Er hatte jedenfalls seine Pflicht getan. Mit sich zufrieden, pedalte er über das Birsigviadukt nach Hause. Rechts nahte das im Bau befindliche Hallenbad Rialto, das schon über das Niveau des Viadukts hinauszuwachsen begann. Es sollte ein ultramodernes Gebäude werden, und Paul betrachtete es skeptisch. Aber nach Westen hin, über dem Basler Zoo, dem «Zolli», leuchtete ihm der herbstliche Abendhimmel entgegen, die letzten blendenden Sonnenstrahlen. Als er nun auf dem Steinenring weiterfuhr, auf die dunkel in den leuchtenden Abendhimmel ragende Pauluskirche zu, wusste er, dass linker Hand, bevor die Arnold-Böcklin-Strasse zu ihrem eleganten Schwung hin zum Bundesplatz ansetzte, das Deutsche Konsulat war. Die Eingangsseite lag bereits in tiefem Schatten. Er konnte im Dunkeln die schlaffe Hakenkreuzfahne kaum erkennen. Aber er wusste, dass sie dort hing. Diesmal fuhr er hochgemut vorbei: «Die sollen ja nicht meinen!» Es war ein für die Jahreszeit milder Samstagabend. Die Welt war wieder in Ordnung.

In den folgenden Wochen beobachtete er Max aufmerksamer. Zunächst verhielt dieser sich unauffällig. Doch nach einer Woche wurde er merkwürdig betriebsam, überlegte, ging im Kontor herum, setzte sich hin, schrieb, strich, zerriss, schrieb erneut. Bisweilen nahm er eine Arbeitsmappe zu sich, durchsuchte sie. Hatte er einen Brief gefunden, begann er eifrig zu schreiben. Am letzten Tag des Oktobers, einem Dienstag, war Max völlig aufgelöst. «Was meinen die eigentlich! Aber nicht mit mir! Ich muss unbedingt zu den Courtaulds!» Wild gestikulierend, vor seinem Pult hin und hergehend berichtete er Paul, dass die Courtaulds den Vertrag, den er mit ihnen ausgehandelt hatte, jetzt plötzlich für unpraktikabel erklärten. Wenn nicht unterschrieben würde, «verpassen wir eine grosse Chance». Paul wusste, dass die Courtaulds in Köln Kunstseide herstellten

Schattenduell im Kontor

und neu Viskose-Spinnfasern, eines der Steckenpferde von Max, produzieren wollten. «Ich fahre hin. Die müssen ja nicht glauben...» Max beschloss, am Donnerstag, also am 2. November, zu fahren. Dann hätte er den ganzen Freitag für Verhandlungen, könnte dann noch die Verwandten besuchen. Am Montag würde er wieder zurück sein.

Paul war einverstanden und zufrieden. Das war die Gelegenheit, sich Klarheit zu verschaffen. Am Freitag ging er gleich zu Max' Pult und durchsuchte den Stapel auf der rechten Pultseite. Wieder die laufenden Geschäfte in ihren Mappen. Die nicht angeschriebene Mappe war wieder da; aber sie enthielt nur zwei Briefentwürfe. Einer war an die Reichsgeschäftsführung A.K.D. Berlin gerichtet. Offenbar beobachtete Max die Einstellung von katholischen Zeitungen. Er fasste den Brief zusammen und schrieb einen Satz, der ihm auffiel, flüchtig ab:

«Reichsgeschäftsführung A.K.D. Berlin
‹der Arbeitsgemeinschaft Katholischer Deutscher›
30/X/33
Max berichtet, wie einzelne Blätter der Innerschweiz mit den nationalsoz. Ideen sympathisieren, während andere Blätter einesteils günstige Berichte bringen, dann aber auch Greuelmeldungen wiedergeben. ‹Wir Katholiken haben ein ganz besonderes Interesse, damit die nationalsoz. Ideen an Ausdehnung gewinnen, besonders dass die Länder, die an Deutschland anstossen, [sie] gerecht beurteilen. Ich trete Ihrem Verein bei und bezahle heute die 6 Frs. ein. Ich halte mich zu Ihrer Verfügung betr. Organisation und Tätigkeit›.»

Der andere Briefentwurf war wieder an Gustloff gerichtet. Paul las ihn durch. Gustloff musste über Zustände in London ge-

Paul

schrieben haben, und Max antwortete ihm. Paul konnte die Zusammenhänge nicht ganz verstehen, aber er fand eine Invektive gegen das Auswärtige Amt in Berlin doch so interessant, dass er sich hinsetzte und diese abschrieb. Den Rest fasste er zusammen:

> «Auszug aus einem Brief von Max an Gustloff vom 22. Okt. 1933
> Gustloff muss Max über ‹unglaubliche Zustände› auf der Londoner Gesandtschaft unterrichtet haben, worauf Max antwortet, er sei darüber nicht überrascht und wörtlich:
> ‹Die Herren vom A.A. [Auswärtigen Amt, Anm. d. A.] sind noch durchaus capitalistisch verfilzt und können sich an den Sozialismus, der nun einmal einen Hauptbestandteil unserer Bewegung bildet, nicht gewöhnen.
> Die Herren haben die Köpfe immer noch zu hoch. Nach der Abstimmung wird unser Führer das A.A. gewiss selbst in die Hand nehmen.›[49]
> Dann folgt ein längerer Bericht über den Aussenhandelsverband, der nun auch gleichgeschaltet ist und frägt um Erlaubnis, ob er sich [mit] der Sache im Sinne des Nationalsoz. befassen darf.»

Max erschien ihm in diesem Brief als recht fanatisch und anmassend. Aber was war das für eine «Sache», mit der er sich beim Aussenhandelsverband im «Sinne des Nationalsozialismus» befassen wollte? Paul tappte im Dunkeln. Aber er war beunruhigt.

Mehr fand er nicht. Frustriert machte er sich an seine eigene Arbeit. Als er am Mittag nach Hause wollte, den Mantel von der Garderobe nahm und sich nach vorn beugte, um ihn richtig über die Schultern zu ziehen, fiel sein Blick auf den Pa-

Schattenduell im Kontor

pierkorb. Ja, wurde der denn nicht mehr geleert? Er ging rasch zur Mutter, die ja immer noch in der Wallstrasse wohnte. Sie war etwas überrascht und erfreut über den unerwarteten Besuch. Ach ja, die Louise – das Dienstmädchen – sei ziemlich erkältet. Sie habe ihr gesagt, dass sie in der Wohnung bleiben solle und den Kontor heute nicht reinigen müsse.

Am Nachmittag radelte Paul wieder ins Büro. Er musste noch eine Antwort für Kern, seinen Vertreter in Tokio, chiffrieren. Gütermann & Cie. hatte die Offerte angenommen, und nun eilte es. Nachdem das Telegramm auf der Bahnhofpost aufgegeben war, kehrte er zufrieden ins Büro zurück. Über Mittag war ihm die Idee gekommen, sich den Papierkorb vorzunehmen. Vielleicht fand sich da etwas. Er räumte den Tisch für die «Muster ohne Wert»-Päckchen frei und leerte den Korbinhalt auf die Tischplatte. Zunächst sortierte er alle Papiere aus, die aus der Geschäftstätigkeit hervorgingen und leicht erkennbar waren. Das ging relativ schnell. Nun lag nur noch auf dem Tisch, was Max' Handschrift zeigte. Grösstenteils handelte es sich um kleine Fetzen unterschiedlicher Papierarten, die es zusammenzufügen galt, bevor es irgendetwas Zusammenhängendes zu lesen gab: ein wirres Puzzle. Für so etwas war Paul viel zu ungeduldig. Er merkte, dass er das nicht alleine zustande bringen würde und er seine Frau einweihen musste. Er steckte die Papiere und Papierchen sorgfältig in einen grossen Briefumschlag, prüfte, ob er nichts übersehen hatte, und warf den Rest in den Korb zurück.

Während sich Erica nach dem Abendessen noch mit der Köchin unterhielt, der Hausangestellten die Anweisungen für das Wochenende gab und die Kinder zu Bett brachte, breitete Paul den Inhalt des Kuverts auf dem Tisch aus. Erica war eine praktische Frau. Sie würde ihm gewiss helfen können. Sie war schon ziemlich besorgt, als er ihr berichtete, was da alles im Kontor ablief. Noch während er erzählte, begann sie, die Fetzen mit den Zeigefingern zu ordnen, geschickt, wie sie es in der

Küche beim Sortieren der Linsen gewohnt war. Und nun arbeiteten beide bis tief in die Nacht hinein konzentriert über den Tisch gebeugt. Zunächst kamen sie gut voran. Einige grössere Fetzen liessen sich leicht zusammenfügen, und Paul fixierte das Ergebnis mit Klebestreifen. Als sie ein erstes Schriftstück zusammengesetzt hatten, lasen sie:

«N.S.D.A.P., Ortsgruppe Basel
Kassenwart:
Max Saurenhaus, Basel
Gundeldingerstrasse 190
Postcheckkonto Basel V 10030
Sehr geehrter Parteigenosse/genossin!
Bei Durchsicht meiner Kassenkartei finde ich, dass bei Ihnen noch folgende Beiträge rückständig sind:
Da ich in kurzer Zeit mit der Landesgruppe abrechnen muss, bitte ich, mir umgehend die entsprechende Ueberweisung zugehen zu lassen. Einzahlungsschein füge ich bei.
Nach Eintreffen der Ueberweisung werde ich Ihnen die Beitragsmarken sofort übersenden.
Sollten Sie aus irgend einem Grunde Ausstand wünschen, so bitte ich um Ihre Mitteilung. Nach der Anweisung der Reichsleitung der N.S.D.A.P. ist ein Pg., der infolge Erwerbslosigkeit nicht in der Lage ist, seiner Beitragspflicht nachzukommen, von der Beitragszahlung während der Dauer der Erwerbslosigkeit befreit. In einem solchen Falle ist jedoch eine kurze Mitteilung an den Ortsgruppenleiter oder mich notwendig.
Heil Hitler!»

Schattenduell im Kontor

Es war ein mit Wachsmatrize vervielfältigter Text. Beim Hitlergruss Maxens Unterschrift mit Blaustift, darunter sein privater Stempel: MAX SAURENHAUS, Basel, Gundeldingerstrasse 190. Unten auf der Seite prangte ein Rundstempel, der über dem Wort «Kassenwart» einen Adler zeigte, der ein Hakenkreuz mit Lorbeerkranz in den Krallen hielt. Am Rand des Rundstempels die Umschrift «Nationalsoz. Deutsche Arbeiterpartei * Ortsgruppe Basel *».

Damit war Max also die ganze Zeit beschäftigt? Den Stempel hatte Paul noch nie gesehen. Wo war der bloss? In Paul stieg die Wut hoch. Sie wendeten das Blatt und sahen einen Entwurf:

«1. Konsulate
2. Ortsgruppen N.S.D.A.P.
3. Deutsch/schweizerische Handelskammer
4. Leipziger Messeamte
5. Deutsches Ausland Institut
Sehr geehrter Herr Doktor!
~~wie Ihnen jedenfalls bekannt, bin~~
Der Landesgruppenleiter der N.S.D.A.P. Landesgruppe Schweiz hat mich zum Wirtschaftsberater ernannt und gleichzeitig beauftragt, einer Anregung des Aussenhandelsverbandes Berlin Folge zu leisten.
In der Anlage ~~gestatte~~ ich mir Ihnen die Abschrift eines Schreibens
Sehr geehrte Herren Parteigenossen
~~In Anlage sen~~
~~Der Landesgruppenleiter der N.S.D.A.P.~~
~~Herrn~~
Pg. Gustloff hat mich zum Wirtschaftsberater der ~~Landesgruppe~~ N.S.D.A.P. der Landesgruppe Schweiz ernannt.»

Paul

Offensichtlich wusste Max nicht, wie er eine Bekanntmachung formulieren sollte. Max ein «Wirtschaftsberater»? Die nächsten Schnipsel, die Erica zusammensetzte, zeigten das gleiche Formular, auf der Rückseite wieder ein Entwurf, dass «Pg. Gustloff» ihn zum Wirtschaftsberater der N.S.D.A.P. Landesgruppe Schweiz ernannt habe, nur wenige meist durchgestrichene Zeilen. War Max von dieser Ernennung so beeindruckt, dass er kaum Worte fand, das angemessen mitzuteilen? Paul schüttelte nur den Kopf. Erica hatte sich das Erscheinungsbild des Formulars gemerkt, und so dauerte es nicht lange, bis das nächste Exemplar zusammengesetzt war. Sie drehten es um. Das schien das Endprodukt der Entwürfe zu sein. Nur wenige Streichungen und am Ende «Heil Hitler!»:

«Sehr geehrter Herr Parteigenosse,
Pg. Gustloff hat mich zum Wirtschaftsberater der NSADP Landesgruppe Schweiz ernannt.
In der Anlage gestatte ich mir Ihnen die Abschrift eines Schreibens des Aussenhandelsverbandes E.V. Berlin zur [unlesbar] Kenntnisnahme zu übersenden. Der Landesgruppenleiter hat mich beauftragt die im vor die vom Auslandhandelsverband angeregte Angelegenheit zu bearbeiten.
Ich bitte, mir mitzuteilen, ob die dortige Ortsgruppe in der Lage ist in der Angelegenheit die vom Aussenhandelsverband angeregte weise gewünschten Unterlagen für aus dem dortigen Bezirk zu beschaffen, nämlich.
1.
2.
3.
Ich würde es für ratsam halten, die Sache einem zuverlässigen Pg., vielleicht am besten durch einen

Schattenduell im Kontor

Kaufmann, bearbeiten zu lassen. Die Unterlagen für Punkt 3 könnte allenfalls [?] der Pressewart liefern.
Zum Schluss bitte ich, die Angelegenheit durchaus vertraulich zu behandeln.
Ich sehe gern Ihrer vorläufigen Nachricht entgegen und ich zeichne mit
Heil Hitler!»

Jetzt waren sie alarmiert. Was war da los? Was bedeutete diese Auflistung ohne Inhalt? Um was für eine «Angelegenheit» ging es, die da vertraulich behandelt werden sollte? Paul legte seine Abschrift vom Vormittag auf den Tisch. Der «gleichgeschaltete Aussenhandelsverband», die «Sache», «im Sinne des Nationalsozialismus»: War das die «Angelegenheit», die von den «Ortsgruppen» bearbeitet werden sollte? Es ging nun schon gegen Mitternacht. Es lagen noch viele Fetzen auf dem Tisch. In dieser Nacht noch weitermachen? Sie konnten nicht mehr. Erica räumte die Resten auf ein Tablett und schob dieses oben auf den Esszimmerschrank. Sie waren müde. Dennoch fanden sie kaum Schlaf.

Am Samstag konnten sie es kaum abwarten; Erica musste den Haushalt organisieren, mit der Köchin die Mahlzeiten des Wochenendes besprechen und die Einkäufe erledigen. Paul wandte sich nach der Lektüre der Morgenausgabe einem Buch zu und spielte mit den Kindern. Am Nachmittag machte die ganze Familie einen Spaziergang in den «Zolli». So rannen die Stunden dahin. Zu Hause fiel der Blick immer wieder auf das Tablett oben auf dem Schrank. Heute mussten die Kinder früh zu Bett, und auch die Gutenachtgeschichte fiel etwas kürzer aus als sonst. Nur das Nachtgebet war so lang wie immer. Dann sassen Erica und Paul wieder am Tisch und breiteten die Fetzen aus.

Das nächste Puzzle ergab wieder einen Entwurf für das Rundschreiben, das sie schon kannten. Eines war der Anfang eines Briefs an Ortsgruppenleiter Ernst Böhmer. Bemerkenswert war hier immerhin, dass er als Briefkopf den Kassenwart-Rundstempel der NSDAP zeigte. Erica bemerkte, wie auffällig unterschiedlich die restlichen, teilweise ganz kleinen Papierfetzen waren. Sie hatte sie, wie am Vorabend, mit der Maschinenschrift nach oben hingelegt. Viele wiesen einen maschinengeschriebenen Text mit kleinem Zeilenabstand auf. Bei anderen waren Stempelteile und die in weiterem Abstand geschriebenen Zeilen des bekannten Formulars zu erkennen. Sie sortierten sie nach diesem Kriterium. Sie begannen mit jenen, die zum Formular gehörten, was einfacher war. Nachdem sie die Fetzen in die richtige Ordnung gebracht und zusammengeklebt hatten, lasen sie:

«Lieber Pg. Gustloff!
wegen In der Sache Aussenhandelsverband möchte ich mich laut beiliegendem Schreiben zur Mitarbeit an die Ortsgruppen bez.w. Stützpunkte der N.S.D.A.P. Landesgruppe Schweiz wenden.
Würden Sie mir bitte die Anschriften [der] einzelnen Ortsgruppen – usw. mitteilen ev. unter Angabe der Anschrift der Kreisleiter mit Angabe, welche Ortsgruppen pp.[?] den Kreisleitern unterstehen. Soweit Kreisleiter vorhanden sind, leite ich die Schreiben über die Kreisleiter. Falls Sie es wünschen, kann auch die ganze Sache über die Landesgruppe geleitet werden. Sie müssten mir nur in diesem Falle angeben, wieviel solcher Schreiben ich Ihnen zusenden soll.
Mit herzlichen Grüssen von Haus zu Haus
Heil Hitler
MS»

Schattenduell im Kontor

«Von Haus zu Haus» – die scheinen ja recht familiär miteinander zu sein, fuhr es Paul durch den Kopf. Aber mehr sorgte ihn, dass Max etwas sehr eilig voranzutreiben schien, von dem Paul nicht wusste, was es war. «In der Sache»: Wieder wurde sie nicht ausgeführt, als würde Max und Gustloff ein Geheimnis teilen, das sie unbedingt bewahren wollten.

Jetzt nahmen sie sich die Stücke der eng mit Maschine beschriebenen Rückseite vor. Es waren nur noch kleinste Fetzen, die höchstens ein paar Worte in der etwas wilden Schrift von Max aufwiesen. Das war nun wirklich Feinarbeit. Etwas, was Erica gerne tat. Wo die maschinenschriftlichen Buchstaben und Linien zusammenpassten, fixierte sie das Resultat sorgsam mit Rabattmarken von Merkur und Courvoisier. Diese Detektivarbeit hatte sie so sehr gepackt, dass sie sogar die Rabattmarken drangab, obwohl diese ein wichtiger Zustupf zum Haushaltsgeld waren. Mit diesen Märchen liess sich im ganz Kleinen gut arbeiten. Der Text, die Offerte eines Basler Elektrogeschäfts, wurde natürlich verdeckt, aber der interessierte ja nicht. Als endlich das ganze Blatt rekonstruiert war, wendete Paul es sorgfältig. Der Brief war am letzten Sonntag, am 28. Oktober, geschrieben worden. Sie lasen:

> «Lieber Herr Gustloff, sehr geehrter Herr Parteigenosse
> Für Ihre freundlichen Zeilen vom 27. ds. Mts. sage ich Ihnen meinen besten Dank. Die Verzögerung in der Beantwortung kann ich mir durchaus erklären. Wenn ich bedenke, welche Unmenge von Arbeit allein die hiesige Ortsgruppe gibt und all dieses Material der zahlreichen Ortsgruppen, Stützpunkte usw. aus der Schweiz bei Ihnen zusammenkommt und bearbeitet sein will, so ~~weiss~~ bin ich mir klar, welche Arbeitsmenge sie am

Paul

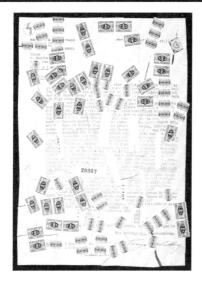

Max Saurenhaus verspricht «Genosse Gustloff» treue Gefolgschaft. Der in kleinste Schnipsel zerrissene Brief wurde auf der Rückseite mit Rabattmarken zusammengeklebt.

Schattenduell im Kontor

~~Hals haben~~ zu bewältigen haben, zumal Sie offenbar ausser von Ihrer Frau Gemahlin noch keine richtige ~~Mitarbeiter Unterstützung haben Mitarbeiter gefunden haben~~ Unterstützung finden.
Ich nahm davon Vormerkung, dass Sie damit einverstanden sind, ~~dass ich~~ dem Ansuchen des Aussenhandelsverbandes E.V. Berlin ~~entspreche~~ stattzugeben. Ich werde verlangen, dass der Inhalt meines Berichts gegenüber den deutschen Amtsstellen in der Schweiz geheim gehalten wird. Wünschen Sie von dem gesamten Briefwechsel mit dem Aussenhandelsverband in dieser Sache, sowie von meiner Korrespondenz mit der deutsch/schweizerischen Handelskammer, den deutschen Amtsstellen in der Schweiz usw. Briefdurchschläge oder genügen Briefcopien bei besonders wichtigen Fragen oder etwa alle drei Monate ein Bericht über den Stand der Angelegenheit. Ich bitte Sie höflich, mir darüber Bescheid zu sagen. Um gegenüber den genannten Stellen (Deutsch/schweizerische Handelskammer, Vertreter Leipziger Messeamt, deutsche Konsulate usw.) ~~in meiner … auftreten~~ bei meinen Unterhandlungen aktiv legitimiert zu sein, würde es ratsam sein, wenn Sie mich zum Wirtschaftsberater der ~~Landesgruppe~~ N.S.D.A.P. Landesgruppe Schweiz ernennen würden. Bei jedem Gau in Deutschland ist ein Wirtschaftsberater vorhanden, so dass auch für die Schweiz eine solche Stelle durchaus berechtigt ist und sicherlich auch im Interesse der Landesgruppe liegen würde. Ich wäre Ihnen zu ausserordentlichem Dank verbunden, wenn Sie mich zum Wirtschaftsberater ~~der NSDAP~~ er-

Paul

nennen würden und Sie können versichert sein, dass Sie einen stets treuen und zuverlässigen Mitarbeiter an mir finden werden, der mit Ihnen durch dick und dünn geht.
Mit vielen herzlichen Grüssen von Haus zu Haus
Ihr M»

War Max denn von allen guten Geistern verlassen? Er war ja ein Nazi, das wussten sie. Aber dass er so weit gehen würde? Sie konnten es kaum glauben. Und wieder war nicht zu erfahren, um was es dabei ging. Aber es schien sich um etwas Grosses, Gefährliches zu handeln. Es sollte ja geheim bleiben.

Nun war der Tisch leer. Die Uhr zeigte schon gegen Mitternacht. Sie waren erschöpft und aufgewühlt. Paul sah nun genug Anlass gegeben, im Kontor ohne schlechtes Gewissen aufs Ganze zu gehen und auch die Schubladen zu durchsuchen. Er musste unbedingt fündig werden, und es eilte. Am Montag würde Max zurück sein. Sie beschlossen also, dass Paul morgen ins Büro gehen würde. Der Schlüsselbund des verstorbenen Vaters, der zu allem Zutritt gab, musste noch in der Diele der elterlichen Wohnung sein. Paul würde zunächst bei der Mutter vorbeischauen müssen, am besten nach dem Mittagessen zu einem Kaffee. Er müsste nachsehen, ob der Schlüsselbund noch am Schlüsselbrett hing. Als sie im Bett lagen und langsam in den Nebel zwischen Wachen und Schlaf sanken, hofften sie beide, dass dem so sei.

Und es war so. Daher sehen wir Paul am Sonntagnachmittag direkt auf Maxens Pult zugehen und die Schlüssel ausprobieren. Nicht lange, und er hatte alle Schubladen herausgezogen. Aufgeregt hob er Mäppchen und Wachshefte an, nahm die Unterfächer heraus, um darunter zu schauen, schob sie zurück, blätterte Hefte und Geschäftsmappen durch und legte sie sorgfältig an ihren alten Ort. Es raschelte und rumpelte. Plötzlich war es still. Paul hielt eine Mappe in der Hand und blätterte

Schattenduell im Kontor

deren Inhalt langsam durch. Da waren die Briefe, die er bereits auf dem Pult vorgefunden hatte. Und da war der Brief des Aussenhandelsverbands Berlin, adressiert an den Konsul Max Saurenhaus. Die drei Punkte stachen ihm sofort ins Auge, diesmal mit Inhalt. Paul überflog sie und wurde bleich. Da sollten offensichtlich schwarze Listen erstellt werden. Paul war empört. Was nehmen die sich heraus! Das musste unbedingt gemeldet werden.

Paul ging eilig zur Schreibmaschine, spannte das karierte Blatt ein, auf dem er eigentlich Notizen machen wollte, und begann mit pochendem Herzen sorgfältig zu tippen. Er suchte auch die Briefgestaltung wiederzugeben, was mühsam war. Er tippte zunächst: «Abschrift» und unterstrich es. Mühsam brachte er das Datum, den Absender, die Adresse und die internen Angaben «J.Nr. Dr.N./Pf.» an die Stelle, wo sie im Original standen, dann schrieb er den Text ab. Bei der Gestaltung der drei Punkte hatte er wieder Mühe, aber er brachte es schliesslich zustande:

> «1. eine Liste solcher Firmen und Vertreter, von denen bekannt ist, dass sie mittelbar oder unmittelbar zum Boykott deutscher Waren auffordern
> 2. eine Liste von zuverlässigen und geschäftstüchtigen Vertretern, wenn möglich arischer Abstammung, möglichst nach Branchen geordnet
> 3. Listen von Zeitungen
> a) deutsch-freundlichen
> b) deutsch-feindlichen»

Den weiteren Text konnte er mühelos abtippen. Zufrieden betrachtete er das vollbrachte Werk. Er wollte das Blatt schon in die Mappe zurücklegen, da bemerkte er, dass Max gleich auf der Rückseite eine Liste von Adressaten erstellt und einen Entwurf begonnen hatte, aber schon nach der Anrede und dem ersten

Paul

Satz abgebrochen hatte. Hatte er es so eilig gehabt? Er tippte auch das ab:

> «an Konsulate
> Ortsgruppen der N.S.D.A.P.
> deutsch-schweizerische Handelskammer
> Leipziger Messamt
> Deutsche Auslandsinstitute
> Sehr geehrter Herr Dr.
> Der Landesgruppenleiter der N.S.D.A.P. Landesgruppe Schweiz hat mich zum Wirtschaftsberater ernannt und gleichzeitig beauftragt, einer Anregung des Aussenhandelsverbandes Berlin Folge zu leisten»

Nun konnte er das Schreiben in die Mappe zurücklegen und blätterte weiter. Er fand nochmals Briefe von Gustloff. Paul überflog sie. Da war Gustloffs Brief vom 27. Oktober, der die Geheimhaltung der Aktion empfahl. Paul schrieb den entscheidenden Satz ab:

> «Bitten möchte ich Sie, dem Gesuch der Aussenhandelsvertretung zu entsprechen, allerdings würde ich raten, dem Verband zu schreiben, dass Ihre Auskünfte gegenüber den Amtsstellen in der Schweiz (Konsulate etc.) streng geheim zu halten sind, da diese nicht als verlässig bezeichnet werden können.»

Mindestens diesen Satz musste er ebenfalls melden. Und da war Max' Entwurf für ein Antwortschreiben an den Aussenhandelsverband. Auch hiervon schrieb Paul wenigstens den Haupttext von Hand ab. Das ging schneller. Ein Datum fehlte,

Schattenduell im Kontor

aber es musste der Lage der Dinge nach Ende Oktober/Anfang November sein:

> «Wir kommen zurück auf Ihr gesch. Schreiben vom 19. v. M. Ohne Zweifel ist unbedingt eine Gegenmassnahme gegen die gegen Deutschland gerichtete Boykottbewegung dringend erforderlich. Es wird von gewissen Kreisen geheim aber sehr stark gegen Deutschland gearbeitet und zwar ist in der letzten Zeit eher eine Verschärfung festzustellen als ein Abflauen des Boykotts. Wir sind gerne bereit, die von Ihnen angeregte Arbeit durchzuführen. Auf Wunsch des Landesgruppenführers in der Schweiz der N.S.D.A.P. müssen wir aber zur Bedingung machen, dass den amtlichen deutschen Stellen im Ausland (deutsche Konsulate, Gesandtschaften usw.) das von uns zur Verfügung gestellte Material nicht zur Kenntnis gebracht wird. Der Landesgruppenführer der Schweiz hat diese Anregung nach reiflicher Überlegung getroffen. Wir haben auch mit einem Konsulat in der Schweiz die denkbar schlechtesten Erfahrungen gemacht. Wir würden überhaupt empfehlen, die Sache vertraulich zu behandeln, da es nicht im deutschen Interesse liegt, dass Ihre Schritte an der Öffentlichkeit bekannt werden.»

Noch gab es weitere Briefe. Paul sah, dass sie nicht mit dieser Sache zu tun hatten, und wollte die Mappe schliessen. Doch da war noch die Antwort des Aussenamts auf Max' Insistieren auf dem Konsulat für Gustloff vom 26. Oktober. Er schrieb wenigstens den wichtigsten Satz eilig ab.

Paul

«Antwort des A.P. der N.S.D.A.P. in Berlin vom
26. Oktober 1933:
‹Was die Übertragung des Konsulats in Davos an
Pg. Gustloff anbetrifft, so muss das Aussenpolitische Amt aus finanziellen Gründen auf diese Neueinrichtung verzichten. Pg. Gustloff bleibt aber
für diesen Posten vorgemerkt.›»

Nun war es schon später Nachmittag, als er das Büro verliess.
Alles lag wieder an seinem Platz. Den Schlüsselbund sperrte er
in sein Pult. Er würde ihn irgendwann unauffällig zurückbringen
müssen.
 Abends sass Paul mit Erica im Salon und besprach mit ihr
den Fund. Eigentlich hätte er seine Frau wieder aus der Sache
raushalten wollen. Aber sie hatte sich so sehr bemüht, sie wollte
es wissen. Sie lasen den Brief des Aussenhandelsverbands aufmerksam durch. Erica war zusehends alarmiert. «Das kann auch
gegen dich gehen, Paul, du musst aufpassen!» Paul hatte sich
seit dem Nachmittag fassen können. Jetzt wiegelte er ab. Es geht
ja eigentlich nur um Vertreter von deutschen Firmen, das konnte
ihn doch nicht betreffen. «Aber ich muss es unbedingt melden.»
Erica insistierte: «Was hindert Max daran, dich auf die schwarze
Liste zu setzen? Warum ist er denn so eifrig dabei?» Paul müsse
das mit jemandem besprechen. «Aber mit wem denn?» Auch
Erica wurde sich bewusst, dass sie nicht mehr auf ihre früheren
Bekanntschaften zurückgreifen konnte, dass sie beide, ohne die
nötigen Beziehungen, allein dastanden. An diesem Sonntag-
abend gingen sie besorgt zu Bett. Paul konnte nicht schlafen.
 Die Befürchtung Ericas wollte nicht aus seinem Kopf.
Es wäre doch möglich... Wenn sich die Umstände ergaben...
Wer wusste schon, wie es kommen würde... Wenn Krieg aus-
bräche und Hitler die Schweiz besetzte... Aber doch nicht...
Aber wenn es doch... Die Firma M. Marchal war doch keine

Schattenduell im Kontor

deutsche Firma ... Allerdings, wenn Max wollte, konnte er sie als eine deutsche ... Doch nicht ... Oder doch ... Max war der Direktor, seine Frau Erna war ebenfalls deutsche Staatsangehörige ... Seine älteste Schwester Maria? Sie war französische Staatsangehörige ... Alice, die jüngste Schwester? Sie war ja Musikerin, lebte in einer ganz anderen Welt ... Paul wälzte sich im Bett. Es wollte einfach nicht ruhig werden in ihm. Max, der bereit war, mit Gustloff durch dick und dünn zu gehen. Mit diesem Fanatiker. War er nicht zu allem fähig? Und warum betrieb er diese «Angelegenheit» mit solchem Eifer? Wies das nicht auf ein ganz persönliches Interesse hin? Paul erinnerte sich an die Auseinandersetzungen im Kontor, die immer wieder aufkamen. Diese Kunstseide ... Max, der den Handel mit deutschen Firmen bevorzugen wollte ... Kunstseide ... Er könnte vielleicht versuchen, ihn auszubooten. Durch dick und dünn ... Er könnte, wenn die Umstände gegeben waren, alles behaupten ... Paul als deutschfeindlicher Vertreter in seiner deutschen Firma? Unmöglich, sie waren ja im schweizerischen Handelsregister ... Aber wenn sich alles veränderte? Wenn Hitler ... Max konnte schon impertinent ... Durch dick und dünn ...

Als er am Morgen aufwachte, drehten diese Gedanken wieder in seinem Kopf. Er war sich nun ziemlich sicher, dass Max liebend gerne etwas gegen ihn unternehmen wollte, wenn er könnte. Paul sah sich vor einer existenziellen Gefahr. Er musste sich unbedingt einen Gegenzug ausdenken.

Im Kontor sass Paul am Montagmorgen an seinem Pult, die Zigarre zwischen den Lippen, und las wie gewohnt in einem der Handelsblätter. Wieder verglich er die Angebote, die Einschiffungstermine und orientierte sich über allgemeine Entwicklungen. Als Max mit knappem Gruss eintraf und Mantel und Hut in die Garderobe hängte, fragte Paul beiläufig: «Nun, wie wars in Köln?» – «In Köln?» Paul gab vor, konzentriert zu lesen. Max ging zu seinem Pult. «Ach ja, die Courtaulds. Ich hab sie kleingekriegt.» Und nun singend: «Sie werden unterschreiben.» Es brauche nur noch eine Sitzung des Verwaltungsrats. Paul blieb in seine Zeitung vertieft, schaute nicht auf. Max griff demonstrativ vergnügt in die Zigarrenkiste, zündete sich theatralisch seine «Corona» an und setzte sich an sein Pult – und Paul wusste, dass Max nicht in Köln gewesen war.

Am Nachmittag ging Paul nicht ins Geschäft. Er ging spazieren. Die Sonne schien blass durch die steigenden Nebelschwaden. Es war kühl. Spätherbst. Am Bachgraben konnte man ruhig und ungestört gehen und über die Wiesen und Äcker in die elsässische Ebene hinausschauen – und man konnte überlegen. Mit der Zeit ordneten sich seine Gedanken. Zunächst der Adressat. Er würde an die gleiche Stelle in Bern schreiben, von der er annahm, dass sie aufgrund seines ersten Schreibens die Sache mit dem Davoser Konsulat verfolgen würde. Paul würde einen nüchternen Bericht über den Ablauf machen, wie er ihn jetzt rekonstruieren konnte. Er würde mit dem Konsulat beginnen und das Antwortschreiben des Aussenamts zitieren, das er am Sonntag ebenfalls abgeschrieben hatte. Das Zitat würde die Glaubwürdigkeit der ersten Mitteilung erhöhen und die Verbindung zu dem herstellen, was er jetzt zu melden hatte. Dann würde er den Brief des Aussenhandelsverbands vollständig zitieren, das würde bestimmt die Alarmglocken in Bern zum Schrillen bringen. Anschliessend würde er Max' Anfrage an Gustloff erwähnen, mit der Ernennung des Kassenwarts zum Wirtschaftsberater durch Gustloff weiterfahren und dessen Rat um Geheimhaltung wörtlich zitieren, ebenso die Antwort Maxens an den Verband. Am Ende würde er darauf hinweisen, dass die verschiedenen Ortsgruppen zur Mitarbeit aufgefordert würden. Das schien ihm überzeugend zu sein. Und Saurenhaus? Nennen konnte er ihn nicht. Er wollte den Namen verbergen und gleichwohl so auf Max hinweisen, dass man ihn finden könnte. Wenn Max ihn schon auf die künftige schwarze Liste gesetzt hatte, konnte

Schattenduell im Kontor

er es ihm mit einer verdeckten Anzeige heimzahlen. Er hielt inne, schaute hinaus in die Weite, wo fern aus dem Dunst der Kirchturm von Blotzheim herübergrüsste, das Laub raschelte im Wind. Paul überlegte. Am besten würde er nur von der Ortsgruppe Basel oder von «Basel» sprechen. Die vom Aussenhandelsverband benutzte Adresse musste er ja nicht wiedergeben, er konnte einen «Herrn X» einsetzen. Aber wie nun Max in den Fokus rücken? Und zwar so, dass Max nicht erkennen konnte, dass der Hinweis von ihm kam? Er überlegte. Die Felder vor ihm leuchteten im müden Licht etwas auf, eine Nebelschwade war weggezogen. Da kam ihm der Einfall, sein Schachzug: Er würde darauf hinweisen, dass ein Vorsteher der NSDAP Ortsgruppe Konsul von Nicaragua in Basel sei.[50] Aber nein, Paul machte einige bedächtige Schritte, das wäre vielleicht zu direkt und könnte Saurenhaus auffallen. Besser, er schriebe bloss, Konsul eines unbedeutenden überseeischen Staates. Das würde die Ermittlungen in Basel gewiss stark eingrenzen und man könnte leicht auf Nicaragua und Saurenhaus kommen, ohne dass die Firma M. Marchal in Mitleidenschaft gezogen würde. Und die Verbindung zwischen dem Kassenwart in Basel und dem Wirtschaftsberater für die Schweiz könnte man ja auch irgendwo anders herausgefunden haben. Das wars. Nun schritt Paul rascher aus. Er wollte nach Hause, wollte den Brief entwerfen.

So schnell ging es allerdings nicht. Er musste auf eine günstige Gelegenheit warten, wenn Max ausser Haus war. Und er feilte noch weiter am Brief. Am Mittwoch musste Max an irgendeine Sitzung, er hielt sich da immer bedeckt. Paul wars recht. Er tippte den Brief ab und brachte ihn auf die Post. Doch abends begann er wieder zu grübeln. Hatte er sich nicht zu sehr verraten mit all den zitierten Briefen? Würde die Polizei Max bei einem Verhör den Brief vorlegen, würde er sofort merken, dass Paul seine Schubladen durchsucht hatte. Und andererseits, war der Hinweis auf den Konsul wirkungsvoll genug? Sollte er nicht deutlicher werden? Paul entwarf nochmals einen Brief. Kürzer, wohlformuliert, nur den Ablauf erzählen. Den Brief des Aussenhandelsverbands zitierte er wieder ganz, aber ohne Adresse und Anrede. Den Hinweis auf den Konsul baute er aber aus. Dieser habe sich der Exterritorialität seines Konsulats gerühmt und werde nun vermutlich das belastende Material dort in Sicherheit bringen. Das war deutlich genug und sollte zur Beeilung aufrufen. Den Titel «Mitteilung Nr. 2» liess er weg. Am Donnerstag ging er früh ins Büro, setzte sich an die Schreibmaschine und tippte. Als Max eintraf, war der Brief schon weit vorangeschritten. Paul liess sich nicht stören. Es kam ja auch sonst vor, dass man selbst in die Tasten schlug, wenn die Schreibkraft nicht da war und es eilte. Zur Sicherheit legte er noch einen Zettel bei, dass bei einer Befragung dieser Brief und nicht jener vom 7. November vorgelegt werden sollte. Als er auch diesen Brief zur Post gebracht hatte, nahm er sich vor, wieder nur ans Geschäft zu denken. Er hatte getan, was er tun konnte.

Der November verging, und nichts geschah. Am Montag, den 4. Dezember, berichtete die NZZ von einer sonntäglichen Kundgebung der NSDAP in der Universitätsstrasse. War Max auch dort? Paul beobachtete ihn. Er wirkte etwas abgeschlafft, blieb aber unauffällig. Am späten Samstagnachmittag, vor dem zweiten Adventssonntag, ging Paul wieder ins Büro. Max war, wie erwartet, nicht da. Paul machte sich hinter den Papierkorb. Diesmal packte er alles in einen Papiersack, denn er konnte nicht verweilen. Als er noch etwas in seinem Pult suchte, bemerkte er den Schlüsselbund. Den hatte er ganz vergessen. Er würde ihn morgen unauffällig zurückbringen. Die Familie war von seiner Mutter ohnehin zum Mittagessen und einer kleinen Adventsfeier eingeladen worden. Das kam ihm nun gerade recht. Doch jetzt zögerte er. Sollte er doch noch schnell in Max' Schublade nachsehen? Kaum zu erwarten, dass der jetzt noch kam. Er fasste sich ein Herz, er wusste ja, welche Schublade es war. Rasch schloss

Schattenduell im Kontor

er sie auf, zog die Mappe heraus. Da lag zuoberst eine Liste der – wie nannte sich das? – «Amtswalter» der NSDAP. Paul schaute zum Fenster hinaus. Kein Mensch in der Wallstrasse. Er liess das Fenster leicht geöffnet, damit er die Schritte hörte, wenn jemand sich näherte. Nun setzte er sich und schrieb so rasch er konnte die Liste ab:

«Amtswalter:
Landesgruppenführer:
W. Gustloff, Davos
Adjutant:
F. Jansen-Alder, Davos
Propaganda:
E. Kloetzel, Zürich, Ottikerstr. 61
Presse:
H. Flöter, Riva San Vitale, Tessin
Vorsteher der Uschla-Schweiz[51]:
Otto Werdle, Ragaz (Bad)
Wirtschaftsberater:
Konsul Max Saurenhaus, Gundeldingerstr. 190
Kreisleiter Mittel Schweiz:
z. Z. nicht besetzt
Kreisleiter Westschweiz:
Max Göhring Genf, 24 Av. Wilhelm Favre
Kantone Genf, Waadt, Neuchâtel, Freiburg
Bern:
E. Pafrath, Gesellschaftsstr. 37
Genf:
H. Schneider, 8 rue de la Ratissance (?)
Glarus:
Joh. Martin, Pension Heer, Rathausplatz
Lausanne:
Heinz Rudolph, Av. Grammont 10

Paul

Lugano: –
Luzern:
Franz Liebl
A. Ahrens, Pilatusstr. 18
Thun:
Pfarrer C. Dölken Thun/D ... esch[?]
Zürich:
H. Berchem, Weinbergstr. 44»

Fertig. Er legte das Original wieder in die Mappe zurück, schloss die Schublade und legte den Schlüsselbund wieder in sein Pult zurück. Er schloss das Fenster und ging.

Es ist nun schon ein bekanntes Bild: Abends, nachdem die Kinder zu Bett gebracht worden sind und die Hausangestellten sich zurückgezogen haben, sitzen Paul und Erica am Tisch, Papiere auf dem Tisch. Wieder fanden die Abrisse mit Klebestreifen zusammen. Ein zusammengeknülltes Papier erwies sich als Programm der «Amtswaltertagung» vom 2. Dezember in Zürich (13). Max war dabei. Die zusammengefügten Briefe liessen erkennen, dass Max Kontakte zu «gleichgeschalteten» Stellen aufnahm und an den Listen arbeitete (11). Ein Brief, wieder an Gustloff. Offenbar gab es Streit zwischen dem Auswärtigen Amt und dem Aussenpolitischen Amt der Partei, und Max anerbot sich, wieder nach Berlin zu fahren (12). Da war auch der Probeabdruck des offiziellen Briefkopfs der Ortsgruppe Basel, so raumgreifend, dass kaum mehr Platz für den Brief blieb. «Freiheit und Brot», von wegen. Aber nichts war zu finden, das konkret auf weitere Umtriebe in der Schweiz hinwies. Im Augenblick war noch nichts vorgefallen, was es nach Bern zu berichten gab. Paul beschloss mit dem nächsten Bericht zuzuwarten, bis Substanzielleres vorliegen würde.

*

Schattenduell im Kontor

So könnte es sich zugetragen haben. Könnte, denn ich weiss es nicht. Ich kenne nur die zusammengeklebten Resultate. Wer kann heute die Ängste, die Hoffnungen, die Befürchtungen, die ohnmächtige Wut erahnen, die damals Paul und Erica in unmittelbarer Nähe zu diesem siegesgewiss aufgeblasenen Nazi empfunden haben mögen? Ich habe versucht, ihnen nachzuspüren. Im Nachhinein weiss man, wie es mit dem Dritten Reich herausgekommen ist, und ist versucht zu fragen: Warum denn diese Aufregung? Damals war alles offen, möglich und ungewiss. Und die stürmische Aufbruchstimmung, die 1933, als Hitler die Macht ergriff, die Nationalsozialisten auch in der Schweiz erfasste, liess eher Düsteres erwarten.

*

Paul schrieb nie mehr einen Bericht nach Bern. Wie es weiterging, weiss ich nicht. Die Geschichte des Papierkorbs ist zu Ende. Es lässt sich nur feststellen, dass nichts geschah. Es gibt keine Affäre «Konsul von Nicaragua». Um Saurenhaus wird es merkwürdig still. Es scheint auch keine schwarze Liste gegeben zu haben, zumindest nicht unter Saurenhaus' Ägide. Ob er überhaupt fähig war, diese Arbeit zu leisten? Er formulierte zwar recht gestelzt, aber, soweit es sich erkennen lässt, war er ineffizient. Vielleicht gab es auch innerparteilich einen Konkurrenzkampf mit der Ortsgruppe Zürich, die nun ebenfalls einen Wirtschaftsberater haben wollte. Vielleicht wurde diese Auseinandersetzung gerade an jener Amtswaltertagung am 2. Dezember ausgefochten, und Saurenhaus konnte die Dankesrede, die er zu entwerfen begonnen hatte, gar nicht halten. Als 1934 tatsächlich solch ominöse Listen bekannt wurden, gingen diese von der Deutschen Arbeitsfront aus, die den wirtschaftlichen Nachrichtendienst übernommen hatte.[52] Als Landesgruppenverwalter der DAF erschien tatsächlich ein Mitglied der NSDAP Ortsgruppe Basel. Allein, es war nicht Saurenhaus, den Gustloff

Paul

ausgewählt hatte, sondern ein G. Schrader, der sich auch bei der
«Gleichschaltung» als effizienter erwies.[53] Wirtschaftsberater
erscheinen 1935 im Organigramm der NSDAP Schweiz nicht
mehr. Immerhin war ein Vertreter der Ortsgruppe Basel von
Gustloff zum «Kreisleiter Nordwestschweiz» ernannt worden;
aber wiederum nicht Saurenhaus, der «von Haus zu Haus» zu
grüssen pflegte, sondern ein E. Geiger.[54]

Vielleicht – so könnte es auch gewesen sein – hatte Saurenhaus etwas bemerkt und die Tätigkeit für die Partei nun, wie Paul vermutet hatte, nach Hause, ins Konsulat verlegt. Konnte Paul deshalb nichts mehr in Erfahrung bringen? Oder war die Aufbruchstimmung bei Saurenhaus verflogen, nachdem er, nach seinem Dafürhalten, bei der Ernennung auf Parteiämter von Gustloff übergangen worden war? Hat er sich ganz allgemein zurückgezogen, weil er ja die Zustände in Basel als so gefährlich beurteilte? Hier gab es nicht nur immer wieder Gegendemonstrationen, auch die Regierung wollte wiederholt die Auftritte der NSDAP einschränken. Nach Gustloffs Ermordung im Februar 1936 wird er sich wohl still verhalten oder zumindest den grossen Auftritt vermieden haben, dies umso mehr, als in Basel sogar eine Volksinitiative 1938 die NSDAP verbieten wollte.[55] Als 1941 das Deutsche Heim in der St. Alban-Vorstadt 12 mit einem grossen Anlass eröffnet wurde, verewigten sich die Gründungsmitglieder aus der Ortsgruppe mit schwungvollen Unterschriften auf den ersten Seiten. Die Unterschrift von Max Saurenhaus fehlt.[56]

Wie wird es sich im Kontor gelebt haben bei diesem Misstrauen? Schwer vorzustellen. Aber es würde etwas mehr als vier Jahre dauern, bis sich die Wege endgültig trennten. Neben der gegenseitigen politischen Verachtung wird es vor allem die Ausrichtung des Geschäfts gewesen sein, die zum Zerwürfnis führte. Paul wollte das Hauptgewicht des Geschäfts definitiv nicht auf die Kunstseide verlegen. Max wollte unbedingt das

Schattenduell im Kontor

Geschäft mit den deutschen Kunstseideproduzenten ausbauen. Es wird zu einigen Zusammenstössen gekommen sein, und vielleicht stellte Paul seinen Compagnon auch wegen dessen politischer Einstellung offen zur Rede. Zu Beginn des Jahres 1938 waren die Möglichkeiten einer erträglichen Zusammenarbeit jedenfalls ausgeschöpft. Am 3. März wurde in der Firma M. Marchal die Unterschrift des Direktors Max Saurenhaus gelöscht, und der Verwaltungsrat – Paul also – ernannte den Mitarbeiter Karl Jüngling aus Basel zum Einzelprokuristen. Am gleichen Tag ging Max Saurenhaus mit seiner Ehefrau unter der Firma Max Saurenhaus & Cie eine Kommanditgesellschaft ein, für Import und Export von Textilrohstoffen. Saurenhaus war, wie es gesetzlich vorgegeben war, unbeschränkt haftender Gesellschafter und Erna die Kommanditärin, die 10 000 Franken einschoss und die Einzelprokura erhielt. Die neue Firma wird in der Gundeldingerstrasse 190 eingerichtet, dort also, wo die Familie Saurenhaus schon lange wohnte. Schon am 22. März ist Paul wieder beim Handelsregisteramt und lässt die Umwandlung der Firma M. Marchal in eine Aktiengesellschaft, die mit der Statutenänderung vom 19. März erfolgt ist, registrieren. Das Aktienkapital von 250 000 Franken ist vollständig einbezahlt worden. Paul hatte Saurenhaus aus dem Geschäft geworfen.

Wenn er wirklich damit gerechnet hatte, nun Ruhe zu haben, irrte er sich. Der Kampf ging erst los, kein Schattenduell mehr, sondern ein offener Kampf mit harten finanziellen Bandagen. Und die Zukunft wurde immer düsterer. Paul sollte gleich einen Vorgeschmack bekommen. Am Dienstag nach Ostern, es war der 19. April 1938 frühmorgens, musste er nun selbst nach Deutschland reisen, um in Gutach bei Freiburg mit der Firma Gütermann zu verhandeln. Dort zogen sich die Gespräche länger hin als erwartet. Den Zug zur Rückreise konnte er nur noch mit einem Taxi erreichen. Gütermann orderte es, und schon stand es bereit. Auf der Fahrt nach Freiburg zog der Chauffeur mit den heftigsten Tiraden gegen das Dritte Reich los. Paul stutzte, aber stimmte nicht mit ein. Ihm war es schon verdächtig erschienen, dass das Taxi so schnell vorgefahren war. Er war überzeugt, dass es sich um einen von Saurenhaus organisierten Agent provocateur handelte. Das waren nun die Verhältnisse, er musste sich in Acht nehmen.[57] Als am 29. September 1938 der Vertrag von München unterzeichnet wurde, wusste Paul, wie viele andere auch, dass ein Krieg nun unvermeidbar geworden war, und wurde krank vor Ärger. In diesen Jahren waren auch die Kinder herangewachsen und liessen sich nicht mehr so leicht zu Bett bringen. Sie bekamen nun mit, was geschah. Der Älteste war zehn, das Töchterchen acht und der Jüngste sechs Jahre alt. Und jetzt war nochmals ein Junge zur Welt gekommen. Schwer zu sagen, was obsiegte, die Freude oder die wachsende Sorge über die Zukunft.

Der Krieg brach aus, und Paul musste am 1. September 1939 in seine Landsturm-Dragonerkompanie einrücken. Bis zum 9. Dezember leistete er Dienst in Huttwil und Bern, dann im Sommer 1940 wieder in Solothurn und im Dezember desselben Jahres in Kerzers.

Max blieb zu Hause in seinem Geschäft, dürfte nun seine deutschen Beziehungen eingesetzt und sich als Vertreter angeboten haben. Als im April 1941 die Exportgemeinschaft Zellwolle GmbH Berlin gegründet wurde, sprang er auf diesen Zug auf und wurde deren Alleinvertreter in der Schweiz.

So abgesichert, erreichte er sein erstes Ziel: Am 18. Februar 1942 richtete Max Saurenhaus seine Firma in der Wallstrasse 11 ein.[58] Er hatte den Rauswurf nicht auf sich sitzen lassen und nun die Lokalität zurückerobert. Paul hatte diesen Schritt wohl vorhergesehen und sich abgesichert. Schon Mitte November 1941 hatte er nämlich das Domizil seiner Firma an die Schützenmattstrasse 44 verlegt. Diese Liegenschaft, in der die Familie seit 1932 eingemietet war,[59] hatte er Erica schon im Juni 1941 von deren Familie abkaufen lassen.[60]

Schattenduell im Kontor

Die einzige Fotografie, die Paul und Max zugleich zeigt. Sie wurde sicher nach dem Münchner Abkommen vom 29. September 1938 gemacht, denn der Säugling rechts wurde an jenem Tag geboren. Zu diesem Zeitpunkt weiss man eigentlich, was von Nazideutschland zu erwarten ist und dass es zum Krieg kommen wird. Es handelt sich offensichtlich um einen ausserordentlichen Familienanlass wohl im Januar 1939, was die klerikale Präsenz erklärt. Daher mussten alle Angehörigen der Familie Marchal und einer verschwägerten Familie anwesend sein, und so haben Max und Paul sich noch einmal getroffen. Bemerkenswert die Aufstellung: Max, der einer rosigen Zukunft entgegenblickt, hat sich im Zentrum hinter der alten Schwiegermutter aufgebaut und sich hierfür sogar von seiner Ehefrau Erna getrennt. Die steht rechts, abseits bei Erica, mit dem Säugling, und Paul, deren liebe Kinderlein die altmodisch-feierliche Szene auflockern dürfen. Alle lächeln in die Kamera, auch – allerdings etwas gezwungen – Paul und Erica. Sie allein (und vielleicht noch Erna) wissen, dass der, der da in der Mitte steht, ein überzeugter Nazi ist.

Max seinerseits erlebte einen Schreckensmoment, als ihm durch die Exportgemeinschaft Zellwolle GmbH Berlin nach nur einem Jahr gekündigt wurde. Diese hatte sich am 30. Mai 1942 aufgelöst, da die verschiedenen Zellwollproduzenten den Verkauf selbst in die Hand nehmen wollten. Doch als er ein weiteres Kuvert, diesmal von der I.G. Farbindustrie Aktiengesellschaft Berlin, öffnete, konnte er aufatmen. Deren Abteilung Vistrafaser-Verkauf Ausland bot ihm mit gleichem Datum einen neuen Vertretervertrag an. Der hatte es in sich. Saurenhaus wurde der Verkauf von Vistrafaser, Acetatfaser und Cupramafaser für die Schweiz übertragen. Es war ihm untersagt, selbstständig Geschäfte mit «ausserdeutschen Zellwollwerken» zu machen. Die «Überweisung der Rechnungsbeträge» hatte direkt an die «Zahlstelle der Erzeugerfirma» zu geschehen. Er selbst durfte nur ausnahmsweise und nach ausdrücklicher Ermächtigung durch sie Zahlungen entgegennehmen. In der Abwicklung der Geschäfte und in der Preisgestaltung war Saurenhaus völlig an die Anweisungen der Erzeugerfirma gebunden. Dafür wurden seine Auslagen für Porti-, Telegramm- und Telefonspesen für die Kommunikation mit der Firma von dieser übernommen. Noch mehr: Er erhielt für alle von Erzeugerfirmen in seinem Vertreterbezirk, also in der Schweiz, abgewickelten Geschäfte, auch wenn sie ohne sein Zutun getätigt worden waren, eine Provision von 1,5 Prozent des Nettobetrags.[61] Max war nun ein unselbstständiger Mitarbeiter der I.G. Farbindustrie. Aber er erhielt damit die finanzielle Rückendeckung eines der weltweit mächtigsten Konzerne. Ihm kam auch entgegen, dass all die komplizierten Abklärungen und Berechnungen je nach Qualität der Ware und den Schiffstransportmöglichkeiten entfielen, die für Paul gerade den Reiz des Fernhandelsgeschäfts ausmachten. Max war fortan ein kleines Glied im deutschen Exporthandelssystem. Der Vertrag trat am 1. Juli 1942 in Kraft. Nun drehte Max gewaltig auf.

Am 1. Oktober 1942 wandelte er seine Kommanditgesellschaft in eine Aktiengesellschaft, die Max Saurenhaus & Cie AG, mit einem Aktienkapital von 100 000 Franken um. Seinen 21-jährigen Sohn Karl installierte er als Verwaltungsrat, und Erna wurde zur Prokuristin, alle mit Einzelunterschrift.[62]

Paul seinerseits wurde immer wieder zum Aktivdienst aufgeboten, nach Buochs zur Bewachung des Militärflugplatzes, nach Bern und Utzendorf. Fern des Geschäfts, das ohnehin am kriegsbedingten Rücklauf des Handelsvolumens litt, sah er sich zu Redimensionierungen gezwungen. Als Erstes musste er die Haushaltshilfen entlassen. Schon im September 1941 hatte er mit Erica in Gütergemeinschaft die Marschalkenstrasse 15, eine kleinere Immobilie als jene an der Schützenmattstrasse, gekauft[63] und war dort mit der Familie eingezogen. Ende Mai 1944 verlegte er auch die Firma in die Marschalkenstrasse und liess die Prokura für Karl Jüngling löschen.[64] Eine Immobilie stellte eine nicht zu unterschätzende Absicherung für die Firma dar. Ein grosses Aktienkapital blieb zwar wünschenswert, war aber nicht mehr nötig. Paul hatte also vorgesorgt, als Max zum nächsten Schlag ausholte.

Saurenhausens Geschäft lief nicht immer so, wie er es sich wünschte. 1943 war offenbar ein schlechtes Jahr. Die geplante Produktionsmenge wurde nur «etwa zur Hälfte»[65] erreicht. Der Umfang seiner Umtriebe zur Unterbringung der Kontingente war sich aber gleich geblieben. Als der Direktor der I.G. Farbenindustrie Abteilung «Vistrafaser-Verkauf Ausland» van Beek im Januar 1944 bei ihm vorbeikam, wusste er das Problem eindrucksvoll darzustellen. Am 25. Januar jedenfalls erhielt er den Bescheid, dass der Provisionssatz rückwirkend auf 1. Januar 1943 auf zwei Prozent erhöht worden sei. Die noch ausstehenden 0,5 Prozent wurden ihm mit einer Kreditnote vergütet.[66] Saurenhaus konnte über die feste Verbindung mit der I.G. Farbenindustrie wohl auf regelmässige Einkünfte zählen, aber das reichte ihm offenbar nicht, und so machte er sich an die Firma M. Marchal heran.

Die Firma M. Marchal war eine Familienfirma, von der die Angehörigen und Verwandten, auch Max Saurenhaus, Aktien besassen. Das war sie auch jetzt noch. Am 14. Juli 1944 fand eine Generalversammlung statt, bei der die Statuten geändert wurden. Das Aktienkapital wurde von 250 000 auf 50 000 Franken herabgesetzt. Paul musste für jede Namenaktie zu 1000 Franken 800 Franken zurückzahlen. Ihm verblieb ein Aktienkapital von 50 000 Franken, eingeteilt in 250 Namenaktien zu 200 Franken.[67] Wie es zu diesem Einschnitt kam, lässt sich nicht mehr sagen. War Paul von den Aktionären, die Max auf seine Seite gezogen hatte, überstimmt worden? Es war jedenfalls eine schlechte Lösung für ihn. Er hatte ja keinen Rückkauf der Aktien bewerkstelligt, sondern lediglich deren Reduktion auf zwanzig Prozent. Die Aktionäre blieben ihm erhalten. Doch sie scheinen sein Geschäft nicht mehr in gleichem Masse unterstützt zu haben, hatten vielleicht sogar bei Saurenhaus angelegt. Aber sie konnten in Generalversammlungen immer noch Einfluss auf die Firma M. Marchal nehmen. Könnte es sein, dass Saurenhaus und seine Mitläufer Paul über diese Restaktien wirtschaftlich gleichsam in Fesseln gelegt hatten, denn für jede grössere Änderung brauchte er auch weiterhin ihre Zustimmung? Wer kann über ein halbes Jahrhundert später die Spannungen und Intrigen innerhalb einer Verwandtschaft noch verstehen?

Damit begann für die Familie eine schwere Zeit. Schon vorher hatten die Kinder den Vater immer wieder einrücken und nach Wochen wieder zurückkehren sehen, die Mutter oft in Sorge um alles, und sie hatten die manchmal verzweifelten Auseinandersetzungen miterlebt, wie es weitergehen sollte. Die Kriegsereignisse waren omnipräsent. Die Familie verfolgte vor allem die Seekriegsführung, bedrohte diese doch die Schiffe, auf denen bisweilen Pauls Ware nach Europa geschippert wurde.

Schattenduell im Kontor

Aktivdienst in Altdorf: Korporal Paul Marchal (rechts aussen) mit seinen Kameraden der Landsturm-Dragonerkompanie 78 im November 1944.

Die «Graf Spee», die «Bismarck», die 1941 versenkte «Hood» oder die «Scharnhorst», diese Grosskampfschiffe waren allbekannt in der Familie. Die Kinder waren herangewachsen, der Älteste nun 16, die Tochter 14, der zweite Bub 12 und das Nesthäkchen 6 Jahre alt geworden. Auch von Max wird gesprochen worden sein. Jetzt wurden die Jugendlichen unmittelbar in die Beziehung zu Max Saurenhaus hineingezogen. Max wünschte nämlich, dass ihm seine Anteile persönlich in bar ausbezahlt würden – und Paul wollte Max nicht mehr sehen. So waren es die Jugendlichen, die während längerer Zeit dicke Umschläge in die Gundeldingerstrasse 190 bringen mussten. Den Zwölfjährigen begleitete die Mutter bis zur nahen Kreuzung, schickte ihn dann alleine los und wartete, bis er wieder zurückkam.

Max wollte nun hoch hinaus. Während Paul Ende Oktober 1944 wieder für längere Zeit einrücken musste, diesmal nach Altdorf, erteilte er am 22. Dezember 1944 zwei Basler Bürgern die Prokura.[68] Vielleicht war es nicht der Grössenwahn, der ihn zu diesem Schritt bewog, sondern etwas anderes. Auch Max musste sich eingestehen, dass die Niederlage Deutschlands wohl unausweichlich war. Er begann vielleicht zu ahnen, dass er nicht ungeschoren davonkommen würde, und versuchte auf diese Weise, seine Firma abzusichern.

Die NSDAP Schweiz wurde durch den Bundesratsbeschluss vom 1. Mai 1945 aufgelöst. Im Sommer lief auch in Basel die «Säuberung» an. Paul wird wohl erwartet haben, dass auch Saurenhaus ausgewiesen würde. So war er überrascht, als das Polizeidepartement am 21. Juni 1945 neunzig in Basel wohnhafte ehemalige NSDAP-Mitglieder auswies, Saurenhaus aber nicht dazugehörte.[69] Vielleicht käme er erst später dran. Die Ausweisungen hatten ja erst begonnen. Doch an einem heissen Augusttag begegnete er in der Falknerstrasse einem lächelnden Max, der ihm bei der kurzen Begrüssung zuraunte: «Mir kann nichts mehr geschehen.»

Schattenduell im Kontor

Der Schlag kam für Saurenhaus von anderer Seite her – nicht wegen seiner Parteizugehörigkeit, sondern wegen der Abhängigkeit seiner Firma von der I.G. Farbenindustrie AG. Durch das Kontrollratsgesetz Nummer 9 «Beschlagnahme und Kontrolle des Vermögens der I.G. Farbenindustrie AG» vom 30. November 1945 wurde der Konzern, dem er sich mit Haut und Haar verschrieben hatte, faktisch zerschlagen.[70] Saurenhaus entliess die Prokuratoren wieder. Schon am 19. Dezember 1945 beziehungsweise am 29. März 1946 erlosch deren Prokura.[71]

Viele, viele Jahre später bat Paul einen Freund, der bei der Fremdenpolizei tätig war, einmal nachzusehen, ob wirklich nichts über Saurenhaus vorlag. Es fand sich nur noch eine Mappe mit der Aufschrift «Max Saurenhaus». Sie war leer.

*

Mein Vater empörte sich, wenn er auf diese Geschichte zu sprechen kam, immer wieder darüber, dass die Akte Saurenhaus vernichtet worden war. Selbst auf das gelbe Kuvert, das er mir damals, 1987, übergab, hatte er offenbar ziemlich erregt geschrieben: «Bern übermittelte diese Briefe an das Polizeidepartement Basel, wo die Briefe verschwanden!!!» Drei Ausrufezeichen. Es war eine Tatsache, und in der Familie war man davon überzeugt. Deshalb habe ich über die Mappe geschrieben: Sie war leer.

Ich werde dieses Büchlein fertig schreiben. Dann werde ich aus allen Wolken fallen, das Büchlein zu einem ersten Teil erklären und einen zweiten Teil zu schreiben beginnen, denn diese «Tatsache» wird sich als falsch erweisen.

Hier und jetzt aber habe ich einen gravierenden Fehler gemacht, der einem allerdings in der Forschung immer wieder unterläuft: Ich habe eine Tatsachenbehauptung unhinterfragt übernommen. Fixe Vorannahmen, unhinterfragte Gewissheiten sind Gift für die Forschung, und dies wahrlich nicht nur beim Schreiben von Geschichte. Sie versperren den Weg zu neuen

Paul

Erkenntnissen und bewirken, dass man bei überkommenen Anschauungen stehen bleibt.

Wegen eines Zufalls werde ich Glück haben. Die Blockade wird sich verflüchtigen, und es werden sich mir völlig neue Dimensionen auftun.

Schattenduell im Kontor

Weiterleben

Paul würde Max nie wieder sehen. Max, dessen Lebenstraum einer wichtigen Rolle im Dritten Reich in Schutt und Asche versunken war, lebte nun zurückgezogen und bewegte sich in Kreisen, die nichts von seiner braunen Vergangenheit ahnten. Wie sein Geschäft weiterlief, ist nicht mehr festzustellen. Ob er noch versucht hatte, mit den Nachfolgerfirmen der I.G. Farbenindustrie AG ins Geschäft zu kommen? Diese entstanden, als deren Konzernstrukturen zu Beginn der 1950er-Jahre entflochten wurden.[72] Im Handelsregister erscheint die Firma Max Saurenhaus & Cie nur noch 1960, als er sie an die Steinentorstrasse 77 verlegte.[73] Er scheint das Geschäft seinem Sohn übertragen zu haben, ohne dass dies im Handelsregister eingetragen worden wäre. Wann Max starb, habe ich nicht feststellen können. Sein Sohn Karl liess die Firma nominell weiterlaufen, ohne selbst

Handel zu treiben. 1982 liess er die Firma löschen.[74] Er konnte nach eigenem Bekunden vom Erbe leben, was auch etwas über den Kriegsgewinn seines Vaters aussagen mag. Er war ein liebenswerter Lebemann und starb 1993.[75]

Auch Paul kam aus den Anstrengungen, Wechselbädern und Aufregungen der Kriegszeit ermüdet heraus. Er löste am 25. Juli 1947 die reduzierte Aktiengesellschaft auf und wandelte die M. Marchal & Cie mit dem kleinstmöglichen Kapital in eine Kommanditgesellschaft um. Er wurde zum Geschäftsführer mit unbeschränkter Haftung. Kommanditärin war Erica, die 5000 Franken einschoss und die Kommanditär-Prokura erhielt.[76] 1948 verkaufte Erica als nominelle Inhaberin die Liegenschaft Schützenmattstrasse 44. Mit dem Erlös wird wohl die Hypothek auf der Marschalkenstrasse abgelöst worden sein. Bis zum Ende betrieb Paul das Geschäft allein mit seiner Tochter Anne Marie, die sich zur Sekretärin hatte ausbilden lassen. 1964 erhielt auch sie die Prokura.[77] Es war nun wirklich ein ganz kleiner Familienbetrieb. Paul sicherte die Kredite, die er bei der Abwicklung der Geschäfte immer wieder benötigte, mit der Liegenschaft ab. Seine Kundschaft reduzierte sich zusehends. Einige Jahre zählte er noch einen Belgier namens Wagner von der Firma Fabelta & Fibrane in Brüssel und einen Briten namens Hunter in London zu seinen Geschäftsfreunden, seit den 1950er-Jahren arbeitete er als Agent zusehends nur noch für die Seidenspinnerei Camenzind & Co. Geschäftsreisen machte er nur noch nach Gersau. Er liebte die Gespräche mit Otto Camenzind und schätzte die Gastfreundschaft, die ihm in Gersau entgegengebracht wurde. Aber noch immer handelte er mit japanischen, chinesischen und indischen Lieferanten. Mit seinen Kenntnissen und Beziehungen fand er auch während des Kalten Kriegs immer wieder Wege nach China, sogar über Russland.

Das Geschäft lief recht gut. Trotzdem musste Paul vorsichtig haushalten, um das zufriedene Leben eines Geschäftsmanns von altem Schrot und Korn führen zu können. Sein Stolz war, sich nie verschuldet und nie vor Gericht gestanden zu haben. Er dachte überhaupt nicht daran, die Gewinne für die Sicherung der Zukunft seiner Firma einzusetzen. Er hatte wohl erkannt, dass die Zeit der Zwischenhändler zu Ende ging. Hatte er sein Tagwerk erledigt, so widmete er sich dem, was er in all den früheren Jahren vermisst hatte: Er kaufte vermehrt Bücher und las. Er las Johannes Dierauers und Ernst Gagliardis Schweizer Geschichten, Edgar Bonjours «Geschichte der schweizerischen Neutralität» und Werner Kaegis Biografie über Jacob Burckhardt, er kaufte Robert Durrers Quellenbände zu Bruder Klaus. Ludwig von Pastors «Geschichte der Päpste» stand noch von seinem Vater her im Regal. Er arbeitete sich durch Winston Churchills und später Charles de Gaulles Memoirenbände, kaufte Roskills «The War at Sea», um zu erfahren, wie es damals eigentlich gewesen war. Er vertiefte sich in Burckhardts Werke und verfolgte dessen sukzessive herausgegebene Korrespondenz. Erasmus von Rotterdam las er in französischer Übersetzung und liebte ihn. Er kaufte die französische Literatur in den Pléjadebänden. Mit Balzac beschäftigte er sich ziemlich intensiv. Schliesslich nannte er eine bemerkenswerte Bibliothek sein Eigen. Kurz: Er war so etwas wie ein autodidaktischer Humanist. Der Tochter kam das zupass. Die freie Zeit nutzte sie für Ausritte ins Sundgau. Das Gespür für Pferde hatte sie offenbar vom Vater geerbt. Auch Kunstreisen mit seiner Familie unternahm er immer wieder, vor allem nach Italien. Er bereitete diese jeweils minutiös vor und stellte schon zu Hause für jeden Tag ein Besichtigungsprogramm zusammen. Er liebte gutes Essen, und sein Weinkeller wurde von den Freunden geschätzt. Er engagierte sich auch sozial, so wie man es damals eben im katholischen Milieu verstand. Das Geschäft lief so gut, dass er auch das Studium seiner Söhne finanzieren konnte.

Paul

Ja, Paul versöhnte sich schliesslich in späten Jahren auch mit den Saurenhaus. Nicht mit Max, der bereits verstorben war. Aber Erna lud er um seinen 65. Geburtstag herum einmal ein. Es war das einzige Mal, dass er seine Schwester nochmals sah. Und bei einer Geburtstagsfeier in der Verwandtschaft traf er später auch deren Sohn, seinen Neffen Karl. Man sah die beiden, jeder sein Glas Wein in der Hand, durch den Festsaal spazieren und lächelnd miteinander reden.

Weiterleben

Dicke Post aus Berlin

War es das mit Saurenhaus? Lässt sich die eigene nationalsozialistische Vergangenheit einfach so löschen? Gibt es wirklich nichts mehr über ihn ausser der Geschichte des Papierkorbs? Handelte es sich bei diesem Schattenduell bloss um eine Chimäre, und hatte Saurenhaus überhaupt keine Bedeutung? Irritierende Fragen. Unter Freunden erzähle ich von meinen Nachforschungen und dem offenen Ausgang. Bis eines Abends...

«Kennst du die Mitgliedsnummer?», fragt Tobias. «Mitgliedsnummer?» – «Ja, die NSDAP-Mitglieder hatten Nummern. Wenn man sie hätte, könnte man alles über die Person erfahren. Wenn Saurenhaus Parteimitglied war, müsste eine Nummer vorhanden sein.»

Wie könnte ich diese Parteimitgliedsnummer erfahren? Ich wähle den simpelsten Weg und google «NSDAP Parteimitgliedsnummer». Da erscheinen sie schon, ganze Nummernlisten mit bekannten Persönlichkeiten. Saurenhaus erwarte ich hier nicht. Aber dann folgt der Hinweis auf die digitalisierte NSDAP-Mitgliederkartei des deutschen Bundesarchivs in Berlin. Könnte es tatsächlich sein, dass Saurenhaus in der zentralen Mitgliederkartei zu finden ist? Ich öffne die Homepage des Bundesarchivs. Bevor man die Kartei einsehen kann, muss man sich registrieren. Dann erfährt man, dass der vollständige Zugang zur Gesamtdatenbank an bestimmte rechtliche Voraussetzungen und Verpflichtungen geknüpft ist. Eine vorherige Kontaktaufnahme sei daher unbedingt erforderlich, um die Möglichkeiten des Zugangs abzuklären. Auskünfte zu einzelnen Personen erhielten hingegen auf Antrag alle Benutzerinnen und Benutzer. Ob ich wohl hier etwas über Saurenhaus erfahre?

Ich lese die Orientierung zur «Recherche zur NS-Zeit», und die stimmt mich pessimistisch: «Personenrecherchen in den Beständen des Bundesarchivs aus der NS-Zeit führen in der Regel dann zum Erfolg, wenn die gesuchten Personen: – in einer der obersten oder oberen Behörden des Deutschen Reiches tätig waren; – während der Jahre 1934 bis 1945 im Justizdienst arbeiteten oder an einem Verfahren vor dem Reichsgericht oder einem anderen obersten deutschen Gericht beteiligt waren; – der NSDAP, ihren Gliederungen – vor allem der SS – und angeschlossenen Verbänden angehörten oder in der Zeit des ‹Dritten Reiches› im Kulturbereich tätig waren und somit der Reichskulturkammer angehören mussten.»

Sollte Saurenhaus ein so wichtiges Parteimitglied gewesen sein? Ich zweifle auch deshalb, weil in der Übersicht über die Bestände bei den «NSDAP-Organisationen ausserhalb des Gebietes der aktuellen BRD» die Schweiz nicht erscheint.

Aber einen Versuch ist es wert. Also schreibe ich eine Mail an das Bundesarchiv:

Dicke Post aus Berlin

«Sehr geehrte Damen und Herren,
für eine Publikation über die Frühzeit der NSDAP in Basel suche ich Angaben zu folgender Person: Saurenhaus, Maximilian Joseph von Mülheim a. Rhein, Stadt Köln, geboren 27. Januar 1889. Saurenhaus war Kassenwart der NSDAP Ortsgruppe Basel und hatte enge Beziehungen zum Landesgruppenleiter Wilhelm Gustloff. In dieser Funktion muss er Parteimitglied gewesen sein. Ich vermute, dass er schon Ende der 20er-Jahre in Deutschland in die Partei eingetreten ist. Er hat auch wiederholt Reisen nach Berlin unternommen für Besprechungen im Aussenpolitischen Amt der NSDAP.
Meine Fragen: Ist er in der Mitgliederkartei erfasst? Wie kann ich seine Karte einsehen?
Dankbar bin auch für jede weitere Auskunft, die Sie mir über die Person geben können.
Gerne erwarte ich Ihre Antwort und grüsse Sie freundlich
Guy P. Marchal»

Zwei Wochen später klingelts im Posteingang, eine Mail aus dem Bundesarchiv ist eingetroffen. Ich kanns kaum fassen, die Betreffzeile meldet: «Max Saurenhaus (27.01.1889); Az.: 2018/A-27». Max, nicht Maximilian, wie ich geschrieben hatte. Schon das zeigt mir, dass Saurenhaus offenbar bekannt ist. Kleiner Adrenalinschub. Ich klicke die Mail an und lese:

«Vielen Dank für Ihre Anfrage vom 31.12.2017.
Unterlagen über den Obengenannten waren hier zu ermitteln. Bevor ich Ihnen Auskunft erteilen kann, reichen Sie bitte den im Anhang befindli-

chen Benutzungsantrag ausgefüllt und unterschrieben an mich zurück. Informationen zu den Geschäftsbedingungen und Preisen der Vertragsfirmen des Bundesarchivs, zur Bundesarchiv-Kostenverordnung, zum Bundesarchivgesetz und zur Benutzungsverordnung finden Sie unter www.bundesarchiv.de in der Rubrik ‹Benutzen›.»

Ich schicke den Benutzungsantrag ausgefüllt und unterschrieben per Post an die Kontaktperson des Archivs, die im Mail genannt ist.
    Und warte, warte, warte.

Am 2. Februar 2018 trifft tatsächlich ein Kuvert des Bundesarchivs ein. Es enthält neben dem Begleitbrief Kopien der NSDAP-Mitgliederkarteikarten aus der Zentral- und der Gaukartei sowie eine Akte «Parteikorrespondenz» (R 93161 II/875140). «Saurenhaus Max Konsul», wohnhaft an der Gundeldingerstrasse 190 in Basel, trat demnach am 1. Oktober 1931 in die Partei ein und erhielt die Mitgliedsnummer 676 368. Die Aufnahmeabteilung in München teilte am 1. Dezember 1931 dem Leiter der Auslandabteilung in Hamburg, Dr. Hans Nieland, mit, dass er «durch die Gauleitung Baden in Zugang gebracht» worden sei. Schönes Amtsdeutsch. Nach der Auflösung der «Auslandabteilung (Schweiz), Gau Baden» wird er am 15. November 1932 unter der neuen «Landesgruppe Schweiz» geführt, was durch Streichungen und datierte Ergänzungen sichtbar gemacht wurde. Bemerkenswert für mich: bei Vor- und Zuname war Saurenhaus erpicht darauf, dass auch sein Titel «Konsul» genannt wurde.
    Die Karte zeigt auch ein Passfoto. Zum ersten Mal sehe ich die Person: massiges, viereckiges Gesicht, schmale Lippen, leicht zusammengepresster Mund, kurz geschnittenes, helles

Dicke Post aus Berlin

Parteimitgliedskarte von Max Saurenhaus aus dem zentralen Reichskarteiamt in München.

Parteimitgliedskarte von Max Saurenhaus aus dem zentralen Reichskarteiamt in München: Ist Saurenhaus aus der Partei entlassen worden?

Haar mit Scheitel, unter hellen Augenbrauen tiefliegende Augen, Führerblick nach links zum Bild hinaus. Dann sind da verschiedene Stempel: «1.Juli 1940», «15.Nov. 1932», «Ausland», «1630», «73209», «9.9.41» – Spuren administrativer Tätigkeit.

Aber dann irritieren mich Streichungen. Genau besehen ist die Karte der NSDAP-Zentralkartei mit Bleistift zwei Mal durchgestrichen worden. Das Wort «Ausgetr.[eten]» ist gestrichen und handschriftlich durch «Entl.[assen]» ersetzt worden. Wurde Saurenhaus aus der Partei «entlassen»? Die gleiche Hand fährt weiter: «lt. O.P.G v. 2.7.41 AZ I/25/4820 noch nicht rechtskräftig. Neuen Beschluss abwarten». Weiter unten: «Schrb. O.P.G v. 6.9.41 … [unleserlich] noch nicht rechtskräftig».

Die «Parteikorrespondenz» (R 93161 II/875140) lässt den administrativen Wirrwarr, der dahintersteckt, erahnen. Aus irgendeinem Grund, vielleicht wegen seines Finanzgebarens, war gegen Saurenhaus eine Anschuldigung erhoben worden, möglicherweise vom Gauschatzmeister in Berlin. Um was es ging, wird nirgends erklärt. Am 22.April 1941 hatte das Gaugericht der Auslandsorganisation gegen Saurenhaus ein vernichtendes Urteil gefällt, ihn aus der Partei ausgeschlossen. Einen Monat später aber, am 29.Mai 1941, wurde vom Gauleiter der Auslandsorganisation Beschwerde gegen dieses Urteil beim Obersten Parteigericht der NSDAP eingelegt. Am 1.Juli wurde der Fall im Obersten Parteigericht mit der Kontrollnummer 73209 versehen. Am 2.Juli 1941 tagte dessen erste Kammer und erkannte für Recht: «1. die Beschwerde wird zurückgewiesen; 2. Das Oberste Parteigericht entlässt den Angeschuldigten aus der NSDAP.» Am 4.August wurde das Urteil an die Reichskartei weitergeleitet, wo die Sache am 9.August erledigt wurde. Am 13.August 1941 erging vom Reichskarteiamt unter Kontrollnummer 73209 die Mitteilung an den Gauschatzmeister des Gaus Auslandsorganisation in Berlin, dass Saurenhaus laut Beschluss vom 2.Juli 1941 als Mitglied gestrichen worden sei.

Einen Monat später, am 9. September, überstürzen sich die Ereignisse: Das Oberste Parteigericht bittet die Reichskartei der NSDAP um Rücksendung der am 4. August zugestellten Beschlussausfertigung, da sie irrtümlich abgeschickt worden sei. Der Bereichshauptleiter der Reichskartei, Kegel, notiert dazu: «lt. telef. Besprechung mit Dr. Rhode ist der Beschluss noch nicht rechtskräftig. Neuen Beschluss abwarten». Stempel: «9. Sep. 1941». Auch unter die Beschlussausfertigung schreibt er: «Noch nicht rechtskräftig! Neuen Beschluss abwarten!» Und wiederum der Stempel «73209». Gleichentags orientiert er auch den Gauschatzmeister unter Bezugnahme auf die Kontrollnummer 73209, der Parteiausschluss sei noch nicht rechtskräftig geworden. Grund dieser aufgeregten Aktivität dürfte das Eingreifen des Reichsschatzmeisters beim Obersten Parteigericht gewesen sein. Am gleichen 9. September 1941 trifft ein Schreiben des Reichsschatzmeisters auch beim Gauschatzmeister der Auslandsorganisation ein. Was es beinhaltete, ist nicht mehr festzustellen. Es veranlasst diesen aber, am 25. September den Kontrollschein Nr. 73209 für gegenstandslos zu erklären und «Pg. S.» wieder in den Mitgliedstand der Auslandsorganisation aufzunehmen. Am 1. Oktober 1941 ist das Geschäft erledigt und wird abgelegt.

Was er auch immer in den Augen der Partei verbrochen haben mochte: Max Saurenhaus wehrte sich offenbar mit Händen und Füssen gegen einen Ausschluss, mobilisierte den Gauleiter gegen das Gaugericht und muss nach dem negativen Bescheid des Obersten Parteigerichts alle nur möglichen Hebel in Bewegung gesetzt und selbst den Reichsschatzmeister zum Eingreifen veranlasst haben.

Ich aber habe wenigstens eine sichere Spur gefunden, dass Saurenhaus tatsächlich Mitglied der NSDAP war. Noch mehr: Zum Parteieintritt war er nicht genötigt worden, wie es in solchen Fällen als Entschuldigung oft gesagt wurde. Er war auch nicht bloss ein opportunistischer Mitläufer gewesen. Er wollte in die Partei, und er kämpfte um den Erhalt seiner Mitgliedschaft. Am 1. Oktober 1941 wird er vielleicht an der Gundeldingerstrasse 190 das zehnjährige Jubiläum seiner Aufnahme in die NSDAP gefeiert haben.

*

Das war eigentlich das Ende der Erzählung in meiner ursprünglichen Publikation. Ich hatte endlich die Bestätigung, dass die Sprüche über den Nazi Saurenhaus in meiner Familie nicht Erinnerungsverzerrungen und Übertreibungen waren. Die quellenkritische Analyse der ganzen Aktenlage war korrekt, die für Saurenhaus eigentlich vernichtende Schlussbewertung folgerichtig. An diesem Befund war nicht mehr zu zweifeln. Und dennoch ...

Solange ein Manuskript zu Hause auf dem Pult liegt, ist es nie fertig. Man feilt am Text und lässt ihn dann wieder liegen, um Distanz zu gewinnen – und wieder zu lesen und zu feilen. Erst wenn das Manuskript in Druck geht, ist der Text für immer fixiert. So lese ich diesen ersten Teil nach langer Zeit wieder durch. Inzwischen habe ich weiterrecherchiert und weitergeschrieben, einen zweiten und schliesslich einen dritten Teil. Ich habe viel Neues erfahren. Das Buch ist fertiggestellt. Und jetzt bin ich wieder an dieser Stelle angelangt und erschrecke. Ich habe doch alles richtig gemacht, sorgfältig gearbeitet: Warum nur habe ich die eigentliche Sprengkraft dieser NSDAP-Akten damals nicht erkannt? Ich konnte nicht im Entferntesten ahnen, dass es noch viel schlimmer kommen würde. Und doch: Alles lag ja offen vor mir, die Daten, das Eingreifen des Reichsschatzmeisters.

Ich sinniere, schaue dabei auf die Pinnwand vor meinem Schreibtisch. Mein Blick fällt auf eine alte Karteikarte, die schon Jahrzehnte dort angeheftet ist. Sie ist völlig vergilbt, die Tinte kaum noch sichtbar. Aber ich weiss, was draufsteht. Ein Satz,

Paul

dem ich sehr früh irgendwo begegnet bin und den ich bei meiner Forschungstätigkeit immer wieder beherzigen konnte. Ein tröstlicher, ein wohltuender Satz, wenn man an seiner eigenen Erkenntnisfähigkeit zu zweifeln beginnt. Er stammt von Karl Popper und lautet:

«Man kann heute nicht wissen, was man morgen weiss.»
Diesmal habe ich keinen Fehler gemacht, sondern bloss eine immer wiederkehrende Erfahrung. Die Quellen sind dieselben geblieben; aber in der Zwischenzeit habe ich so viele neue Erkenntnisse hinzugewonnen, dass ich sie jetzt mit einem anderen Verständnis lese und sie anders befragen und interpretieren kann. Es ist eine allgemeine Erfahrung nicht nur, aber besonders in der Geschichtsforschung. Unter anderem auch deshalb wird ja Geschichte immer wieder neu geschrieben.

«Man kann heute nicht wissen, was man morgen weiss.»
Wenn Sie, liebe Leserin, lieber Leser, jetzt nicht wissen können, was im zweiten und dann erst noch im dritten Teil kommen wird, so erleben Sie also unmittelbar eine Situation, wie sie eben zum Abenteuer der Forschung gehört. – Und wenn Sie jetzt nach vorne blättern sollten, denken Sie dran, diese Möglichkeit hat man bei der Forschung nicht...

P.S.: Wenn man vor allem an der Handlung interessiert ist, kann man die nächsten zwei Kapitel überspringen. Ich erkläre darin, wie ich bei der Fiktion vorgegangen bin und wie ich das Festgestellte zu bewerten versuche. Für das Verständnis der weiteren Geschichte sind sie nicht nötig.

Dicke Post aus Berlin

Fiktion und Faktizität

Im ersten Kapitel habe ich hervorgehoben, dass man sich auf ein Wechselspiel von Fiktion und Fakten einrichten solle. Haben Sie herausgefunden, wo es sich bei meiner Rekonstruktion der Geschichte um gesicherte Fakten handelte und wie viel Fiktion dazugekommen ist? Allzu schwer wird das nicht gewesen sein. An dieser Stelle bin ich es Ihnen jedoch schuldig zu erklären, wie ich bei dieser Fiktion vorgegangen bin. Ich tue das anhand zweier Beispiele: der Umsiedlung der Familie Marchal von Bassenge nach Basel und des Schattenduells.

*

Für die Frühzeit, die 1816 in Bassenge mit der Geburt Michel Marchals beginnt und mit der Ankunft in Basel endet, hatte ich nur zwei Zeugnisse: die Heiratsurkunde für Mathieu Marchal in Mülheim am Rhein von 1888 und die Registrierung der Belgischen Botschaft von 1894. Aus Letzterer konnte ich das Geburtsjahr Michels und die Namen von Mathieus Schwestern erschliessen. Später entdeckte ich noch den Nachruf auf Mathieu Marchal von 1931.

Man kann sich unzählige Motive ausdenken, weshalb es zum Umzug nach Basel kam. Und man kann verschiedenste Reisewege und Etappen in Betracht ziehen. Man könnte davon ausgehen, dass es verwandtschaftliche Bande gewesen seien, die zu diesem Schritt veranlasst hätten. Vielleicht lebte schon damals eine Familie Botty in Basel, denn viel später war ein Kaufmann Botty tatsächlich in Basel wohnhaft. Selbst wenn man das im Basler Adressbuch jener Jahre feststellen könnte, stellten sich weitere Fragen ein: Bestand überhaupt eine Verwandtschaft? Gab es briefliche Kontakte? Es wäre ungemein schwer, eine Plausibilität herzustellen. Ich habe den Beruf Michels in Rechnung gestellt, «fabriquant de chapeaux de paille», und habe von der damaligen Modeerscheinung der Seidenbänder ausgehend angenommen, dass hier die internationale Ausstrahlung der Basler Seidenbandindustrie motivierend gewirkt habe. Es muss überhaupt nicht so gewesen sein, aber es ist immerhin eine naheliegende Plausibilität.

Was den Reiseweg anbetrifft, bin ich von der Heiratsbescheinigung ausgegangen. Die Hochzeit findet 1888 in Mülheim bei Köln statt. Da wohnt Mathieu aber schon seit einigen Jahren in Basel und ist 1885 in die Firma «H. Fleck» eingetreten. Wie nur haben sich die Jungvermählten kennenlernen können? Die Familien Marchal und Bornheim müssen irgendwann und irgendwie miteinander bekannt geworden sein. Doch wohl am ehesten in Köln. Das führte mich zur Annahme, dass Michel mit seiner Familie längere Zeit in Köln gewohnt habe.

Zunächst liess ich Mathieu etwa zwanzig Jahre lang rheinländische Lebensfreude in Köln geniessen, an einem Rosenmontag mit «Fräulein» Bornheim bekannt werden und sich verlieben, um ihn erst relativ spät, Anfang der 1880er-Jahre, auf Kundschaft rheinauf in die Stadt der Seidenbänder zu schicken, wo er seinem Compagnon Fleck begegnet wäre. Diese lockere Rekonstruktion schien dadurch bestätigt zu werden, dass sein Vater Michel, dessen Frau und drei Töchter erst 1894 als in der Schweiz residierende Belgier registriert worden waren. Die Familie wäre also Mathieu nach dessen Etablierung in Basel nachgezogen. Doch dann fand ich zufällig den Zeitungsnachruf für Mathieu aus dem Jahr 1931. Mathieu war demnach als Kind in die katholische Lindenbergschule in Basel geschickt worden. Und die späte Registrierung Michels in der Belgischen Botschaft wird wohl durch eine administrative Neuerung bei der Erfassung der Auslandbelgier zu erklären sein. So – und jetzt musste ich die bisherige, doch so schön romantische Fiktion gründlich ändern.

Ich ging nun davon aus, dass die Bekanntschaft der Familien vor Mitte der Sechzigerjahre entstanden ist. Es blieb also beim Aufenthalt in Köln, aber sehr verkürzt, denn der 1860 geborene Mathieu musste ja in Basel zur Schule gehen. In diesem Fall ist anzunehmen, dass es späterhin wiederholte Besuche gegeben haben wird. In der Familientradition der Marchal war bei Gelegenheit die Rede von Weihnachtsfesten und Karnevalsbesuchen in Köln. Wiederum: Es muss überhaupt nicht so gewesen sein, aber es ist immerhin eine naheliegende Plausibilität. Das ist es, was ich eine kontrollierte Fiktion nenne: Die freie Erzählung stützt sich auf einige Eckpunkte ab, die durch die wenigen Quellen vorgegeben sind. Dadurch ergibt sich eine gewisse Plausibilität für den rekonstruierten Ablauf. Mehr nicht.

*

Die Fiktion im Kapitel «Schattenduell» verfolgt hingegen ein anderes Ziel als eine plausible Rekonstruktion. Hier suchte ich erzählend erfahrbar zu machen, wie die Akteure ihre Zeit erlebten. Die allgemeine Ungewissheit, wohin die Entwicklung in Europa nach der Machtergreifung Hitlers führen würde, sollte fühlbar werden. Die Unmöglichkeit, zu einer zuverlässigen Einschätzung der aktuellen Kräfteverhältnisse zu gelangen, sollte bewusst werden. Es sollte erlebbar werden, wie in dieser gespannten Atmosphäre ein Papierkorb unversehens eine dramatische Bedeutung erhalten konnte. Vielleicht sollte ich noch etwas hierzu sagen. Es zeigte sich rasch, dass nicht alles aus dem Papierkorb stammte. Die Briefe von Wilhelm Gustloff gewiss nicht und auch nicht das Schreiben des Aussenhandelsverbands. Paul sah diese im Original und schrieb sie ab, da er sie nicht aus dem Kontor entführen konnte. So habe ich die Datierungen mit den ihnen 1933 entsprechenden Wochentagen verbunden und einen zeitlichen Ablauf erfunden. Es zeigte sich, dass Paul drei Mal Zugriff auf die Ablage von Saurenhaus gehabt haben muss. Ich legte das jeweilen auf das datummässig passende Wochenende, an dem ich Saurenhaus zu Hause liess oder auf Reisen schickte.

Durch die Fiktion des «Schattenduells» sollte den Akteuren jene offene Zukunft zurückgegeben werden, vor der sie ihre Entscheidungen trafen. In ihrer Wahrnehmung hätte es tatsächlich völlig anders kommen können. Paul hatte damit zu rechnen und Max erhoffte es, dass früher oder später die Schweiz durch das nationalsozialistische Deutschland besetzt werden könnte. Blicken wir doch rasch in diese Zukunft: Was wäre geschehen, wenn die «Operation Tannenbaum», die Planung für eine Besetzung der Schweiz 1940, tatsächlich umgesetzt worden wäre und es nicht zum deutsch-schweizerischen Handelsabkommen gekommen wäre? Beides sind für uns historische Fakten.[78] Paul und Max aber sahen sich vor einer noch undurchschaubaren Zukunft. Das Leben der beiden hätte völlig anders weitergehen können. In der Rückschau sieht das alles natürlich weniger dra-

Fiktion und Faktizität

matisch aus. Man weiss, wie es schliesslich herausgekommen ist. Damals war die Zukunft eine existenzielle Gefährdung, und das suchte ich zu vermitteln. So absolut frei die Erzählung des Schattenduells im Kontor ist, ich flankiere sie doch mit der atmosphärischen Schilderung der Situation in Basel und werde im Kapitel «Zeit und Gerechtigkeit» noch weitere Informationen nachliefern.

*

Fiktionen und Fragen nach anderen Zukunftsmöglichkeiten, hat das noch etwas mit Geschichtswissenschaft zu tun?
Es hat.[79]
Die Frage, wie viel Fiktion beim Schreiben von Geschichte sein darf, beschäftigt die Historik, die sich mit den Grundlagen des Fachs befasst, schon lange und immer wieder. Ohne sie kommt Geschichtsschreibung nicht aus. Wohl kann sie bei guter Quellenlage die Eckpunkte sicher setzen und das Netz der Erzählung möglichst dicht spannen, aber selbst dann braucht es immer ein gewisses Mass an Imagination. Die Geschichte muss sich ja logisch entfalten können, soll sie nicht einfach eine chronologische Aufreihung datierter Fakten sein. Natürlich darf in einem wissenschaftlichen Text nicht so frei erfunden werden, wie es hier geschehen ist. Aber wenn im Frühmittelalter – beispielsweise im 8. Jahrhundert – nur einige Königsurkunden («Diplome»), Klosterjahrbücher («Annalen»), archäologische Überreste vorhanden sind, navigiert der Historiker doch in ziemlich uferlosen Gewässern und muss permanent mit mannigfachen methodischen Überlegungen erwägen, wie weit er mit seiner Aussage gehen kann. Voller Probleme sind dann – und dies für alle Epochen – die Herstellung von Kausalitäten und der deutende Nachvollzug der Intentionen historischer Akteure. Festzustellen, «wie es eigentlich gewesen», ist eine Illusion, von der sich die Historiker schon lange verabschiedet haben.

Die Frage nach den möglichen Zukünften steht im Zusammenhang mit einem grundlegenden Problem der Geschichtsschreibung. Geschichte wird immer von der jeweiligen Gegenwart her geschrieben. Das Zurückschauen gehört zu ihrem Wesen. Aber daraus ergibt sich ein gewisser Determinismus. Die Geschichte wird wie selbstverständlich auf die jeweilige Gegenwart hingeführt. Je nach aktueller Interessenlage, die ihrerseits von den jeweiligen gesellschaftlichen und politischen Konfigurationen geprägt ist, wird der «rote Faden», der durch die Geschichte führt, anders gesponnen. Damit wird die Geschichte immer von der jeweiligen Gegenwart her vorherbestimmt. Dieses Problem lässt sich am besten an den verschiedenen Nationalgeschichten aufzeigen, die im 19. Jahrhundert entstanden sind und die ganze Vergangenheit auf den aktuellen Nationalstaat hinauslaufen lassen.[80]

Die neuere Geschichtsforschung sucht seit Längerem diesen Determinismus zu durchbrechen. Sie ist sehr zurückhaltend geworden bei der Wahl der Perspektiven. Sie will in ihren Fragestellungen möglichst nahe an den Entscheidungshorizont der früheren Generationen herankommen und die Spielräume ermessen, die damals zur Verfügung standen. Anders gesagt: Sie sucht den Menschen früherer Zeiten ihre Zukunft zurückzugeben, und die ist allemal ungewiss und offen. Das lässt sich methodisch durchaus machen, indem man sukzessive die Zeitabhängigkeit allen Wissens, das im Lauf der Zeit gewonnen worden ist, herausarbeitet und über dieses zurückgeht. Wie bei der Archäologie die verschiedenen Grabungsschichten, so müssen die von früheren Chronisten und Historikern geschaffenen, jeweils zeitgebundenen Geschichtsbilder und Interpretationen freigelegt werden, die sich wie perspektivisch verzerrende Filter über die Vergangenheit gelegt haben und unsere Sicht beeinträchtigen. Es ist unter anderem diese Zielsetzung, die Forschungsfeldern wie der Historiografie, der Geschichte der

Geschichtskultur oder der Wissenschaftsgeschichte zugrunde liegt, alles Disziplinen, welche das Wirken der Historiker und Traditionen selbst zum Gegenstand historischer Erforschung und Selbstreflexion machen.

Auch die kontrafaktische Annäherung dient dem Ziel, die offene Zukunft früherer Generationen zu ermessen. Es geht dabei darum, ausgehend von einem Schlüsselmoment spekulativ alternative Zukunftsentwicklungen plausibel zu machen, sich die berühmte Frage zu stellen: «Was wäre geschehen, wenn...?» Solche Erwägungen werden heute durchaus mit wissenschaftlicher Methode verfolgt. Auch wenn sie nicht wissenschaftlich im strengen Sinn sind, denn Geschichte kann nicht Hypothesen experimentell oder mathematisch beweisen, nützlich sind sie doch, indem sie helfen, Schlüsselmomente und Wendezeiten plastischer herauszuschälen.

Paul

Zeit und Gerechtigkeit

Nicht nur Dinge reisen durch die Zeit, sondern auch Erinnerungen. Aber sie reisen auf verschiedene Weise. Erinnerungen sind höchst unsichere Reisegefährten. Sie sind ja nicht unveränderlich in uns gespeichert, um bloss, wie beim Computer, angeklickt zu werden, und schon sind sie da, frisch wie am ersten Tag. Erinnerungen verändern sich immer wieder, wann immer sie wachgerufen werden. Sie konstituieren sich im Unterbewussten immer wieder neu, absorbieren dabei das Wissen und das Lebensgefühl späterer Jahre, auch wenn sie Erinnerungen an dasselbe Ereignis bleiben. Das Wissen späterer Zeiten verfälscht die Erinnerung, verändert die Bedeutung des Erinnerten. Eigentlich müsste immer ein Warnschild aufleuchten: Vorsicht, Erinnerung!

Noch etwas kommt dazu: Viele, die meisten Erinnerungen entschwinden auf ihrer Reise irgendwann im Nebel des Vergessens, und zwar ohne System. Meist lassen sich Erinnerungen nicht zeitlich genau fixieren. Man sucht sie mithilfe von Ankerreizen zu datieren, wie etwa: Ich erinnere mich, dass es vor oder nach einem wichtigen Erfolg war, einer Abschlussprüfung zum Beispiel, oder dass es vor oder nach einer einmaligen Erfahrung war, wie für viele in dieser Gegenwart der Wechsel des Jahrtausends, das Millennium. Aber im Allgemeinen bewegt man sich auf unsicherem Terrain. Vorsicht, Erinnerung![81]

Will man «Geschichte schreiben», muss man also vorsichtig sein. Man muss genau erwägen, was man mit den vorhandenen Quellen – auch mit den Erinnerungsdokumentationen der Oral History – macht. Man muss methodisch vorgehen, wissenschaftlich. Was heisst das? Wissenschaftliche Vorgehensweise erfolgt nach zusehends verfeinerten Regeln, über die in der Wissenschaft ein Konsens hergestellt worden ist. An diese soll man sich halten. Und bei der Geschichtswissenschaft im Besonderen kommt den Quellen ein unumgehbares Vetorecht zu.

In den vorausgegangenen Geschichten habe ich mich um eine wissenschaftliche Fundierung bemüht, auch wenn ich im Rahmen des in diesem Fall Gegebenen der Fiktion freien Lauf gelassen habe. Und dennoch bleibt, wie beim Abschluss einer wissenschaftlichen Geschichte, ein Unbehagen: Ist das so haltbar? Bin ich der Sache gerecht geworden? Und in unserem Zusammenhang insbesondere: Bin ich den Menschen, Paul und Max, gerecht geworden?

*

Für Paul stand mir hauptsächlich die Familientradition der Familie Marchal zur Verfügung. Schriftliches gab es beinahe nichts mehr. Aber auch Traditionen haben es in sich; auch sie verändern sich im Laufe der Zeit. Diese hier war, wie könnte es anders sein, parteiisch. Saurenhaus war darin der Bösewicht. Mit der Zeit wurde er auch ein bisschen der Lächerliche. Noch später wurde er zu einer «gewöhnlichen», allerdings negativ konnotierten Geschichte, die kaum mehr erzählt wurde, erschien er doch zusehends als der Verlierer. Und schliesslich stellte sich zwischendurch der Gedanke ein, dass hier masslos übertrieben worden sei. Mit der Aufdeckung des Papierkorbinhalts wurde diese Tradition plötzlich wieder lebendig, Vergangenheit und Gegenwart wurden eins. Mag sein, dass dabei die wissenschaftlich gebotene Distanz verloren ging. Dunkles brach wieder durch, nach all den Jahren. Gut möglich, dass Max dadurch jede Chance, differenziert beurteilt zu werden, verloren hat. Schauen wir näher hin!

*

Im Laufe der Recherche sind einige Dokumente über ihn zum Vorschein gekommen. Wenn ich Saurenhaus nicht gekannt habe und nur vom Hörensagen von ihm weiss, kann ich versuchen, aufgrund des schriftlichen Materials näher an ihn heranzukommen. Auf den Inhalt des Papierkorbs komme ich nicht mehr zurück. Können hingegen die anderen, neu gefundenen Quellen und Fakten zu einer Milderung des Urteils führen?

Lässt sich etwas über seine Persönlichkeit aus der Tatsache gewinnen, dass Saurenhaus Konsul war? Das wird ja nicht jeder. Paul hat auf einen «ganz unbedeutenden überseeischen Staat» hingewiesen. Schon damals hätte man im «Eidgenössischen Staatskalender» unter dem Politischen Departement spielend fündig werden können, hätte man die «Mitteilung» ernst genommen. Konsulate von wirklich «unbedeutenden überseeischen Staaten» gab es in Basel eigentlich nur zwei: Dominikanische Republik und Nicaragua. Man hätte vielleicht auch an Bolivien, Paraguay, Uruguay und Venezuela denken können, die alle in Basel vertreten waren.[82] Pauls Umschreibung hätte jedenfalls eine hohe Treffsicherheit ermöglicht. Saurenhaus ist laut dem «Geschäftsbericht des Bundesrates» 1927 als Konsul von Nicaragua in Basel akkreditiert worden, eingesetzt von der nicaraguanischen Regierung.[83] Das Konsulat war zuständig für die Kantone Basel-Stadt und Basel-Land. Es war ein kleiner Jurisdiktionsbereich, aber für diese Staaten nicht unüblich. Adresse des Konsulats war die Gundeldingerstrasse 190.[84] 1935 muss Saurenhaus den Posten aufgegeben haben. 1936 erscheint im «Eidgenössischen Staatskalender» das Konsulat von Nicaragua in Basel nicht mehr. 1927 bis 1935 – wie sah die damalige politische Situation in Nicaragua aus? Damals wirkte als Präsident seit über zehn Jahren der konservative Adolfo Díaz Recinos unter der Schutzherrschaft der USA. 1926 bis 1929 herrschte ein Bürgerkrieg, die Guerra Constitucionalista, und US-Marines schlugen die liberale Opposition nieder. 1933 schufen die USA zur Wahrung ihrer Interessen die Nationalgarde Nicaraguas. 1935 hatte die Nationalgarde das Land vollständig unter Kontrolle. Deren Oberster Befehlshaber, Anastasio Somoza García, sollte 1937 die Macht übernehmen.[85] Der Beginn des Konsulats lässt sich nicht mit einem einschneidenden politischen Datum in Nicaragua, etwa einem Regierungswechsel, verbinden. Warum und wie Saurenhaus zu diesem unbedeutenden Konsulat gekommen war, kann nicht mehr erschlossen werden. Das Ende mag in Verbindung zum Aufstieg Somozas gestanden haben. Ich nehme zu Saurenhaus' Gunsten an, dass das Konsulat einfach dem Renommee dienen sollte und Saurenhaus schliesslich eine Kompromittierung durch die Entwicklung in Nicaragua vermeiden wollte.

Bei der Auseinandersetzung im Kontor um Naturseide beziehungsweise Seidenabfälle und moderne Kunstseide liesse sich zugunsten von Saurenhaus annehmen, dass er der modernere Kaufmann gewesen sei, der Innovation und Diversifikation angestrebt habe. Indes, es war nicht seine Offenheit für Neues, nicht ein fachliches Innovationsbestreben hin zu den verschiedenen neuen Kunstfasern, das Saurenhaus antrieb. Es ging ihm in

Paul

erster Linie um Handel mit Deutschland. Darauf weist auch hin, dass er 1933 zu den Vertrauensleuten des ECHO-Auslandverlags und von dessen Medium «*Das Echo: Mit Beiblatt Deutsche Export Revue. Wochenzeitung für Politik, Literatur, Export*», gehörte (18).[86] Saurenhaus wollte deutsche Exporte fördern, wenn gewünscht auch Wirtschaftsspionage für Deutschland betreiben. Auch als Kaufmann im Textilbereich galt für ihn: Deutschland über alles!

Die Karten der NSDAP-Mitgliederkartei und die damit verbundene «Parteikorrespondenz» stellen gewiss auch nur Überreste dar. Wie so oft war es ein Zufall, durch den Saurenhaus aktenkundig wurde. Nicht eine wichtige Funktion, die er innegehabt hätte, sondern die Folge eines irgendwie gearteten Vergehens, ein bürokratischer Wirrwarr haben dafür gesorgt. Sonst wäre bestenfalls vielleicht noch eine Parteimitgliedskarte aufzufinden gewesen.

Wenn ich aus dieser Parteikorrespondenz geschlossen habe, dass Saurenhaus unbedingt Mitglied der Partei sein und bleiben wollte und für sich nicht in Anspruch nehmen konnte, dazu genötigt worden zu sein, gibt es vielleicht doch einen mildernden Umstand. Möglicherweise war es nicht eine ideologische Überzeugung, die ihn dazu trieb, sondern etwas anderes. 1941 wird sich Saurenhaus um die Vertretung der im April neu gegründeten Exportgemeinschaft Zellwolle GmbH Berlin in der Schweiz bemüht haben. Da wird es für ihn ein Trumpf, wenn nicht sogar eine Notwendigkeit gewesen sein, der NSDAP anzugehören. Demnach wären wirtschaftliche Interessen, der Kampf um das Überleben seiner Firma, Gründe dafür, dass er so um den Verbleib in der Partei rang. Und vielleicht gerade, weil er Mitglied der Partei war, bot ihm 1942 die I.G. Farbenindustrie AG ihren Vertretervertrag an.

Aber dann stellt sich gleich eine weitere Frage. Die I.G. Farbenindustrie AG war das grösste Industriekonglomerat des

Dritten Reichs, sie unterstützte von Anfang an die NSDAP und diente späterhin der Politik zu. Die Firma war weltweit der wirtschaftliche Arm des Regimes. An den verschiedenen Produktionsstätten wurden Tausende von Zwangsarbeitern eingesetzt. Gerade in Premnitz, wo der Verkaufsschlager Vistrafaser hergestellt wurde, aber auch Aktivkohle für Gasmasken, wurden sogenannte Ostarbeiter als Zwangsarbeiter eingesetzt, auch Kriegsgefangene. Am 30. November 1943 zum Beispiel waren es allein in Premnitz 1190 «zivile» Ausländer und 100 Kriegsgefangene, Menschen aus insgesamt 21 Nationen. Sie wurden in mehreren Barackenlagern zusammengepfercht. Arbeitsunfähige wurden wieder in die Konzentrationslager zurückgeschickt und ihrem Schicksal überlassen.[87] Und von all dem soll Saurenhaus, der ja persönlich mit dem Direktor van Beek verkehrte, nichts erfahren haben? Soll man ihm das als mildernden Umstand zugestehen? Weist nicht gerade der Inhalt des Papierkorbs, auch wenn er zehn Jahre früher entstanden war, darauf hin, dass Saurenhaus als überzeugter Nationalsozialist diese Zustände billigte? Ich kann es drehen und wenden, wie ich will, es bleibt ein dunkler Schatten auf seiner Persönlichkeit.

Gewiss liessen sich bei Saurenhaus auch menschlichere Seiten feststellen. Aber ich habe ja nur diesen einen, mir bekannt gewordenen Ereignisstrang. Sein Leben wird zweifelsohne reicher und vielfältiger gewesen sein. Zudem standen mir nur die wenigen Quellen, die hier vorgelegt wurden, und einige Erinnerungen zur Verfügung. Für eine moralische Beurteilung reicht das bei Weitem nicht aus, und sie ist ohnehin nicht mein Ziel.

*

Pauls politische Einstellung war allbekannt; aber nun fanden sich Quellen, die zeigten, wie tief verankert und wie sehr sie schon in der Kindheit geprägt worden war. Nicht nur frankreichfreundlich war er, sondern auch ein Patriot. Damit liess sich seine Reaktion auf den Fund im Papierkorb, nämlich dass er sich zur Gegenspionage entschloss, leicht erklären. Als ich seine «Mitteilungen» erstmals gründlich las, staunte ich über die Sorgfalt seiner Formulierungen. Er wog wirklich ab, was er aufgrund dessen, was er in der Hand hatte, aussagen konnte. Doch als für mich endgültig klar wurde, dass Paul sich dazu entschieden hatte, die Anonymität zu wählen, war ich irritiert. Als feigen Leisetreter kannte ich meinen Vater nicht. Warum bloss hatte er sich dazu entschieden?

Ich kann an dieser Stelle nachholen, was ich im Kapitel «Schattenduell» nicht tun konnte, da es den Erzählfluss zerstört hätte: Ich kann versuchen, die Fiktion durch Kontextualisierung historisch zu erhärten. Zum Beispiel mit den Geschäftsberichten des Bundesrats aus jener Zeit, die man ganz leicht im Internet über www.amtsdruckschriften.bar.admin.ch abrufen kann: ziemlich leisetreterisch! Für 1933 betonte die Abteilung für Auswärtiges des Politischen Departements, wie trotz Zwischenfällen bei «beiden Regierungen der Wille, diese freundschaftlichen Beziehungen zu wahren, sich nicht geändert hat und das Bestreben besteht, eine Störung derselben zu verhüten». Bezüglich der nationalsozialistischen Propaganda zog man sich auf die Annahme zurück, es handle sich nur um eine Angelegenheit unter Deutschen. Wir können «natürlich den Ausländern, denen wir unser Gastrecht gewähren, nicht verbieten, dass sie sich unter sich zusammenschliessen und unter sich die Fragen erörtern, die ihr Heimatland beschäftigen».[88] In Wirklichkeit waren die nationalsozialistischen Umtriebe damals schon in vollem Gange, das erhärten die Dokumente aus dem Papierkorb, aber auch die neueste Darstellung zur NSDAP Schweiz.[89] 1934 wurde die Abteilung für Auswärtiges gezwungenermassen deutlicher und ausführlicher. Wegen der Entwicklung im Deutschen Reich sei in der Schweiz «mit Leidenschaft gegen die Ideen und Methoden des Nationalsozialismus» Stellung bezogen worden, besonders von linker Seite. Dann wurde insbesondere über den Pressekonflikt berichtet. Aber noch immer wurde betont: «Trotz den zahlreichen Schwierigkeiten, die sich aus dem tiefgreifenden Gegensatz der Anschauungen unvermeidlich ergaben, sind aber die Beziehungen zwischen den beiden Regierungen dank dem beiderseits an den Tag gelegten guten Willen so geblieben, wie es sich zwischen zwei benachbarten und befreundeten Ländern gehört.» Man ging von der Annahme aus, nationalsozialistische Propaganda wende sich im Prinzip an die eigenen Landsleute und halte sich «an die vom Gaststaat gezogenen Grenzen», sich nicht in «unsere politischen Verhältnisse» einzumischen. Wohl seien Klagen über Spitzeltätigkeiten eingegangen, die vereinzelt zur Ausweisung von Ausländern geführt hätten.[90] Insgesamt wurde sehr vorsichtig formuliert. Man wollte die Gegenseite ja nicht verärgern.

Als 1938 den Baslern der Kragen platzte und mit der bis anhin grössten Unterschriftenzahl die «Initiative für das Verbot ausländischer Nazi-Organisationen» eingereicht wurde, suchte der Bundesrat diese kantonale Abstimmung mit allen Mitteln zu verhindern, weil sie die aussenpolitischen Belange des Bundes tangiere. In diesem Kompetenzstreit zwischen Bund und Kanton entschied schliesslich das Bundesgericht im Juni 1939 zugunsten des Bundes. Die Initiative wurde für ungültig erklärt.[91]

Ein anderes Beispiel: Als sich 1937 in der NZZ eine viel beachtete Artikelserie gegen den Plan wandte, in Luzern nach deutschem Vorbild eine nationale Festspielstätte zu schaffen, und damit klarsichtig die zwielichtige Gedankenwelt blosslegte, die dahintersteckte, geschah dies auf Rat der Redaktion hin unter einem Pseudonym. Denn es standen hochkarätige Persönlichkeiten aus Politik, Kultur und Militär hinter diesem recht braunen Projekt. Man konnte nicht wissen, wie mächtig das Umfeld war, mit welchen Konsequenzen der Verfasser hätte rechnen müssen. Noch 1937 herrschte eine grosse Ungewissheit, selbst über die Kräfteverhältnisse im Innern.[92] Wenn man alle diese Feststellungen in die Erwägungen miteinbezieht, dann versteht man immer besser, warum der Einzelgänger Paul sich zur Anonymität entschloss.

*

Ich habe vorgeführt, wie ich meine Beurteilung der beiden Hauptakteure abwäge. Dennoch bleibt weiterhin die Frage: Bin ich ihnen gerecht geworden? Und allgemeiner formuliert: Gibt es überhaupt eine Gerechtigkeit in der Geschichte, nach so langer Zeit und bei der letztlich immer mangelhaften Quellenlage?

In der Geschichtsforschung ist das keine Frage. Hier geht es ohnehin nicht um den Versuch, eine vergangene Realität mit ihrer Vielfalt als Ganzes zu erfassen. Vielmehr entwickelt man Fragestellungen, die aufgrund der vorliegenden Quellenlage sinnvoll und lösbar sind. Diese Fragestellungen entsprechen auch dem jeweils aktuellen Erkenntnis- und Forschungsstand und zeitgebundenen Interessen. Deshalb verändern sich die Fragestellungen im Laufe der Zeit, auch wenn die Quellenlage gleich geblieben sein mag.

Auch die Geschichtsschreibung verändert sich im Laufe der Zeit, denn die Vergangenheit kann nur aus der jeweiligen Gegenwart heraus betrachtet werden. Selbst eine noch so detaillierte Rekonstruktion vermag die vergangene Wirklichkeit, die Menschen und ihre Absichten nicht gleichsam authentisch zum Leben zu erwecken. Zudem geschieht Geschichtsschreibung nicht im aseptischen Raum, sie verfolgt immer eine Absicht. Bestenfalls will sie erklären, aber sie kann auch rechtfertigen, anklagen, politisch oder sonst wie Einfluss auf die Gegenwart nehmen wollen. Deshalb wird Geschichte immer neu geschrieben.

Nur richten, das kann die Geschichte nicht. Das viel bemühte «Urteil der Geschichte» ist eine Fata Morgana. «La storia non è giustiziera, ma giustificatrice» (Die Geschichte ist nicht

Richterin, sondern Rechtfertigerin), das hat der grosse Humanist und Historiker Benedetto Croce schon vor hundert Jahren festgestellt.

Mit einem gerechten und abschliessenden «Urteil der Geschichte» hat Geschichte nichts zu tun. Ihr «Urteil» hängt ab von den Menschen, die zurückschauen, von den späteren Generationen. Im Laufe der Jahrzehnte, der Jahrhunderte wandelt sich das politische Antlitz der Welt, verändern sich Mentalitäten und Gesellschaftsformen und dementsprechend auch das sogenannte Urteil der Geschichte.

Die «Geschichte» ist kein Gericht, sie ist eine Investigativinstanz. Sie deckt auf, was verborgen war oder verkannt worden ist; sie ruft in Erinnerung, was aus irgendeinem Grund – manchmal ganz bewusst – dem Vergessen anheimgestellt worden ist; sie überprüft, was als gängige historische Anschauung daherkommt; sie sucht neue Wege zu historischer Erkenntnis. Und sie präsentiert ihre Erkenntnisse in neuen Erzählungen und in aktualisierten Würdigungen. Mit all dem wirkt sie ein auf Geschichtspolitik und Erinnerungskultur.[93]

*

Von diesen allgemeinen Überlegungen aus kann ich wieder auf mein ganz persönliches Anliegen zurückkommen: Meine Absicht für diese Publikation war – ich kann das ruhig offenlegen – vom Augenblick an, als sich bei mir die Evidenz einstellte, in Erinnerung an meinen Vater jene Generation zu würdigen, jene Unbekannten, die sich damals vor einem bedrohlich dunklen Zukunftshorizont zum Widerstand entschlossen hatten. Nicht heldenhaft und getragen von der Öffentlichkeit, sondern an dem Ort, wo sie standen, ohne zu zögern, im Stillen und unerkannt – und die aus diesem Grund später in Vergessenheit gerieten. So möge diese kleine Gedenkschrift ein Erinnerungszeichen an all diese Vergessenen sein, für die hier stellvertretend die Erleb-

Paul

nisse meines Vaters erzählt wurden, der sich plötzlich im Kontor an vorderster Front gesehen hatte und, völlig auf sich allein gestellt, sehr früh einen Kampf aufgenommen hatte, den trotz seiner «Mitteilungen» niemand ernst nehmen wollte.

Zeit und Gerechtigkeit

Max –
Die Geheimnisse
des Staatsarchivs
(1945)

Teil 2

Ein Archivar hilft weiter

Fertig! Ich habe meine Publikation abgeschlossen, in den Anmerkungen noch einige Bereinigungen vorgenommen, einige Stellen nochmals genau gelesen. Ich werde gewiss immer wieder am Text feilen, dieses und jenes umstellen, einiges ergänzen, anderes streichen.

Fertig! Ich räume den Schreibtisch auf, wo sich die Originalquellen, die Kuverts, Fotokopien und Textausdrucke zu einer organischen Ordnung gestapelt haben. Die Schriftstücke der beiden gelben Kuverts habe ich schon lange nicht mehr zur Hand genommen, denn sie müssen geschont werden. Das empfindlichste Stück, das mit den Rabattmarken zusammengeklebte, liegt schon lange in einer Sichtmappe, es droht auseinanderzufallen. Jetzt lege ich das alles sorgfältig in eine Aktenmappe, auch die «dicke Post aus Berlin». Ich will das Material ins Bas-

Max

ler Staatsarchiv bringen. Zur Erleichterung der Arbeit für die Archivare lege ich die Edition bei mit folgendem Beschrieb:

> «NSDAP Ortsgruppe Basel – Max Saurenhaus. Die Texte stammen aus der Firma «M. Marchal Aktiengesellschaft (M. Marchal, Société anonyme), Handel und Kommission in Seidenabfällen, Rohstoffen und Fabrikaten der Textilbranche, insbesondere der Schappe- Rohseiden- und Kunstseidenindustrie».
> Der Direktor Max Saurenhaus, am 31. Mai 1920 in die Familie eingeheiratet, am 1. Okt. 1931 in die NSDAP eingetreten, war 1933 Kassenwart der Ortsgruppe Basel und Wirtschaftsberater der NSDAP Landesgruppe Schweiz. Er agierte offensichtlich vom Bureau der Firma aus. Der Mitinhaber und Verwaltungsrat Paul Marchal deckte diese Aktivität auf, indem er die zerrissenen Entwürfe der Parteikorrespondenz aus dem Papierkorb sammelte und mit seiner Frau Erica Marchal-Weiss wieder zusammenklebte. Dazu hat er offenbar auch in die Ablage von Saurenhaus Einsicht nehmen können. Aufgrund des Materials hat er die Abteilung für Auswärtiges des Politischen Departements in Bern in drei Mitteilungen (B1–B3) über diese Umtriebe informiert. Ob die Mitteilungen zur Kenntnis genommen worden sind, ist ungewiss. Weitere Aktivitäten von Saurenhaus hat er nicht mehr feststellen können. Das Material besteht demnach aus zusammengeklebten Briefentwürfen von Saurenhaus im Original und Abschriften bzw. Zusammenfassungen durch Paul Marchal (PM) von Briefen Wilhelm

Ein Archivar hilft weiter

Gustloffs und des Aussenhandelsverbands Berlin, sowie dem Original der Richtlinien des Auslandverlags ECHO Berlin für Vertrauensleute.
Inhaltlich geht es zur Hauptsache um Bemühungen, Gustloff das Konsulat in Davos zuzuschanzen, um ihn vor polizeilichen Massnahmen zu schützen, und um die Erstellung von schwarzen Listen über deutschlandfeindliche Firmenvertreter und Zeitungen in der Schweiz.
Laufzeit: 07.10.1933 bis 04.05.1937
Beilage: Kopien von Akten aus dem deutschen Bundesarchiv in Berlin: Parteikarten von Max Saurenhaus (1931) und Parteikorrespondenz (1941) sowie dessen Vertretervertrag und Korrespondenz mit I.G. Farbenindustrie (1942–1943).»

*

Wenn ich schon ins Archiv gehe, kann ich noch etwas anderes erledigen. Noch immer weiss ich nicht, wann Saurenhaus gestorben ist, und habe bei meinen Nachfragen auch Skurriles erlebt.

Die Sterbe- und Totenregister des Zivilstandsamts, die sich im Archiv befinden, reichen nur bis 1928. Also habe ich mich direkt ans Basler Zivilstandsamt gewendet. Dort lassen sich per E-Mail Tatsachenbescheinigungen bestellen. Das machte ich und bat um Auskunft über «die Todesdaten von Saurenhaus, Maximilian Joseph (Max), geboren 27. Januar 1889, Saurenhaus-Marchal, Anna Christine Ernestine (Erna), geboren 21. Januar 1891 und Saurenhaus Karl, Sohn von Max u. Erna, Geburtsdatum unbekannt».

Die Antwort trifft drei Tage später ein: «Damit wir Ihre Anfrage bearbeiten können, müssen wir zuerst wissen, ob die von Ihnen angegebenen Personen Bürger von Basel waren?»

Max

Ich schicke den Eintrag aus dem Eheregister (Staatsarchiv Basel AHA Civilstand M 1.45 (1920) Nr. 531) und ergänze, dass nur Karl Bürger von Basel war.

Drei Tage später bedankt sich das Amt «ganz herzlich für Ihre Mithilfe» und fährt fort: «Da Karl Saurenhaus Bürger von Basel war, konnten wir seine Daten dem Familienregister entnehmen. Sie können gerne einen Familienschein bestellen, der alle Daten über ihn enthält. Der Familienschein kostet 51.–. Da die anderen beiden Personen nicht Basler Bürger waren, brauchen wir zumindest das Sterbedatum, ansonsten können wir leider nichts finden.»

Ich kanns nicht fassen. Ich frage nach dem Todesdatum, und das Amt bittet mich um Mitteilung desselben, damit es mir dieses angeben kann. Und Karls Todestag wird nicht mitgeteilt. Ich bedanke mich freundlich für «die prompte Mitteilung. Ich würde gerne nächste Woche vorbeikommen und den Familienschein von K. Saurenhaus abholen.» Und füge an: «Leider kenne ich die Sterbedaten nicht, weshalb ich mich an das Zivilstandsamt gewendet habe. Es fällt mir schwer zu verstehen, warum Nichtbürger im Sterberegister – im Unterschied zu den älteren Beständen im Basler Staatsarchiv – nicht gefunden werden können. Wo müsste dann gesucht werden, um die Todesdaten von Tausenden in Basel verstorbenen und begrabenen Nichtbaslern zu finden?» Wirklich, gibts keine Sterberegister mehr? Was geschieht denn mit all den Totenscheinen?

Die Antwort kommt postwendend: «Wann genau möchten Sie nächste Woche kommen? Ich brauche ein genaues Datum, damit der Familienschein vorbereitet werden kann. Wissen Sie eventuell das Sterbejahr? Ohne Sterbejahr können wir leider nichts machen. Vielleicht kann Ihnen das Einwohneramt Informationen erteilen, da Herr und Frau Saurenhaus in Basel gewohnt haben.»

Ich gebs auf – und versuche es, wie empfohlen, beim Einwohneramt. Bei den Bevölkerungsdiensten kann man eine ein-

Ein Archivar hilft weiter

fache Adressauskunft einholen. Ich muss hier bloss Name und letzte bekannte Adresse angeben. Nach zwei Tagen kommt die Auskunft per Post. Für die Gundeldingerstrasse 190 gibt es kein Resultat, was ich erwartet habe. Aber bei der Steinentorstrasse 77 gibts einen Treffer: Max' Sohn Karl Saurenhaus-Nieuwenhuijs ist am 21. März 1993 verstorben. Kostenpunkt: 8 Franken.

So plagt mich die Frage, wann Max Saurenhaus gestorben ist, noch immer, als ich mit meinen NSDAP-Akten ins Archiv gehe.

*

Meine «Saurenhaus-Akten» übergebe ich dem Archivar. Ich bin froh, sie loszuwerden. Nachdem ich ihn über den Inhalt und das Zustandekommen dieses Quellenmaterials informiert habe, bringe ich meine Frage an.

«Das Todesdatum von Saurenhaus?» Der Archivar nimmt mein Aktenmäppchen zur Hand. «Im Zivilstandsamt sind doch auch die Sterberegister.» Der Archivar schüttelt den Kopf: «Kommen Sie mit. Wir schauen bei der Fremdenpolizei nach. Die hat ihre Akten eingeliefert.» Wir gehen in sein Büro. Mit wenigen Mausklicks hat er die Liste aller unter «Fremdenpolizei» liegenden Personenakten aufgerufen. Ich staune wieder einmal über das Gedächtnis eines Staates: Unter der Signatur PD_REG 3a findet sich ein riesiger Bestand an Personenakten: über 1100 Laufmeter Akten, über einen Kilometer aneinandergereihte dünne Mäppchen von Fremden, die in Basel ansässig gewesen sind. Diese sind nummeriert und in Tausenderblöcken abgelegt, von 1 bis 570 000. Nur diese Nummernblöcke erscheinen bei der Suche im Archivkatalog. Es werden keine oder nur eine Auswahl von Namen angezeigt. Selbstständig hätte ich Saurenhaus gar nicht finden können. Der Archivar scrollt aber in einer internen Namenliste. Die Namen sausen über den Bildschirm. Und da scheinen sie auf, die Saurenhaus. Max Saurenhaus erscheint im Block

200 001–210 000, Nummer 202 286 (Staatsarchiv Basel PD_REG 3a Nr. 202 286). Wir eilen zurück ins Magazin, um auf alten Computerausdrucken nachzuschauen, die wiederum nummernweise in Archivschachteln verwahrt werden. Ich muss schmunzeln: Es handelt sich um die am Rande perforierten breiten Papierbänder, die ich vor langer Zeit einmal in Paris im IBM-Zentrum ratternd aus der Maschine laufen gesehen habe. Jetzt hat der Archivar die Nummer 202 286 gefunden. Dahinter steht mit roter Farbe gestempelt: «Akten im Staatsarchiv». Der Archivar legt alles in die Schachtel zurück: «Ich bestell das für Sie; aber es braucht Zeit. Das muss in einem Aussenlager geholt werden. Nächste Woche.»

In der folgenden Woche, an einem unüblich heissen Maitag, gehe ich wieder ins Archiv. Voller Erwartungen. Die Lesesaalaufsicht händigt mir die bereitgelegten Akten aus und dazu noch Fotokopien, die mir der Archivar gemacht hat. Offenbar ist auch er vom Jagdfieber erfasst worden. Ich setze mich an einen Arbeitsplatz, blättere die Akten durch. Es handelt sich zum einen um sogenannte Administrativakten. Sie stammen aus der Registratur des Polizeidepartements, einer Abteilung der Einwohnerkontrolle. Diese Personendossiers bestehen aus dünnen Mäppchen und enthalten bloss die Einbürgerungsakten von Saurenhaus' Kindern. Zum anderen ist da das gesuchte Dossier der Fremdenpolizei. Es ist etwa zwei Zentimeter dick, allerlei zusammengeheftete Papiere. Nach einem kurzen Überblick und einigen Stichproben wird mir klar: Es gibt vieles zu ergänzen und einiges zu korrigieren an meiner Rekonstruktion und Fiktion.

Aber wie gehe ich jetzt damit um? An sich ist das ein normaler Vorgang in einer historischen Forschung. Ich würde dann meinen Text ohne weiteren Hinweis überarbeiten und überall ändern, wo die neuen Quellen meiner Darstellung widersprechen. Das würde auch bis in die bisher angenommenen Motivationen der Akteure und die Gesamtinterpretation hineinreichen. Es würde wieder eine Darstellung aus einem Guss entstehen,

Ein Archivar hilft weiter

und der ursprüngliche Text würde verschwinden. Aber ich will doch gerade die Leserschaft den Entstehungsprozess historischer Erkenntnisse erfahren lassen, eben wie «Geschichte» entsteht. Nach einigen Überlegungen habe ich die Lösung: Ich behalte die bisherige Darstellung bei, so wie sie ist. Ich war ja der Meinung, ich sei fertig, und ich stehe dazu. Dass dann mit dem Eingreifen des Archivars sich manches ändert und einiges erschütternd scharf zutage tritt, muss ich auch aufzeigen, will ich den Werdegang dieses Buches in die Darstellung einbeziehen.

Also mache ich aus dem bisherigen Büchlein den «Teil 1» unter dem Titel «Paul – Geheimnisse im Papierkorb (1933)», den Sie jetzt gelesen haben. Ich überarbeite ihn redaktionell, lasse «Vorwort» und «Nachwort» weg, behalte aber die Darstellung und die ursprünglichen Wertungen bei, auch wenn sie sich jetzt teilweise als überholt erweisen, und füge nur an zwei Stellen methodisch lehrreiche Hinweise auf das Folgende ein. Mit dem, was ich jetzt neu erfahre und mit dem Paul nur noch wenig zu tun hat, schreibe ich «Teil 2» unter dem Titel «Max – Die Geheimnisse des Staatsarchivs (1945)». Auf diese Weise lässt sich spielerisch feststellen, wie weit meine Annahmen zutrafen und meine Rekonstruktionen an die Erkenntnisse herangekommen sind, die ich jetzt erhalte.

Den Gesamttitel «Gustloff im Papierkorb» behalte ich bei, denn dieser spielt in Teil 2 eine überraschende Rolle. Schauen wir mal, wie das herauskommt…

*

Ach ja, ich hätte es beinahe vergessen: das Todesdatum von Saurenhaus? Auf der Karte der Ausländerkontrolle Nr. 202 286 (Staatsarchiv, PD-REG 14a 9-7 202286), die der Archivar für mich kopiert hat, ist gross der Stempel angebracht: «Gestorben in Basel am» und handschriftlich eingetragen worden «22.12.1962».

Max

«Zellwolle bedeutet Fortschritt»

Das vom Archivar kopierte Dokument ist die Karte Nr. 61792 (Staatsarchiv PD-REG 14a 9-6 61792) der Einwohnerkontrolle, Rubrik «Niederlassungskontrolle für Ausländer», ausgestellt für Max Saurenhaus, die Mitte der 1930er-Jahre auf die Karte Nr. 202 286 übertragen worden war.[94] Beinahe alle Einträge wurden durchgestrichen, da sie ungültig geworden waren. Nur die kontinuierlichen Erneuerungen der Aufenthaltsbewilligung folgen sich in langer Reihe. Vieles ist mir schon bekannt; aber es gibt Neues. Saurenhaus liess sich erst 1925 mit seiner Familie in Basel nieder. Die Niederlassungsbewilligung erhielt er am 2. September. Er wohnte an der Gundeldingerstrasse 190. Seine drei Kinder wurden in Köln-Mülheim geboren und erhielten 1939/40 das Schweizer Bürgerrecht. Jetzt verstehe ich,

Ausschnitt der Karteikarte Nr. 61792 der Niederlassungskontrolle für Ausländer des Kantons Basel-Stadt. Auffällig sind die vielen Streichungen und Neueintragungen zum Beruf von Max Saurenhaus.

warum ich im Repertoire der Basler Geburtsregister nichts gefunden habe.

Unter der Rubrik «Beruf» tut sich einiges auf der Karte Nr. 61792. Als Erstes wurde gross «Geschäftsführer» eingetragen. Daran anschliessend wurde in kleiner Schrift später angefügt «c/o Firma ‹Aka› Seiden-Aktiengesellschaft 1927.4.30.». Darüber in noch kleinerer Schrift «ausgeschieden 1928.11.21.». Auf neuer Linie folgt: «2. Honorarkonsul v. Nicaragua 1927.8.25.». Daran anschliessend von anderer Hand: «Prokurist Firma M. Marchal 1928.3.21.». Darüber ganz klein: «Firma erl.[oschen] 1931.5.30.». Alle diese Einträge sind durchgestrichen. Und jetzt folgt: «Direktor der Firma M. Marchal A.G. 1931.5.30.» Die Karte Nr. 202 286 ist anders organisiert, und die Ersteinträge wurden maschinell geschrieben. Unter der Rubrik «Beruf» steht: «Direktor in Firma M. Marchal A-G. und Honorarkonsul von Nicaragua». Alles ist durchgestrichen und handschriftlich ergänzt worden: «Unterschrift erl. 1938.3.16.» «Kaufmann & Direktor Firma Max Saurenhaus & Cie 1938.3.16.». Dieses Datum ist gestrichen und ergänzt mit: «A.G. 1942.10.17.» Schliesslich ergänzt noch eine andere Hand: «Wallstrasse 11 (1941.1.13.)».

Die Karten der Einwohnerkontrolle erzählen mit ihren wiederholten Streichungen und datierten Einträgen in knappster Form eine Geschichte: die Geschichte eines Neuankömmlings, der eine steile Karriere in Angriff nahm. Zwei Jahre nach seiner Ankunft war er schon Geschäftsführer einer Firma und Honorarkonsul von Nicaragua, um gleich in eine andere Firma überzuwechseln und hier innerhalb von drei Jahren vom Prokuristen zum Direktor aufzusteigen. Dreizehn Jahre nach seiner Niederlassung in Basel hatte er sich als Direktor seiner eigenen Firma etabliert. Es gibt keine Streichungen mehr.

Diese Quellen erzählen eine etwas andere Geschichte als jene im Kapitel «Seidenhandel». Die Quellen haben ihr Vetorecht, und ich muss ihnen folgen. Für die 1920er-Jahre habe ich ja bloss einige Vermutungen anstellen können. Jetzt lassen sich die Situation und die Motivation der Akteure doch etwas genauer darstellen.

Ich weiss jetzt, dass Paul in den ersten Jahren mit seinem Vater allein im Geschäft arbeitete. Wegen des Kriegs konnte er keine längere Ausbildung, etwa zum Kaufmann, absolvieren. Er muss sich unter Anleitung seines Vaters in die Praxis des Seidenhandels eingearbeitet haben, was er – wie wir gesehen haben – gewissenhaft tat. Der Handel mit den diversen Seidenabfällen scheint ihn fasziniert zu haben. Er wird auch verschiedene Kunden und Produzenten im Auftrag seines Vaters besucht haben, um Einblicke und Erfahrungen zu sammeln. 1924 führte ihn eine Reise von London und Southampton über Alexandria bis nach Schanghai.[95] Dazu hatte er sich sorgfältig Vergleichs- und Entscheidungsgrundlagen erarbeitet und über die Jahre ein gewisses Flair, eine praktische Könnerschaft erworben. Eine breite Ausbildung war das nicht. Seine Welt war und blieb der Handel mit Seidenabfällen. Auf die praktischen Lösungen konzentriert, waren ihm abstrakte Konzepte und unternehmerische Strategien eher fremd.

Im Herbst 1925 kam Max nach Basel. Er hatte, wie er viel später berichten wird, seine Kolonialhandlung en gros, die er selbst geführt hatte, verkauft. Deshalb liess er vom Beamten der Einwohnerkontrolle in Basel auf der Kontrollkarte unter der Rubrik «Beruf» nicht Kaufmann, sondern «Geschäftsführer» eintragen, auch wenn er in Basel noch keine Führungsposition hatte. Dieses kleine Detail sagt schon etwas aus über die Ambition, die er beim Eintritt in die Firma M. Marchal hatte. Dazu bevorzugte er – wir haben es gesehen – den Handel mit Deutschland, das damals bei der Entwicklung chemischer Fasern innovativ und führend war, und Max war zugriffig. Er war noch kein ganzes Jahr in der Firma, als es im September 1926 bereits zu Spannungen zwischen ihm und Paul kam, und ich sehe jetzt genauer, worum es ging. Max trug sich offenbar mit dem Gedanken, das Geschäft zu diversifizieren. Er mag Paul angedeutet haben, dass er dies, sollten die Marchals nicht mitmachen wollen, auch in einer anderen Firma tun könne. Pauls Vater scheint das nicht so ernst genommen zu haben und war der Meinung, dass Max schon selbst «sur le bon chemin» zurückfinden werde. Max aber setzte Druck auf: Er tat sich mit dem Advokaten und Notar Dr. Carl Napp-Saenger zusammen und gründete am 9. April 1927 die Firma «Aka Seiden-Aktiengesellschaft» mit einem sehr weit gefassten Zweck. Es ging um «Kommission und Handel in Textil-Rohstoffen, Halbfabrikaten, Fertigfabrikaten, Abfällen der Textil-Branche, ferner Beteiligung an Fabrikationsbetrieben oder Handelsgeschäften gleicher Branche». Das Gesellschaftskapital betrug 6000 Franken, aufgeteilt in zwölf Aktien à 500 Franken. Der Verwaltungsrat bestand aus einem einzigen Mitglied: Dr. Carl Napp-Saenger. Zum Geschäftsführer ernannte der «Verwaltungsrat» am 30. April 1927 Max Saurenhaus-Marchal. Sie waren die beiden Einzigen, die über eine rechtsverbindliche Einzelunterschrift verfügten. Und das Domizil der Firma befand sich an der Gundeldingerstrasse 190![96]

Nun wird der Schwiegervater wirklich überrascht gewesen sein. Unschwer zu vermuten, wie die Besprechungen gelaufen sein mögen: Saurenhaus wird seine Bedingungen gestellt haben. Am 21. März 1928 erhielt er die Prokura. Allerdings wurde auch Paul befördert. So wird Max noch weiter auf der Klaviatur seiner «Aka Seiden-Aktiengesellschaft» gespielt haben, um mehr Handlungsfreiheit in Richtung Zellwolle zu erhalten. Erst am 21. November 1928 gab er dieses Abenteuer auf. Die Geschäftsleitung ging an einen deutschen Diplomingenieur in Weil über, nicht an einen Kaufmann der Branche. Der Seidenhandel dürfte also nicht wichtigstes Geschäftsfeld der «Aka Seiden-AG» gewesen sein. An der Gundeldingerstrasse hatte diese nichts mehr zu suchen. Das Domizil wurde an die Marktgasse 6 verlegt.[97]

«Zellwolle bedeutet Fortschritt»

Vor diesem Hintergrund lässt sich vielleicht auch die Tatsache verstehen, dass nicht Paul, sondern Max Saurenhaus am 20. Mai 1931 Direktor der neuen Firma M. Marchal AG wurde, deren Zweck zudem in dessen Sinne erweitert wurde. Dem alt gewordenen, von seinem Schwiegersohn bedrängten Vater dürfte die Zukunft der Firma in den Händen eines Unternehmertyps, der den wohl nicht mehr aufzuhaltenden Handel mit Kunstseide ins Geschäft einbeziehen wollte, sicherer erschienen sein. Max gehörte ja eigentlich auch zur Familie. Die Altersdifferenz – Max schon über vierzig und Paul gerade dreissig Jahre alt – mag vielleicht auch eine Rolle gespielt haben. Und was hätte Max daran hindern sollen, gegebenenfalls wieder in eine eigene, konkurrenzierende Firma abzuspringen?

Zu den weiteren Auseinandersetzungen über die Ausrichtung der Firma Marchal ist nichts beizufügen, was über das bereits Bekannte hinausginge. Hingegen kann ich jetzt aus dem Erscheinungsbild und der Tätigkeit der späteren Saurenhaus & Cie. ersehen, welche Vorstellungen Max Saurenhaus wohl schon damals von seiner Tätigkeit gehabt haben mochte.

*

Das Personendossier der Fremdenpolizei Nr. 202 286 offenbart sich als eine wahre Fundgrube.[98] Wollte ein Deutscher während des Kriegs ins Ausland, brauchte er ein Visum. So stellte die Firma Max Saurenhaus ab November 1939 immer wieder vom Direktor unterzeichnete Visumsanträge für «unseren Herrn Saurenhaus» mit Angabe des Reisezwecks und -ziels sowie der Reisedaten aus. Alle diese Gesuche und ihre Genehmigungen finden sich noch heute fein säuberlich abgelegt im Dossier. Während – nebenbei gesagt – Paul als Korporal einer Landsturm-Dragonerkompanie seine Aktivdienste ableistet, nicht ins Ausland reisen darf und seine Fernhandelsbeziehungen hauptsächlich mit Telegrammen pflegt, unternimmt Max in den gut fünf Jahren von

Ende 1939 bis Anfang 1945 an die dreissig Reisen nach Deutschland, hauptsächlich nach Berlin, und diese dauern von einer Woche bis zu einem Monat. Als Reisezweck gibt er «Geschäfte» an. Bisweilen verweist er auf folgende Referenzen, welche die Wichtigkeit seiner Reise für die Schweiz bestätigen könnten: das «Eidgenössische Volkswirtschaftsdepartement, Sektion für Textilien, Bern» oder dessen «Kriegs-Industrie & Arbeits-Amt, Sektion Textilien in St. Gallen», die «Industrie Gesellschaft für Schappe, Basel» oder deren «Generaldirektor Brand». Aber er wird, wie 1933, auch in Parteiangelegenheiten unterwegs gewesen sein. Wer sollte das denn kontrollieren können? So fällt die rasche Folge von längeren Reisen nach Berlin in den Jahren 1941/42 auf. Im September 1941, also zur Zeit, als sein Parteiausschlussverfahren sistiert und er wieder als Mitglied aufgenommen wird, weilt er beinahe den ganzen Monat in Berlin. Und 1941 wird die Exportgemeinschaft Zellwolle GmbH Berlin gegründet, deren Vertretung in der Schweiz er übernehmen wird. 1942, wieder Parteigenosse, ist er besonders eifrig unterwegs, elf Mal in Deutschland, drei Mal in Italien. Muss man wirklich so häufige und so lange Reisen allein für Geschäfte unternehmen? Genügt es nach ersten Kontaktnahmen und strategischen Besprechungen im Rahmen der «Exportgemeinschaft» nicht, die einzelnen Geschäfte brieflich oder gar telefonisch abzuwickeln? 1943 ist keine Reise dokumentiert. Saurenhaus befindet sich ja nun unter den Fittichen der I.G. Farbenindustrie, und es ist, wie wir gesehen haben, ein schlechtes Jahr für ihn.

Der beeindruckende Briefkopf der Geschäftsbriefe, mit denen Saurenhaus seine Gesuche stellt, macht nicht nur den Zweck der häufigen Reisen plausibel. Er zeigt auch, wie Saurenhaus seine Firma präsentiert. nämlich als Importzentrum für alles, was in Deutschland an Chemiefasern produziert wird:

Zuoberst, links, steht in grösserer Schrift «Vertreter für die Schweiz», darunter in Rot die Produktangabe «Kunstsei-

«Zellwolle bedeutet Fortschritt»

de». Es folgen die Firmennamen: «Spinnstofffabrik Zehlendorf A.G., Berlin; Rheinische Kunstseide A.G., Krefeld; Spinnstoffwerke Glauchau A.G., Glauchau». Dann, wieder in Rot, die Produktangabe: «Zellwolle (Viscose-, Azetat- und Kupferzellwolle)». Darunter wieder schwarz: «Export-Gemeinschaft für Zellwolle G.m.b.H., Berlin», darunter «Generalagent der». Jetzt folgen in kleiner Schrift und in zwei Spalten 17 Firmen: «Cuprama Spinnfaser G.m.b.H., Berlin; Deutsche Azetat-Kunstseiden A.G. «Rhodiaseta», Freiburg/Br.; Glanzstoff-Courtaulds G.m.b.H., Köln-Merheim; I.G. Farbenindustrie Aktiengesellschaft, Frankfurt a. M.; Kurmärkische Zellwolle und Zellulose A.G., Wittenberge; Lenzinger Zellwolle- u. Papierfabrik A.G., Agerzell; Rheinische Kunstseide A.G., Krefeld; Rheinische Zellwolle A.G., Siegburg; Sächsische Zellwolle A.G., Plauen; Schlesische Zellwolle A.G., Hirschberg; Spinnfaser A.G., Kassel; Spinnstofffabrik Zehlendorf A.G., Berlin-Zehlendorf; Spinnstoffwerk Glauchau A.G., Glauchau; Süddeutsche Zellwolle AG., Kehlheim; Thüringische Zellwolle AG., Schwarza; Vereinigte Glanzstoff-Fabriken Aktiengesellschaft, Wuppertal; Dr. A. Wacker G.m.b.H., München».

Oben rechts steht in einer Zierschrift: «Max Saurenhaus & Cie., A.G.», darunter in Rot: KUNSTSEIDE. ZELLWOLLE. ZELLWOLLKAMMZUG». In der Fusszeile des Briefs erscheint links das Firmensignet, rot, ein hohes Dreieck, ausgefüllt mit den Initialen «MSC», wahrscheinlich für «Max Saurenhaus Cie.». Es existieren verschiedene grafische Auftritte, dieser hier ist der prunkvollste Briefkopf. Immer aber findet sich, meist in der Fusszeile, der Satz «Zellwolle bedeutet Fortschritt».

Man mag hier wieder einen Charakterzug von Saurenhaus erkennen, die Pflege des Scheins, die Vorliebe für den grossen Auftritt, aber er hatte offensichtlich Erfolg damit. Auch sein Gefühl für die Zeichen der Zeit – und das hiess im Textilbereich: Kunstseide und Zellwolle – lässt sich durchaus anerkennen. Es lohnte sich jedenfalls während des Kriegs, als die Schweiz auf diese Rohstoffe und Deutschland auf Devisen angewiesen waren.

Zufälligerweise lässt sich das ziemlich genau feststellen. Bei den Einbürgerungsgesuchen für die Kinder wurden, wie üblich, unter anderem Auszüge aus den verschiedenen Registern und Beurteilungen durch die Schulen verlangt. Auch wurde nach dem finanziellen Hintergrund der Eltern gefragt. Zu Beginn des Kriegs, als Karl 1939 Schweizer wurde, vermerkte das konsultierte Steueramt für das Jahr 1937 ein Jahreseinkommen von 17 800 und ein Vermögen von 86 000 Franken.[99] 1945 wies das Steueramt in ähnlichem Zusammenhang für das Jahr 1943 für Saurenhaus ein etwas mehr als vier Mal so hohes Einkommen von 74 000 und für 1944 ein Vermögen von 138 000 Franken aus. Aber was bedeuten diese Beträge heute? Hier hilft der digitale Teuerungsrechner des Statistischen Amts der Schweizerischen Eidgenossenschaft schnell und unkompliziert weiter. Man startet mit dem gesuchten Jahr, etwa 1944, gibt den Betrag ein und lässt diesen auf das Jahr 2017 hochrechnen.[100] Heute würde sich Max Saurenhaus' Jahreseinkommen von 1937 auf 133 910 und das Vermögen auf 646 982 Franken belaufen. Damals arbeitete er noch als Direktor bei der Firma M. Marchal. Als Selbstständiger belief sich sein Jahreseinkommen 1943 auf 374 547 Franken in heutiger Währung und sein Vermögen 1944 entspräche aktuell einem Betrag von 907 254 Franken. Es würde noch ein gewinnreiches Kriegsjahr dazukommen, und auch das Vermögen in Deutschland ist nicht erfasst. Dass Saurenhaus offenbar mindestens noch Immobilien besass, erschliesst sich aus seinem Hinweis, dass er Mieteinkünfte bei der Deutschen Bank in Lörrach abheben musste. Zudem führte er eine Filiale in Lörrach. Kurz: Max Saurenhaus wurde während des Kriegs zum Millionär – und das bedeutete damals weit mehr als heute. Er war ein Kriegsgewinnler.

«Zellwolle bedeutet Fortschritt»

Die Visumsanträge durchliefen jeweilen die verschiedenen kantonalen und eidgenössischen Bewilligungsstellen. Die Politische Abteilung des Polizeidepartements stempelte regelmässig «Wir haben nichts einzuwenden». Erst als Saurenhaus im März 1944 an der «Zellwolltagung der Reichsvereinigung chemische Fasern» in «Thann (Elsass)» teilnehmen wollte, meldete die Politische Abteilung am 29. Februar Bedenken an: «Im Falle Saurenhaus, der als NSDAP-Mitglied politisch nicht ausser allem Zweifel steht, haben wir Grund, auf einen hinreichenden Beleg zu dringen.» Das Kontrollbüro der Fremdenpolizei bestätigte daraufhin handschriftlich: «Saurenhaus ist der prominenteste Zellwollvertreter in der Schweiz und für unsere Rohstoffversorgung sehr wichtig, wie das übrigens in den Akten festgelegt ist. Die Industriegesellschaft für Schappe bestätigte mir auf Anfrage diese Angaben und erachtet die Teilnahme des S. an der Zellwolltagung als wirtschaftlich notwendig.»

Dieser Austausch der beiden Ämter zeigt, wie Saurenhaus auf zweifache Weise wahrgenommen wurde: Einerseits stand er als NSDAP-Mitglied unter Spionageverdacht, wie es in einer in Maschinenschrift geschriebenen Kurzpräsentation steht, die wohl 1945 für die Liste der Ausgewiesenen erstellt wurde. Dennoch liess man ihn jahrelang weiterwirken – «wir haben nichts einzuwenden» –, bis man nun, 1944, doch noch Bedenken anmeldete. Andererseits sah man in ihm den wichtigen Wirtschaftsvertreter, der noch immer für die Versorgung des Landes mit chemischen Textilrohstoffen unentbehrlich war. Beide Wahrnehmungen trafen zu. Zugleich standen sie eigentlich quer zueinander. Hinterfragt wurde das offenbar nicht. Und doch: Parteimitgliedschaft und Zellwollimport, das könnte eine ideale und überdies gewinnbringende Tarnung für einen politischen Verbindungsmann oder einen Doppelagenten im Bereich der Wirtschaftsspionage gewesen sein ...

Sich um Kopf und Kragen reden

Zu den Vorkommnissen im Jahr 1945 bietet der Archivfonds PD_REG 3A Nr. 202 286 zahlreiche Akten: Gesuche um Einbürgerung, die Ausweisungsverfügung, ein Verhörprotokoll und eine Stellungnahme der Politischen Abteilung des Polizeidepartements und noch weiteres mehr. Man kann diese Quellen lesen und erfährt dabei einiges, auch wenn man vieles nicht versteht. Aber «Geschichte» ist das noch nicht. Es handelt sich bei diesen Quellen gleichsam um eine eingefrorene, tote Sprache. Will ich die «Geschichte schreiben», muss ich erzählen, den Inhalt der Akten zum Leben erwecken und vieles erklären. Ich muss also wieder zum Mittel der Fiktion greifen. Aber dieses Mal ist alles durch die Quellen vorgegeben. Empfinde ich die Stimmungen und Sorgen von Max nach, dann sind sie alle – ohne Ausnahme – aus dem Verhör und insbesondere aus dem Rekurs zu erschliessen. Der Leser kann das in den Quellen im Anhang leicht nachprüfen. Ein Beispiel: Nenne ich den Beichtvater von Max Saurenhaus beim Namen, so mag man sich fragen, woher ich etwas so Persönliches weiss. Ganz einfach: Er wird im Rekurs als Zeuge benannt, «der als Geistlicher die religiöse Einstellung von Saurenhaus genau» kenne.

Beim Verhör, in dem sich Saurenhaus um Kopf und Kragen redet, stellen sich zwei Probleme: Ich kenne ja weder den Detektiv Hebrust noch Saurenhaus. Wie verhalten sie sich? Wie reden sie? Ich muss sie mir also vorstellen.

In der Person von Hebrust entscheide ich mich dazu, einen cleveren Befrager einzusetzen, der nur nach Bestätigung und Präzisierung dessen, was ihm schon vorliegt, fragt und der durch seine Körpersprache und seine Reaktionen den Gegenspieler zu verunsichern weiss. Er hofft, dass sich sein Gegenüber irgendwo, irgendwann verrät. Das Verhör nimmt an gewissen Stellen einen Verlauf, den ich nicht nachvollziehen kann. Die unlogischen Themenwechsel rechne ich daher der Verwirrungstaktik des Befragers zu.

Auf der Gegenseite befindet sich Max Saurenhaus, der ja ein Unternehmertyp ist und sich eigentlich durchzusetzen weiss. Aber er befindet sich in einer für ihn völlig ungewohnten Situation, von der zudem seine Zukunft abhängt. Wie verhält sich so einer? Hier stütze ich mich auf die Bemerkungen des Rekurses zum Verhör ab. Des Weiteren gehe ich davon aus, dass Saurenhaus, der ja einiges auf dem Kerbholz hat, nicht wissen kann, was der Polizei alles bekannt ist.

Allerdings – das ist die zweite Herausforderung – habe ich keine Ahnung, wie Saurenhaus sich zu äussern pflegte. Ich bin ihm nie begegnet. Ich nehme an, er wird sehr wortreich bestrebt gewesen sein, seinen Hals aus der Schlinge zu ziehen. Im Protokoll werden seine Äusserungen meist auf die Grundaussage reduziert, einmal heisst es einfach «et cetera». Auf dieses

Spiel will ich mich nicht einlassen. Ich folge dem zusammenfassenden Protokoll, das eine tote «Schreibe» darstellt, und mache daraus einen lebendigen Dialog. Meine Art, Saurenhaus sprechen zu lassen, bewegt sich also näher beim Text des Protokolls als bei der Art und Weise, wie er tatsächlich gesprochen haben mag.

Schauen wir, was daraus wird...

*

Juni 1945

Max hat im Februar noch eine letzte Geschäftsreise ins untergehende Reich unternommen, nach Stein-Säckingen. Noch im Mai 1945, als die deutsche Wehrmacht kapitulierte und die Regierung Doenitz von den Alliierten aufgelöst wurde, suchte er das Kapitel auf seine Weise abzuschliessen. Am 16. Mai stellte er beim Eidgenössischen Polizeidepartement ein Gesuch um Einbürgerung für sich und seine Frau und reichte am 4. Juni 1945 alle geforderten Auskünfte ein.[101] Sie haben nichts Belastendes zutage gefördert: nichts im Strafregister der Staatsanwaltschaft, nichts im Register des Betreibungsamts, nichts bei der Allgemeinen Armenpflege, nichts beim Kantonalen Arbeitsamt und bei der Direktion der Friedmatt (Psychiatrie), nichts beim «Notunterstützungsbureau». Die Staatliche Altersversicherung meldet, dass er nicht versicherungspflichtig sei. Die Steuerverwaltung weiss um eine komfortable Finanzlage. Es sieht gut für ihn aus. Dennoch ist er besorgt, kann keinen klaren Gedanken fassen, und auch das Geschäft kann ihn in dieser wirren Zeit nicht ablenken. In der Stadt gehen Gerüchte um, dass alle Nazis bald ausgewiesen werden sollen. Er hat sich doch so zurückgehalten, sollte es auch ihn treffen? Hoffentlich nicht. Hat man ihm nicht immer wieder beteuert, wie wichtig seine Bemühungen für die Schweiz seien? Aber wenn doch? In der Bevölkerung herrscht eine erregte Stimmung.

Sich um Kopf und Kragen reden

Wenn Max in der Stadt ist, bekommt er manchmal den Hass gegen die Deutschen zu spüren. Wenn er am Postschalter in seinem Rheinländer Idiom Marken bestellt, tönt es hinter ihm in der Warteschlange: «Sauschwoob!» Er sucht Kontakte möglichst zu vermeiden. So gehen die Tage dahin. Wann kommt endlich der Einbürgerungsbescheid?

Am 29. Juni liegt ein Brief des Polizeidepartements in seinem Briefkasten. Endlich! Fieberhaft öffnet Max das Kuvert und faltet die zwei Blätter auseinander. Auf dem ersten Blatt wird er von der Politischen Abteilung zu einer mündlichen «Begründung» vorgeladen, für kommenden Donnerstag, den 5. Juli, um zehn Uhr. Das zweite Blatt ist ein gedrucktes Formular, überschrieben mit «Verfügung des Polizeidepartements des Kantons Basel-Stadt». Max liest: «Gestützt auf Art. 10, Abs. 1, lit a des Bundesgesetzes über Aufenthalt und Niederlassung der Ausländer». Ja, was soll denn das? Max überspringt die Personalangaben, sein Blick fällt auf den blauen Stempel unten: «Wegen Missbrauchs des Gastrechts durch schwere Missachtung von Ordnungsvorschriften» – das Blatt beginnt zu zittern – «und weil die weitere Anwesenheit das öffentliche Interesse erheblich schädigen oder gefährden würde, auf unbestimmte Zeit aus dem Gebiete der Schweiz ausgewiesen.» In Maschinenschrift ist angefügt: «Diese Verfügung erstreckt sich auch auf die Ehefrau Ernestina Saurenhaus-Marchal, geb. 21. Januar 1891.» Max sieht noch das Datum 21. Juni 1945 und die Unterschrift des Departementsvorstehers Brechbühl. Dann beginnt sich der Hausflur zu drehen. Max wankt in den Salon und lässt sich in den nächsten Sessel fallen.

*

Donnerstag, 5. Juli 1945
Max ist heute früh dran. Mit dem Tram ist er bis zum Marktplatz gefahren und hat noch Zeit. Erst in einer Viertelstunde

Verfügung

des Polizeidepartements des Kantons Basel-Stadt

Diese Verfügung gilt auch für das Gebiet des Fürstentums Liechtenstein

Gestützt auf Art. 10, Abs. 1, lit. a des Bundesgesetzes über Aufenthalt und Niederlassung der Ausländer vom 26. März 1931 In der Fassung von Art. 5 des BRB vom 17.10.39 über Änderungen zur fremdenpolizeilichen Regelung

wird

Name:	Saurenhaus - Marchal
Vorname:	Maximilian
Geburtsdatum:	27. Januar 1889
Heimat:	Deutschland
Familienstand:	verheiratet
wohnhaft:	Gundeldingerstrasse 190
Niedergelassen / Aufenthalter seit:	2. September 1925
	Kontr.-Nr. AK 202286

wegen Missbrauchs des Gastrechts durch schwere Missachtung von Ordnungsvorschriften und weil die weitere Anwesenheit das öffentliche Interesse erheblich schädigen oder gefährden würde, auf unbestimmte Zeit aus dem Gebiete der Schweiz ausgewiesen.

Diese Verfügung erstreckt sich auch auf die Ehefrau Ernestina Saurenhaus-Marchal, geb. 21. Januar 1891.

Basel, den 21. Juni 1945.

Mitteilung dieser Verfügung an:
Kontrollbureau 2 0. Juni 1945
Strafenregister 2 9. Juni 1945
Politische Abteilung - 2. Juli 1945
Journal - 6. JUL. 1945

Polizeidepartement
Der Vorsteher:

Amtliche Ausweisungsverfügung des Polizeidepartements Basel-Stadt für Max und Erna Saurenhaus-Marchal.

Sich um Kopf und Kragen reden

muss er im Spiegelhof sein. Langsam dahinschreitend sammelt er sich. Er hat über die Ausweisungsverfügung mit niemandem sprechen können, ausser mit seinem Beichtvater. Pater Friedrich Trefzer ist ein ruhiger Mann und ein sorgsamer Seelenführer. Er hat sein Schäfchen beruhigt. Das sei doch eine ziemlich schwammige Formulierung, und man habe mit ihm ja noch gar nicht gesprochen. Es werde wahrscheinlich bloss darum gehen, dass er Stellung nehmen und seinen Standpunkt erklären könne. Seine Parteimitgliedschaft sei natürlich nicht abzustreiten. Aber dieser lägen, wie er ihm doch immer beteuert habe, ja ausschliesslich geschäftliche Notwendigkeiten zugrunde. Er müsse das den Polizeibeamten deutlich machen. Als Max den Spiegelhof betritt, ist er ziemlich gefasst und ruhig.

Im Korridor begegnet er einem Mann, der gerade aus einem Zimmer getreten ist. In dieses Zimmer wird er geführt. Ein Beamter in Zivil begrüsst ihn ernst, aber korrekt, stellt sich als Detektiv Hebrust vor und bittet ihn, Platz zu nehmen. Ein uniformierter Polizist, Meier, mit Block und Bleistiften sitzt auch schon da, ordnet und bündelt beschriebene Papiere. Er wird fleissig stenografieren, notieren, was gesprochen wird. Er sei doch Max Saurenhaus und habe die Ausweisungsverfügung erhalten? Max bestätigt das. Er sei doch Mitglied der NSDAP gewesen. Richtig? – «Ja.» – «Seit wann?» – «Seit 1932.»

«Sind Sie freiwillig in die Partei eingetreten?» Das ist die Frage, auf die Max gefasst ist. «Ja, eigentlich freiwillig; aber ich darf das erklären.» – «Bitte.» Und jetzt erzählt Max, wie er 1925 in die Schweiz gekommen sei und bis 1938 als Direktor bei der Firma seines Schwiegervaters gearbeitet habe. Dann habe er sein eigenes Geschäft eröffnet. Seit jeher habe er Geschäftsbeziehungen zu Deutschland unterhalten, und das habe eigentlich einen Beitritt zur Partei erfordert.

«War das wirklich so?», wird er unterbrochen.

«Ja. Ich hatte bei der Firma Gütermann & Co. einen Freund,

Regierungsrat Welter aus Waldkirch. Der hat mir schon damals gesagt, ein Parteibeitritt wäre vorteilhaft für meine Geschäfte.»

«Aber Sie waren ja damals für die Firma Marchal tätig.»

«Ja. Aber mit Gütermann hatte die Firma immer die grössten und sichersten Aufträge. Eigentlich hing ihre Existenz von Gütermann ab.»

«War das wirklich der einzige Grund?»

Max rutscht auf dem Stuhl hin und her. «Wenn Sie so fragen: Ich war damals schon davon überzeugt, dass die Partei alles daransetzen würde, die herrschenden Verhältnisse in Deutschland zu beseitigen. Der Nationalsozialismus musste einfach an die Macht kommen. Ja, das glaubte ich schon. Aber ich habe bald gesehen, dass an der ganzen Sache etwas nicht stimmt. Wirklich. Seit September 1934 habe ich mich vollständig zurückgezogen, bin an keine Parteiversammlung mehr gegangen. Ich habe auch andere Veranstaltungen der Deutschen nicht mehr besucht.»

Hebrust schaut etwas erstaunt und greift nach dem Mäppchen, das neben ihm auf dem Tisch liegt.

«Also, nur ein einziges Mal bin ich noch hin, und zwar auf Druck des Deutschen Konsulats. Hören Sie: Ich bin ja 1941 sogar aus der Partei ausgeschlossen worden! Jawohl! Wegen Zuwiderhandlung gegen Parteiinteressen.»

Hebrust merkt auf: «Was? Sie sind aus der NSDAP ausgeschlossen worden?»

«Kann ich Ihnen gern beweisen! Durch das Gaugericht der Auslandsorganisation im April 1941!» Gut gemacht. Max lehnt sich zurück. Sein Gegenüber weiss offenbar nichts von seiner Wiederaufnahme in die Partei.

Hebrust notiert sich etwas. «Sie haben Parteiinteressen verletzt? Welche denn?»

«Das kann ich Ihnen schon sagen. Ich habe alle meine Kinder ins Schweizer Bürgerrecht aufnehmen lassen! Das wars! Das kam für die einem Verrat gleich!»

Sich um Kopf und Kragen reden

Hebrust schlägt das Mäppchen auf, legt den linken Ellbogen auf den Tisch und stützt den Kopf mit der Linken, während er mit der Rechten lässig, fast gelangweilt, die paar Seiten durchblättert. Dann schaut er auf: «Wo haben Sie Ihr Mitgliedbuch?»

«Das Parteibuch habe ich nicht mehr. Ich musste es ja damals abgeben.»

«Aber Sie wissen Ihre Mitgliedernummer noch?»

Worauf will der hinaus? «Die Nummer, warten Sie mal, ja, das war 767, nein umgekehrt: 676368.»

«Kein Parteibuch. Dann muss ich Sie so fragen: Haben Sie in der Partei irgendein Amt, eine Funktion ausgeübt?»

Was weiss der? Besser etwas zugeben: «Na ja: Ich war stellvertretender Ortsgruppenleiter von Basel; doch nur bis zum 28. September 1934. Aber ich sage Ihnen: Als ich mein Amt niederlegte, habe ich denen auch ausdrücklich gesagt, dass ich mit der Entwicklung der NSDAP nicht mehr einverstanden bin.»

«Aber Sie haben die Beiträge bezahlt. Wie hoch waren die?»

Max wird jetzt schon ein wenig nervös. Das ist ja keine «Begründung», wie er erwartet hat, sondern ein richtiges Verhör. Worauf will der nur hinaus?

«Also, ich glaube ... Ja, doch, ich habe vier Franken monatlich bezahlt. Ja, doch. Später hiess es, man solle die Beiträge nach dem Einkommen richten. Da habe ich halt acht Franken bezahlt.»

«Wie lange haben Sie diese bezahlt?»

«Bis zu meinem Ausschluss.»

«Also: Beiträge bis 1941, nicht länger», konstatiert Hebrust langsam und bedeutungsvoll, den Blick auf Saurenhaus gerichtet.

Max wird unsicher, weiss der mehr, als ich denke? Besser zugeben: «Nein, bis 1945.»

«Na also, geht doch.»

Max

«Nein, nein, das war nicht so, wie Sie meinen.»
«Wie war es denn?»
«Also ... Auch wenn das merkwürdig erscheinen mag: Es kamen auch weiterhin, trotz meines Ausschlusses, Zahlungsaufforderungen. Ich hab das dann mit meinem Sohn besprochen. Wir machten ja auch während des Kriegs grosse Geschäfte mit Deutschland. Wir befürchteten neue Reibereien, wenn ich nicht zahlte. Wir wollten bloss keine geschäftlichen Schwierigkeiten aufkommen lassen. Also habe ich weiterbezahlt. Das alles geschah nur wegen meiner geschäftlichen Verbindungen in Deutschland.»

Hebrust zieht die Brauen hoch. «Wirklich nur? Sie waren doch überzeugter Nationalsozialist!»

Max richtet sich auf, wird sehr laut: «Nein, mein Herr, das war ich nie!»

Hebrust beugt sich vor. «Das nehme ich Ihnen nicht ab, Herr Saurenhaus! Sie wären sonst nicht stellvertretender Ortsgruppenführer in Basel geworden. Zumindest vor 1934 müssen Sie doch vom Nationalsozialismus und seiner Zukunft überzeugt gewesen sein! Also?»

Nun wird Max sehr unruhig, rutscht auf dem Stuhl hin und her, Schweissperlen sind auf seiner Stirn, und er schreit beinahe: «Es ist so, wie ich es sage! Ich war aus rein geschäftlichen, also materiellen Gründen dabei, doch nicht wegen des Gedankenguts! Das müssen Sie mir glauben. Ich war immer ein guter Katholik. Das kann ich Ihnen sogar beweisen. 1932 habe ich deswegen mit dem verstorbenen Dekan Mäder korrespondiert und ihn gefragt, ob einem Parteimitglied die Sakramente möglicherweise verweigert werden können. Den Brief und die Antwort habe ich noch. Die kann ich Ihnen zeigen! Auch mit verschiedenen Geistlichen habe ich darüber gesprochen. Ich habe immer gesagt, dass wenn diese Möglichkeit eintreten würde, also, wenn ich zu den Sakramenten nicht mehr zugelassen

Sich um Kopf und Kragen reden

werden sollte, dass ich dann ungeachtet all meiner geschäftlichen Erfolge, ungeachtet all meiner guten Beziehungen, die mir durch die Partei ermöglicht wurden, und von denen übrigens auch die Schweiz profitierte, jawohl! Also, dass ich mich dann ungeachtet all dessen vollständig von der Partei loslösen würde. Mein Herr, ich muss schon sagen... also nein, ich protestiere. Ich werde gegen die Verfügung Rekurs einlegen und alles offenlegen!»

Hebrust hat sich zurückgelehnt und die Arme vor der Brust verschränkt. «Aber, Herr Saurenhaus, Sie haben doch all die Jahre in der Schweiz Propaganda für den Nationalsozialismus getrieben.»

«Das stimmt nicht! Ich habe nie davon Gebrauch gemacht, dass ich in der Partei bin. Nicht einmal meine engsten Freunde haben das gewusst!»

Hebrust nimmt das Mäppchen wieder zur Hand, öffnet es, liest, dann zu Max: «Herr Saurenhaus, wir wissen, dass Sie 1941 den Auftrag erhielten, in der Schweiz ein nationalsozialistisches Propagandaheft, eine eigentliche Werbeschrift, in Druck zu geben. Sie haben damals auch Schritte in Basel und sonst wo unternommen, um den Druck zu ermöglichen.»

«Das stimmt nicht! Ist gar nicht möglich. Ich bin ja damals aus der Partei ausgeschlossen worden!»

Hebrust liest wieder, dann schaut er ihn durchdringend an. «Aber dann erklären Sie mir bitte das», und Hebrust geht in die Details, er weiss vom ECHO-Verlag in Deutschland und dessen Auftrag an ihn, weiss von den Verhandlungen mit der Druckerei zum Hirzen, kennt die Auflage von 10 000 Exemplaren, kennt den Umfang der Werbeschrift, 52 Seiten, davon 32 Seiten Text. Hebrust weiss alles.

Max rettet sich: «Ich kann mich wirklich nicht erinnern.»

Hebrust schaut weiter in die Mappe, er weiss alles. «Die Druckerei Hirzen hat den Auftrag weitervermittelt an die Firma

Bürgi in der Pfeffingerstrasse. Weitere Feststellungen haben ergeben, dass Sie, Herr Saurenhaus, persönlich dieser Firma dann den Auftrag erteilten, den Druck durchzuführen!»

Max muss die Taktik ändern: «Ach ja, wenn Sie es so sagen... Jetzt erinnere ich mich.» Es sei um eine Ausstellung über Kunststoffe in Zürich gegangen, wo dieses Heft hätte verteilt werden sollen. Das «ECHO» habe ihn gebeten, einen Drucker in der Schweiz zu suchen. Um was es sich eigentlich handelte, habe er nicht gewusst, und er wisse auch nicht, ob etwas daraus geworden sei.

«Aber Herr Saurenhaus, warum hat man sich gerade an Sie gewandt?»

«Ich war der wichtigste Kunststoffhändler in der Schweiz. Ich nehme an, dass man sich deshalb an mich wandte. Ja, so wird es wohl gewesen sein. Mit Parteipolitik hatte das nicht im Geringsten etwas zu tun, es war eine rein wirtschaftliche Angelegenheit.»

«Merkwürdig. Vorhin haben Sie gesagt, dass Sie nicht wussten, um was es ging.» Hebrust blättert in der Mappe, liest, nickt und sagt, wie zu sich selbst: «Rein wirtschaftlich?» Dann: «Herr Saurenhaus, seien Sie doch ehrlich. Sie gehörten der fünften Kolonne an!»

Max nun erregt: «Das stimmt nicht! Ich protestiere!»

Hebrust, den Blick auf das Papier vor sich gerichtet: «Herr Saurenhaus, Sie haben sich doch auch damit befasst, sogenannte schwarze Listen von Firmen und Vertretern zuhanden Deutschlands aufzustellen, die sich mittelbar oder unmittelbar zum Boykott deutscher Waren hergaben und aufforderten, ebenso eine Liste von zuverlässigen Vertretern arischer Abstammung in den verschiedenen Branchen und drittens Listen von Zeitungen, die deutsch-freundlich und von solchen, die deutsch-feindlich waren. Das mussten sie im Auftrag des Aussenhandelsverbands Berlin NW 7 tun. Also, rein wirtschaftlich war das wohl nicht, oder?»

Sich um Kopf und Kragen reden

Max ist erstarrt. Was wissen die noch alles? «An so was kann ich mich nicht erinnern. Das liegt ja auch weit zurück, seit 1933.»

Hebrust schaut auf. Er lächelt: «Aber ans Jahr können Sie sich erinnern? Das habe ich doch gar nicht erwähnt.»

Max wischt mit dem Taschentuch den Schweiss von der Stirn. «Woher wissen Sie das?»

«Ich stelle hier die Fragen. Also?»

«Wenn bei Ihnen das so drinsteht, kann ich das nicht abstreiten. Aber so was war damals gang und gäbe. Na ja, ich werde wohl diesen Auftrag angenommen und ausgeführt haben. Halt, das ist nicht richtig. Habe ich den Auftrag ausgeführt? Ich weiss es nicht mehr.»

«Aber hierzu bereit erklärt haben Sie sich schon. Oder?»

«Ich werde dafür gewesen sein, gewiss. Der Boykott traf ja auch mich. Aber das heisst noch lange nicht...»

«Danke, Herr Saurenhaus, kommen wir zum nächsten Punkt. Sie haben nach unseren Feststellungen während der Kriegsjahre mit deutschen Persönlichkeiten, die in die Schweiz kamen, Verbindung gehabt. Auch mit solchen, die uns als stark spionageverdächtig bekannt gewesen sind. Sie wurden immer wieder von solchen Leuten aufgesucht. Was können Sie mir hierüber sagen?»

Max atmet auf. Auch wenn er wieder nicht weiss, worauf sein Gegenüber abzielt, er spricht gern darüber, wie wichtig er war. Er ist wieder auf seinem Terrain. «Es ist richtig, zu mir sind viele Leute aus Deutschland gekommen.» Er sei schliesslich der Schweizer Vertreter von zwölf deutschen Kunststoffwerken gewesen. Zwangsläufig hätten ihn da die verschiedenen Direktoren und Bevollmächtigten besucht. Ob welche darunter gewesen waren, die mit Spionage zu tun hatten, das habe er doch nicht gewusst. Er habe immer nur geschäftlich verhandelt. Allerdings... Ja, da sei einer darunter gewesen, der ihm nie recht gefallen habe. Seiner Ansicht nach sei dieser beauftragt gewesen, SS-Gelder in die Schweiz zu verschieben.

«Ah, so?» Hebrust hat plötzlich einen Bleistift in der Hand.
«Ja, wirklich. Er hiess Max Boese.»

Hebrust notiert es. Dann lehnt er sich zurück und blättert langsam im Dossier. Max schiebt nach, und er tut es mit immer grösserer Verbissenheit, weil sich sein Gegenüber gar nicht zu interessieren scheint. Boese sei Besitzer einer Strickwarenfabrik gewesen. Er sei eigentlich durch Empfehlung des eidgenössischen Kriegs-, Industrie- und Arbeitsamts, Sektion Textilien, an ihn, Saurenhaus, gewiesen worden, weil Boese davon gesprochen habe, jeden Monat 12 000 Kilogramm Zellwolle in die Schweiz liefern zu können. «Da Zellwolle ein Kunststoff ist und die Einfuhr von Kunststoffen zu 95 Prozent durch mich geht, wurde er eben an mich verwiesen.» Er, Saurenhaus, habe Boese nie getraut. Als 1944 die Eidgenössische Fremdenpolizei anfragte, ob Boese tatsächlich in die Schweiz kommen müsse, habe er mit Nein geantwortet. In der Folge sei es zu strafrechtlichen Verwicklungen mit einem Bevollmächtigten des Herrn Boese gekommen.

Merkwürdig, Hebrust fragt nicht weiter nach. Er wechselt wieder das Thema. «Welche Reisen haben Sie während des Kriegs in Deutschland ausgeführt? Was war der jeweilige Zweck?»

Max ist irritiert. Die wissen doch alles. Er hat ja immer Visa einholen müssen. Ist das eine Falle? Er zählt also einige Reiseziele auf, Berlin, Köln, Konstanz, Wien und Pressburg. Er weist auch darauf hin, dass er seit 1942 eine Grenzkarte besass, die wöchentlich drei Grenzübertritte ermöglichte. Er habe ja in Lörrach eine Geschäftsfiliale.

Hebrust unterbricht: «Sie hatten doch auch für 1944 Visa beantragt!»

Ja. Er habe noch drei Mal ein Visum bekommen. Er sei dann nur «einen Tag draussen gewesen». «Diese Visa benötigte ich deshalb, weil ich in Lörrach bei der Deutschen Bank Geld

Sich um Kopf und Kragen reden

aus meinen Liegenschaften abheben musste. Das war mit der Grenzkarte allein nicht möglich.»

Hebrust vertieft sich wieder in die Aktenmappe, blättert ruhig vor und zurück, verweilt bei einigen Seiten, dann schaut er Max lange prüfend an. «Herr Saurenhaus, Sie sagen, seit 1934 nicht mehr für den Nationalsozialismus gewesen zu sein, und 1941 sind Sie, wie Sie vorhin gesagt haben, offenbar aus der Partei ausgeschlossen worden. Für uns ist es trotzdem nicht ganz klar, ob Sie Ihre Einstellung wirklich geändert haben. Wir wissen, dass Sie sehr enge Beziehungen zum Deutschen Konsulat, insbesondere zu Konsul von Haeften gehabt hab...»

«Das stimmt nicht, ich...»

«Lassen Sie mich bitte ausreden! Sie können nachher in aller Ruhe Stellung nehmen. Also, Sie haben eng mit dem Konsulat zusammengearbeitet. Des Weiteren, Herr Saurenhaus, haben Sie immer wieder zwanzig Franken, zehn Franken, ja sogar hundert Franken zur Unterstützung an deutsche Organisationen einbezahlt. Sie waren doch nicht nur in der Partei. Sie waren auch in anderen NS-Organisationen. Das sieht unseres Erachtens ganz darnach aus, dass Sie sich bis zum Schluss zu Deutschland und dessen System bekannt haben.»

«Das mit dem Konsulat ist falsch. Meine Beziehungen zu ihm waren sogar sehr schlecht. Sie beschränkten sich auf schriftlichen Verkehr, und zwar nur in Verbindung mit meiner geschäftlichen Tätigkeit. Mit von Haeften kam ich überhaupt nicht zusammen. Also, sicher seit meinem Parteiausschluss nicht mehr. Das mit den Unterstützungsbeiträgen an die verschiedenen NS-Organisationen ist richtig. Ich darf das nochmals erklären, wenn Sie es noch nicht verstanden haben: Das geschah, wie schon gesagt, nur im Hinblick auf meine Geschäfte in Deutschland. Ich habe das mehrmals eingehend mit meinem Sohn – er ist Verwaltungsrat meiner Firma – besprochen. Wir kamen zum Schluss, dass uns gar keine andere Wahl blieb, als zu bezahlen. Es ging um die Existenz meines Geschäfts. Ich sage Ihnen aber: Diese Zahlungen stehen in keinem Verhältnis zu den Zahlungen, die ich der Schweiz gegenüber seit Jahren leiste.»

«Sie haben nicht bloss bezahlt, Herr Saurenhaus, Sie waren auch Mitglied von NS-Organisationen!»

«Na ja. Ich war Mitglied der Deutschen Kolonie und der Kriegsgräberfürsorge. Letzteres seit über 19 Jahren, also schon vor der Machtübernahme. 1934 wurde ich aufgefordert, in die Deutsche Arbeitsfront einzutreten. Ich habe das natürlich abgelehnt, ja, aus grundsätzlichen Gründen. Ich glaube, es war damals, ja, da wurde ich von der NS-Kriegerkameradschaft angegangen, beizutreten. Ich habe das selbstverständlich abgelehnt.»

Hebrust greift zur Mappe, schlägt eine Seite nach und liest wieder: «Ja, da ist es. Herr Saurenhaus, wir haben bei Geiler in der Korrespondenz eine Liste gefunden, über die Eintritte in die NS-Kriegerkameradschaft. Da figurieren Sie als eingetreten unter dem 23.4.1942. Wie erklären Sie sich das?»

Wieder rutscht Max unruhig hin und her. Die Erwähnung des NSDAP Ortsgruppenleiters Alfred Geiler verunsichert ihn. Hat der denn die Akten nicht vernichtet? Was wissen die wohl noch? Er muss sich räuspern, bevor er sprechen kann. «Ich … ich kann mir das nicht erklären. Ich bin meines Wissens nie da drin gewesen.»

Hebrust wechselt das Thema und fragt, ob er in der Schweiz noch Verwandte und Familienangehörige habe, die bei einer NS-Organisation oder bei der Partei Mitglied waren oder irgendein Amt bekleideten.

Max kann sich beruhigen, die Befragung kommt wieder auf sicheres Terrain: Nein, Verwandte habe er keine in der Schweiz. Seine Frau sei ursprünglich Belgierin, in Basel geboren, und nirgends Mitglied gewesen. Seine Kinder seien, wie schon gesagt, noch als Minderjährige Schweizer geworden, und zwar auf sein Verlangen hin. «Da kommt mir noch was in den

Sich um Kopf und Kragen reden

Sinn zum vorigen Punkt: 1934 wurde ich auch aufgefordert, die Kinder in die HJ zu geben. Auch das habe ich natürlich aus grundsätzlichen Gründen abgelehnt.»

«Wie standen Sie zur Schweiz als Demokratie?»

Max ist erleichtert, auf diese Frage hat er sich für die Einbürgerung vorbereitet. Er kann loslegen. Er sei immer gut eingestellt gewesen gegenüber der Schweiz. Ihre Demokratie bejahe er seit je voll und ganz. Wenn sich ein Deutscher über sie beklagt habe, habe er immer gesagt, es stünde ihm ja frei, wieder nach Deutschland zurückzugehen. Die Schweiz würde ihn sicher nicht zurückhalten. Er habe ja auch alle seine Kinder Schweizer werden lassen. Beweis sei auch, dass er, seitdem er in der Schweiz wohne, immer freiwillig an alle möglichen staatlichen, privaten und militärischen Institutionen Zahlungen entrichte. Sogar Wehranleihen habe er gezeichnet, obwohl ihm das als Deutschem verboten gewesen sei. Seinen Angestellten, alles Schweizer, habe er auch während des Militärdiensts immer das volle Gehalt weiterbezahlt. Im Rekurs werde er das alles einzeln belegen. Max ist zufrieden mit sich.

Hebrust nickt freundlich. Dann die Frage: «Herr Saurenhaus, haben Sie seit der Machtübernahme in Deutschland von Ihrem Stimmrecht in Deutschland Gebrauch gemacht?»

Max sitzt ganz still, konzentriert sich. Das ist die Kontrollfrage zu seiner demokratischen Gesinnung! Jetzt ja keinen Fehler machen, die wissen etwas. «Sie haben wohl meinen Abstimmungsstempel im Pass gesehen. Es war aber nicht so, wie Sie annehmen. 1933 habe ich mir den Pass pro forma stempeln lassen. Aber ich weiss nicht mehr, ob ich abgestimmt habe.»

Hebrust zieht die Brauen hoch. «Wie ist das denn möglich?»

«Ja, ich weiss, es klingt unglaublich. Ich weiss nicht mehr, wie das ging. Ich erinnere mich nur, dass es irgendwelche Machenschaften gab, wodurch man gegenüber dem Konsulat

Max

und der Parteileitung sozusagen beweisen konnte, man habe abgestimmt. In Wirklichkeit brauchte man aber gar nicht zu stimm...»

«Sie haben also an keiner Abstimmung teilgenommen? Ja?»

Max zuckt innerlich zusammen. Da ist sie, die Falle! Wenn er nur wüsste, was der Detektiv weiss. «Also, wie soll ich es sagen. Ja, ich bin sicher, dass es so war: Bei der ersten Abstimmung habe ich meine Stimme abgegeben. Ja. Bei der zweiten... richtig, bei der zweiten Abstimmung habe ich von der vorhin erwähnten Möglichkeit Gebrauch gemacht. Ich habe nicht abgestimmt. Bei der dritten Abstimmung habe ich nichts mehr gemacht.»

«Welches war die Abstimmung, an der sie wirklich teilgenommen haben?»

Ausweichen, ausweichen: «Wenn ich das noch wüsste. Ich kann wirklich nicht mehr sagen, wann die einzelnen Abstimmungen stattgefunden haben.»

Hebrust wie zu sich selbst: «Na ja.» Unwirsch rückt er den Stuhl zurück, nimmt die Mappe an sich. «Danke, Herr Saurenhaus. Das wars.» Er erhebt sich und will zur Türe. Max springt auf. «Ja, was geschieht jetzt? Wird die Ausweisungsverfügung zurückgezogen?»

«Ich denke kaum. Nach dem, was uns vorliegt, sehe ich keine Möglichkeit.»

«Das akzeptiere ich nicht! Nach all dem, was ich für die Schweiz getan habe... Sie kennen mich offensichtlich gar nicht.»

Hebrust kehrt zum Tisch zurück. «Herr Saurenhaus, wir wissen genug über Sie. Aber wenn Sie noch etwas ergänzen oder berichtigen wollen, bitte!»

Max setzt sich wieder hin. «Ich möchte nur noch erwähnen, dass ich nie im ‹Braunen Haus›[102] gewesen bin, obwohl

Sich um Kopf und Kragen reden

ich immer wieder eingeladen wurde.» Er habe auch zahlreichen Schweizern, die in Deutschland in Schwierigkeiten gekommen waren, geholfen, soweit es ihm möglich war. Auch habe er der schweizerischen Wirtschaft anerkanntermassen grosse Dienste erwiesen. Er werde das im Rekurs einzeln ausführen und die Beweise hierfür erbringen.

«Das steht Ihnen frei. Wir werden aber zum Rekurs Stellung nehmen. So läuft das Verfahren bei uns.»

Es ist 11.45 Uhr. Max ist verschwitzt, ja durchnässt und völlig erschöpft. Der Detektiv erklärt ihm, dass Herr Meier nun das Protokoll ins Reine bringen werde. Ob es ihm möglich sei, morgen nochmals vorbeizukommen, so um vier Uhr? Max müsse das Protokoll selbst lesen und gegebenenfalls seine Richtigkeit bestätigen. Hebrust verabschiedet sich und schreitet eilig durch den Korridor davon. Meier sammelt die Papiere zusammen, nickt ihm zu und geht ebenfalls. Max merkt erst jetzt, wie stickig die Luft im Besprechungszimmer ist. Etwas abgeschlafft geht er den Korridor entlang Richtung Ausgang.

*

Freitag, 6. Juli

Max sitzt wieder am Tisch, diesmal in einem anderen Zimmer. Hebrust hat ihm einige Schreibmaschinenblätter hingelegt: das Protokoll und einen mit Kohlepapier erfolgten Durchschlag desselben. Es ist sorgfältig ausgeführt, unterscheidet zwischen «Frage» oder «Vorgabe» und den «Antworten», die gegeben wurden. Es ist ausformuliert, also nicht wortgetreu aufgeschrieben worden. Max hat das rasch festgestellt. Seine Ausrufe und Reklamationen, sein Zögern, nichts erscheint hier, wie Max es befürchtet hat. Alles ist etwas geglättet. Man hätte aus dem Material ein missgünstigeres Protokoll herstellen können. Eigentlich ganz korrekt, muss er zugeben. Hebrust bittet ihn, wenn er mit dem Gelesenen einverstanden sei, doch jedes Blatt abzuzeichnen und am Ende zu unterschreiben. Max setzt auf jedes Blatt sein «MS». Am Ende steht schon getippt: «Selbst gelesen und bestätigt». Max unterschreibt in aller Seelenruhe. Er weiss ja, dass alt Regierungsrat Dr. Niederhauser, bei dem er den ganzen Freitagmorgen gewesen ist, an seinem Rekurs arbeitet. Den Durchschlag kann er mitnehmen.

*

Es gibt also einen Rekurs. Ich durchstöbere die Personenakte Nr. 202 286. Es folgen weitere Visumsanträge und Bewilligungen, wie gehabt. Die zeitliche Reihenfolge ist etwas durcheinandergeraten. Ich vermute, dass es sich zum Teil um die Beilagen des Rekurses handeln könnte. Doch unter dem 18. Juli 1945 findet sich Einschlägiges: eine kurze, auf den eingereichten Rekurs bezugnehmende Mitteilung des Polizeidepartements an «Herrn Rudolf Niederhauser», dass die beanstandete Verfügung sistiert worden sei, bis zur Erledigung des Rekurses. Das zweite Stück stammt aus dem Innenlauf des Polizeidepartements: Das Kontrollbüro der Kantonalen Fremdenpolizei schickt den Rekurs an die Politische Abteilung des Polizeidepartements «zur Stellungnahme». Der Verweis auf die Beilagen lautet: «Rekurs mit 29 Beilagen; Sistierungsverfügung; Frepo-Akten». Das muss also eine ziemlich grosse Sache sein: 29 Beilagen! Aber wo nur finde ich sie? Ich stöbere weiter. Da, ein Personalblatt: «Saurenhaus-Marchal Maximilian, DRA [Deutscher Reichsangehöriger], geb. 27.1.1889, Kaufmann, Gundeldingerstr. 190, Basel. Mitglied der ‹NSDAP›, Geldgeber der ‹AF› [Arbeitsfront], der ‹Deutschen Kolonie› und der ‹NS-Kriegerkameradschaft›. Ueberzeugter Nationalsozialist und stark spionageverdächtig.»

Darunter ein Formularstempel, der handschriftlich mit detaillierten Personalangaben ausgefüllt ist, wie Aktensignatur für Saurenhaus «AK 202286», Niederlassungsdatum, Ehefrau,

Sich um Kopf und Kragen reden

Kinder, alles jeweilen mit einschlägiger Aktensignatur. Schliesslich der Vermerk: «Eigener Hausbesitzer».

Das Blatt ist einem längeren Dokument vorgeheftet, das von der Politischen Abteilung des Polizeidepartements Basel-Stadt stammt und «an das Polizeidepartement Baselstadt» adressiert ist: «Betrifft: Rekurs Saurenhaus» et cetera. Da wäre sie also, die von Hebrust angekündigte Stellungnahme, datiert auf den 25. Juli 1945. Am Ende folgen zwei Stellungnahmen zur Stellungnahme. Eine weist auf rot angestrichene Stellen im Rekurs hin. Aber wo nur ist der Rekurs selbst? Ich stöbere weiter und finde das: am 30. Juli 1945 ein kurzes Schreiben von «Dr. iur. Rud. Niederhauser». Er zieht namens des Rekurrenten den Rekurs vom 12. Juli zurück! Endlich kenne ich das Datum des Rekurses. Aber was ist da los? Der Rekurs ist also eingereicht worden. Er hat die Amtsstellen beschäftigt. Dann ist er zurückgezogen worden. Wo aber ist er? Noch schlimmer: Gibt es ihn überhaupt noch? Ein zurückgezogener Rekurs zu einem Geschäft, das sich offenbar anderweitig erledigt hat, dürfte wohl bedeutungslos geworden und wie so manches im Papierkorb gelandet sein. Meine Hoffnung, einmal die andere Seite anzuhören – audiatur et altera pars –, schwindet dahin. Trotzdem schreibe ich eine Mail an den Archivar, teile ihm meine Befürchtung mit und bitte ihn, doch mal nachzusehen. Selbst kann ich nichts tun, denn diese Akten gehören zu den «Geheimnissen» des Staatsarchivs, die mit einer Internetrecherche nicht zu finden sind. Nach kurzer Zeit trifft seine Antwort ein: «In der Tat findet sich eine Rekursakte zum Fall Saurenhaus in den Unterlagen der Staatskanzlei (STABS, SK-REG 10-3-3 (1). Sie liegt für Sie zur Einsicht bereit. Der Herr hat den Behörden einen ordentlichen Bären aufgebunden, was seine NS-Aktivitäten während des Weltkrieges angeht. In Kenntnis der Unterlagen aus der NSDAP-Mitgliederkartei, welche Sie aus dem Deutschen Bundesarchiv erhalten haben, wäre der Entscheid sicher anders ausgefallen.»

Dann weist er darauf hin, dass der «Weisswaschrekurs» aus der «Anwaltskanzlei Rudolf Niederhausers, des 1935 abgewählten alt Regierungsrats der Katholisch-Konservativen, und von 1938 bis 1947 Nationalrats» stamme. «Ein Entscheid des Regierungsrates erfolgte nicht, da der Rekurs – wie Sie aus dem Dossier der Fremdenpolizei bereits wissen – zurückgezogen wurde. Niederhauser konnte als ehemaliger Vorsteher des Departements sozusagen im Vorfeld erfolgreich die Ausweisung mit seiner Intervention abwenden.» Offensichtlich ist auch der Archivar von meinem Jagdfieber erfasst worden. Schon am nächsten Tag eile ich ins Staatsarchiv. Der Rekurs umfasst 23 Seiten, ist eine kleine Geschichte der Gegenseite. Die Beilagen sind leider nicht mehr dabei. Das muss ich zu Hause in aller Ruhe verarbeiten. Ich lasse das Ganze fotokopieren.

Das dauert nun seine Zeit, in der ich wieder einmal über das Gedächtnis eines Staates staunen kann. Niederhauser hatte den Rekurs zurückgezogen, damit daraus nicht ein Geschäft des Gesamtregierungsrats wurde, mit den politischen Unberechenbarkeiten, mit denen er dann hätte rechnen müssen. Die Staatskanzlei aber hat das wertlose Papier nicht entsorgt, sondern gewissenhaft, wie es sich nach der Ordnung gehört, unter den Rekursakten abgelegt. Die pingelig ordnungsgemässe Staatsbürokratie mag uns im Alltag manchmal schon ärgern. Aber hier und jetzt tätschle ich dem Amtsschimmel dankbar die Kruppe.

Sich um Kopf und Kragen reden

Sich reinwaschen

Donnerstag, 5. Juli 1945
Max ist aus dem Spiegelhof auf die Gasse hinausgetreten. Es ist kurz vor zwölf Uhr und schon recht heiss an diesem leuchtenden Sommertag. Max atmet tief durch. Der Puls hämmert in seinen Ohren. Er sieht das Leben um sich herum nicht. Noch immer hallen Hebrusts Fragen in ihm wider. Noch immer überlegt er sich seine Antworten. Hat er falsch reagiert? Hat er sich irgendwo verraten? Langsam geht er durch die Schneidergasse. Das Entscheidende, so vergewissert er sich, das Entscheidende hat er nicht verraten. Das wissen die nicht. Oder vielleicht doch? Wohl kaum. Hebrust war doch ziemlich überrascht. Er muss sich den Schweiss von der Stirn wischen, atmet schwer. Hat er sich richtig verhalten? Er hat Rekurs angemeldet. Von so was konnte man in den Zeitungen lesen. Es wallt in ihm auf: Die sollen ja

nicht glauben … Aber wie macht man das, einen Rekurs? Langsam geht er weiter. Er denkt nach. Langsam, Schritt für Schritt. Tief im Innern wehrt er sich gegen etwas Dunkles, das allmählich in ihm hochkommt. Und doch erfasst sie ihn hinterrücks und plötzlich: die Verzweiflung. «Nach dem, was uns vorliegt, … keine Möglichkeit.» Die Ausweisung scheint unabwendbar zu sein. Wo soll er dann hin – im zerbombten Deutschland? Und Erna. Sie ist schon jetzt mit den Nerven am Ende. Sie weint häufig, macht ihm Vorwürfe. Mit ihr kann er über die Ausweisung gar nicht sprechen. Wenn sie nach Deutschland ziehen müsste … Sie würde es nicht überstehen. Schon in den ersten Jahren ihrer Ehe hatte sie sich in Mülheim nie wohlgefühlt. Max bleibt stehen, schaut blind in ein Schaufenster, wischt sich wieder mit dem Taschentuch den Schweiss von der Stirn. Die Kinder? Sie sind, Gott sei Dank, Schweizer, und alle über zwanzig Jahre alt. Trotzdem wäre eine Trennung für Erna unerträglich. Lorli und Ruth könnten sich gewiss alleine zurechtfinden. Karl könnte irgendwie das Geschäft weiterführen. Das Geschäft? Ja, was würde er denn in Deutschland tun? Als Ausgewiesenem würde sein Trumpf, der Import in die Schweiz, nicht mehr stechen. All die Beziehungen, die er aufgebaut hat, sie wären weg. Die I. G. Farbenindustrie besteht ja auch nicht mehr. Keine Ahnung, was nun kommen wird. Was nur würde er tun? Verzweiflung.

Max steht nun bei der Tramstation am Barfüsserplatz. Er hört das fröhliche Lachen nicht, nicht die Gesprächsfetzen, die um ihn herumschwirren. Er sieht das bunte Treiben um sich herum nicht, nicht all die Leute, die auf ihr «Trämmli» warten, um nach Hause zu ihrer Familie und zum Mittagstisch zu gelangen. Nach Hause? Er kann das nicht. Nicht jetzt. Verzweiflung.

Max fühlt, er muss mit irgendjemandem reden. Alleine kommt er nicht zurecht. Er muss jemandem sein Herz ausschütten, anders kommt er nicht über den Abgrund hinweg. Das kann er, er weiss es, nur gegenüber seinem Beichtvater tun. Er steigt

Sich reinwaschen

die Treppe beim Kohlenberg hinauf. Sein Gang ist nun zielstrebig geworden, hin zum Byfangweg ins Borromäum.

Pater Trefzer ist gerade im Hof, auf dem Weg zum Mittagstisch der Jesuitengemeinschaft, als ihm Max entgegenkommt. Der ist völlig aufgelöst. «Pater Trefzer, ich muss mit Ihnen sprechen.» Trefzer erkennt sofort, dass hier Not am Mann ist, und lädt Max ein, ins Sprechzimmer zu kommen. Pater Friedrich Trefzer ist ein ruhiger Mann. Er wird Max geduldig zugehört haben. Er wird ihm zu bedenken gegeben haben, dass er zu seinen Handlungen stehen müsse. Aber er wird auch die ganze Verzweiflung ausgelotet und die unerträgliche Situation der Familie reflektiert haben. Und dann wird ihm auch bewusst geworden sein, welchen Schaden es für die katholische Sache bedeuten würde, wenn ein in der Heiliggeistpfarrei geachteter Familienvater und grosszügiger Spender als langjähriges Mitglied der NSDAP überführt werden würde.

Pater Trefzer ist ein allseits beliebter, verständnisvoller Seelenhirt. Er hat viele Schäfchen, und er kennt seine Schäfchen. So wird er Max mit dem Rechtsanwalt Rudolf Niederhauser in Verbindung gebracht haben. Dieser, aus dem württembergischen Cannstatt stammend, hat in Basel, Wien und Berlin studiert und ist politisch ein katholisch-konservatives Urgestein. Er war Redaktor beim katholisch-konservativen Basler *Volksblatt*, bevor er 1908 in den Grossen Rat gewählt wurde. 1915 bewährte er sich als Grossratspräsident. So ist er 1919 als erster Katholisch-Konservativer in den Regierungsrat gewählt worden und war dann lange Vorsteher des Polizeidepartements, bevor er 1930 das Wirtschaftsdepartement übernahm. Gegen linke Demonstranten hat er die Polizei hart vorgehen lassen, was ihm viel Kritik einbrachte. So erstaunt es nicht, dass er 1935 beim politischen Umschwung zum «Roten Basel» abgewählt wurde; aber nun sitzt er im Nationalrat. Als ein gewiefter Jurist mit politischem Gewicht dürfte er Saurenhaus am besten helfen können.

Max

Niederhauser wird Pater Trefzers Besorgnis geteilt haben. Auch für die Katholisch-Konservative Volkspartei könnte das katastrophal sein. Dieser Fall dürfe auf keinen Fall an die Öffentlichkeit kommen. Niederhauser wird sich dazu bereit erklärt haben, Saurenhaus zu verteidigen. So kann Max schon am folgenden Tag, einem Freitag, in die Anwaltskanzlei an der Eulerstrasse.

Für Max wie für die Anwaltskanzlei beginnt nun eine intensive Zeit. Den ganzen Freitagmorgen informiert Saurenhaus Niederhauser. Am späten Nachmittag bringt er ihm noch den Durchschlag des Protokolls vorbei. Während des Wochenendes sucht Max alles zusammen, was irgendwie als Beleg zu seiner Entlastung dienen könnte. Er wird noch mehrmals zu Niederhauser gehen, um ihm weitere Auskünfte zu geben und Belege zu bringen. Die Kanzlei läuft auf Hochtouren. In nur vier Tagen wird Rudolf Niederhauser den Rekurs – und was für einen Rekurs – zusammengebastelt haben.

Am Donnerstagabend, den 12. Juli, geht ein prall gefülltes Kuvert auf die Post.

*

Nun also der Rekurs. Was bedeutet das überhaupt, einen Rekurs einreichen? Wie sind die Erfolgschancen zu beurteilen? Ich muss das wissen, wenn ich Niederhausers Arbeit bewerten will. Glücklicherweise brauche ich nicht weit zu suchen. Die Quellen selbst geben hierüber Auskunft. Es ist das Dossier mit der Signatur PD-REG 5a 8-1-2-3 und dem Titel «Materialien zum Bericht des Regierungsrates über die Abwehr staatsfeindlicher Umtriebe in den Vorkriegs- und Kriegsjahren sowie die Säuberungsaktion nach Kriegsschluss vom 4. Juli 1946». Daraus geht zunächst Folgendes hervor: Rekurse gegen die damaligen Ausweisungsverfügungen waren nichts Ausserordentliches. Deshalb gab es in der Bevölkerung auch heftige Proteste gegen die Ineffizienz der «Säuberung» und wütende Interpellationen im Grossen Rat.

Sich reinwaschen

Der Vorsteher des Polizeidepartements musste Auskunft geben. Immer wieder. Hierfür brauchte er Unterlagen, wie juristische Stellungnahmen, und solche der Politischen Abteilung, wie vor allem Berichte der Fremdenpolizei. Zum Teil waren Letztere begleitet von langen Listen der von einer Ausweisung betroffenen Personen – bisweilen und gerade bei den Nazis versehen mit stichwortartigen Begründungen. All diese Akten sind im Dossier «Materialien zum Bericht des Regierungsrates ...» abgelegt.

Nach einer dieser Auskünfte des Regierungsrats war der Stand am 8. September 1945 folgender: Beim Bund hat man 76 Ausweisungen beantragt, von denen 53 bereits ausgesprochen wurden. Von den Betroffenen sind 40 schon abgereist, bei sechs sind Wiedererwägungsgesuche noch hängig, drei Personen wurden interniert, zwei sind «freiwillig aus dem Leben geschieden». Lediglich ein Wiedererwägungsgesuch ist bisher gutgeheissen worden. 23 Fälle sind beim Bund noch umstritten.

Bei den Ausweisungen, für die der Kanton zuständig ist, wurden bis zum 8. September 1945 158 Ausweisungsverfügungen angemeldet, wovon 151 ausgesprochen worden sind – hierzu gehört anfänglich jene von Saurenhaus. Von diesen haben sich vier durch die bereits erfolgte Abreise der Betroffenen erledigt. Eine Ausweisung ist wegen Selbstmord «gegenstandslos geworden». 42 Rekurse sind abgewiesen worden – hierzu gehört jener von Saurenhaus zwei Tage lang. 40 Rekurse sind noch in Bearbeitung. Ein Rekurs ist gutgeheissen und die Ausweisung in eine Aufenthaltsverweigerung umgewandelt worden. 63 Verfügungen sind nach erfolgtem Rekurs sistiert worden – hierzu wird jener von Saurenhaus am Ende gehören.

Rekurse gegen kantonale Verfügungen sind folglich durchaus effektvoll: 63 von 151, also 42 Prozent aller ausgesprochenen Ausweisungsverfügungen, sind sistiert worden. Wenn Niederhauser nur etwas geschickt vorgeht, hat der Rekurs von Saurenhaus gute Chancen.

Max

Die Hinweise auf Saurenhaus stehen natürlich nicht in der regierungsrätlichen Antwort. Sie stammen von mir. Saurenhaus kommt in diesen Akten übrigens gar nicht vor. Die Hinweise zeigen dessen «Karriere» im Verfahrensablauf. Gerade deren Ende, der rasche Wechsel von Ablehnung zu Annahme des Rekurses innerhalb zweier Tage, wirft Fragen auf. Offenbar verlief das Geschäft nicht reibungslos. Es gab Komplikationen. Was mag da geschehen sein?

Wie zuverlässig sind denn die Aussagen eines Rekurses? Wie soll man Saurenhaus' Rekurs beurteilen? Niederhauser ist völlig abhängig davon, was Saurenhaus ihm mitteilt. Er kann nicht, ja er muss als Verteidiger auch nicht überprüfen, ob stimmt, was der Rekurrent ihm erzählt. Aber was dieser erzählt, muss er in ein juristisch hieb- und stichfestes Argumentarium umsetzen. Er muss erkennen, was in welchem Sinn relevant ist. Hier wird er auch bei gewissen Punkten auf Saurenhaus' Drängen Rücksicht genommen haben. Er muss taktisch erwägen, in welcher Reihenfolge er vorgehen soll. Wo mögliche Widersprüche drohen, muss er die Formulierung so wählen, dass diese bis zur Unkenntlichkeit minimiert werden. Er muss auch politisch argumentieren, aber so, als ergäbe sich das Argument aus juristischen Gesichtspunkten und Fakten. Kurz: Es liegt eine juristische Parteischrift vor, nicht eine «Geschichte», auch wenn sie bisweilen wie eine Geschichte daherkommt. Ich werde im Folgenden dem Rekurs folgen. Erst im nächsten Kapitel werde ich ihn mit der Stellungnahme der Politischen Abteilung konfrontieren und schliesslich beides mit dem, was ich inzwischen weiss.

*

Rudolf Niederhausers Strategie lässt sich beim ersten Durchblättern der Unterlagen rasch erkennen. Zunächst der Antrag: einerseits die Verfügung aufzuheben, gegebenenfalls nur für

Sich reinwaschen

die Ehefrau, andererseits, bis das erfolgt ist, den Vollzug der Ausweisungsverfügung aufzuschieben. Dann sollen die Anschuldigungen widerlegt und schliesslich alle positiven Fakten ausgebreitet werden. Aber zunächst schickt Niederhauser einige Bemerkungen zum Verfahren voraus. Man habe die Ausweisung voreilig verfügt, Saurenhaus kein Verteidigungsrecht zugestanden und dies nachträglich berichtigen wollen.

> «Der Rekurrent wurde zur ‹Entgegennahme der Begründung› vorgeladen. Was sich dann abspielte, verdient diese Bezeichnung eigentlich nicht; es war vielmehr die Nachholung des bisher unterbliebenen Verhörs durch die Detektive. Da der Rekurrent bisher nie etwas mit der Polizei zu tun hatte, ferner herzkrank ist, so war er bei der Vernehmung sehr aufgeregt und seine Antworten liessen deshalb an Genauigkeit zu wünschen übrig, auch war er auf verschiedene Vorhaltungen nicht vorbereitet.»

Der Detektiv habe nur über jene Punkte Auskunft verlangt, die ihm belastend erschienen, und alles Entlastende übergangen. Der Rekurrent sei erst nach diesem Verhör zu ihm gekommen. So habe er nur nachträglich ins Protokoll Einsicht nehmen, nicht aber das gesamte Dossier konsultieren können. Damit bestehe weiterhin eine Einschränkung der Verteidigungsmöglichkeit. Niederhauser verlangt daher, dass ihm diese Einsichtnahme nachträglich gewährt werde. Der alt Regierungsrat und Vorgänger im Polizeidepartement wischt dem gegenwärtigen Kollegen, der sich gerade dadurch einen Namen gemacht hat, dass er das Vertrauensverhältnis zwischen Bevölkerung und Polizei massgeblich verbesserte, eins aus.

Max

Nach diesem Florettstich kommt Niederhauser nun zum Thema. Zunächst die Vorgeschichte. Ich gebe diese weitgehend wörtlich wieder, da sie gleichsam das Gegenstück zu den Kapiteln «Schicksal» und «Schattenduell» darstellt:

«Der Rekurrent wurde 1889 in Köln geboren, wuchs dort auf, kam als junger Kaufmann nach England und übernahm nach dem Weltkrieg die elterliche Kolonialwarenhandlung in Köln. Im Jahre 1920 verheiratete er sich mit Fräulein Erna Marchal, der Tochter des Herrn Mathieu Marchal-Bornheim in Basel. Dieser war Inhaber eines Handelsgeschäftes mit Seide, Florettseide, Textilien etc.; Belgier, jedoch seit langen Jahren in Basel ansässig. 24 Jahre lang war er belgischer Konsul in Basel. Aus diesen Umständen erklärt es sich, dass nach dem ersten Weltkrieg die Stimmung der Familie Marchal gegenüber Deutschland nicht günstig war; die junge Frau des Rekurrenten fühlte sich in Köln nicht wohl und da dieser zudem im Geschäfte des Schwiegervaters gut verwendet werden konnte, so verkaufte er 1925 das elterliche Geschäft in Köln, siedelte nach Basel über und trat in das Geschäft des Schwiegervaters ein. Als nach dessen Tod das Geschäft an die Erben überging, blieb er dessen hauptsächlichster Leiter bis zum Jahre 1938. Damals wurden 2 Firmen gebildet, die eine M. Marchal A.G. aus den übrigen Mitgliedern der Familie Marchal, die andere M. Saurenhaus & Cie. A.G. vom Rekurrenten. Die beiden Firmen teilten sich in die Geschäfte ungefähr in der Weise, dass die Firma Marchal sich

Sich reinwaschen

mehr mit natürlichen Textilfasern, die Firma Max Saurenhaus mehr mit den künstlichen befasste. Beide Firmen standen und stehen immer im besten Verhältnis zu einander und unterstützen sich gegenseitig mit ihren Geschäften.» Der Rekurrent sei von Haus aus katholisch und zwar «aus voller innerer Überzeugung». «Der Rekurrent ist Rheinländer. Im Rheinland war man immer bekanntermassen viel demokratischer eingestellt als im übrigen Preussen, ja man stand zu diesem in einer eigentlichen Opposition, weil man sich als Angehörige eines annektierten Gebietes vorkam und auch in verschiedener Hinsicht schlechter behandelt wurde als die Preussen im engeren Sinn. Der Schwiegervater des Rekurrenten war als Belgier ebenfalls demokratisch gesinnt und hatte fast zeitlebens sich in der Schweiz aufgehalten und die schweizerischen Einrichtungen geschätzt. Unter diesen Verhältnissen fiel es dem Rekurrenten nicht schwer, sich mit der schweizerischen Demokratie vertraut zu machen, sie zu verstehen und zu billigen.»

Damit ist mal die Grundlage für die Verteidigung gelegt. Durch die Geschichte, also von seinem längeren Englandaufenthalt, seiner rheinländischen Herkunft und seiner harmonischen Beziehung zu Familie und Firma Marchal her wird Saurenhaus als – sagen wir es mal so – «gemässigt Deutscher», als antipreussisch und demokratieaffin charakterisiert. Doch jetzt kommen die heissen Punkte.

Erstens: NSDAP

«Der Rekurrent ist tatsächlich im Jahre 1932 der NSDAP beigetreten. Es geschah dies auf den dringenden Rat von Regierungsrat Welter in Waldkirch i./Br. Dieser war einer der leitenden Herren der Firma Gütermann & Cie. in Gutach bei Freiburg. Mit ihr arbeitete die Firma Marchal so intensiv zusammen, dass wohl 90% des ganzen Umsatzes der Firma aus Geschäften mit Gütermann und Cie. bestand. Die vier an der Firma Marchal beteiligten Familien, Marchal-Bornheim, Marchal-Weiss, Frau Marchal geschiedene Brunner und Saurenhaus-Marchal, lebten also fast gänzlich aus dem Geschäft mit der Firma Gütermann. Das lässt sich heute noch aus den Büchern der Firma Marchal nachweisen. Unter diesen Umständen ist es gewiss zu verstehen, dass der Rekurrent dem Drängen des Herrn Welter nachgab.»

Im Fortgang hat Niederhauser zu begründen, warum Welter und die Herren Gütermann einen Parteibeitritt empfahlen, obwohl sie gar nicht «arisch» waren und Welter mit einer «nicht reinarischen Frau» verheiratet war. Es sind natürlich rein geschäftliche Gründe. Niederhauser unterstreicht die Argumentation durch eine tragische Note: Welter könne man nicht mehr befragen. «Die Verfolgung aller Nicht-Arier in Deutschland führte dazu, dass er und später seine Frau den Freitod suchten.» Warum nur vermeidet Niederhauser den Begriff «Juden»?

Nun muss Niederhauser sich mit der Tatsache auseinandersetzen, dass Saurenhaus als Parteigenosse doch recht aktiv war:

Sich reinwaschen

> «Der Rekurrent gesteht allerdings offen, dass er
> dem Drängen Welters umsoeher nachgeben konn-
> te, als er die damals ja weit verbreitete Ansicht
> teilte, der Nationalsozialismus werde die damals
> wirklich chaotischen Zustände in Deutschland
> beenden und eine Besserung herbeiführen. Trotz
> seiner demokratischen Grundeinstellung sah
> der Rekurrent keine Gefahr darin, dass das Volk,
> das am Abgrund steht, sich vor ihm zu retten
> sucht, indem es sich einer strafferen Regierung
> anvertraut.»

Da die Partei sich gegen eine Propaganda in Gastländern ausgesprochen habe und «laut und deutlich» erklärt habe, «auf dem Boden des positiven Christentums zu stehen», seien dem Rekurrenten «anfänglich keine Bedenken gegen den Parteieintritt» gekommen, «weder aus Rücksicht auf die Schweiz noch aus seiner religiösen Überzeugung heraus». Er habe also 1933 und 1934 an einigen Parteiversammlungen teilgenommen. Aber wie nun herunterspielen, dass Saurenhaus doch aktiv Parteiämter wahrgenommen hat?

> «Die Partei war damals in Basel sehr klein. Jedes
> Mitglied hatte ein Amt und der Rekurrent wurde
> als stellvertretender Ortsgruppenleiter bezeichnet.»

Dem Rekurrenten seien jedoch «so etwa in der zweiten Hälfte 1933»(!) Bedenken aufgekommen. Besonders auf religiösem Gebiet habe es Erscheinungen gegeben, die ihm «als überzeugtem Katholiken» zu denken gegeben hätten. Aber er habe sich durch Pfarrer Robert Mäder versichern lassen, dass die «Zugehörigkeit zur Partei kirchlich nicht verboten sei». Nach der Röhm-Affäre im Sommer 1934[103] habe er sich entschlossen, die Konsequenzen zu ziehen. Am 28. September 1934 habe er das Amt als stellvertretender Ortsgruppenleiter niedergelegt. Seither habe er sich nicht mehr um die Partei gekümmert und trotz fortgesetzter Einladungen keine Versammlungen mehr besucht. Nur einmal, 1941 oder 1942, sei er vom Konsulat derart unter Druck gesetzt worden, dass er an einer Versammlung der Deutschen Kolonie teilgenommen habe. Der «heidnische Gottesdienst» habe ihn derart angewidert, dass er nie mehr an eine deutsche Veranstaltung gegangen sei.

> «Er war also in den letzten 11 Jahren an keiner Parteiversammlung und nur einmal an einer deutschen Veranstaltung. Das sogenannte Braune Haus in der St. Albanvorstadt hat er nie betreten.»

Und nun holt Niederhauser zum grossen Argument aus:

> «Wenn im Jahr 1934 der Ehrgeiz des Rekurrenten grösser gewesen wäre als sein Anstandsgefühl der Schweiz gegenüber und als seine religiöse Ueberzeugung, so hätte er unter dem Naziregime das, was man eine grosse Karriere nennt, machen können. Es wurde 1933 aus Parteikreisen denn auch verschiedentlich nahegelegt.»

Er hingegen sei nur mehr formell Parteimitglied geblieben, habe bloss die Parteibeiträge bezahlt und nichts weiter getan. Gegen Ende 1940 sei ihm mitgeteilt worden, dass ein Ausschlussverfahren gegen ihn eingeleitet worden sei, weil er ehrenrührig und den Bestrebungen der Partei zuwidergehandelt habe. Grund: die Einbürgerung seiner Kinder in die Schweiz.

> «Der Rekurrent wehrte sich nicht dagegen, da er längst so etwas erwartet hatte. [...] Das Gau-

Sich reinwaschen

gericht der Auslands-Organisation erkannte dann auch auf seine Entlassung.»

Niederhauser verweist in Klammern auf die Belege 5, 6 und 7. Sie fehlen heute. Gerade sie würden brennend interessieren.

Zweitens: Alfred Geilers Liste
Niederhauser kommt allgemein auf die anderen nationalsozialistischen Organisationen zu sprechen. Hier allerdings macht sich die Eile, mit welcher der Rekurs zusammengebastelt wurde, bemerkbar. Die Argumentation verliert ihre Geradlinigkeit. Ich stelle sie zum besseren Verständnis etwas um: Der Rekurrent sei zwar vor seiner Amtsniederlegung 1934 aufgefordert worden, sich der Arbeitsfront und der Nazikriegerorganisation anzuschliessen. Ebenso sollte seine Frau der Frauenorganisation beitreten und die Kinder in der Hitlerjugend mitmachen. Er aber habe alle diese Aufforderungen «trotz massiver Drohungen» abgelehnt. Wenn er nach der bei Geiler aufgefundenen Liste 1942 in die Nazikriegerorganisation aufgenommen worden sein soll, so sei diese Liste unrichtig. Vielleicht habe Geiler mit der Nennung möglichst vieler Aufgenommener einen guten Eindruck von seiner Werbetätigkeit hervorrufen wollen. Jedenfalls habe der Rekurrent seit 1934 keine Aufforderung mehr erhalten. Auch «aus der genauen Beachtung der Zeit ergibt sich die Unrichtigkeit der Eintragung in die Liste Geilers. Nach dieser soll der Beitritt 1942 erfolgt sein, also nachdem das Urteil des Gaugerichtes über den Ausschluss aus der Partei ergangen ist.» Das chronologische Argument sticht natürlich.

Der Kriegsgräberfürsorge sei der Rekurrent schon 1926 beigetreten. Diese sei 1919 gegründet worden, woraus sich von selbst ergebe, dass sie ursprünglich gar nicht nationalsozialistisch sein konnte. Erst später sei sie, wie alles in Deutschland, gleichgeschaltet worden. Allerdings habe

> «der Rekurrent nach Rücksprache mit seinem
> Sohn die Beiträge an die Partei weiterbezahlt und
> auch sonst für verschiedene deutsche Sammlungen und Zwecke gespendet. Alle diese Zahlungen
> wurden absichtlich, nach Vereinbarung mit dem
> Sohn des Rekurrenten über das Postcheckkonto
> geleitet, da Vater und Sohn keine Heimlichkeiten
> gegenüber der Schweiz wollten aufkommen
> lassen. Daher ist das Polizeidepartement auch genau über diese Zahlungen orientiert.»

Die Höhe der Beiträge stünde allerdings in keinem Verhältnis zu den Zahlungen an schweizerische nationale und wohltätige Zwecke. Niederhauser führt nun diese 1936 sowie die von 1941 bis 1944 erfolgten Zahlungen mit Belegen an. Jetzt kommt er nochmals auf die Einvernahme durch den Detektiv zurück: Wenn dieser von der Fünften Kolonne gesprochen habe, sei ebenfalls die Zeit zu beachten: Der Ausdruck sei erst 1940 aufgekommen und war zwischen 1932 und 1934, «als der Rekurrent bei der Partei mitmachte, noch gar nicht bekannt».

Drittens: Die Schwarze Liste 1933

> «In einem Brief an den Aussenhandelsverband in
> Berlin vom 19. Okt. 1933, soll sich der Rekurrent
> bereit erklärt haben, Auskunft über Firmen zu geben, welche den Boykott deutscher Waren mitmachten oder nicht arisch waren. Der Rekurrent
> wird wahrscheinlich diese Erklärung abgegeben
> haben, er kann sich aber nicht erinnern, ob und
> wie weit eine Erledigung erfolgt ist. Diese kann
> keinenfalls einen grossen Umfang angenommen
> haben, denn die ganze Sache fällt in die Zeit,

> in welcher dem Rekurrenten schon Bedenken be-
> züglich der Partei aufgestiegen waren.»

Nun fährt Niederhauser gleichsam als der damalige Vorsteher des Wirtschaftsdepartements weiter. Zum Boykott sei damals von «parteipolitischer Seite» aufgefordert worden. Die schweizerischen Behörden hätten diese Bewegung gar nicht gerne gesehen, da sie den Wirtschaftsverkehr zwischen den beiden Ländern beeinträchtigte, an welchem die Schweiz grosses Interesse gehabt habe. Der Rekurrent als Importeur sei davon direkt betroffen gewesen. «Unter diesen Umständen erachtete er es als nichts Unerlaubtes, wenn er sich gegen die Boykottbestrebungen zur Wehr setzte.»

Jedenfalls sei der Rekurrent nicht antisemitisch gewesen. Er habe seines Wissens keine nichtarische Firma denunziert. Aber es könne sein, dass er auf Anfrage hin das Ariertum einzelner Firmen bestätigt habe. Und nun argumentiert wieder der Jurist Niederhauser: «Zu beachten ist, dass 1933 keine Vorschriften in der Schweiz gegen den wirtschaftlichen Nachrichtendienst bestanden.»

Viertens: Die Propagandabroschüre
Hier halte ich mich kurz, da diese ausführliche Geschichte in unserem Zusammenhang nicht so wichtig ist. Nur zwei Hinweise: Saurenhaus hat offenbar im Mai 1941 einen Auftrag des Verlags ECHO (Auslandsverlag G.m.b.H. Berlin W2) entgegengenommen. Was Niederhauser nicht weiss, ist, dass Saurenhaus seit 1933 Vertrauensmann von «ECHO» war (18).[104] Niederhauser minimiert aufgrund von Saurenhaus' Angaben dessen Rolle und versucht, sie ins Positive zu wenden:

> «Hingegen hat die fragliche Ausstellung stattge-
> funden. [...] Dies ist mit Wissen und mit Unter-

stützung der schweizerischen Behörden geschehen, wurde doch zu damit verbundenen Veranstaltungen auch ein Saal in der Eidg. Techn. Hochschule zur Verfügung gestellt. Es lag eben auch seitens der Schweiz ein grosses Interesse vor, die neuen deutschen Werkstoffe, ihre Eigenschaften und ihre Verwendung kennen zu lernen.»

Fünftens: Die Beziehung zum Konsulat
Auch hier nur kurz: Bei der vermuteten guten Beziehung handle es sich um ein harmloses Missverständnis im Zusammenhang mit dem 100. Geburtstag der deutschen Staatsangehörigen Frau Frey-Fittig, der Saurenhaus zu einem Brief an das Konsulat veranlasst habe.

«Tatsächlich war das Verhältnis des Rekurrenten zum Deutschen Konsulat und zum Deutschen Konsul van Haeften schlecht, was sich ja ohne weiteres schon aus dem erfolgreich durchgeführten Ausschlussverfahren ergibt. Der Rekurrent ging deshalb nie persönlich zum Deutschen Konsulat, sondern sandte stets eine Angestellte hin, wenn er ein Visum nötig hatte.»

Sechstens: Max Boese
Wiederum nur kurz: Auffallend ist hier vor allem, dass Niederhauser dafür drei Seiten einsetzt, beinahe so viel wie bei der Behandlung der Parteimitgliedschaft. Wohl auf Drängen seines Klienten hin berichtet er umständlich, wie 1942 die Zusammenarbeit zustande kam, warum Saurenhaus Boese der «SS Kapitalverschiebungen» verdächtigte und wie er 1944 die schweizerischen Behörden warnte.

Sich reinwaschen

Siebtens: Die zahlreichen Deutschlandreisen
Die zahlreichen Reisen nach Deutschland würden sich ohne Weiteres aus den intensiven geschäftlichen Beziehungen des Rekurrenten erklären lassen. Sie hätten lediglich geschäftlichen Zwecken gedient. Oft habe ihn sein Schweizer Freund Charles Brand-Waeffler begleitet, der bezeugen könne, dass er stets für die Schweiz eingetreten sei, so sehr, dass er als «verschweizert» verschrien gewesen sei. In den letzten Jahren habe der Rekurrent versucht, die Reisen einzuschränken, da er sich unter dem Druck der Partei und des Konsulats auf alle Deutschen sehr exponiert gefühlt habe und eigentlich «auf seinen Reisen in ständiger Angst» gewesen sei. «Das letzte Mal war er 1942 länger als einen Tag in Deutschland.» Spätere Visa habe Saurenhaus nur zum Geldabheben in Lörrach benutzt.

Nun muss Niederhauser doch begründen, weshalb sein Klient trotz dessen Angst immer wieder gereist ist. Er übernimmt Saurenhaus' Erklärung umso lieber, als sie auch seiner Affinität zur Wirtschafts- und Finanzwelt entspricht. Saurenhaus habe «auf den Schutz einer kaufmännischen und industriellen Schicht» vertraut, «die zwar gegen die Partei eingestellt war, welche aber wegen ihrer wirtschaftlichen Bedeutung geschont wurde und Einfluss hatte». Als Beispiele nennt er die I.G. Farbenindustrie und die Phrix-Gruppe. Niemand weiss zu dieser Zeit, wie sehr gerade diese beiden Konzerne mit den Nazis verbandelt waren.[105]

Damit sind die – wie Niederhauser denkt – zutreffenden Widerlegungen der beim Verhör geäusserten Verdächtigungen abgeschlossen. Er lässt jetzt den Rekurrenten sich «zu seiner Entlastung und für den Nachweis seiner schweizerfreundlichen Haltung» auf folgende Punkte berufen:

Erstens: Die Einbürgerung seiner Kinder
Die Einbürgerungen seien schweizerischerseits ohne Anstän-

de erfolgt. Vom Deutschen Konsulat sei der Rekurrent wegen dieses Verhaltens getadelt worden. Bei der Einbürgerung seiner Töchter sei er vom Beamten gefragt worden, warum er sich persönlich nicht einbürgern lasse. Er habe geantwortet, dass er das zu seinem grossen Bedauern aus geschäftlichen Gründen nicht tun könne. Dies werde sich in den Akten finden lassen. Abschliessend entwickelt Niederhauser ein eindrückliches Argument:

> «Wie wir schon bemerkt haben, war sich der Rekurrent bewusst, dass er wegen dieser Einbürgerung mit der NSDAP Schwierigkeiten bekommen werde. Er war bereit, alle diese Konsequenzen auf sich zu nehmen, weil es sich um seine Kinder handelte, die noch ihr Leben vor sich haben, weil er Wert darauf legte, dass diese Bürger eines anständigen Staates würden. Darin kommt die wahre Gesinnung des Rekurrenten zum Ausdruck.»

Zweitens: Schweizer als Angestellte
Obwohl das Konsulat darauf gedrängt habe, dass die Firma Max Saurenhaus & Cie. A.G. Deutsche einstelle, habe er nur schweizerische Angestellte und einen Auslandschweizer beschäftigt. «Um einen kleinen Beitrag an die schweiz. Kriegsopfer zu leisten», habe er überdies den zum Militärdienst Eingezogenen immer das volle Gehalt bezahlt.

Drittens: Die Verdienste um die Schweiz
Hier läuft nun der ehemalige Vorsteher des Wirtschaftsdepartements und der als Finanzexperte bekannte Nationalrat Niederhauser zur Hochform auf: «Durch seine sehr grossen Zellwollimporte hat der Rekurrent während des Krieges der Schweiz bedeutende Dienste erwiesen, die auch von den Behörden an-

erkannt wurden. Diese Einfuhren sind umso wertvoller für die Schweiz gewesen, als Deutschland durch keinen Handelsvertrag gebunden war, Zellwolle nach der Schweiz zu liefern. Es handelte sich also um rein zusätzliche Importe.» Hierüber habe er sich bei der Sektion für Textilien, beim Textil-Syndikat und beim Eidgenössischen Volkswirtschaftsdepartement erkundigt.

«Im Ganzen wurden durch die persönlichen Bemühungen des Rekurrenten während des Krieges aus Deutschland und der Slowakei etwa 5 Millionen Kg Zellwolle nach der Schweiz importiert. Da zur Herstellung eines Kilos 3 Kilo Kohle erforderlich sind, wurden 15 Millionen Kg Kohle erspart. Die Importe des Rekurrenten ermöglichten die Beschäftigung von 1000 Personen während des ganzen Krieges in der Schweiz.»

Dazu habe der Rekurrent durch Niedrighaltung der Preise der Schweiz Millionenbeträge erspart. Dem Rekurrenten seien von den deutschen Parteistellen bei diesen Bemühungen ständig Schwierigkeiten bereitet worden. «Diese wollten die Notlage der Schweiz ausnützen, um möglichst hohe Preise zu erzielen.» Bei seinen Auseinandersetzungen sei der Rekurrent «von seinen Freunden, der schon erwähnten Schicht, unterstützt» worden. Diese seien bereits, «wie der Rekurrent von ihnen zuverlässig erfahren hat», von den amerikanischen Besatzungsbehörden mit dem Neuaufbau der Kunstseide- und Zellwollindustrie in den von den Westalliierten verwalteten Zonen betraut worden. Der Rekurrent werde mit ihnen «wiederum im Interesse der schweiz. Volkswirtschaft geschäftlich tätig» sein können.

Max

Viertens: Hilfestellungen an Schweizer

> «Soweit es dem Rekurrenten möglich war, nahm der Rekurrent während des Krieges schweiz. Interessen in Deutschland und in deutschbesetzten Gebieten wahr. Seine Bemühungen waren natürlich dadurch gehemmt, dass er befürchten musste, die Stelle, wo er Schritte unternahm, kenne seine schlechte Einstellung zur Partei und zum Deutschen Konsulat in Basel.»

Das wird mit sieben Beispielen und einem Sammelverweis auf seine Bemühungen um die Familie Gütermann belegt.

Fünftens: Einstellung und Charakter
Hier führt Niederhauser mehrere Persönlichkeiten an, die Saurenhaus von der beruflichen Tätigkeit her kennen und Auskunft über die Einstellung und den Charakter des Rekurrenten geben können. Zuletzt: «Herr Friedrich Trefzer, Pfarrvikar, Byfangweg 8. Dieser kennt als Geistlicher genau die religiöse Einstellung des Rekurrenten und weiss, dass der Rekurrent aus dieser heraus immer mehr zur Ablehnung des Nationalsozialismus gekommen ist.» Merkwürdig, dass Saurenhaus niemanden von der Firma M. Marchal AG, mit der er – wie er doch sagte – «im besten Verhältnis» steht, angeführt hat.

Damit ist die Begründung der Wiedererwägung für den Rekurrenten selbst abgeschlossen. Nur noch zwei Probleme stehen an, gleichsam die Kollateralschäden einer Ausweisung von Saurenhaus: zunächst die Ehefrau, die wohl von Haus aus Belgierin sei, aber sich in Basel zeitlebens zu Hause fühle. Für sie würde es die Verbannung aus der Heimat und die Trennung von den Kindern bedeuten, obwohl gegen sie nichts Nachteiliges vorliege. So sehr der Rekurrent an seiner Frau hänge, könne er

Sich reinwaschen

von ihr dieses Opfer nicht verlangen. Zudem sei ihre Gesundheit erschüttert, und sie stehe seit sieben Jahren in ärztlicher Behandlung. Eine Ausweisung hätte gewiss schwerste gesundheitliche Folgen. Daher sei die Ausweisung in keinem Fall auch auf sie zu erstrecken. Die Regel, beide Ehegatten auszuweisen, wenn Gründe nur gegen einen vorliegen, sollte dem Schutz der Familiengemeinschaft dienen. Dieser würde im vorliegenden Fall jedoch besser gewahrt, wenn die Mutter bei den Kindern bliebe, statt mit ihrem Gatten «einem ungewissen Los im Ausland» entgegenzugehen.

Dann das Geschäft: Es bestehe nach dem Vorgebrachten «eine gewisse Aussicht auf Aufhebung der Ausweisungsverfügung». Er, Niederhauser, habe trotzdem auch ein Gesuch um Aufschub des Vollzugs eingereicht, und zwar deshalb: Sollte der Rekurs wider Erwarten abgelehnt werden, brauche der Rekurrent Zeit, um «seine geschäftlichen Verhältnisse dementsprechend neu ordnen und gestalten» zu können, «wobei er offen gestanden noch ganz und gar nicht weiss, wie das geschehen soll».

Abschliessend kommt Niederhauser zur Zusammenfassung:

> «Der Rekurrent hat allerdings in den ersten Jahren nach der Machtergreifung des Nationalsozialismus in Deutschland mit vielen anderen geglaubt, dieser könne bessere Verhältnisse schaffen, und er liess sich durch die falschen Behauptungen der leitenden Stellen der Nationalsozialistischen Partei einige Zeit lang über das wahre Wesen und über die wirklichen Ziele dieser Bewegung täuschen. Deshalb und auch zur Wahrung eigener geschäftlicher Interessen und solcher einer mit ihm in regem Verkehr stehenden, nicht arischen

Max

Firma, trat er der Partei bei und übernahm in ihr eine Funktion. Sobald er aber, und zwar geschah das verhältnismässig früh, an der Ehrlichkeit und an den guten Zielen der nationalsozialistischen Partei zu zweifeln begann, legte er seine Funktion nieder und zog sich so weit von der Partei und der nationalsozialistischen Bewegung überhaupt zurück, als er das mit seiner geschäftlichen Existenz vereinbaren konnte. Er gefährdete diese sogar, indem er seiner wahren Gesinnung entsprechend seine Kinder in der Schweiz einbürgern liess und indem er sich für Schweizer und für schweizerische Interessen verwendete. Ja er hat sich sogar in der Abwehr nationalsozialistischer Umtriebe betätigt (Fall Boese). Seine frühzeitige Abkehr vom Nationalsozialismus und sein nachheriges Verhalten wiegen seine frühere Tätigkeit bei weitem auf und lassen es durchaus zu, dass er nicht aus der Schweiz ausgewiesen wird wegen eines Verhaltens, das mehr als 10 Jahre zurückliegt und nach den damaligen Zeitumständen viel milder zu beurteilen ist, als dasselbe Verhalten in späteren Jahren und namentlich in Kriegszeiten.»

Niederhauser ist ein guter Jurist und hat gut gearbeitet. Saurenhaus hat ihm nicht alles gesagt, vieles beschönigt und falsch angegeben. Aber das weiss er nicht. Die wirtschaftlichen Verdienste um die Schweiz mögen selbst Niederhauser etwas übertrieben vorgekommen sein. Er hat das in der Zusammenfassung weggelassen. So, wie sie jetzt ist, ist sie stringent und dürfte ihre Wirkung haben. Vielleicht schauen die Beamten und die Kollegen im Regierungsrat nicht einmal so genau hin, wenn er der

Sich reinwaschen

Verfasser ist. Er kann sich nicht vorstellen, dass dieser Rekurs abgewiesen wird.

*

Max ist wieder beruhigt. Ein wirklich guter Mann, dieser alt Regierungsrat Niederhauser. Als am Samstag, den 14. Juli, eine Vorladung ins Polizeidepartement in Sachen Einbürgerung für kommenden Montag um elf Uhr eintrifft, weiss er nicht recht, was er davon halten soll. Hat Niederhausers Rekurs bereits gewirkt? Das wäre ja unglaublich. Was werden die bloss von ihm wollen?

Am 16. Juli trifft Max pünktlich im Spiegelhof ein. Er fühlt sich sicherer als damals bei der Vorladung zur Begründung. Er betritt das Büro. «Herr Saurenhaus?», ein Beamter hat ihn bemerkt und kommt auf ihn zu. «Kommen Sie bitte, Sie müssen noch etwas unterschreiben.» Er bittet ihn, an einem Pult Platz zu nehmen. «Sie haben im Mai ein Einbürgerungsgesuch gestellt. Aber jetzt läuft ein Ausweisungsverfahren gegen Sie. Wir können Ihr Gesuch beim gegenwärtigen Stand nicht weiter behandeln. Sie sollten es zurückziehen.» Er legt Max ein Blatt vor, auf dem ein kurzer, mit Schreibmaschine geschriebener Text steht. Max liest:

> «Basel, den 16. Juli 1945. Der Unterzeichnete, Hr. Max Saurenhaus, von Köln, geb. 27. Januar 1889, wohnhaft 190 Gundeldingerstrasse, zieht hiemit sein am 16. Mai a. c. gestelltes Gesuch um die Erteilung der eidg. Bewilligung zur Einbürgerung im Kanton Basel-Stadt, wegen der gegen ihn unterm 21. Juni 1945 ergangenen Ausweisverfügung aus dem Gebiete der Schweiz durch das Polizei-Departement des Kantons Basel-Stadt zurück.»

Der Text ist bereits unterschrieben: «Glutz Det. Kpl.»

«Bitte hier, Ihre Unterschrift!»

«Aber die Ausweisungsverfügung muss zurückgenommen werden! Ist denn der Rekurs von alt Regierungsrat Dr. Niederhauser noch nicht eingetroffen?» Die Reisevisa waren ihm früher viel schneller erteilt worden. Wenn es eilte, ging es telefonisch, bisweilen sogar telegrafisch zu und her. Max ist nicht gewohnt, zu warten.

«Das betrifft eine andere Amtsstelle, nicht uns. Bis es hier so weit ist, sollten Sie das Gesuch zurückziehen.»

«Muss ich das wirklich?»

«Würde ich schon raten. Wenn wir Ihr Gesuch jetzt weiterleiten, wird es zu hundert Prozent abgelehnt.»

Was soll Max machen? «Ich unterschreibe unter Protest!» Es ist eigentlich nicht seine Unterschrift. Er schreibt lediglich seinen Namen hin, so klein, wie es nur geht.

Kaum zu Hause, ruft er die Anwaltskanzlei Dr. Niederhauser an. Niederhauser beruhigt ihn. So schnell gehe es doch nicht. Das komme schon richtig. Erst wenn der Rekurs gutgeheissen sei, könne das Einbürgerungsverfahren weitergeführt werden. «Aber danke, dass Sie mir das gleich mitgeteilt haben. Seien Sie beruhigt, ich werde ein Auge darauf haben!»

Das hätte der gewiefte Jurist ohnehin getan. Als aktiver Politiker und ehemaliger Regierungsrat hat er viele Beziehungen. Auch im Polizeidepartement, wo es noch einige Leute aus seiner Zeit gibt...

Sich reinwaschen

Gustloff taucht wieder auf

Wie recht Niederhauser hat! Die Amtsstellen arbeiten effizient, aber es braucht halt seine Zeit. Eine Woche vergeht, bis die Bestätigung eintrifft, dass die Ausweisungsverfügung bis zur Erledigung des Rekurses sistiert sei. Am gleichen 18. Juli wird der Rekurs mit allen Unterlagen und den Akten der Fremdenpolizei von dieser an die Politische Abteilung zur Stellungnahme weitergeleitet. Wieder vergeht eine Woche, bis diese, datiert vom 25. Juli, zurückkommt.

Dieser Stellungnahme wende ich mich jetzt zu. Sie geht nicht Punkt für Punkt auf den Rekurs ein. Und sie bemüht sich nicht, feststellbare Falschaussagen, wie etwa jene zur Reisetätigkeit, zu widerlegen. Sie wendet sich lediglich gegen die Hauptthesen von Niederhauser, nämlich dass sein Klient vor allem aus geschäftlichen Gründen Parteimitglied geworden sei,

Max

Im Dossier der Fremdenpolizei finden sich diese drei Polizeiaufnahmen: Max Saurenhaus, Erna Saurenhaus-Marchal und eine der Töchter.

Gustloff taucht wieder auf

sich schon sehr früh, nämlich 1933, von der NSDAP distanziert habe und dann 1941 tatsächlich aus der Partei ausgeschlossen worden sei. Diese Absicht wird nicht ausdrücklich genannt, die Stellungnahme breitet einfach das aus, was sie über die Aktivitäten von Saurenhaus während jener Jahre weiss, ohne Belege. Es muss bei der Politischen Abteilung offensichtlich so etwas wie eine Datenbank, sei es in Form einer Kartei oder einer Aktenablage, gegeben haben, die anderes und mehr enthält als die Akte der Fremdenpolizei. Davon findet sich im Staatsarchiv aber nichts mehr. Ich muss daher im gegebenen Fall zu erklären versuchen, wie es zu gewissen Angaben gekommen ist. Und das beginnt gleich mit dem ersten Satz.

«Der Rekurrent ist freiwillig und in der Einstellung, dass der Nationalsozialismus eine Mission zu erfüllen habe, 1932 der Partei beigetreten.» Die Abteilung berichtet hier also lediglich zusammengefasst das, was Hebrust beim Verhör erfahren hat. Dass Saurenhaus schon seit 1. Oktober 1931 der Partei angehörte, weiss man nicht. Die weitere Angabe, dass der Rekurrent «in früheren Jahren sich öfter damit gerühmt habe, die niedere Parteinummer 676 368 besessen zu haben», entspricht dem Persönlichkeitsbild, das ich aus Saurenhaus' Briefen gewonnen habe. Ob die Polizei schon damals diese Nummer kannte oder erst jetzt nach der entsprechenden Frage von Hebrust erfuhr, lässt sich nicht feststellen. Vor welchem Publikum sich Saurenhaus rühmte, wird nicht mitgeteilt. Kann sein, dass es in dieser Frühzeit einen Detektiv, wie beim Sommerfest der Deutschen Kolonie am 1. Juli 1933, als verdeckten Agenten im Umfeld der Ortsgruppe gab, bevor der Landesgruppenleiter Gustloff auf eine Säuberung der NSDAP von nichtdeutschen Elementen drängte.[106] Auf die gleiche Weise wird auch das Wissen darum gewonnen worden sein, dass Saurenhaus «anfangs das Amt eines Kassenwarts» und «vorübergehend das eines Ortsgruppenleiters» bekleidete. Saurenhaus selbst spricht allerdings nur davon, dass er «stellvertretender Ortsgruppenleiter» gewesen sei. Ob die Polizei hier genauer informiert war oder ob es sich um eine versehentliche Auslassung des Adjektivs «stellvertretender» handelt, sei hier offengelassen.

Mit dem Hinweis auf «eine eigentliche Funktion», die Saurenhaus «im wirtschaftlichen Sektor der Partei» übernommen habe, wird es etwas komplizierter. Das Amt eines «Wirtschaftsberaters» wird in der Stellungnahme tatsächlich genannt. Er übt es hier aber nicht für die NSDAP Landesgruppe Schweiz aus, sondern «beim Deutschen Reichskriegerbund (Kyffhäuserbund) der Gebietsinspektion Baden, Bezirksverband Lörrach». Da sind offenbar Dinge durcheinandergeraten. Schon ohne Vorkenntnisse stellt sich die Frage, was soll ein Wirtschaftsberater in einem Reichskriegerbund? Was hat ein «Kriegerbund» überhaupt mit Wirtschaft zu tun? Andererseits deuten die präzisen Angaben über diese Organisation darauf hin, dass die Polizei tatsächlich etwas über eine Verbindung von Saurenhaus zu dieser Organisation erfahren hat. Erfunden kann das bestimmt nicht sein. Und überhaupt: Was ist denn das, dieser Kyffhäuserbund?

Wir müssen also wieder recherchieren, und das heisst zunächst: Internet, Wikipedia.[107] Der Deutsche Reichskriegerbund Kyffhäuser ist 1922 aus dem Zusammenschluss des Deutschen Kriegerbunds und des Kyffhäuserbunds entstanden. Bei beiden handelt es sich um Kriegsveteranenverbände, die das Andenken an die Gefallenen des Ersten Weltkriegs hochhalten wollten. Sie sollten aber auch die durch gemeinsame Kriegserfahrung geschmiedete Gemeinschaft der Veteranen pflegen und «nationales Pflichtbewusstsein leben». Der Wikipedia-Artikel gibt auch Hinweise auf die Literatur, und hier finde ich einen einschlägigen Titel: «Der Deutsche Reichskriegerbund Kyffhäuser 1930–1934. Politik, Ideologie und Funktion eines ‹unpolitischen› Verbandes».[108] Dieses Buch hole ich in der Universitätsbibliothek.

Gustloff taucht wieder auf

Da die Veteranen verschiedenen politischen Parteien angehörten, aus unterschiedlichen Schichten stammten und je nach Landesteil politisch unterschiedlich eingestellt waren, war der Verband lange Zeit vor allem eines: politisch neutral. Die politische Entwicklung führte dazu, dass die Verbandsspitze sich Ende der 1920er-Jahre immer mehr engagieren wollte. Dabei zeigte sie «eine diffuse Sympathie für das rechte politische Spektrum», konnte aber wegen des Widerstands an der Basis noch nicht offen gegen die Demokratie Stellung beziehen. Auch wenn die offiziellen Äusserungen des Kyffhäuserbunds moderater ausfielen als jene der rechtsradikalen Gruppierungen, er stellte sich im Laufe der Zeit dennoch eindeutig auf deren Seite. «Gerade in dieser ideologischen Nähe zu den militanten Rechtsgruppen liegt die Bedeutung des Kyffhäuserbundes für den deutschen Weg in die Diktatur.» Nach der Machtergreifung des Nationalsozialismus war es daher ein Leichtes, unterstützt durch die Verbandsspitze, den Reichskriegerbund Kyffhäuser gleichzuschalten. Das geschah ideologisch, indem nun die Naziideologie, insbesondere die Rassenlehre und der Antisemitismus, offen ins eigene Programm übernommen wurden. Es geschah institutionell, indem der Deutsche Reichskriegerbund Kyffhäuser in das System der nationalsozialistischen Organisationen eingebaut wurde, als «SA Reserve II». Und es geschah personell, indem nach einer Anordnung der Verbandsspitze vom 21. Mai 1933 «alle Vereins-‹Führer›, ihre Stellvertreter sowie mindestens die Hälfte der Vorstandsmitglieder der NSDAP angehören» mussten. Das war für die Vereinsmitglieder die «erste wirklich schwerwiegende Massnahme», die das Vereinsleben spürbar veränderte. In gewissen Ortsverbänden kam es der Ablösung des gesamten Vorstands gleich. Das führte zu Unruhen und Widerstand, da «keinesfalls überall genügend NSDAP-Mitglieder vorhanden» waren, um diese Anordnung umzusetzen. Dennoch drängte die Verbandsspitze auf die Durchführung der Anord-

Max

nung, und so wird man auch Parteimitglieder beigezogen haben, die gar nicht zu den Kriegsveteranen gehörten.

Hier ist der Punkt, an dem Saurenhaus ins Spiel gekommen sein muss. Er hatte ja nach eigener Aussage eine Geschäftsfiliale in Lörrach und musste dorthin zur Bank, um die Eingänge aus seinen Liegenschaften abzuheben. Wie die Dinge liegen, ist anzunehmen, dass er tatsächlich ein Vorstandsmitglied des Bezirksverbands Lörrach geworden war. Dafür spricht auch, dass – wie er im Rekurs sagt – der Rücktritt als stellvertretender Ortsgruppenleiter in Basel vor allem durch den Röhm-Putsch ausgelöst worden sei. Als Mitglied des Deutschen Reichskriegerbunds Kyffhäuser gehörte Saurenhaus zur Reserve II der SA, deren Stabschef Ernst Röhm war. Die Ortsgruppe Basel hatte mit Röhm ja gar nichts zu tun. Es mag eine Protestaktion gewesen sein, die in der Schweiz gefahrlos durchzuführen war. Jenseits der Grenze war das schon risikoreicher. Saurenhaus blieb im Kyffhäuserbund. Ob er nun neben der Funktion eines Wirtschaftsberaters der NSDAP Landesgruppe Schweiz diese Funktion auch für die paar Veteranen des Bezirks Lörrach ausgeübt hat, lasse ich dahingestellt. Sie war ihm wohl zu gering. Die Stellungnahme fährt fort: «1937 ersuchte er um Entlassung aus diesem Verband und übernahm den Vorsitz des ‹Heimatdienstes G.m.b.H., Exportgeschäft für die Deutschen im Ausland›, das für Deutschland von hohem Interesse war.»

Neues Rätsel. Der Begriff Heimatdienst kann ja sehr vieles beinhalten. Und eine «Gesellschaft mit beschränkter Haftung» unter diesem Titel erscheint mir merkwürdig; noch mehr die Kombination von «Heimatdienst» und «Export». Trotzdem schaue ich im Internet nach. Da! Dieser Wikipedia-Artikel könnte relevant sein: «Reichszentrale für Heimatdienst». Ich klicke ihn an und sehe gleich, dass er nicht einschlägig ist. Es handelte sich um eine Bildungsinstitution der Weimarer Republik, die gleich bei der Machtergreifung durch die NS-Regierung aufgelöst worden war. Es gibt im Internet noch viele weitere Hinweise auf «Heimatdienst». Der Begriff steht in der Regel im Zusammenhang mit einer Region oder Örtlichkeit und hat nie etwas mit Wirtschaft oder gar Export zu tun. Ich muss tiefer suchen. Ich gehe in die Bibliothek und schlage im einschlägigen Handbuch nach: «Ämter, Abkürzungen, Aktionen des NS-Staates: Handbuch für die Benutzung von Quellen der nationalsozialistischen Zeit: Amtsbezeichnungen, Ränge und Verwaltungsgliederungen, Abkürzungen und nichtmilitärische Tarnbezeichnungen».[109] Ein «Heimatdienst» kommt nirgends vor.

Könnte es sich vielleicht um die Geschäftsfiliale von Saurenhaus in Lörrach handeln, die er einmal erwähnt? Das liesse sich im deutschen Handelsregister kontrollieren. Aber im Zusammenhang mit der Stellungnahme der Politischen Abteilung erübrigt sich das. Eine geschäftliche Zweigstelle der Firma Saurenhaus darf ruhig «für Deutschland von hohem Interesse» gewesen sein, mit der NSDAP hat sie nichts zu tun. Die Stellungnahme müsste schon diesen Zusammenhang aufzeigen. Das tut sie nicht. Es wird sich hier um eine zweifelhafte Information handeln, die der Polizei zugegangen und hier einfach übernommen worden ist. Als Argument für Saurenhaus' Aktivität in der Partei taugt sie nichts.

Die Stellungnahme fährt weiter:

«In der Eigenschaft eines Wirtschaftsberaters wurde er 1933 vom Aussenhandelsverband Berlin NW 7 angegangen, Listen von Firmen aufzustellen, die mittelbar oder unmittelbar zum Boykott deutscher Waren auffordern, ferner eine Liste von zuverlässigen und geschäftstüchtigen Vertretern, wenn möglich arischer Abstammung und drittens Listen von deutschfreundlichen und deutschfeindlichen Zeitungen. Der Rekurrent bestritt in

der Einvernahme nicht, diesen Auftrag angenommen und wahrscheinlich auch ausgeführt zu haben. Auch der Rekurs kann gegen diese Tatsache nichts einwenden. S. half somit dazu mit, auf seinem Wirtschaftsgebiet dem Nationalsozialismus die ersten Einblicke in die schweizerische Wirtschaftsstruktur gegeben zu haben. Später hätte man ein solches Verhalten als wirtschaftlichen Nachrichtendienst bezeichnet.
Politisch war der Petent in jenen Jahren sehr regsam. So stand er mit Gustloff in Davos in weitgehender Verbindung. Sein Interesse am Aufkommen des Nationalsozialismus in der Schweiz geht aus seinem Schreiben vom Oktober 1933 an das Aussenpolitische Amt in Berlin hervor, in dem S. seiner Befürchtung Ausdruck gibt, dass die NSDAP in der Schweiz ausgerottet werde. Um dem Zugriff zu entgehen, schlug er vor, die Hauptführer mit offiziellen Missionen zu betreuen. So sollte Parteigenosse Gustloff zum Konsul von Davos ernannt werden.»

Gustloff! Wieder er. Aber 1945 verband sich mit ihm eine völlig andere Bedeutung, als es 1933 der Fall war. Inzwischen war seine Rolle als Führer der Nationalsozialisten in der Schweiz in voller Deutlichkeit zutage getreten. Seine Ermordung 1936 hatte in Deutschland zu einem eigentlichen Märtyrerkult geführt, nicht nur anlässlich der Rückführung seiner Leiche heim ins Reich, sondern dauerhaft: Gustloff, der «Blutzeuge der Bewegung» für den Kampf der Deutschen im Ausland, war an die Seite des anderen «Märtyrers», Horst Wessel, getreten. Nach Gustloff wurde 1937 auch ein Kreuzfahrtschiff der nationalsozialistischen Organisation «Kraft durch Freude» benannt, das im

Gustloff taucht wieder auf

Krieg als Lazarettschiff und Truppentransporter eingesetzt und im Januar 1945 in der Ostsee mit Tausenden deutscher Flüchtlinge versenkt worden war. Das alles war, als die Stellungnahme geschrieben wurde, bereits Geschichte.

Der Hinweis auf Saurenhaus' Nähe zu Gustloff hatte jedenfalls 1945 eine viel grössere emotionale Wirkung, als es 1933 der Fall gewesen wäre. Die mit ihm verbundenen, in der Stellungnahme detailliert angeführten Aktivitäten fanden nun genau in der Zeit statt, in der Niederhauser seinen Klienten sich bereits innerlich von der Partei zurückziehen lässt, «zweite Hälfte 1933». Diese Datierung setzt er zudem vermeintlich wirksam als Beweis gegen Saurenhaus' Wirtschaftsspionage ein. Die Argumentation der Stellungnahme ist hier vernichtend.

Auch die weiteren Ausführungen dienen nur dem Ziel, die vermeintliche Distanzierung des Rekurrenten von der Partei zu widerlegen:

> «Noch 1936/37 zeigt er sich in Lörrach in der SA-Uniform. Einer Aussageperson wies er eine Photographie vor, auf der er in Parteiuniform neben dem Gauleiter Wagner steht. Seine Einstellung um 1940 wurde uns dahin umschrieben, dass er Feuer und Flamme für das heutige deutsche Regime sei.»

Nebenbei gesagt: Der Hinweis auf die SA-Uniform bestätigt, wohl unbeabsichtigt, Saurenhaus' Verbindung zum Kyffhäuserbund: Der war ja zur Reserve II der SA geworden.

Nun kommt die Stellungnahme auf den Parteiausschluss zu sprechen, der nach einer Ankündigung Ende 1940 am 22. April 1941 rechtskräftig erfolgt sei. Die Datierungen werden aus den Beilagen zum Rekurs stammen. Bestimmt war als Beilage 7 das Urteil des Gaugerichts der Auslandsorganisation vom

22. April 1941 dabei. Die Polizei war hier wohl auf dem falschen Fuss erwischt worden. Als die Politische Abteilung im März 1944 eine genauere Begründung für die Reise von Saurenhaus an die Zellwolltagung in Thann verlangte, nahm sie ja noch immer an, Saurenhaus sei NSDAP-Mitglied. So muss sich auch die Stellungnahme mit der Tatsache auseinandersetzen, dass Saurenhaus weiterhin den Mitgliederbeitrag an die NSDAP und noch anderes mehr bezahlt, obwohl er nicht mehr Mitglied ist. Auch die Polizei versucht den Widerspruch zu erklären, allerdings auf die andere Seite hin:

«Trotz dieser formellen Nichtzugehörigkeit zur Partei blieb er dennoch in einem Abhängigkeitsverhältnis zu ihr und der deutschen Sache stehen. Dies geht aus folgenden Vorkommnissen hervor: 1. zahlt er die Parteibeiträge bis zum Jahre 1945 weiter. Ferner trat S. laut vorgefundenen Korrespondenzen 1942 der NS-Kriegerkameradschaft bei. Dieser Eintritt wird allerdings vom Petenten als ihm nicht mehr erinnerlich nicht zugegeben.»

Um was mag es sich nun bei der Kriegerkameradschaft handeln? Im Internet werde ich fündig: Kriegerkameradschaften stellten als lokale Gruppierungen die Grundlage des gesamten Kriegerkameradschaftslebens des NS-Kriegerbunds dar. Dieser war 1938 aus dem Deutschen Reichskriegerbund Kyffhäuser hervorgegangen und löste ihn ab. Es könnte sich hier also um eine NS-Kriegerkameradschaft der Nazis in Basel gehandelt haben. Die Mitgliedschaft war auf Deutsche arischer Abstammung beschränkt, die zudem der Wehrmacht, der Waffen-SS, einem Freikorps oder einer Polizeiformation angehörten; auch noch aktive Offiziere und Unteroffiziere konnten Mitglied werden.[110]

Gustloff taucht wieder auf

Saurenhaus war nichts von all dem, es sei denn, er habe auf sein Ariertum Wert gelegt. Dass er von diesen Leuten nichts wusste, wie er sagte, könnte also einleuchten. Andererseits, erfunden hat das die Polizei nicht, es wurde in den Korrespondenzen des Ortsgruppenleiters gefunden. Vielleich hat Niederhauser recht, wenn er darauf hinweist, dass Alfred Geiler seine Liste verlängert hat, um Eindruck zu schinden. Vielleicht könnte es auch so gewesen sein: Saurenhaus, der ja schon einmal Mitglied, möglicherweise sogar Vorstandsmitglied der Vorgängerorganisation in Lörrach war, trat, als die Organisation in der Schweiz aktiv wurde, in Basel als Parteimitglied wieder ein oder hatte aus irgendeinem Grund eintreten müssen. Lassen wir das offen. Die Stellungnahme fährt mit der Begründung des Abhängigkeitsverhältnisses fort:

> «2. Am 26.5.1941 teilte ihm der Auslandverlag ‹Das Echo› in Deutschland mit, dass er anlässlich einer vom Werberat der Deutschen Wirtschaft in der Schweiz vorgesehenen Veranstaltung eine einmalige Broschüre herauszugeben plane. Saurenhaus wurde angefragt, diese Werbeschrift in Druck zu geben. Saurenhaus hat dazu Schritte unternommen und deswegen mit einer Basler Druckerei korrespondiert. Sein Einwand, dass er nicht gewusst habe, um was es eigentlich sich genau gehandelt habe, stellt eine sehr schwache Rechtfertigung dar.»

Nun geht die Stellungnahme auf das abschliessende Argument des Rekurses ein. Niederhauser hielt in der Zusammenfassung fest, dass nach all den für die Schweiz erworbenen Verdiensten sein Klient nicht wegen eines Verhaltens ausgewiesen werden könne, das zehn Jahre zurückliege und anders gewichtet werden müsse als dasselbe Verhalten in Kriegszeiten. Hiergegen betont die Stellungnahme:

> «Jedenfalls stand es für jeden Einsichtigen fest, dass die immense Tätigkeit des Nationalsozialismus in den 30er Jahren notwendigerweise zum Krieg führen musste. Den imperialistischen Machtanspruch des Nationalsozialismus hat demnach S. nicht verdammt, sonst hätte er nicht noch um 1940 für dieses Regime Feuer und Flamme sein können. Ein eigentlicher Bruch mit dem System kam auch im Krieg nicht zustande.»

Im Gegenteil, Saurenhaus habe «sich wirtschaftlich nützlich zu machen versucht». Saurenhaus sei «demnach als zunächst aktiver, dann als stiller Werber für die Sache des Regimes» zu bezeichnen. Auf all die positiven Erwägungen des Rekurses geht die Politische Abteilung nicht ein. Dies zurecht, denn deren Beurteilung liegt ausserhalb ihrer Kompetenz. Sie überlässt es der Politik zu entscheiden, ob «aus menschlichen Gründen», «der Tatsache nämlich, dass er sich verschiedenen Auslandschweizern gegenüber hilfreich erwies», die Ausweisungsverfügung infrage gestellt werden könne.

*

Das wären sie also, die zwei Beurteilungen von Saurenhaus' Verhalten in den 1930er-Jahren und während des Kriegs: jene Geschichte des Rekurses, die uns den Standpunkt der anderen Seite liefert, und deren zeitgenössische Beurteilung durch die Polizei. Welche liegt näher bei den Tatsachen? Welcher soll man mehr vertrauen? Das ist die Frage, die sich damals dem Vorsteher des Polizeidepartements, Fritz Brechbühl, stellte und die auch ich beantworten muss. Freilich hatte es Brechbühl ungleich schwerer als ich. Er kannte ja den Inhalt des Papierkorbs der Firma M. Marchal AG nicht und schon gar nicht die Akte, die im Reichskarteiamt der NSDAP gebildet worden war.

Ich aber habe sie und kann sie jetzt vergleichen mit dem, was 1945 alles zusammengeschrieben wurde:

1. Der Rekurs

Zu den Umständen des Parteieintritts ist Folgendes festzuhalten. Saurenhaus verkürzt die Zeit seiner Mitgliedschaft, indem er erst 1932 beigetreten sein will. Wir wissen, dass dies am 1. Oktober 1931 erfolgte (Anhang a) 1).

Die Begründung des Parteibeitritts ist recht kühn. Ob die Firma Gütermann so vital wichtig für die vier «Familien Marchal» war wie behauptet, kann in den Büchern der Firma M. Marchal nicht mehr überprüft werden. Aber es lässt sich bezweifeln, da Gütermann nur eine der zahlreichen Geschäftsbeziehungen in der Schweiz, in Italien, Belgien und Frankreich war, von den Lieferanten in Japan, China und Indien ganz abgesehen. Im Klartext wird hier doch nichts weniger ausgesagt, als dass Saurenhaus mit seinem Parteieintritt sich für die Familie Marchal in die Bresche habe schlagen müssen. Saurenhaus hat das Verhältnis zwischen den beiden Firmen als fraglos harmonisch geschildert, was es – wie wir wissen – bestimmt nicht war. Aber dadurch wollte er wohl vermeiden, dass weitere Erkundigungen angestellt würden. Der Vorschlag zur Überprüfung der Bücher bei der Firma Marchal, der er ja seit 1938 nicht mehr angehörte, stammt wohl von Niederhauser, welcher Saurenhaus' Schilderung glaubt. Andernfalls bräuchte es schon etwas Chuzpe, die Firma Marchal, ohne sie zu fragen, in das Verfahren hineinzuziehen.

Nun zur Aussage, dass Saurenhaus, obwohl er sich frühzeitig von der NSDAP distanzierte, trotzdem ein Vorstandsmitglied der Ortsgruppe war: Niederhauser argumentiert – und er wird dabei Saurenhaus' Angaben gefolgt sein –, die Ortsgruppe sei damals so klein gewesen, dass jeder ein Amt einnehmen musste. Tatsächlich finden sich für die Jahre 1933/34 keine Belege über die Grösse der Partei. Wir haben aber im ersten Teil gesehen, wie man im Zusammenhang mit der Schlägerei beim Sommerfest der Deutschen Kolonie am 1. Juli 1933 höchst unterschiedliche Angaben machte. Von «50 NSDAP-Schlägern», von «nicht einmal 1% der Deutschen Kolonie» und von «über 100 Mitgliedern und Freunden der Bewegung» war damals die Rede. Der «Bericht des Bundesrates»[111] von 1945 sprach von ungefähr 160 Mitgliedern in Basel. Nach den Materialien für den Schlussbericht[112] des Basler Regierungsrats gab es 1943 392, 1945 noch 130 Parteimitglieder. Klar ist in unserem Zusammenhang nur eines: Es gab auf jeden Fall immer erheblich mehr Mitglieder als die paar wenigen Parteiämter. Warum denn hätte sich Saurenhaus als Kassenwart veranlasst gesehen, die Mitgliederbeiträge mit einem vervielfältigten Formular einzutreiben (6, 7, 8, 9)? Dass Saurenhaus ein Amt innehatte, ist also voll zu gewichten.

Die Aussage, dass bei Saurenhaus «so etwa in der zweiten Hälfte 1933» Bedenken gegenüber der Partei aufgekommen seien, ist als zentral zu werten, denn die Zeitangabe wird später als Beweis für weitere Aussagen verwendet. Hier ist das Verdikt der Quellen eindeutig: Zweite Hälfte 1933, das ist auch die Zeit des Papierkorbs! Ich muss dessen Inhalt hier gar nicht mehr ausbreiten. Nur zwei Zeugnisse: Damals, am 28. Oktober, schrieb Saurenhaus etwa an Gustloff:

> «Ich wäre Ihnen zu ausserordentlichem Dank verbunden, wenn Sie mich zum Wirtschaftsberater der NSDAP ernennen würden und Sie können versichert sein, dass Sie einen stets treuen und zuverlässigen Mitarbeiter an mir finden werden, der mit Ihnen durch dick und dünn geht. Mit vielen herzlichen Grüssen von Haus zu Haus.» (5)

Gustloff taucht wieder auf

Oder am 22. November, wiederum an Gustloff:

> «Ich bin geschäftlich augenblicklich sehr in Anspruch genommen. Aber die Sache ist so wichtig, dass, wenn Sie oder ein anderer Herr nicht fahren kann, ich einfach die Zeit zu einer Fahrt nach Berlin nehmen muss. Wir müssen unser Ziel erreichen im Interesse der Partei und im Interesse der Parteigenossen in der Schweiz.» (12)

Wenn ich mir diese Umtriebigkeit von Saurenhaus vor Augen führe, kann ich nur schmunzeln, wie nahe Niederhauser – allerdings nicht in dem Sinne, den er beabsichtigte – bei der Wahrheit war, als er verkündete:

> «Wenn im Jahr 1934 der Ehrgeiz des Rekurrenten grösser gewesen wäre als sein Anstandsgefühl der Schweiz gegenüber und als seine religiöse Ueberzeugung, so hätte er unter dem Naziregime das, was man eine grosse Karriere nennt, machen können. Es wurde 1933 aus Parteikreisen denn auch verschiedentlich nahegelegt.»

Ja, die viel erwähnte «religiöse Überzeugung»: Aber katholisch konnte und kann man zu allen Zeiten auf vielfältige Weise sein. Handelte es sich hier um ein «Katholischsein» wie jenes des katholisch-konservativen Niederhauser oder wie jenes von Saurenhaus' Beichtvater Trefzer? Handelte es sich um den in Basel üblichen Diasporakatholizismus? Saurenhaus war auf seine Weise katholisch. Am 30. Oktober 1933 schrieb er der Arbeitsgemeinschaft Katholischer Deutscher (AKD), wie es Paul damals, als er den Papierkorb leerte, zusammengefasst hatte:

Max

«Wir Katholiken haben ein ganz besonderes Interesse, damit die nationalsoz. Ideen an Ausdehnung gewinnen, besonders dass die Länder, die an Deutschland anstossen, [sie] gerecht beurteilen. Ich trete Ihrem Verein bei und bezahle heute die 6 Frs. ein. Ich halte mich zu Ihrer Verfügung betr. Organisation und Tätigkeit.» (10)

Was ist das nun wieder, die AKD? Auch hier muss ich wieder kurz recherchieren. Im Internet finde ich eine Bochumer Dissertation von 2000 und einen Artikel über «Die Arbeitsgemeinschaft katholischer Deutscher (AKD) in München und Kardinal Faulhaber» von 2014 aus der Universität des Saarlands.[113] Diese Arbeitsgemeinschaft ist aus dem Bund «Kreuz und Adler» und der «Katholischen Vereinigung für nationale Politik» hervorgegangen. Letztere hat ihre Zielsetzung so formuliert:

«Das Programm ist das des Nationalsozialismus. Hauptziele: 1. Erfassung des kath. Volksteils für den Volksgedanken Adolf Hitlers, Einigung aller kath. Deutschen in diesem Gedanken, Nutzbarmachung der im deutschen Katholizismus ruhenden Kräfte für das Riesenaufbauwerk.»

Im Oktober 1933 lösten sich die beiden Organisationen auf und fusionierten mit der soeben gegründeten «Arbeitsgemeinschaft katholischer Deutscher». Zugleich wurde die AKD eine Untergliederung der NSDAP. Ihr «Reichsleiter» war Franz von Papen.[114] Neben dem vordergründigen «Brückenbauen» zwischen Kirche und Nationalsozialismus bestand ihre spezifische Funktion darin, «die aussenpolitische Isolierung [Deutschlands, Anm. d. A.] zu überwinden und die innenpolitisch noch prekäre

Stellung zu festigen». Schon im September 1934 konnte sich die AKD wieder auflösen. Sie hatte – so die Reichsparteileitung – «in dem ihr zugewiesenen Bereiche wirksam zu einer Versöhnung beigetragen». Sie wurde nun in die «Abteilung für kulturellen Frieden» der NSDAP übergeführt.

Saurenhaus ist also gleich nach der Gleichschaltung der AKD beigetreten und hat sich zur Mitarbeit anerboten. Wohlweislich erwähnt er dieses «katholische» Engagement 1945 nicht, zum Beispiel als Beleg dafür, dass er – wie er sagte – ein «guter Katholik» sei. Und Hebrust hat nicht weiter nachgefragt. So viel zu Max Saurenhaus' «religiöser Überzeugung».

Nebenbei: Die Art und Weise, wie Saurenhaus sich bei der AKD meldete, lässt auch erahnen, wie er mit dem Reichskriegerbund Kyffhäuser in Verbindung gekommen sein könnte. In seiner damaligen Begeisterung wird er sich auch hier schriftlich angetragen haben: «Ich halte mich zu Ihrer Verfügung betr. Organisation und Tätigkeit.» Man wird angesichts der Verordnung vom 21. Mai 1933 beim Bezirksverband Lörrach gerne auf das Angebot des in Lörrach bekannten Geschäftsmanns eingetreten sein.

Nun zum sogenannten Parteiausschluss von Saurenhaus: Saurenhaus legte offenbar als Beweis das ihm schriftlich zugegangene Urteil des Gaugerichts der Auslandsorganisation NSDAP vom 21. April 1941 vor, das ihn aus der Partei ausschloss. Davon mussten in Basel sowohl die Anwaltskanzlei Dr. Niederhauser wie die Politische Abteilung der Kantonspolizei ausgehen. Die Aktenlage ist aber eindeutig: Am 9. September 1941 wird auf die Intervention des Reichsschatzmeisters der NSDAP Saurenhaus «wieder im Mitgliederstand der Auslandsorganisation aufgenommen» (Anhang a) 6). Und wenn Saurenhaus den Rauswurf schon länger erwartet und sich dann nicht dagegen gewehrt haben will, zeigt die NSDAP-Parteikorrespondenz etwas anderes. Er hat, ganz im Gegenteil, sehr gegen diesen Ausschluss gekämpft. Darauf weist auch seine uns bekannte Reisetätigkeit hin: 1941 ist er vom 15. bis 24. Juli in Berlin, um schon am 9. August wieder hinzufahren und bis am 20. August zu bleiben. Am 1. September reist er schon wieder und bleibt den ganzen Monat in Berlin, um gleich am 5. Oktober nochmals für zehn Tage da zu sein! Etwas häufig in der Reichshauptstadt für einen, der gerade aus der Partei hinausgeworfen worden ist.

Übrigens lassen die Akten auch Zweifel aufkommen, ob das Delikt, für das Saurenhaus verurteilt wurde, wirklich die Einbürgerung der Kinder in der Schweiz war. Das geht allein auf dessen Behauptung zurück, und die beigelegten Belege fehlen heute. Die Anklage geht jedoch vom Gauschatzmeister aus, und es ist der Gauleiter, der in einem solchen Fall eigentlich anklagen müsste, der gegen das Urteil beim Obersten Parteigericht Beschwerde einlegt! Und schliesslich ist es der Reichsschatzmeister, der eingreift und das letztinstanzliche Urteil kassieren lässt. Das scheint also eher auf ein Finanzdelikt hinzuweisen.

Wie dem nun sei, eine Beurkundung dieses Entscheids, wie beim Gaugericht, wird es nicht gegeben haben. Oder dann hat sie Saurenhaus verschwinden lassen, spätestens nach der Einvernahme durch Hebrust. Als Hebrust auf dessen Einwand, er sei ja 1941 aus der Partei ausgeschlossen worden, so überrascht reagierte, wird Saurenhaus daraus geschlossen haben, dass man in Basel nichts von seiner «Wiedereingliederung» wusste, und den Trumpf, den er da in der Hand hielt, sofort erkannt haben. Er verschwieg es jedenfalls gegenüber Niederhauser und erzählte diesem seine Version, warum er weiter Mitgliederbeiträge bezahlt habe.

War Saurenhaus kein Antisemit? Niederhauser scheint von Saurenhaus nur sehr vage über das Zielobjekt dieser schwarzen Listen informiert gewesen zu sein. Von der Frage nach den deutschfeindlichen Zeitungen hat er offenbar nichts erfahren.

Gustloff taucht wieder auf

Aus irgendeinem Grund hat ihn Saurenhaus so informiert, dass er glaubte, primär gegen einen Vorwurf des Antisemitismus argumentieren zu müssen. Eine kleine Stelle in einem Brief an Gustloff erweckt Zweifel daran: Am 28. November 1933 berichtet ihm Saurenhaus, dass es ihm nicht gelungen sei, die Deutsche Kolonie gleichzuschalten, unter anderem aus folgendem Grund:

> «In der deutschen Kolonie ist heute im Vorstande noch ein Mann tätig, der sich in schlimmster Art, d.h. in der Art der jüdischen Emigranten eifrig betätigt hat. Es ist mir nicht gelungen, diesen Mann zu entfernen.» (12)

Kein Antisemit? Ich lasse die Frage einfach stehen.

Bei den Aussagen zur Reisetätigkeit hat Niederhauser dargelegt, dass sein Klient immer seltener nach Deutschland gefahren sei und das mit grosser Angst. «Das letzte Mal war er 1942 länger als einen Tag in Deutschland.» Falls Niederhauser von Saurenhaus den ganzen Umfang der Reisetätigkeit in diesem Jahr erfahren hat, ist die Formulierung sehr raffiniert ausgefallen. Niederhauser – oder eben Saurenhaus – sagt durchaus die Wahrheit, «länger als einen Tag», aber eben nur die halbe, indem er die Anzahl der Reisen weglässt. In Wirklichkeit hat sein Klient 1942 acht Mal ein- bis dreiwöchige Reisen nach Deutschland, vier einwöchige Reisen nach Italien und zwei einwöchige Reisen ohne Zielangabe unternommen. Und wenn er 1944 noch drei Visa gebraucht hat, mit denen er nur einen Tag «draussen» gewesen sein will, so war er in Wirklichkeit elf Tage in Freiburg, drei Tage in Gutach und drei Tage in Liechtenstein. Das alles liess sich eigentlich von der Politischen Abteilung schon damals dem Dossier der Fremdenpolizei entnehmen.

Im Weiteren gibt es nur noch einen Punkt, zu dem ich von den Quellen her Stellung beziehen kann. Als Argument zu

Saurenhaus' wirtschaftliche Verdienste für die Schweiz wird auch erwähnt, dass durch die Bemühungen des Rekurrenten, die Preise niedrig zu gestalten, der Schweiz «Millionenbeträge» erspart worden seien. Stimmt das? Der Rekurs vergleicht den von Saurenhaus festgesetzten Preis für deutsche und slowakische Zellwolle aber nur mit dem rund einen Drittel teureren Preis für italienische Zellwolle, nicht mit dem anderer Importeure aus Deutschland. Aus dem Vertrag mit der I.G. Farbenindustrie vom 9. Juni 1942 (Anhang b) 2 § 3) geht zudem hervor, dass Saurenhaus bezüglich der Preise völlig an die Vorgaben der Erzeugerfirmen gebunden war und keinerlei Kompetenz zu eigener Preisabsprache hatte. Der Vertrag wird formal dem Vertrag entsprochen haben, den er 1941 mit der Export-Gemeinschaft für Zellwolle GmbH, Berlin, abgeschlossen hat und den die I.G. Farbenindustrie nach deren Auflösung einfach für Saurenhaus übernahm.

Zu allen weiteren Angaben und Argumenten habe ich keine anderweitigen Quellen, um ihren Wahrheitsgehalt zu überprüfen. Was ich aber vorgefunden habe, zeigt deutlich, wie Saurenhaus zum Teil die Tatsachen verkehrte, wie er anderes schönte oder einfach verschwieg und wie Niederhauser von ihm manipuliert wurde. Gretchenfrage: Soll man bei den nicht überprüfbaren Punkten annehmen, Saurenhaus habe hier, wenigstens hier, die Wahrheit gesagt? Die Antwort überlasse ich dem Leser.

2. Stellungnahme der Politischen Abteilung der Kantonspolizei
Ich habe bereits bei der Wiedergabe der Stellungnahme verschiedene Recherchen und Verifizierungen vorgenommen, um das Verständnis des Vorgebrachten zu ermöglichen. Ich kann mich hier also kürzer fassen und vor allem die Quellenlage, vor die sich die Politische Abteilung gestellt sah, erörtern. Die Belege werden nicht präzisiert, wohl um geheim zu halten, wie die

«Datenbank» aussah und was sie alles enthielt. So erwähnte die Stellungnahme bloss einmal eine «Auskunftsperson», ein anderes Mal neutral «wurde uns dahin umschrieben», meist berichtete sie einfach: «er rühmte sich...», «er zeigte sich...», «1937 ersuchte er ...». Zwei Mal beruft sie sich auf «vorgefundene Korrespondenzen», ohne genau zu sagen, wo sie vorgefunden wurden. Es lässt sich lediglich vermuten, dass es im einen Fall beim Ortsgruppenleiter Geiler, im anderen bei einer «Basler Druckerei» geschehen ist. Beide Male hätte sich die Politische Abteilung auch auf die Angaben von Niederhauser abstützen können, der Geiler und die Druckerei zum Hirzen schon erwähnt hat. Dazu hat man offenbar den Abstimmungsstempel im Pass von Saurenhaus gesehen. Deshalb insistierte Hebrust so auf der Frage zur Wahlbeteiligung Saurenhausens nach der Machtübernahme, konnte aber nichts Verwendbares aus ihm herausbekommen. In der Stellungnahme wird dieser Punkt weggelassen.

Bemerkenswerterweise weiss die Stellungnahme gerade für das Jahr 1933 erstaunlich detailliert über Korrespondenzinhalte zu berichten. Aber wie sie zu diesen Kenntnissen kam, sagt sie nicht. Da die Unterlagen, über welche die Politische Abteilung verfügte, nicht mehr erhalten sind, müsste ich die Erörterung im Normalfall hier abschliessen.

Im Normalfall. Aber ich habe den Inhalt des Papierkorbs (Teil 1) und die drei «Mitteilungen» des Anonymus.

Gerade zur letzten Frage der Wahlbeteiligung, bei der Saurenhaus im Verhör dichtielt, lässt sich aus einem Brief von Saurenhaus schliessen, dass er abstimmte. Am 22. Oktober 1933 schrieb er an Gustloff:

> «Die Herren vom A.A. [Auswärtigen Amt, Anm.
> d.A.] sind noch durchaus capitalistisch verfilzt
> und können sich an den Sozialismus, der nun einmal einen Hauptbestandteil unserer Bewegung

bildet, nicht gewöhnen. Die Herren haben die Köpfe immer noch zu hoch. Nach der Abstimmung wird unser Führer das A.A. gewiss selbst in die Hand nehmen.» (4)

Damals geschrieben, konnte sich das nur auf die manipulierte Reichstags«wahl» vom 12. November beziehen, die mit der Billigung der neuen Aussenpolitik verbunden war, was zum Austritt aus dem Völkerbund führen sollte. Wer so schrieb, enthielt sich seiner Stimme gewiss nicht.

Beim Hinweis der Stellungnahme, dass Saurenhaus «Kassenwart der NSDAP» gewesen sei, habe ich die Vermutung geäussert, dass diese Kenntnis 1933 durch einen verdeckten Agenten der Polizei gewonnen worden sein könnte. Vielleicht hat er als «Sympathisant», was in dieser Frühzeit noch möglich war, das Eintreibeformular des Kassenwarts erhalten. Warum nicht? Aber vielleicht stammt sie auch aus den anonymen «Mitteilungen» (B 2), die ja von einem «Kassenwart» berichteten, der «Wirtschaftsberater» geworden sei.

Bei der schwarzen Liste, deren Zielobjekte beinahe wörtlich mit der markanten Vorgabe in drei Punkten wiedergegeben werden, sieht es schon anders aus. Die Politische Abteilung verweist hier auf die parteiamtliche Korrespondenz von Saurenhaus: «In der Eigenschaft eines Wirtschaftsberaters wurde er 1933 vom Aussenhandelsverband Berlin NW 7 angegangen.» Zu jenem Zeitpunkt gab es noch kein «Spitzelgesetz» (Bundesbeschluss betr. den Schutz der Sicherheit der Eidgenossenschaft), noch keine Bundespolizei und keine Politische Abteilung im Polizeidepartement, welche die politische Aktivität der NSDAP von Gesetzes wegen hätten überwachen können. Diese präzisen Angaben können eigentlich nur aus der «Mitteilung 2» des Anonymus, datiert vom 7. und 8. November 1933, stammen (B 2, B 3). Ausser man nehme an, dass man auch anderweitig darauf gestossen sein könnte, da ja Saurenhaus bei seinen Bemühungen um die Erstellung der Liste das Schreiben des Aussenhandelsverbands bei den anderen Ortsgruppen der NSDAP gestreut hatte.

Diese Annahme ist aber beim Hinweis auf die «weitgehende Verbindung» mit Gustloff nicht mehr möglich. Hier handelt es sich um die persönliche, teilweise privat geführte Korrespondenz von Saurenhaus mit Gustloff und dem Aussenpolitischen Amt, in die niemand Einblick hatte nehmen können. Es gibt keinen Zweifel mehr. Ausgangspunkt für diese Kenntnisse können nur die «Mitteilungen» des Anonymus gewesen sein (B 1–3).

Noch mehr: Die aus den Mitteilungen geschöpften Argumente sind eigentlich das Stärkste, was die Politische Abteilung gegen die Argumentation des Rekurses vorbringen kann. Von hier aus löst sich die These, Saurenhaus habe sich schon in «der zweiten Hälfte 1933» von der Partei innerlich entfremdet, beim Regierungsrat in Luft auf.

*

Pauls «Mitteilungen», die er am 14. Oktober, am 7. und 8. November 1933 an die Abteilung für Auswärtiges des Eidgenössischen Politischen Departementes in Bern schickte, sind also im Polizeidepartement Basel-Stadt angekommen und schliesslich bei der Politischen Abteilung gelandet! Alle.

*

Irgendwann wird ein Detektiv diese merkwürdigen anonymen «Mitteilungen» gefunden und die Schnitzeljagd, die der Anonymus ausgestreut hatte, aufgenommen haben. Konsul «eines ganz unbedeutenden überseeischen Staates»? Er wird das «Verzeichnis der Behörden und Beamten des Kantons Basel-Stadt sowie der Schweizerischen Bundesbehörden für das Jahr 1933» aus dem

Regal geholt haben, wird nachgeblättert haben bei «Vertretungen des Auslands in der Schweiz». «Ganz unbedeutender Staat?» Er wird auf die Basler Konsulate der Dominikanischen Republik und Nicaraguas gestossen sein, bei der Ersteren einen Konsul Ernst Müller, bei Nicaragua einen Honorarkonsul Max Saurenhaus gefunden haben. Er wird die Personalien im Kontrollbüro abgeklärt haben. Ein deutscher Staatsangehöriger als Honorarkonsul von Nicaragua? Er wird genauer hingeschaut haben.

Es wird ein Dossier angelegt worden sein. Und wenn man etwas erfuhr, wird man es notiert und hineingelegt haben. Nach dem Erlass des «Bundesbeschlusses betr. den Schutz der Sicherheit der Eidgenossenschaft» 1935 wird man enger observiert und auch gezielt Zeugen befragt haben. Man wird 1937 irgendwo, wohl in Lörrach, die Meldung gefunden haben, dass Saurenhaus auf eigenen Wunsch aus dem Bezirksverband des Kyffhäuserbunds entlassen worden sei. Folglich war er ihm einmal beigetreten. Bei der Bildung der Politischen Abteilung des Polizeidepartements 1938 wird dieses Dossier in deren Hände übergegangen sein.

Und so kam es, dass 1945 Gustloff sozusagen wieder dem Papierkorb «entstieg».

Gustloff taucht wieder auf

Die Entscheidung

Nun gilt es, im Polizeidepartement einen Entschluss zu fassen. Brechbühl lässt ihn durch die Fremdenpolizei vorbereiten. Am 26. Juli nimmt der Vorsteher des Kontrollbüros der Fremdenpolizei, Fritz Jenny, Stellung, indem er gleich unter den Text der Politischen Abteilung tippen lässt:

> «Nach dem vorstehenden Bericht müssten wir Abweisung des Rekurses beantragen. Bei den vielen positiven Momenten (in der Rekursschrift rot angestrichen) glauben wir aber eine Befürwortung des Rekurses rechtfertigen zu können.»

Was alles ist also rot angestrichen worden? Beeindruckt hat offenbar die Stelle, wo der frühe Rückzug des Rekurrenten von der Partei ausgeführt wird. Angestrichen ist der Hinweis auf «die Beseitigung der Gruppe Röhm» als Grund für die Amtsniederlegung. Doppelt angestrichen ist die Aussage, dass sich Saurenhaus seitdem nicht mehr um die Partei gekümmert habe, und mit einem weiteren Strich der Hinweis darauf, dass er an keine Versammlung mehr gegangen sei. Dick angestrichen wurde die Begründung des Ausschlussverfahrens mit der Einbürgerung der drei Kinder, ferner die Stelle, an der aufgezählt wird, welche Beitrittsaufforderungen der Rekurrent «trotz massiver Drohungen» abgelehnt habe.

Dann hat die Erklärung, warum Saurenhaus trotz Ausschluss die Mitgliederbeiträge weiterbezahlt und dies absichtlich über das Postcheckkonto gemacht habe, die Aufmerksamkeit des Rotstifts erweckt und natürlich die an schweizerische Hilfswerke erfolgten Zahlungen. Auch der Hinweis, «wie wenig antisemitisch der Rekurrent eingestellt» gewesen sei, wird mit einem dicken roten Strich gewürdigt. Dann macht der Rotstift über mehrere Seiten hinweg Pause bis zur Stelle, wo der Rekurrent die schweizerischen Behörden auf das verdächtige Finanzgebaren des Max Boese aufmerksam gemacht haben soll. Angestrichen wird weiter die Stelle über das Zeugnis des Reisebegleiters Charles Brand-Waeffler, dass der Rekurrent in Deutschland als «verschweizert» gegolten habe. Auf der Seite, auf der die wirtschaftlichen Verdienste dargelegt werden, versieht der Rotstift jeden der kurzen Abschnitte überzeugt mit einem festen Strich. Dass dann die verschiedenen Hilfestellungen summarisch leicht angestrichen werden, überrascht nicht.

Jetzt muss Brechbühl abwägen. Er liest die Stellungnahme der Politischen Abteilung ganz genau durch, nimmt den Rekurs zur Hand und vergleicht die Daten. Die ersten roten Striche überzeugen ihn gar nicht. Warum wertet Jenny die teils vagen, teils interessengeleiteten Ausführungen des Rekurses höher als die präzisen Angaben der Kollegen von der Politischen Abtei-

Die Entscheidung

lung zum Jahr 1933? Die Striche bei den wirtschaftlichen Verdiensten machen ihm als Sozialdemokraten wohl keinen grossen Eindruck. Sie mögen ihm gewaltig übertrieben erschienen sein. Wie weiss man schon, dass dank Saurenhaus 15 Tonnen Kohle eingespart und 1000 Arbeitsstellen generiert worden sein sollen? Brechbühl wägt ab. Welcher Seite soll er Glauben schenken? Er entscheidet sich und schreibt in seiner raumgreifenden Schrift: «Abweisung des Rekurses. Brechbühl» und das Datum: «28.7.45».

*

Niederhauser hat noch immer sein Netzwerk, in der Administration und auch bei der Polizei. Vielleicht hat er schon erfahren, dass es eine ungünstige Stellungnahme zu seinem Rekurs gibt. Vielleicht hat er dem jetzigen Vorsteher des Kontrollbüros, Jenny, der noch unter seiner Ägide zum Adjunkten befördert worden ist, den Rat gegeben, die positiven Punkte anzustreichen. Jetzt wird ihm Brechbühls Entscheid umgehend zu Ohren gekommen sein. Er muss eingreifen.

Was nun wie geschieht, keine Quelle erzählt davon. Man kann sich nur verschiedene Wege vorstellen. Aber am ehesten wird sich Niederhauser telefonisch direkt mit seinem Nachfolger in Verbindung gesetzt haben. Regierungsräte und alt Regierungsräte kennen sich und duzen sich über die Parteigrenzen hinweg. So wird Niederhauser seinem amtierenden Kollegen die Situation seines Klienten nochmals eindringlich vor Augen geführt haben. Brechbühl wird etwas unwirsch geworden sein und ihm reinen Wein eingeschenkt haben. Niederhauser wird zu seinem Entsetzen Sachen erfahren haben, von denen ihm Saurenhaus gar nichts gesagt hat: zum Beispiel, um was es bei den schwarzen Listen tatsächlich gegangen ist, zum Beispiel vom Kyffhäuserbund, von Saurenhausens Nähe zu Gustloff – und dies alles genau in der Zeit, von der er, Niederhauser, behaupte, sein Klient habe begonnen, sich von der Partei abzuwenden. Brechbühl wird Niederhauser vorgerechnet haben, wie es im Regierungsrat herauskommen würde: Carl Miville von der Partei der Arbeit dürfte da nie zustimmen; Gustav Wenk, Brechbühls Parteikollege von den Sozialdemokraten, dürfte doch hinter all dem Handel mit der Schweiz den Kriegsgewinnler sofort erkennen; der Liberal-Konservative Carl Ludwig habe die Nazis seit der Jacob-Affäre ohnehin in der Nase; Brechbühls anderer Parteikollege, Regierungsratspräsident Fritz Ebi, dürfte dem Rekurs ebenfalls nichts abgewinnen, und wohl auch nicht der Radikal-Demokrat Edwin Zweifel. Ob er, Niederhauser, seinen Parteikollegen Carl Peter bearbeiten wolle. Niederhauser möchte das lieber nicht. Viel würde es ohnehin nicht helfen. Die «Roten» dürften in der Mehrheit sein. Beide stellen fest: Dieser Rekurs, begleitet von dieser Stellungnahme der Politischen Abteilung, wird im Regierungsrat nie durchkommen.

Wenn Regierungsräte so miteinander sprechen, stehen durchaus auch parteipolitische Abhängigkeiten und Interessen im Hintergrund. Irgendwie sind sie sich dessen bewusst. Es könnte irgendwann, etwa bei einer Beschlussfassung oder bei Wahlen, Folgen haben. Man ist aufeinander angewiesen. Niederhauser hat es ja bei seiner Abwahl selbst erfahren; aber jetzt insistiert er. Er will seinem Klienten unbedingt helfen. Brechbühl wird sich schon etwas gewundert haben, wird dann aber auf seinen Kollegen eingegangen sein. Niederhauser wird zu überlegen begonnen haben, wie man das Gremium des Regierungsrats umgehen könnte. Es gebe doch auch viel Gutes über Saurenhaus zu sagen. Brechbühl dürfte das nicht bestritten haben; aber dennoch, das Vorliegende sei doch bedenklich. Andererseits habe er noch viele Ausweisungsverfahren und Rekurse zu bearbeiten, und die Sache mit den Nazis gehe ihm zusehends auf die Nerven. Niederhauser wird laut zu denken begonnen haben. Es seien doch schon etliche Rekurse angenommen worden.

Warum jetzt nicht auch dieser? Es liesse sich doch gewiss eine Einigung finden. Gemeinsam werden sie sich einen Weg ausgedacht haben. Brechbühl könne seinen Entscheid ja nicht einfach umstossen. Niederhauser wird vorgeschlagen haben, noch eine zusätzliche Begründung zu seinem Rekurs nachzuliefern. Beide werden sich einig gewesen sein, dass dies in einem laufenden Verfahren untunlich sei. Eine neue Entscheidungsgrundlage müsste von dritter Seite kommen. Niederhauser wird auf die Möglichkeit einer zusätzlichen Stellungnahme aus dem Departement hingewiesen haben. Brechbühl wird diese Möglichkeit aufgegriffen haben: Dann könne er auf seinen Entschluss zurückkommen, ohne sein Gesicht zu verlieren. Aber es müsse ein hieb- und stichfestes, vorbehaltlos positives Zeugnis sein, sonst ginge das nicht. Es sei an Niederhauser, zu schauen, ob er das zustande bringe. Allerdings könne er Niederhauser nur entgegenkommen, wenn dieser den Rekurs zurückziehe. Wenn er es nicht tue, gehe das Geschäft, wie er bestimmt wisse, unweigerlich in den Gesamtregierungsrat. Niederhauser wird sich dazu bereit erklärt haben. Aber er werde das erst tun, wenn er wisse, dass Brechbühl der Sistierung des Ausweisungsverfahrens zugestimmt habe. Brechbühl wird sich unwirsch einverstanden erklärt haben. Aber dann wird ihm noch etwas anderes aus seinem Departementsbetrieb in den Sinn gekommen sein: Niederhauser möge seinem Klienten ausrichten, ein Einbürgerungsgesuch solle er ja nicht mehr stellen.

So etwa könnte es zu- und hergegangen sein. Oder auch ganz anders. Man kann sich vieles ausdenken; aber ich lasse es jetzt so stehen.

Wie Niederhauser bei der Fremdenpolizei jenen Mann gefunden haben mag, der schliesslich dieses hieb- und stichfeste Zeugnis abgeben sollte, hierüber könnte man sich auch viele Überlegungen machen. Aber lassen wir das. Ich stelle einfach fest:[115] Der Vorsteher des Kontrollbüros hat sich nicht noch-

mals einspannen lassen und auch nicht sein Stellvertreter, Franz
Merz. Niederhauser, oder vielleicht doch Jenny auf seine Veranlassung hin, wird sich an den Amtsjüngsten in der Leitung des Kontrollbüros gewandt haben, den Adjunkten Karl Bickel. Ob der Saurenhaus überhaupt kannte? Ob er sich vielleicht auch der katholischen Sache verpflichtet fühlte? Einerlei, Niederhauser wird ohnehin einen sehr wohlwollenden Text formuliert haben, den Bickel bloss abzuschreiben brauchte. Wie gesagt, hier, wo man quellenmässig überhaupt keinen Einblick in die Machenschaften hat, kann es auch ganz anders zu und her gegangen sein. Nur das Resultat, das ist bekannt, schwarz auf weiss. Der Adjunkt Karl Bickel hat für Saurenhaus seine Hand ins Feuer gelegt.

*

Der erste Entscheid des Departementsvorstehers, welcher der Politischen Abteilung folgt – «Abweisung des Rekurses. Brechbühl» – und auf den «28.7.45» datiert ist, ist durchgestrichen, und darunter steht, in Maschinenschrift geschrieben, eine neue Stellungnahme:

> «Ich kenne Saurenhaus seit Jahren persönlich und ersuche, den getroffenen Entscheid in Wiedererwägung zu ziehen. Saurenhaus hat sich 1934 vom Nationalsozialismus distanziert. Es handelt sich um einen vertrauenswürdigen Menschen, der unserm Lande immer wohlgesinnt war und wirtschaftlich sehr nützlich war. In der Zeit der deutschen Siege hat er nicht mit seinem Deutschtum geprahlt, wie dies viele seiner Landsleute taten. Der Bericht der Politischen Abteilung berührt nur die negativen Momente und tritt auf die vielen positiven Punkte überhaupt nicht ein. Ich verbürge

mich für die Person Saurenhaus aus voller Überzeugung. Kontrollbureau, Kantonale Fremdenpolizei, der Adjunkt.»

Unterschrieben hat «Bickel». Dazu der Datumstempel «30. Juli 1945». Nun schreibt Brechbühl flüchtig darunter: «Gutheissung der Einsprache Brechbühl, 30.7.45».
Am selben 30. Juli 1945 schreibt Dr. iur. Rudolf Niederhauser an den Regierungsrat des Kantons Basel-Stadt: «Sehr geehrter Herr Präsident! Der Rekurs des Herrn Max Saurenhaus-Marchal vom 12. Juli 1945 gegen die Ausweisungsverfügung des Polizeidepartementes vom 26. Juni 1945 wird hiemit zurückgezogen. Namens des Rekurrenten ... (Unterschrift).»
Aus den auf dem Brief angebrachten Stempeln lässt sich der Innenlauf in der Verwaltung ablesen. Der Präsident des Regierungsrats, Ebi, hat den Brief am 31. Juli 1945 erhalten, er bringt seinen Stempel an und leitet ihn gleich ans Polizeidepartement weiter; aber nicht «zur Berichterstattung», wie der Stempel lautet, sondern «zum bereits erteilten Auftrag». Wahrscheinlich haben sich die beiden SP-Regierungsräte abgesprochen. Auch Brechbühl bringt seinen Stempel an. Eine Registernummer braucht er nicht, macht einfach ein Häkchen an die Stelle, bei «an» schreibt er «Sekretariat», «zur Erledigung». Was folgt, ist eine kleine Farce.
Am 3. August berichtet der Vorsteher des Polizeidepartements an den Regierungsrat, dass der Rekurs von Saurenhaus am 26. Juli zurückgezogen worden sei und sich die Angelegenheit damit erledigt habe. Warum diese Vordatierung vom 30. auf den 26. Juli? Soll sie die Abmachung zwischen Niederhauser und Brechbühl kaschieren? Brechbühl suggeriert doch, dass der Rückzug des Rekurses vor seinem negativen Entscheid vom 28. Juli eingetroffen sei, was diesen von vornherein gegenstandslos gemacht habe.

Max

Am 8. August wird das Geschäft im Gesamtregierungsrat behandelt. Sein Entscheid kommt als «Beschluss des Regierungsrats» ins Protokoll, und das geht so: Zunächst wird berichtet, dass Saurenhaus, vertreten durch Niederhauser, gegen die Ausweisungsverfügung rekurriert habe. Zweiter Satz: «Der Rekurrent zieht seinen Rekurs zurück.» Dritter Satz: «Das Polizeidepartement berichtet, der Rekurrent habe seinen Rekurs zurückgezogen. Damit habe sich die Angelegenheit erledigt. ad protocollum.»

So ist vom Regierungsrat allein der Rückzug des Rekurses zur Kenntnis genommen und zum Gegenstand der Beschlussfassung gemacht worden. Daher muss er inhaltlich gar nicht mehr behandelt werden, und im gleichen Zug fallen auch die Ausweisungsverfügung selbst und die Stellungnahme der Politischen Abteilung aus Abschied und Traktanden heraus.

Das wars dann. In allen Akten, die über die geplanten und durchgeführten Ausweisungen noch vorhanden sind, erscheint der Name Saurenhaus nirgends.

Nur auf die Karte Nr. 202286 der Ausländerkontrolle für Saurenhaus wird neben dem auch hier angebrachten Stempel «wegen Missbrauchs des Gastrechts durch schwere Missachtung von Ordnungsvorschriften» et cetera geschrieben: «Ausweisungsverfügung mit Beschluss v. 3.8.1945 aufgehoben.» Es wird offensichtlich nur der innerhalb des Departements gefällte Entscheid festgehalten, der vom Regierungsrat am 8. August lediglich zur Kenntnis genommen worden ist.

*

Saurenhaus wird von diesem für ihn glücklichen Ausgang gewiss von Niederhauser unterrichtet worden sein. Aber in der Folgezeit muss er doch immer wieder Schwierigkeiten bekommen haben, da die Aufhebung der Ausweisungsverfügung selbst ja nicht publik gemacht worden war. Wollte sich jemand über die Beschlüsse des Regierungsrats Klarheit verschaffen, so erfuhr er nur etwas

Die Entscheidung

über einen zurückgezogenen Rekurs und dass sich deshalb die Angelegenheit am 3. August erledigt habe. Daher muss das Kontrollbüro der Basler Fremdenpolizei noch am 27. November 1945 die Abteilung «Zahlungssperre Deutschland» der «Schweizerischen Verrechnungsstelle» in Zürich informieren, dass «die unter dem 26.6.1945 verfügte Ausweisung am 3.8.45 aufgehoben» worden sei. «Wir ersuchen Sie die interessierten Banken entsprechend zu verständigen.» Es ist Karl Bickel, der unterzeichnet.

Die in Saurenhaus' Geschäftswelt offensichtlich bestehende Unklarheit darüber, ob er nun ausgewiesen sei oder nicht, muss für ihn so sehr hinderlich und unangenehm gewesen sein, dass er seinen Anwalt nochmals mobilisierte. Niederhauser wurde am 28. November bei seinem Parteifreund und Departementssekretär des Polizeidepartements, Dr. Dannenberger, vorstellig. Dieser formuliert eine quasioffizielle Bestätigung des Rechtsstatus von Max Saurenhaus:

«Sehr geehrter Herr Saurenhaus
Bezugnehmend auf die heutige Vorsprache von
Nationalrat Dr. Niederhauser beim Unterzeichneten bestätigen wir hiermit, dass das Polizeidepartement die am 21. Juni erlassene Verfügung, wonach Sie und Ihre Ehefrau auf unbestimmte Zeit aus dem Gebiete der Schweiz ausgewiesen worden sind, am 30. Juli 1945 aufgehoben hat.
Sign. Dr. M. Dannenberger»

Damit ist die Geschichte um die Ausweisung von Max Saurenhaus definitiv abgeschlossen.

*

Doch halt! Stimmt das, was Dannenberger da geschrieben hat? Habe ich das falsch notiert?

Max

Ich kontrolliere es nochmals im Original. Tatsächlich, Dannenberger hat die Aufhebung auf den «30. Juli 1945» datiert! Hätte er es im Protokoll oder in den Akten verifiziert, was er bei einer solchen quasioffiziellen Amtshandlung eigentlich hätte tun müssen, hätte er nur das rechtsgültige, offizielle Datum, nämlich den «3. August 1945» gefunden. Aber bei dem gewiss lockeren Gespräch unter Parteifreunden vertraute er einfach Niederhausers Angabe, ohne sie zu überprüfen. Denken wir uns in Niederhauser hinein: Auf die Frage nach dem Datum wird ihm spontan jenes in den Sinn gekommen sein, das für ihn das Entscheidende war: der Tag nämlich, an dem Brechbühl, wie abgemacht, die Einsprache gegen die Stellungnahme der Politischen Abteilung guthiess und er gleichzeitig den Rekurs zurückzog. Der 30. Juli konnte aber nur jenen ein Begriff sein, die an dieser Mauschelei beteiligt gewesen waren. Ein dummer Fehler, der ihm da unterlief!

Aber indem Niederhauser versehentlich dieses Datum angab, tat er etwas für mich viel Wichtigeres: Er lieferte mir die Bestätigung, dass meine Vermutung zutrifft. In meiner Fiktion bin ich ja davon ausgegangen, dass Niederhauser sich nach dem negativen Bescheid vom 28. Juli direkt einmischte, im Verborgenen bestimmend Einfluss auf den Gang des Geschäfts im Polizeidepartement nahm und so Saurenhaus gerettet hat.

Die Entscheidung

Rumpelstilzchen –
Spurensuche
im Internet (2018)

Teil 3

Wir alle kennen das Märchen.

Von einem merkwürdigen kleinen Wichtlein erzählt es, das der Müllerstochter in deren Not seine Hilfe anbietet, Stroh zu Gold verwebt und, als sie Königin geworden ist und ein Kind erwartet, im Verborgenen singt: «Heute back ich, Morgen brau ich, übermorgen hol ich der Königin ihr Kind.»

Es kann alles, dieses Männlein, es kann auch grausam erpressen. Allerdings kann es das nur tun, solange man seinen Namen nicht kennt. Für das Wichtlein ist es überlebenswichtig, namenlos zu bleiben. Denn sobald sein Name bekannt ist, muss es «den rechten Fuss vor Zorn tief in die Erde stossen» und «in seiner Wut den linken Fuss mit beiden Händen packen und sich selbst mitten entzweireissen». Die Brüder Grimm wollten das so.

Es gibt immer wieder solche Wesen, die vieles anstellen und bewirken können. Im Geheimen, weshalb man ihre Namen nicht kennt. Gerade in dieser Geheimhaltung liegt ihre Überlebenschance. Deshalb nennt man sie heute Geheimagenten. Weiss man, wie sie heissen, ergeht es ihnen meistens übel. Aber die wenigsten werden enttarnt, denn sie kennen ihr Metier. Sie sind aalglatt und anpassungsfähig. Nur das Wichtlein war so dumm, um sein Feuerlein zu tanzen und zu singen: «Ach, wie gut, dass niemand weiss, dass ich Rumpelstilzchen heiss!» Die Brüder Grimm wollten das so.

*

Seit einiger Zeit werde ich den Eindruck nicht los, dass auch in meiner Geschichte ein «Rumpelstilzchen» herumgegeistert ist. Ich mache mir meine Gedanken, ich mache Recherchen und entschliesse mich schliesslich, einen dritten Teil anzufügen und mich auf die Suche nach ihm zu begeben, auch wenn das gar nicht mehr ins ursprüngliche Konzept passt. Dies aber kann ich nur hier und jetzt tun, im Jahr 2018.

Fragen über Fragen

Ende gut, alles gut? Irgendwie kann man es nachempfinden, dass Max schliesslich vom ganzen Nationalsozialismus genug hatte, und das vielleicht schon seit einiger Zeit. Und man mag es ihm beinahe gönnen, dass die politischen Instanzen – welche die Nazis mutig aus dem Land auswiesen, nachdem alle Gefahr vorbei war – in seinem Fall keinen Erfolg hatten. Und dennoch, es bleibt ein Unbehagen. Zum Beispiel darüber, dass man ein NSDAP-Mitglied, von dem offenbar sehr belastendes bekannt war, über Jahre hinweg gewähren liess, weil es der Schweiz wirtschaftlich nützte, wie aus den Akten des Polizeidepartements zu entnehmen ist. Oder darüber, dass es damals wirklich als wünschenswert taxiert wurde, dass ein Altnazi unmittelbar nach dem Krieg das Importgeschäft mit der wiederaufzubauenden Zellwollindustrie in Deutschland weiterführen könnte, zum

Wohle der Schweizer Wirtschaft, wie es der Rekurs unter den positiven Argumenten erwägt.

Eigentlich möchte ich jetzt zum Schluss kommen mit dieser bedrückenden Geschichte, das Buch mit der Erklärung des Departementssekretär Dr. Dannenberger vom 28. November abschliessen. Aber noch immer werde ich von Fragen geplagt. Da ist so vieles noch ungeklärt, was allerdings über das Ziel, das ich mir ursprünglich gesetzt habe, entschieden hinausführt. Es gehört eigentlich zum Metier des Historikers, von einer Spur, auf die er gestossen ist, nicht abzulassen. Es gehört zum Jagdfieber, das ihn bei seinen Recherchen erfasst. Es gehört zur «boulimie de l'historien», zur Fresssucht, die man dem Historiker auch schon nachgesagt hat. Ich kann es nicht lassen und beginne von Neuem...

Vor allem wird wohl auch Ihnen aufgefallen sein, dass da Fragen bleiben, denen man damals nicht nachgegangen war, offensichtlich auch nicht nachgehen wollte. Dass Max Saurenhaus seine Wiederaufnahme in die NSDAP hat geheim halten können, ist dabei weniger verwunderlich. Die Polizei wusste ja nichts vom Ausschluss und nahm ohnehin an, dass er die ganze Zeit Mitglied der Partei war. Aber nachdem Saurenhaus seinen Ausschluss von 1941 bekannt gemacht und seine Begründung für das Weiterzahlen der Mitgliederbeiträge abgegeben hatte, hätte man doch merken müssen, dass bei den Erklärungen zur Reisetätigkeit etwas nicht stimmte, dass hier offenbar vieles verschwiegen oder ausgelassen wurde. Warum wohl? Spätestens bei der Durchsicht der «Frepo-Akten», die am 18. Juli 1945 der Politischen Abteilung mit dem Rekurs von der Fremdenpolizei zugestellt worden waren, hätte ihr das doch auffallen müssen. Alle Reisen waren da drin festzustellen. Man hätte intensiver nachfragen müssen, man hätte in der Stellungnahme zum Rekurs stringenter argumentieren können. Schon Hebrust scheint sich mit dem Wenigen, was Saurenhaus dazu aussagte, ohne Weiteres zufriedengegeben zu haben. Ähnliches gilt für die Liste des Ortsgruppenleiters Geiler von 1942 und die ominöse Broschüre des ECHO-Auslandsverlags. Das alles bleibt auch nach der Stellungnahme der Politischen Abteilung auf eine befremdliche Weise offen.

Hat man sich durch die unerwartete Mitteilung des im April 1941 erfolgten Parteiausschlusses so sehr überraschen lassen, dass man alle späteren Zeugnisse nur noch unter der Annahme, Saurenhaus sei nicht mehr Parteimitglied gewesen, bewertet und nicht mehr weiter überprüft hat? Der Trumpf von Saurenhaus hätte dann offensichtlich gestochen! Aber nicht nur, was nicht gesagt wurde, sondern auch das, was gesagt wurde, wäre eine nähere Abklärung wert gewesen. Man hätte doch hinterfragen müssen, welche neuen Informationen Max Saurenhaus beim Verhör mitteilte. Vor allem hätte man aufhorchen müssen, wenn Saurenhaus von sich aus auf ein Thema kam und dieses dann beharrlich ausführte, wie jenes zu Max Boese.

*

Ich gestehe, dass mich bei der Quellenlektüre genau diese Gesprächigkeit zum «Fall Boese» irritierte. Warum erzählt Max von ihm, obwohl Hebrust gar nicht danach gefragt hat? Warum gibt er Niederhauser vor, dass «der Fall Boese» dessen besondere «Aufmerksamkeit erweckt» habe, und veranlasst ihn, deshalb hierzu detailliert Stellung zu nehmen? War das eine weitere Trumpfkarte, die er jetzt ausspielen wollte?

Ich beschliesse, nochmals alles durchzugehen, was ab 1941 geschah, und erneut zu recherchieren. Aber ich mache das nun von einem anderen Ausgangspunkt aus als die Polizei anno 1945: Nicht vom Parteiausschluss gehe ich aus, sondern von der Tatsache, dass Saurenhaus am 9. September 1941 wieder in die NSDAP aufgenommen worden war. Könnten sich dadurch nicht andere Zusammenhänge ergeben?

Fragen über Fragen

Ich beginne mit den Ausführungen des Rekurses im Abschnitt über Max Boese, den ich bis jetzt nur beiläufig behandelt habe. So hat es Saurenhaus offensichtlich berichtet haben wollen:

Max Boese soll demnach im Juni 1942 bei Saurenhaus vorstellig geworden sein und sich als Besitzer der Recenia AG in Hartmannsdorf bei Chemnitz/Sachsen ausgewiesen haben, einer der grössten und modernsten Wirkereifabriken Deutschlands. Er habe ihm zwei Schreiben vorgelegt, eines der «Schweiz. Verrechnungsstelle» und eines der «Sektion für Textilien des [eidgenössischen, Anm. d. A.] Kriegs-, Industrie- und Arbeitsamtes». Aus ihnen ging hervor, dass Boese die Bewilligung zur Errichtung einer Wirkerei in der Schweiz und Sonderkonditionen bei der Verrechnung der Importware erhalten hatte. Dazu habe er Saurenhaus mitgeteilt, dass er deutscherseits die Genehmigung erhalten habe, monatlich 12 000 Kilogramm Zellwolle aus Deutschland in die Schweiz zu exportieren. Da die Firma Saurenhaus & Cie. AG «fast der alleinige Importeur deutscher Zellwolle» war, habe sich Boese an diese wenden müssen. In der schweizerischen Textilindustrie habe damals Mangel an Rohstoffen bestanden. Boeses Angebot sei daher sehr interessant gewesen, weshalb die schweizerischen Stellen ihn Saurenhaus empfohlen hätten.

Also habe er Max Boese bei der Gründung einer Zweigfirma in der Schweiz geholfen. Er habe ihm ein Büro in der Wallstrasse 11, also an seinem Firmensitz, zur Verfügung gestellt. Boese habe einen branchenunkundigen Geschäftsführer eingestellt. Wo Fachkenntnisse nötig gewesen seien, habe man Saurenhaus beigezogen, da ohnehin alle Importe über ihn abgewickelt wurden.

Bald aber habe er von Boese einen «schlechten Eindruck» bekommen. Warum? Boese habe sich keinen Deut um die Vorschriften der schweizerischen Behörden gekümmert. Er habe sich um «bestimmte Entscheidungen» gedrückt, habe «Verwirrung in die Geschäfte» gebracht, und zwar «bewusst, um Zeit zu gewinnen». Bei Saurenhaus sei schliesslich der Verdacht aufgekommen, «dass hinter Boese in Deutschland unsaubere Elemente stecken mussten». Da Boese «in Deutschland jede nur denkbare Genehmigung erhalten konnte», habe er vermutet, dass dieser «für die SS Kapitalschiebungen» vornehme.

Die Vermutung habe sich später als falsch erwiesen, ihn aber dazu veranlasst, die Schweizerische Verrechnungsstelle in Zürich und die Sektion für Textilien in St. Gallen darauf aufmerksam zu machen, dass Boese versuche, «Gelder freizubekommen, die nicht dem Verrechnungsverkehr unterlagen». Schliesslich habe er, als er wieder einmal von der Eidgenössischen Fremdenpolizei telefonisch angefragt wurde, ob die Einreise Boeses wirklich nötig sei, diese informiert und von der Erteilung einer Einreisebewilligung abgeraten. «Von dort an» habe «Boese Schwierigkeiten mit der Einreise nach der Schweiz» gehabt.

Selbstverständlich habe er das Büro an der Wallstrasse 11 der Recenia AG gekündigt. Diese verlegte ihren Sitz dann an die Gerbergasse 20 und dürfte fachmännisch von Fritz Schuhmacher-Kalb beraten worden sein, dem Inhaber der Firma F. A. Schuhmacher AG an der Falknerstrasse 12. Wie es Boese weiterhin ergangen sei, davon habe er, Saurenhaus, keine Ahnung. Aber seines Wissens habe dieser noch mehrmals in die Schweiz einreisen können, jedoch unter strenger polizeilicher Beobachtung. Es habe noch Drohungen mit gerichtlichen Schritten gegeben. Schliesslich habe er, Saurenhaus, am 17. Februar 1944 als Zeuge in der Strafsache Haefeli, «der sich Unterschlagungen gegenüber Boese schuldig gemacht haben soll», bei der Staatsanwaltschaft «sehr deutlich Aufschluss über Boese gegeben».

Niederhauser argumentiert im Rekurs weiter: Obwohl die Geschäftsverbindung mit Boese «sehr ertragreich» gewesen sei, habe sein Rekurrent, als er Verdacht schöpfte, Boese sofort bei den schweizerischen Behörden angezeigt. Diese hätten Untersuchungen eingeleitet. Die Verrechnungsstelle habe «den ganzen Geschäftsverkehr Boeses, der durch die Firma Max Saurenhaus gegangen war», durch einen Revisor überprüfen lassen. Und die Quintessenz der ganzen Geschichte: Saurenhaus habe sich im Interesse der Schweiz für die Verhinderung nazistischer Umtriebe eingesetzt.

Die Polizei interessierte sich offensichtlich nicht für diese Firma Recenia AG und deren Direktor, der Max Boese hiess. Beide kommen in den Akten der Polizei überhaupt nicht vor. Sie hätte doch auch bei der Bundespolizei nachfragen müssen, die Boese – wie Saurenhaus angibt – unter «strenge polizeiliche Beobachtung» gestellt hatte. Nichts dergleichen!

Uns aber stellen sich Fragen: Wer war Max Boese? Existierte er überhaupt? Was war das für eine Firma, die Recenia AG? Und: Worum ging es bei diesen offenbar zweifelhaften Geschäftsaktivitäten?

Rumpelstilzchen

Die erste Kontrolle mache ich gleich im Staatsarchiv. Das Prozedere ist nun bekannt: zunächst Ragionenbuch, dann Kantonsblatt. Auf diese Weise[116] stosse ich darauf, dass die Recenia AG sich tatsächlich im Handelsregister eingetragen und am 20. Juni 1942 ihre Statuten erlassen hatte. Sie präsentierte sich als «Aktiengesellschaft zur Herstellung und zum Vertrieb von Textilien und Textilienausgangs- und Rohstoffen, sowie für Handel in Waren aller Art, Vertretung von Waren aller Art, sowie Import und Export von Waren aller Art». Das Aktienkapital belief sich auf 100 000 Franken, aufgeteilt in hundert Namenaktien zu 1000 Franken. Einbezahlt waren bereits 50 000 Franken. Es gab nur den Verwaltungsrat, und der bestand aus einem Mitglied: Otto Rüttimann-Mergy, von Neuenburg, in Basel. Der Firmensitz befand sich an der Wallstrasse 11.

Das sieht nicht gerade nach der «Errichtung einer Wirkerei in der Schweiz» aus. Eigentlich konnte diese Aktiengesellschaft machen, was sie wollte, «Waren aller Art»! Noch merkwürdiger: Wo war der Geschäftsführer, von dem Saurenhaus sprach? Kein Direktor, kein Prokurist, niemand! Nur einen Verwaltungsrat gab es, in der Gestalt des Treuhänders Otto Rüttimann.

Wiederum dem Kantonsblatt[117] entnehme ich, dass die Firma Recenia AG am 24. Juli 1943 ihren Sitz tatsächlich verlegte, aber an die Eichenstrasse 33, ansonsten blieb alles gleich. Diese Liegenschaft gehörte laut Adressbuch einem Franz Xaver Schnyder, der aber nicht im Haus wohnte. Die Firma zog also an den Rand des damaligen äusseren Spalenquartiers – eines ausgesprochenen Wohnquartiers. Da gab es keine anderen Geschäfte, deren Direktor die ursprünglich Saurenhaus zugedachte Rolle hätte übernehmen können, nämlich den (ohnehin nicht vorhandenen) branchenunkundigen «Geschäftsführer» zu unterstützen. Heute spricht man vom Gotthelfquartier, und das Eckhaus steht dem Merian-Iselin-Spital gegenüber. Schon am 27. September 1943 wurde eine Statutenänderung gemeldet, mit der Bemerkung: «Die Änderung berührt die publizierten Tatsachen nicht.»[118] Das könnte schon in Richtung Briefkastenfirma deuten, denn diese Reduktion war bei der Formulierung der Tatsachen, die wir oben zur Kenntnis genommen haben, wirklich ohne Weiteres möglich.

1947 ging es sicher nur noch um eine Briefkastenfirma. Am 28. April dieses Jahres wurde im Kantonsblatt vermeldet, dass die Recenia AG mit gleich gebliebenem Zweck nun in der Elisabethenstrasse 29 domiziliert sei – in Klammern –, bei Dr. Franz Huber. Der Verwaltungsrat Otto Rüttimann wohne nun in Binningen.[119] Unter «Advokatur und Notariat Dr. Franz Huber» finden sich mehrere Firmenadressen. Die Recenia AG war nun offenkundig nur mehr ein Briefkasten. Zu welchem Zweck, lässt sich nicht mehr herausfinden.

Rumpelstilzchen

Im Oktober 1949 schliesslich vermeldete das Kantonsblatt zur Recenia AG, dass die «Gesellschaft» durch Beschluss der «Generalversammlung» vom 3. Oktober 1949 aufgelöst worden sei und nach Beendigung der Liquidierung erloschen sei.[120]

Fest steht: Was Saurenhaus über den Verbleib der Firma Recenia nach der Trennung von der Firma Saurenhaus & Cie. erzählte, war trotz all der genauen Angaben samt und sonders falsch. Wollte er eine Spur verwischen? Man könnte noch der «Strafsache Haefeli» nachgehen, in der Saurenhaus «sehr deutlich» Auskunft gegeben haben will. Das erweist sich aber als äusserst schwierig. Für eine Recherche müsste ich mehr Angaben zu Haefeli haben, kenne aber nicht einmal seinen Vornamen. Ich beschliesse, es sein zu lassen. Die Annahme liegt doch nahe, dass hier Saurenhaus vor Niederhauser genauso geflunkert hatte wie zur Firma Recenia.

Und wie steht es mit dem Beginn der Zusammenarbeit? So wie Saurenhaus es erzählte, war Boese überraschend bei ihm aufgetaucht. Er ärgerte sich zusehends darüber, dass sein Compagnon die Strickwirkerei offenbar gar nicht so schnell aufbauen wollte. Der hatte offenbar anderes im Kopf, drückte sich um die Vorschriften der schweizerischen Behörden herum, verwirrte alles mit dem Ziel, wie Saurenhaus betonte, «bewusst Zeit zu gewinnen». Wofür denn? Zugleich lief «der Geschäftsverkehr Boeses durch die Firma Max Saurenhaus» und war für diese offenbar «sehr ertragreich». Was ging hier vor?

Gab es diesen Max Boese überhaupt? Wenn Saurenhaus den Verdacht schöpfte, dass es um SS-Gelder ging, muss er davon ausgegangen sein, dass Boese ein Parteigenosse war, ein wichtiger Parteigenosse. Da müsste man doch wieder im Bundesarchiv in Berlin etwas finden können. Ich bin ja als Benutzer noch immer angemeldet und weiss jetzt, wies läuft. Also konsultiere ich das Internet, rufe das Bundesarchiv Berlin auf und steige in dessen Suchsystem «invenio» ein. Nach einigen

Klicks habe ich einen Treffer: «NS 9/2089, Boese Max, geb. 5.3.1877, Auslands-Organisation der NSDAP (Alte Signatur: VBS 257/3600001089). Berlin Document Center. Berlin-Lichtenfelde». Ich sehe die Klassifikationsangaben: NS 9 1 betrifft die Leitung der Auslands-Organisation der NSDAP; NS 9 2 das Rückwandereramt der Auslands-Organisation der NSDAP. Max Boese ist also hier dokumentiert. Spielte er eine wichtige Rolle im Rückwandereramt und nahm deshalb Kontakt mit Saurenhaus auf? Frohgemut maile ich meinem hilfreichen Kontaktmann im Bundesarchiv und bestelle diese Akte. Die Antwort kommt nach wenigen Tagen. Er lasse die Akte gerne durch die hierfür zuständige Firma kopieren. Es dauere aber ungefähr vier Wochen.

Inzwischen mache ich mich über das Rückwandereramt im Internet kundig. Es erweist sich als so etwas wie ein Sozialamt der NSDAP für mittellose Rückwanderer. Es stellte sogenannte Rückwandererausweise aus, mit denen diese verschiedene Unterstützungsberechtigungen erhielten. Die Namen unter NS 9 2 gehörten solchen Hilfsempfängern. Aber vielleicht war das für Boese eine Tarnung? Nochmals schreibe ich meinem Helfer im Bundesarchiv, ob der Name vielleicht doch auch in der NSDAP-Mitgliederkartei auftauche. Die Antwort: Nein, aber es gelte zu bedenken, dass nur achtzig Prozent der Kartei noch vorhanden seien. So warte ich ohne grosse Hoffnungen auf die Fotokopien.

Das Kuvert, das nach vier Wochen eintrifft, enthält 16 Kopien. Es handelt sich um den Rückwandererausweis für den Reichsdeutschen Max Böse Nr. Mü. 2054, ein mehrseitiges Büchlein, das vorbereitet, aber nicht abgeholt worden war. Ein Passfoto ist da, doch alle zwölf Seiten für den Eintrag der Personalien, «Verlängerungen», «Laufende Unterstützungen» und «Einmalige Unterstützungen» sind leer. Aus der beigegebenen Korrespondenz geht hervor, dass es sich um einen 61-jährigen, vorbestraften Malerhilfsarbeiter handelte, der in Linz unter Polizeiarrest gestanden hatte und am 8. Januar 1938 aus Österreich ausgewiesen worden war. In München war er offenbar untergetaucht, man suchte ihn, fand ihn aber nie.[121] Wenn das nicht ein Schlag ins Wasser ist! Der Mann ist für mich unbrauchbar. Aber – tröste ich mich – ich hätte die Akte zur Sicherheit früher oder später doch einmal einsehen müssen.

*

Wie nur finde ich jetzt diesen Max Boese? Eine simple Google-Suche mit diesem Namen gibt nichts her. So ändere ich meine Taktik. Ich nehme die Firma Recenia ins Visier. Vielleicht erscheint hier irgendwo auch der Name Boese, wenn er denn je Direktor dieser Firma war. Aber auch hier ergibt sich nichts Brauchbares. Ich mache mal Pause und tigere durch die Zimmer.

Google Books! Es ist mir wieder eingefallen. Eine simple Suchmaschine im Bereich von Publikationen. Google digitalisiert ja dauernd Inhalte aller Art. Da kann man Volltextsuchen in diesen Abertausenden von Büchern, Zeitschriften und Zeitungen machen. Wo immer ein Wort oder eine Wortkombination vorkommt, sei es im Titel, im Text, in einem Bildkommentar oder in einer Anmerkung, die Textstelle erscheint unter den Suchresultaten. Für eine erste rasche Recherche genügt das vollkommen. Wer will, kann nun meine Sucherei auf seinem Computer nachvollziehen. Man wird meine Treffer ohne Weiteres finden können. Ich mache daher keine Anmerkungen mit den näheren Quellenangaben. Nur wenn ich wirklich ein Buch konsultiert habe, gebe ich den Beleg an. Vielleicht noch dies: Die Treffer werden unterschiedlich wiedergegeben. Hat man Glück, bekommt man den ganzen Text, sei es nun ein Buch oder ein Fachartikel. Häufig aber werden nur Textschnipsel geboten. Geben sie genug Inhalt wieder, kann man mit ihnen bereits etwas anfangen. Andernfalls wird man das Buch in einer Bibliothek suchen müssen. Im Folgenden werde ich natürlich nicht die einzelnen Suchklicks darstellen, sondern nur das Resultat, die Geschichten, die sich aus ihnen ergeben. Aber Sie können es kontrollieren. Schauen wir, was dabei herauskommt.

Ich setze mich wieder vor den Bildschirm und gebe «Max Boese» zwischen Anführungszeichen ein, damit wirklich nur nach dieser Wortkombination gesucht wird. Viele Treffer! Aber beim Scrollen sehe ich sofort, dass diese Kombination unbrauchbar ist. Unglaublich, wie häufig und wie vielfältig in der Literatur ein Max böse sein kann! Ich kehre wieder zum Begriff «Recenia» zurück. Wieder viele Treffer, aber diesmal wirklich Einschlägiges! Aus all den grösseren und kleinsten Textteilen, die ich nun abrufen kann, ergibt sich folgendes Bild:

Die Recenia Wirk- und Webwarenfabrik Aktiengesellschaft in Hartmannsdorf bei Chemnitz ist vor allem wegen eines Streiks in die Geschichte eingegangen. Die Gebäude des Recenia-Werks waren nämlich von Oktober 1929 bis Februar 1930 Ort eines Streiks von 3000 Arbeitern. Dieser richtete sich gegen eine weitere Verschlechterung der Lebensbedingungen, den sogenannten Lohnraub, gegen eine Beschränkung der politischen Rechte. Offenbar hatte die Kommunistische Partei ihre Hand im Spiel. Der zunehmend politische Charakter des Streiks führte am 15. Januar 1930 zu einer Überreaktion, zu einem «Feuerüberfall der Polizei», bei dem fünf Arbeiter den Tod fanden. In der Geschichtsschreibung der ehemaligen DDR scheint dieses Ereignis eine geradezu ikonische Bedeutung erhalten zu haben. Der Streik wurde damals in zahlreichen Schriften und Abhandlungen bearbeitet oder auch bloss erwähnt. Von einem Direktor Max Boese war keine Rede. Besitzerin war vielmehr eine englische Gesellschaft, die 1924 als R. Shaerf gegründet, 1928 auf Recenia R. Shaerf Limited unbenannt wurde und ihren Sitz in London, am Shepherdess Walk 24 bis 26, hatte. Englische Wirtschaftsblätter vermeldeten 1929 eine erfolgreiche Entwicklung bei Recenia, die in «artificial silk» arbeite. Sie war im Begriff, nach Kanada, nach Kenia, in die USA zu expandieren. Den Produktionsbetrieb hatte sie 1927 in Hartmannsdorf mitten im sächsischen Textilindustriegebiet um Chemnitz eingerichtet, nachdem sie sich in der Region Angestellte und Arbeiter aus der Branche gesichert hatte. Der Betrieb muss damals floriert haben. Anfang August 1930 wies die Recenia Wirk- und Webwarenfabrik AG. Hartmannsdorf (Sachsen) ein Aktienkapital von zwei Millionen Reichsmark aus. Sämtliche Aktien waren im Besitz der Recenia R. Shaerf Ldt., London.

Drei Jahre später, 1933, ergriffen die Nationalsozialisten die Macht in Deutschland. Was mit der Recenia geschah, lässt sich aus den Textwiedergaben in Google Books nur erahnen. Für 1934 wurde im «Register of Defunct Companies», das 1999 herauskam, vermerkt, dass die Firma am 19. Mai 1933 liquidiert worden sei; wobei kein Kapital an die Beteiligten zurückgeflossen sei, die letzte Versammlung habe am 30. Dezember 1938 stattgefunden. Wurden die Recenia-Werke arisiert? Oder einfach konfisziert? Wie leicht das möglich war, kann man in einem Buch über «Die Enteignung Fritz Thyssens» nachlesen.[122]

Wer steckte die Recenia wohl ein? Direktor Max Boese? Ich kenne ihn nur aus den Aussagen von Saurenhaus. Aber da! Da ist er, der «Direktor Boese». 1945, als der nationalsozialistische Spuk zu Ende ist, die Stunde null schlägt und in der sowjetischen Besatzungszone entnazifiziert wird, da, endlich, taucht er auf. Ich bin in Google Books auf Fritz Selbmanns Autobiografie gestossen: «Acht Jahre und ein Tag. Bilder aus den Gründerjahren der DDR».[123] Der Textschnipsel bietet folgenden Text: «Da ist z.B. die Firma Recenia in Hartmannsdorf. Der Hauptaktionär und Direktor Boese war Gestapo- und Spionageagent, stand in ständiger Verbindung mit der Abwehrstelle im Wehr[…]» Ich kaufe das Buch auf der Stelle!

*

Bis es eintrifft, suche ich weiter in Google Books – und stosse auf die Dissertation eines guten Bekannten: Oswald Inglins «Der stille Krieg». Hier wird offenbar die Firma Max Saurenhaus & Co. in Basel unter dem 18. Dezember 1941 erwähnt. Also nach der Wiederaufnahme von Saurenhaus in die NSDAP, fällt mir ein. Könnte dem britischen Geheimdienst aufgefallen sein, dass Saurenhaus sich seitdem irgendwie auffällig verhalten hatte? Ich hole das Buch in der Bibliothek.

Im stillen Krieg wird nicht geschossen und gebombt. Es handelt sich um einen Wirtschaftskrieg, hier zwischen Grossbritannien und der Schweiz. Ziel dieses Kriegs war es, zu verunmöglichen, dass von einem Staat aus durch Handel und Finanztransfers der Feind, hier also die Achsenmächte, unterstützt würde. Das war natürlich auch von der Schweiz aus möglich, und so traf sie der Wirtschaftskrieg ebenfalls, auch wenn sie ein neutraler Staat war. Hier war das wirkungsvollste Kampfmittel der Briten die schwarze Liste. Firmen, die auf irgendwelche Weise mit Deutschland in Verbindung standen, wurden auf die sogenannte Statutory List gesetzt, und das bedeutete für diese – grob gesagt – den Ausschluss vom internationalen Handelsverkehr. Diese Statutory List wurde am 13. September 1939 eingerichtet und bis zum 9. September 1946 geführt. Inglin beschreibt anschaulich, wie es zum Eintrag einer Firma in diese schwarze Liste kommen konnte. Informanten waren Diplomaten in der britischen Botschaft und den Konsulaten, die teilweise massiv Wirtschaftsspionage betrieben. In London wurde der Entscheid über die einzelnen Fälle im Ministery of Economic Warfare nach eingehender Besprechung gefällt. Schliesslich wurde die Firma in der Statutory List publiziert, wobei keine Begründung der Massnahme gegeben wurde. Diese lässt sich aber der sogenannten War Trade List entnehmen, einem rein alphabetischen Verzeichnis aller auf die schwarze Liste gesetzten Firmen, das ein länderübergreifendes Findmittel gewesen zu sein scheint. Am Ende seines Buchs stellt Oswald Inglin in mühsamer Arbeit eine hybride Liste der betroffenen Schweizer Firmen zusammen, indem er die Statutory List und die War Trade List kombiniert. So! Und hier erscheint auf Seite 424: Saurenhaus.

Die Firma Max Saurenhaus & Co. in Basel wurde demnach am 18. Dezember 1941 auf die Statutory List gesetzt und blieb darauf bis zum Abbruch der Listenführung. Dazu wird in kleinerem Druck offenbar der englische Originaltext gesetzt: «Textile, import and export merchants. Have extensive German connections. Intermediary for German exports to Angola.» Unter «Begründung» gibt Inglin zwei Abkürzungen, «DI» und «UN». Bemerkenswert, weil meist nur ein Buchstabenpaar erscheint. Hatte man in London gemerkt, dass Saurenhaus seit der Wiederaufnahme in die Partei auffällig aktiv geworden war? Ich schaue bei der Auflösung der Buchstabenkombinationen auf Seite 319 nach:

«DI» steht für «Deutsche Interessen». Hierunter summiert Inglin folgende Gründe: «Offene oder verdeckte Vertretung von Interessen Deutschlands oder eines mit Deutschland verbündeten oder von Deutschland besetzten Landes (im Folgenden als ‹deutsch› bezeichnet). Deutsche Strohfirmen oder Strohfirmen von Schweizer Firmen, die bereits auf der Liste sind. Agenten und Vertretungen deutscher Firmen und Marken. Geschäftsbeziehungen zu deutschen Firmen. Vertrieb deutscher Bücher, Geschäftsinhaber deutscher Nation. Firmen und Personen ohne nähere Begründung für Listensetzung.»

«UN» steht für «‹Verstoss gegen Abmachung oder Undertaking› über Handelsbeschränkungen mit Deutschland gegenüber England. Falsche Angaben auf Aus- und Einfuhrpapieren. Umgehung der Blockadebestimmungen (‹evasion of blockade› / ‹illegal transactions› / ‹(attempted) re-export› / ‹intermediary (for re-export etc.)›. Illegale oder zweifelhafte Transaktionen.»

Recherchen

Kurz zusammengefasst: Die eine Abkürzung steht für die Priorisierung deutscher Interessen in jedweder Form, die andere für konkrete, verbotene Geschäftspraktiken zugunsten Deutschlands. Das Erste ist uns bei der Firma Saurenhaus & Cie. zur Genüge bekannt. Das Zweite lässt mich wirklich aufhorchen. Ich muss ins Archiv für Zeitgeschichte in Zürich, um auf den dort aufbewahrten Mikrofilmen den Eintrag im Wortlaut zu sehen.

Dort ist schon alles für mich vorbereitet, und ich finde den einschlägigen Eintrag auf dem Mikrofilm auf Anhieb. Nicht viel Neues. Er lautet: «Saurenhaus, Max & Co., Gundeldingerstrasse 190. Basle, Switzerland. – Swiss. Textile, import and export merchants. Have extensive German connections. Intermediary for German exports to Angola.» Inglin hat diesen Text in seine Liste übernommen. Allerdings mit einer Auslassung: «Swiss». Dieses «Swiss» lässt mich aufmerken. Die britischen Agenten sehen Saurenhaus offensichtlich als Schweizer an, der über gute Beziehungen nach Deutschland verfügte. Vielleicht liessen sie sich ganz einfach durch den neuen Briefkopf der Firma beeindrucken, der die zahlreichen deutschen Fabrikanten anführte. Ob Saurenhaus tatsächlich Beziehungen nach Angola hatte und damit als schweizerischer Zwischenhändler für verbotene deutsche Exporte nach Angola galt? Das wäre dann als Tatbestand der «evasion of blockade» verstanden worden.

Nun, Saurenhaus hatte schon Ende der 1920er-Jahre ein merkwürdiges Interesse für Wildseide gepflegt, nicht unbedingt aus Angola, sondern allgemein aus Afrika, und er hatte hierüber in Branchenblättern publiziert. Zum Beispiel wird im «achttiende Jaarverslag 1928» des «Koninklijk Instituut voor de Tropen: Koloniaal Instituut. Koninklijke Vereeniging» eine Mitteilung von «Max Saurenhaus te Basel, Strengetje garen gesponnen van wilde zijde (cocons van Attacus ricini)» vermeldet oder in der «Kolonialen Rundschau» von 1929, Seite 204, auf eine Mitteilung hingewiesen: «Konsul Max Saurenhaus: Die Afrikanische

Wildseide. Hilfe für den Wiederaufbau. Ostafrikanische Nöte und Sorgen» oder ebenfalls 1929 in «The Melliand», Band 1/7, Seite 1072, auf den Beitrag: «African Wild Silk and Its Use, by Consul Max Saurenhaus, Basle, Switzerland».[124] Vielleicht war es dieses Steckenpferd, zu dem er sich wieder einmal geäussert hatte, das ihn als «intermediary» verdächtig werden liess. Man konnte – wie Oswald Inglin zeigt – schon wegen Geringerem auf der schwarzen Liste landen. Zum Beispiel, wenn ein Restaurant mit seiner gemütlichen Gaststube «in altdeutschem Stil» Werbung machte. Jedenfalls: Die NSDAP wird nicht erwähnt, und wahrscheinlich konnten die Briten gar nicht auf die Idee kommen, dass ihr «Swiss» Saurenhaus Mitglied der Partei war. Damit wird leider meine Vermutung hinfällig, der britische Geheimdienst sei auf verdächtige Aktivitäten der Firma Max Saurenhaus & Cie. nach der Wiederaufnahme ihres Direktors in die NSDAP aufmerksam geworden und habe daher im Dezember 1941 das Ministry of Economic Warfare zu Gegenmassnahmen bewogen.

Beinahe hätte ich es vergessen: Natürlich findet sich auf Seite 417 auch die Recenia AG in Basel. Sie wird unter der Branche «Textil- u. Bekleidungsindustrie (inkl. Handel u. Vertrieb; Handel mit textilen Rohstoffen, Pelzen, Leder)» geführt und wurde am 23. Dezember 1943 auf die Liste gesetzt. Da war aber die Zusammenarbeit mit Saurenhaus bereits Vergangenheit. Die Begründung überrascht nicht: «DT», was für «offene oder verdeckte Teilhaberschaft oder anderweitige deutsche Kontrolle, Tochtergesellschaft oder Verkaufsorganisation einer deutschen Firma, Besitzer mit deutschem Wohnsitz» steht.

*

Heute ist das Buch von Fritz Selbmann eingetroffen. Ich reisse das Paket auf, setze mich hin und schlage die Seite 69 auf. Jetzt habe ich den vollständigen Text:

Recherchen

«Da ist z. B. die Firma Recenia in Hartmannsdorf. Der Hauptaktionär und Direktor Boese war Gestapo- und Spionageagent, stand in ständiger Verbindung mit der Abwehrstelle im Wehrkreis IV, hat im Krieg ständig Ferngespräche geführt mit Auslandsstellen der Gestapo, hat nach dem Einmarsch der Amerikaner dem SS-Sturmführer Otto Keinert, dem Ministerialrat Hasemann von der Reichstatthalterei und einem Abwehroffizier der Spionage Quartier gegeben und zur Flucht verholfen, hat in den kritischen Tagen des Zusammenbruchs für die Nazipartei Kurierdienste geleistet und hat im übrigen kurz vor dem 8. Mai Falschbuchungen grössten Stils vornehmen lassen und beträchtliche Vermögenswerte seiner Firma in Waren und Geld verschoben. Ist das nun ein aktiver Nazi oder nicht? Natürlich gibt es darüber keinen Zweifel, dass derartigen Subjekten jede Verfügungsgewalt über Wirtschaftsgut des deutschen Volkes entzogen und ihnen jede Einflussnahme auf einen Betrieb und die dort beschäftigten Arbeiter unmöglich gemacht werden muss.»

Das ist eine vernichtende Anklage gegen den Mann, der 1942 mit Saurenhaus zusammenarbeitete! Selbmann mag etwas scharf formuliert haben, erfunden war das gewiss nicht. Für uns ist besonders beachtenswert, dass Boese als Gestapo- und Spionageagent in ständigem Austausch mit Gestapostellen im Ausland stand, dass er offenbar wichtige Kurierdienste für die NSDAP leistete und sich offensichtlich im Verschieben von Vermögenswerten und Geld auskannte.

Aber wie ist diese Anklage zu bewerten? Wer ist der Zeitzeuge, der da schreibt? In seiner Zeit und an seinem Ort war

Fritz Selbmann ein politisches Schwergewicht. Als er sich Ende April 1945 auf den langen Todesmarsch der Häftlinge des Konzentrationslagers Flossenbürg in der Oberpfalz nach Dachau und dann weiter «in das legendäre Nazirefugium in den Alpen» begeben muss, sich dann in der Nähe des Starnberger Sees in einen Wald absetzen kann, um sich zu Fuss nach seiner Heimatstadt Leipzig durchzuschlagen, hat er schon eine eindrückliche politische Karriere hinter sich: Er war 1918 mit 19 Jahren bereits im Arbeiter- und Soldatenrat gewesen, dann 1922 in der Kommunistischen Partei Deutschlands. In der Weimarer Republik immer wieder im Gefängnis, aber dann doch 1930 bis 1932 Mitglied des Preussischen Landtags, 1932 bis 1933 des Reichstags, verbrachte er die Jahre unter der Naziherrschaft in Gefängnissen und Konzentrationslagern. Jetzt aber, zur Stunde null, kehrt er zurück, um am Wiederaufbau Deutschlands in der russischen Besatzungszone mitzuwirken. Als stellvertretender Vorsitzender der Deutschen Wirtschaftskommission hat er die ersten Schritte zum wirtschaftlichen Wiederaufbau einzuleiten und sich mit der Entnazifizierung und Enteignung der «Betriebe von Kriegsverbrechern und Naziaktivisten» zu befassen. Späterhin wird er in der DDR hohe Funktionen innehaben, bis er von Walter Ulbrich wegen seiner Eigenständigkeit aus allen politischen Ämtern verdrängt wird. Er wird sich der Schriftstellerei zuwenden, 1970 Heinrich-Mann-Preisträger werden und zuletzt, vor seinem Tod 1975, sein Vermächtnis an die Jugend, «Acht Jahre und ein Tag», schreiben. Wegen der damaligen Zensur erschien das Buch erst 1999.

Hier liegt also eine zentral wichtige Quelle für die Frage nach Max Boeses Aktivitäten vor. Der da schreibt, gehörte damals zu den Entscheidungsträgern, und der zitierte Text stammt aus dem Artikel «Entnazifizierung – so oder so», den Fritz Selbmann am 5. März 1946 in der *Sächsischen Volkszeitung* veröffentlicht hat. In Artikeln und Reden beteiligte sich Selbmann meinungsbildend an der Diskussion über die Durchführung der Entnazifizierung, die von der Potsdamer Konferenz der Besatzungsmächte gefordert worden war. Seiner Meinung nach wurde sie im Osten und im Westen unterschiedlich – eben «so oder so» – durchgeführt. Sein Standpunkt war klar: Die grossen Fische, die Grossindustriellen und «Kapitalmonopolisten», sollten drankommen, die mit ihren Unternehmen der NSDAP und dem Naziregime zugedient und dabei viel Gewinn gemacht hatten. Mit den kleinen Leuten, den Gewerblern und Kleinbetrieben, die natürlich ebenfalls Parteimitglieder gewesen waren, sollte man Milde walten lassen. Sein erster Paradefall war die Enteignung des Flick-Konzerns gewesen. Im genannten Artikel führte Selbmann weitere Beispiele grosser Fische an – und an erster Stelle erwähnte er die Recenia und ihren Direktor Boese.

Max Boese selbst wird er damals nicht erwischt haben. Der hatte sich offenbar rechtzeitig in den Westen abgesetzt.

Rumpelstilzchen

Das also war der Mann, der an einem Junitag 1942 in der Wallstrasse 11 aufgekreuzt ist. Warum gerade hier? Nur weil Max Saurenhaus der grösste Importeur von Zellwolle und Boese schliesslich der Direktor einer Strickwirkerei war, wie Saurenhaus beteuerte? Jedenfalls hatte das, was dann in der Wallstrasse 11 ablief, wenn wir den Ausführungen des Rekurses folgen, offensichtlich nichts mit der Einrichtung der von der Sektion für Textilien des Kriegs-, Industrie- und Arbeitsamtes bewilligten «Wirkerei in der Schweiz» zu tun. Warum also meldete sich der Geheimagent Boese gerade bei Saurenhaus?

*

Kehren wir zurück ins Jahr 1941, als das Oberste Parteigericht am 2. Juli die Einsprache des Gauleiters abgelehnt und Saurenhaus definitiv aus der Partei ausgeschlossen hatte. Am 9. August war der Fall endgültig abgeschlossen, die Akte abgelegt worden. Fertig! Erledigt! Am 13. August wird das dem Gauschatzmeister des Gaus Auslandsorganisation, der Saurenhaus anfangs angeklagt hatte, mitgeteilt. Doch einen Monat später, am 9. September, greift der Reichsschatzmeister ein, und es fliegen die Fetzen. Das Oberste Parteigericht bittet an diesem 9. September um Rücksendung der Urteilsausfertigung. Sie sei irrtümlich abgeschickt worden. Der Leiter der Reichskartei, der noch eben die Aktenlage abgeschlossen hat, stutzt, erkundigt sich telefonisch und erhält von Dr. Rhode die Auskunft, das Urteil sei eben noch gar nicht rechtskräftig. Sofort orientiert er den Gauschatzmeister erneut. Dieser ist schon durch ein Schreiben des Reichsschatzmeisters vom 9. September ins Bild gesetzt worden und kann nur noch den ganzen Vorgang am 25. September als «gegenstandslos» erklären. Am 9. September muss sich also der Reichsschatzmeister für Saurenhaus gewaltig ins Zeug gelegt haben.

Was war das für ein Amt, das des Reichsschatzmeisters? Und wer war das? Wieder konsultiere ich das Internet, rufe Wikipedia auf. Da erhalte ich nicht nur erste Auskunft, sondern auch Hinweise auf Literatur und die Homepage von «Zukunft braucht Erinnerung» mit dem neuesten, 2017 aktualisierten Beitrag von Hubert Beckers über «Franz Xaver Schwarz (1875–1947). Reichsschatzmeister der NSDAP 1925/45».[125] Und über Google Books finde ich auch weitere Titel.

Zunächst wird sofort ersichtlich: Amt und Person sind eins, und zwar von Beginn 1925 weg bis zum bitteren Ende 1947. Die ganze Verwaltungsorganisation der NSDAP wurde von Franz Xaver Schwarz, einem der frühesten Weggefährten Hitlers, aufgebaut. Dabei hat Schwarz seinen Einfluss stetig ausgedehnt. Zuerst war er Kassier, dann Reichsschatzmeister, schliesslich der einzige Generalbevollmächtigte in allen finanziellen Angelegenheiten der NSDAP und baute so in München

Rumpelstilzchen

einen gewaltigen Verwaltungsapparat als sein persönliches Ressort aus. Mit seiner Gefolgschaftstreue, seinem grossen fachlichen und organisatorischen Können bei gleichzeitiger Abwesenheit jeglicher politischer Ambition hatte er das volle Vertrauen Hitlers gewonnen. Von Anfang an war er bestrebt, die Verwaltung der Partei von der politischen Führung getrennt zu halten. Aber diese Finanzkontrolle weitete der peinlich genaue und zielstrebige Schwarz auf alle Parteigliederungen aus, bis hinab zu den Ortsgruppen, auf alle NS-Organisationen und Wirtschaftsbetriebe. Das führte zur Einrichtung einer eigenen Verwaltungshierarchie neben der politischen Führung: Die Gauschatzmeister waren schliesslich dem Reichsschatzmeister und nicht mehr ihren Gauleitern unterstellt, was zu zahlreichen Friktionen führte.[126] Und schliesslich war das Amt des Reichsschatzmeisters auch letztinstanzlich für die Aufnahme von Mitgliedern zuständig. Hierfür wurde ein eigenes Aufnahmeamt eingerichtet, das für die zentrale Vergabe der NSDAP-Mitgliedsnummern zuständig war.[127] Die unentbehrliche Grundlage hierfür stellte die Zentralkartei mit über hundert Mitarbeitern dar, gleichsam das Herzstück der ganzen Organisation. Nur Himmlers SS konnte sich mit der Zeit durch stufenweise Aufnahme in den Reichshaushalt dem Zugriff des Reichsschatzmeisters entziehen.

Dieser viel beschäftigte und mächtige Mann mit NSDAP-Mitgliedsnummer 6 soll sich in einer Nacht-und-Nebel-Aktion für die Wiederaufnahme von Saurenhaus eingesetzt haben? Selbst gegen den Vertreter seiner eigenen Verwaltungshierarchie, den Gauschatzmeister? Für den Vertreter der politischen Führung, den Gauleiter? Nur weil ein Auslandsdeutscher unbedingt wieder Mitglied der NSDAP sein wollte?

Da muss doch noch etwas anderes dahintergesteckt haben. Zum Beispiel ein besonderes Interesse des Reichsschatzmeisters – und dieses konnte nur finanzieller Natur gewesen sein. Hat Max Saurenhaus 1945 im Verhör nicht darauf hingewiesen, dass es sich bei Boese um Verschiebungen von SS-Geldern in die Schweiz gehandelt haben könnte, was er dann im Rekurs korrigierte? Wenn nicht die SS, dann vielleicht der Reichsschatzmeister?

Ist so was diesem pingeligen Schwarz zuzutrauen? Kontrollbesessen wie er war, ärgerte ihn offenbar nichts mehr als schwarze Kassen und eigenständige Sammelaktionen der SS oder anderer Parteiorganisationen. Den SS-Reichsführer Himmler nahm er diesbezüglich wiederholt ins Gebet.[128] Auch wenn man für die Frühzeit festgestellt hat, dass Schwarz selbst ebenfalls schwarze Kassen geführt haben muss, etwa zur Finanzierung von Hitlers Privataufwand[129]– kann man diesem Ordnungsfanatiker zutrauen, dass er sich auf geheime Transaktionen von Parteivermögen in die Schweiz eingelassen hätte? Allerdings, wenn wir an die Person Boeses denken, der ja, nach Saurenhaus' Aussage, für die Ausführung in Betracht gezogen werden muss –, Berührungsängste zur Gestapo hatte Schwarz keine.

Ging es vielleicht doch um die SS? Schlucken wir den Köder, den Saurenhaus im Verhör ausgelegt hat. Finden sich bei der SS irgendwelche Instanzen, die an einer Kapitalverschiebung interessiert und dazu auch fähig gewesen sein könnten? Ich rufe Wikipedia auf, gebe «SS» ein und bekomme wieder erste Informationen. Ich wusste gar nicht, dass es in dieser Organisation eine Wirtschaftsverwaltung gab mit eigenen Wirtschaftsbetrieben. Die Frage war wohl naiv; aber eben, ich bin ja ein «Unwissender». 1942 wurden die schon seit 1939 bestehenden Verwaltungen zusammengefasst im «SS-Wirtschafts-Verwaltungshauptamt» mit vielen Teilämtern und eigener Finanzverwaltung. Ich gebe den Wortlaut bei Google Books ein und erhalte gleich einige Titel. Ich will mich nicht zu weit auf diesen Gegenstand einlassen. Dass es dabei um die Konzentrationslager ging, nehme ich betroffen zur Kenntnis; aber ich will ja etwas anderes

Rumpelstilzchen

herausfinden. Ich hole also in der Universitätsbibliothek jenes Buch, das diese Verwaltung unmittelbar zum Thema hat.[130] Hier stosse ich auf den «Mindener Bericht».

Im eisigen Winter 1946 sitzen ehemals führende Angehörige des «SS-Wirtschaftsverwaltungshauptamts» in einer Baracke um einen Tisch zusammen. Sie sind im britischen War Criminals Holding Center im westfälischen Minden interniert. Sie wollen – so geben sie vor – «das SS-Wirtschafts-Verwaltungshauptamt so darstellen, dass auch ein mit den Vorgängen nicht Vertrauter in der Lage ist, ein möglichst objektives Bild zu gewinnen». Und so arbeiten sie einen 244 Schreibmaschinenseiten umfassenden Bericht aus mit dem Titel «Das SS-Wirtschafts-Verwaltungshauptamt und die unter seiner Dienstaufsicht stehenden wirtschaftlichen Unternehmungen». Unterlagen haben sie nicht. Sie sind allein auf ihr Gedächtnis angewiesen. Und – natürlich – sie wollen sich selbst möglichst entlasten. Sie schieben vieles auf den SS-Obergruppenführer und General der Waffen-SS Oswald Pohl, den obersten Chef des Wirtschaftsverwaltungshauptamts, und andere. Sie sind bestrebt, ihre Tätigkeit, so gut es geht, von der SS wegzurücken. Der Herausgeber dieses «Mindener Berichts» hat aber als Vergleichsmöglichkeit die wenigen, noch vorhandenen Akten mitediert.

Ein wichtiger Bestandteil der Aktivitäten waren die «Deutschen Wirtschaftsbetriebe (DWB) GmbH». Der Bericht gibt an, dass «im Stillen die Entwicklung der DWB zur Reichsgesellschaft hin betrieben» worden sei, «um sie aus dem Zwang des SS-WVHA zu lösen». Der Begriff «Reichsgesellschaft» lässt sich übersetzen in «staatlichen Betrieb». Die Kapitalmehrheit der DWB GmbH habe bereits beim Reich gelegen, und zwar «allein aus reinen Reichsfonds, nicht aus Darlehen». So schreiben sie es 1946. In Tat und Wahrheit ist 1943 «das DWB-Gesellschaftsvermögen als ein im Parteivermögen fundiertes und ‹vom Reichsführer-SS beaufsichtigtes Sondervermögen› der

NSDAP» klassifiziert worden. Das «Kapital» der DWB GmbH und der meisten übrigen unter der Dienstaufsicht des SS-WVHA geführten Unternehmungen war damals zu «100%» als Eigentum der SS ausgewiesen worden.[131]

Im Weiteren versuchen die Häftlinge die Geldquellen der DWB zu rekonstruieren: Es sei um 46 Millionen Reichsmark gegangen, die sich aus 16 Millionen Eigenkapital und verschiedenen Darlehen in der Höhe von 30 Millionen Reichsmark zusammengesetzt hätten. Beim Eigenkapital konnten sie 14 Posten aufzählen, die «im Rahmen mehrerer Kapitalerhöhungen zugeflossen» seien, meist Treuhandfonds. Die «Treuhandfonds Dachau I» und «Dachau II» waren mit je drei Millionen Reichsmark bei Weitem die grössten Brocken. Ich will diese Finanzgeschichte nicht weiterverfolgen. Nur die Dachau-Fonds interessieren mich, denn hier steht Merkwürdiges: Der Reichsschatzmeister habe der SS, «die innerhalb der Partei nicht über eine eigene Finanzhoheit verfügte», Grundstücke in Dachau unentgeltlich überlassen. Die SS habe später die Grundstücke ans Reich verkauft, und der Erlös habe bei zwölf Millionen Reichsmark gelegen. Die Häftlinge geben keine Daten an, aber das Verkaufsgeschäft dürfte nach dem Juli 1940 erfolgt sein, denn dann wurde die DWB GmbH, deren Kapital mit den Dachau-Fonds erhöht wurde, erst gegründet. Nun fährt der Bericht fort:

> «An sich hätte Pohl oder Frank den Erlös dem Reichsschatzmeister der NSDAP zur Verfügung stellen müssen. Das unterblieb aber. Die Hälfte des Verkaufserlöses wurde der DWB zur Kapitalerhöhung zur Verfügung gestellt. Was mit den restlichen RM 6 Mill. geschehen ist, ist nicht bekannt. Darüber können entweder Pohl oder Frank Auskunft geben.»[132]

Rumpelstilzchen

Der Verbleib von sechs Millionen Reichsmark ist unbekannt! Das entspricht etwas mehr als einem Drittel des den DWB GmbH zur Verfügung gestellten Eigenkapitals! Von sechs Millionen Reichsmark gestehen die Verfasser ein, nicht zu wissen, was mit ihnen geschehen ist. Und dies, obwohl der Mann unter ihnen ist, der das eigentlich wissen müsste: Dr. Hans Hohberg, der weder der NSDAP noch der SS angehörte, aber als Wirtschaftsprüfer des SS-Wirtschafts-Verwaltungshauptamts ungefähr die gleiche Stellung wie der Reichsschatzmeister in der NSDAP einnahm und über dessen Tisch alle SS-Finanzbewegungen gehen mussten. Er war es übrigens, der 1943 die vorerwähnte Beurteilung des DWB-Gesellschaftsvermögens verfasst hatte.[133]

Da muss irgendwo ganz oben in der SS-Führung Geld zum Verschwinden gebracht worden sein, und das wollten die Häftlinge mit ihrem Eingeständnis wohl andeuten. Wenn ich Saurenhaus' Aussagen im Verhör und im Rekurs bedenke, könnte hier eine Spur vorliegen. Näher komme ich nicht. Ob die SS oder doch der Reichsschatzmeister Schwarz die von Saurenhaus angedeutete Kapitalverschiebung auslöste? Es gibt keine Akten mehr. Nicht über die SS-Finanzen und auch nicht über den Reichsschatzmeister. Effizient und vorausschauend, wie dieser war, hat er seine ganze Administration rechtzeitig vernichten lassen: Buchhaltung und Parteikasse sind verschwunden. Die Amerikaner hatten ihn im Internierungslager Regensburg noch «pausenlos und brutal verhört», um etwas hierüber zu erfahren, doch, schon immer kränkelnd, starb er ihnen am 2. Dezember 1947 weg.

*

Ich muss es anders angehen. Ausgangspunkt sind folgende Überlegungen:

1. Die Wiederaufnahme von Saurenhaus am 9. September 1941 in die NSDAP war, so wie sie ablief, ganz sicher nicht üb-

lich. Es muss etwas anderes dahintergesteckt haben. Saurenhaus dürften von irgendeiner Instanz Bedingungen gestellt worden sein. Er hat sich zu etwas verpflichten müssen, irgendetwas erfüllen müssen als Voraussetzung für die Wiederaufnahme. Auf die NSDAP-Mitgliedschaft war er beruflich wohl tatsächlich angewiesen, wie er ja in Basel wiederholt beteuerte. Da könnte er leicht unter Druck gesetzt worden sein.

2. Wir wissen nun, wer Max Boese war: ein Geheimagent, ein Parteikurier, ein Gestapo-Agent, der sich überdies auf die Vornahme von «Falschbuchungen grössten Stils» zur Verschiebung von Vermögenswerten verstand. Seine Beziehung zu Saurenhaus kann nicht einfach als Geschäftskontakt des Direktors der Recenia AG verbucht werden. Es muss auch um etwas anderes gegangen sein.

3. Wir haben gesehen, wie Saurenhaus 1945 die Begegnung und die Zusammenarbeit mit Max Boese berichtet haben wollte. Die Absicht war eindeutig: Da er nicht wusste, was alles die Politische Abteilung der Basler Polizei wusste, wollte er präventiv mögliche Verdächtigungen gegen seine eigene Person auf Boese lenken. Der war ja seit einiger Zeit verschwunden. Lebte er überhaupt noch? Saurenhaus konnte ihm alles anhängen. Aber warum nur fühlte er sich hierzu bemüssigt? Am ehesten wohl, weil es sich tatsächlich um etwas anderes handelte als bloss eine geschäftliche Beziehung.

4. Wir haben ohne tiefschürfende Recherchen wenigstens einen Beleg dafür gefunden, dass im Dritten Reich durchaus das Potenzial vorhanden war, sich mit sehr grossen Geldsummen der rechtlich vorgegebenen, pingeligen Wirtschafts- oder Verwaltungskontrolle zu entziehen, dass also die von Saurenhaus angedeuteten Finanzverschiebungen nicht aus der Luft gegriffen gewesen sein dürften. Auch beim «Mindener Bericht» könnte hinter den verschwundenen sechs Millionen Reichsmark etwas anderes stecken. Wäre ja erstaunlich, wenn dem nicht so wäre.

Rumpelstilzchen

Das sind die einzigen vier Punkte, die wir zuverlässig wissen. Und bei allen immer derselbe Refrain: Es muss etwas anderes dahintergesteckt haben. So, wie Saurenhaus im Verhör und im Rekurs die Spur legte, wird es sich um eine finanzielle Angelegenheit gehandelt haben. Die Fragen stellen sich: Könnten die Wiederaufnahme in die Partei und das Erscheinen des Geheimagenten in Basel zusammenhängen? Wie könnte es zum Kontakt zwischen den beiden gekommen sein, und was steckte hinter dieser «Geschäftsbeziehung»?

Die Fragen lassen sich natürlich nicht «wissenschaftlich» erhärtet beantworten. Dazu fehlen schlicht die nötigen Quellen. Aber ich habe neben diesen vier Punkten weitere Indizien: die Reisetätigkeit von Saurenhaus und deren zeitliches Zusammenfallen mit Vorgängen in Berlin sowie weitere Angaben in den Akten des Dossiers der Basler Fremdenpolizei, das ja die Quellengrundlage in Teil 2 bildete. Aus all dem kann durchaus eine Geschichte werden, eine Geschichte im Konditionalis oder eine vermutete, hypothetische Geschichte; aber immerhin eine Geschichte, die eine gewisse Plausibilität beanspruchen kann. Es ist die Geschichte der Geheimoperation «Recenia Basel». Böse Zungen mögen lästern: «Der erzählt ja Märchen.» Warum nicht? Ich bin schliesslich auf der Suche nach Rumpelstilzchen...

*

Saurenhaus hatte einigen Grund, sich 1941 – trotz seines Parteiausschlusses oder gerade deswegen – in Berlin aufzuhalten. Er war häufig und zum Teil lange dort, denn es gab für ihn, wollte er seinen Status als schweizerischer Hauptimporteur seiner Branche behalten, tatsächlich viel zu tun.

Da war zunächst die Entwicklung der mit Textilexporten befassten Ämter, also des reichsdeutschen Pendants zur eidgenössischen «Sektion für Textilien des Kriegs-, Industrie- und Arbeitsamtes». Saurenhaus hatte bei seinen Geschäften mit beiden Instanzen zu tun. In Berlin hatte sich allerdings seit 1934 ein reichlich kompliziertes System von vier, schliesslich fünf Überwachungsstellen entwickelt. Besonders mit zweien hatte er zu tun. Zunächst mit der «Überwachungsstelle für Seide, Kunstseide und Kleidung und verwandte Gebiete». Bei dieser machte das Hinzukommen der in Deutschland lebhaft geförderten neuen Zellwolle schon bald eine Umorganisation erforderlich. Während die bisherige Behörde unter der Bezeichnung «Überwachungsstelle für Kleidung und verwandte Gebiete» fortbestand, wurde 1935 eine neue «Überwachungsstelle für Seide, Kunstseide und Zellwolle» errichtet, die nun für Saurenhaus zur Anlaufstelle geworden sein dürfte. Allerdings blieben da immer noch Unklarheiten. Die Arbeitsgebiete griffen zu sehr ineinander, was zu Friktionen und Reibungsverlusten führte. So wurde im September 1939 ein Sonderbeauftragter für die Spinnwirtschaft eingesetzt, der den Wirrwarr aber nicht beheben konnte.[134] Die eben erst, 1938, gegründete Firma Max Saurenhaus & Cie. musste sich da präsent halten. Gerade zu Kriegsbeginn trat die institutionelle Krise der Ämterwirtschaft immer klarer zutage, und die Notwendigkeit einer grundlegenden Änderung begann sich abzuzeichnen, die 1942 zur Errichtung einer einzigen «Reichsstelle für Textilwirtschaft» führen sollte. Da wird es für Saurenhaus entscheidend wichtig gewesen sein, sich zur Wahrung seiner Interessen vor Ort zu informieren und an den verschiedenen Stellen immer wieder Präsenz zu markieren.

Dazu kam ein Weiteres: Am 16. April 1941 gründeten verschiedene Zellwollfabrikanten die Exportgemeinschaft Zellwolle GmbH Berlin.[135] Diese interessierte Saurenhaus schon früh, bereits als man sie zu planen begann. 1940 weilte er deswegen vom 10. August bis 9. September in Berlin und Leipzig. Er konnte es kaum erwarten. Die «Exportgemeinschaft» hatte sich noch nicht konstituiert, da schmückte er seinen Briefkopf bereits mit ihr.[136] Aber nun, als der entscheidende Schritt geschah, war Saurenhaus noch völlig in Beschlag genommen mit dem Verfahren vor dem Gaugericht, das ihn am 21. April verurteilte. Nun muss er alle Hebel in Bewegung gesetzt haben. Der Gauleiter der Auslandsorganisation zog seinen Fall vor das Oberste Parteigericht. Dazwischen wird Saurenhaus sich um die Generalagentur der «Exportgemeinschaft» für die Schweiz bemüht haben.

Die Verurteilung durch das Oberste Parteigericht am 2. Juli 1941 wird für ihn niederschmetternd gewesen sein. Er muss wieder nach Berlin gefahren sein, wo er sich vom 15. bis 24. Juli aufhielt. Da muss er nicht nur um die Kassierung dieses Urteils, sondern auch um die Generalvertretung der «Exportgemeinschaft» gekämpft haben. Noch war sein Ausschluss ja nicht publik gemacht worden. Es war noch alles möglich. Aber bei der «Exportgemeinschaft» kandidierten auch andere. Vielleicht auch jener Otto Schneewind, den er 1945 im Rekurs als seinen «Konkurrenten» bezeichnen würde, der nach ihm unter anderem die Absicht gehabt habe, «deutscher Kommissar der Fabriken der Industrie-Gesellschaft für Schappe in Soulzmatt zu werden». Der gehörte zur Partei, was ihm einen Vorteil gegenüber Saurenhaus verschaffte. Saurenhaus musste unbedingt wieder Mitglied der Partei werden. Er wird seine Demarchen bei Parteistellen intensiviert haben. In diesen aufgeregten Julitagen wird er irgendjemandem in hoher Stellung aufgefallen sein. War es ein führender Parteigenosse? Oder ein Mitglied der SS-Führung? Oder ein reicher Industrieller mit Kontakten zur Gestapo? Lassen wir das offen. Aber davon ist auszugehen, dass dieser Jemand den zwielichtigen Direktor der Recenia AG kannte. Als er von Saurenhaus hörte, wird ihm die Idee gekommen sein, den in der Schweiz tätigen Zellwollimporteur für sein Vorhaben einzusetzen. Er brauchte ihn nur mit dem Zellwollfabrikanten Boese zusammenzubringen. Aber Saurenhaus war, da er im Augenblick nichts mehr ausrichten konnte, am 24. Juli wieder abgereist.

Geheimoperation «Recenia Basel»

In Basel wird ihn Anfang August die Mitteilung erreicht haben, dass sein Fall entgegen seinen Erwartungen in Kürze abgeschlossen und das Urteil publik gemacht würde. Höchst beunruhigt wird er am 9. August wieder nach Berlin gereist sein, um das, wenn möglich, zu verhindern und seine Stellung zu behaupten. Bei den tagelangen Besprechungen mit den verschiedenen Firmenvertretern der «Exportgemeinschaft» wird der Direktor der Strickwirkerei Recenia AG an Saurenhaus herangetreten sein. Max Boese war sichtlich nicht an der «Exportgemeinschaft» interessiert. Er wird Saurenhaus vielmehr, unabhängig davon, eine enge Zusammenarbeit vorgeschlagen haben. Die Recenia AG allein könne, wenn erforderlich, tonnenweise Zellwolle in die Schweiz liefern. Saurenhaus wird sich gegenüber dem um einiges jüngeren Boese, der da als «Direktor» auftrat, sehr verhalten interessiert gezeigt und an der Generalagentur für die «Exportgemeinschaft» festgehalten haben. Direktor Boese wird Verständnis dafür gezeigt und nun Saurenhaus mit der Bemerkung überrascht haben, er wisse, dass er aus der Partei ausgeschlossen worden sei. Er habe aber die nötigen Beziehungen, um für die Kassierung dieses Urteils zu sorgen, sofern sie handelseinig würden. Saurenhaus wird es da ziemlich mulmig geworden sein, aber was wollte er tun? Er wird die Bedingung gestellt haben, dass er einen Vertrag erst unterzeichnen werde, wenn sichergestellt sei, dass er wieder der NSDAP als Mitglied angehöre. Direktor Boese wird auch dafür Verständnis gezeigt haben. Es brauche ja zunächst, damit er aktiv werden könne, nur eine Absichtserklärung zur Zusammenarbeit. Darauf wird Saurenhaus eingetreten sein. Er wird etwas Mut gefasst haben und im Weiteren so überzeugend aufgetreten sein, dass er die Generalagentur der «Zellwollgemeinschaft» für die Schweiz zugesprochen erhielt. Auch mit dem Sonderbeauftragten für die Spinnwirtschaft wird sich ein gutes Einvernehmen eingestellt haben. Am 20. August reiste Saurenhaus wieder zurück.

Rumpelstilzchen

Nach nicht einmal einer Woche wird ein Brief der Strickwirkerei Recenia AG, Hartmannsdorf, in Basel eingetroffen sein. Ihr Direktor teilte Saurenhaus mit, dass besagte Verhandlungen für ihn gut verlaufen würden, er zu ihrem Abschluss aber anwesend sein müsse und daher am kommenden Dienstag, dem 2. September, in Berlin erwartet werde. Er solle zur Sicherheit einen einmonatigen Aufenthalt ins Auge fassen. Saurenhaus liess sich von der Fremdenpolizei das Visum für eine Reise nach Berlin vom 1. September 1941 bis Ende des Monats ausstellen und wird auch an diesem Montag gefahren sein.

So. Jetzt bin ich am entscheidenden Punkt meiner Erzählung angelangt. Aber wie soll man sich vorstellen, was nun in Berlin geschah? Ich kann verschiedene Varianten vorlegen. Es könnte dramatisch zu- und hergegangen sein: Max Saurenhaus könnte am Bahnhof Zoo von der Gestapo unter ihre Fittiche genommen und dann in den folgenden Tagen unter Druck zu dem verpflichtet worden sein, was man mit ihm vorhatte, bevor beim Reichsschatzmeister das Eilverfahren vom 9. September ausgelöst wurde. Es könnte ganz ruhig verlaufen sein: einfach ein etwas erweiterter «Geschäftskontakt». Boese könnte ihn spätabends am Bahnhof Zoo abgeholt und ins Hotel begleitet haben, um am nächsten Morgen mit ihm zu einem einflussreichen Industriellen zu fahren, dessen Vermögenswerte in der Schweiz in Sicherheit gebracht werden sollten. Der hätte dann seinen Freund, den Reichsschatzmeister, zum Eingreifen bewogen. Der Vorgang könnte für Saurenhaus auch etwas beängstigend gewesen sein. Boese hätte ihn am Morgen nach seiner Ankunft zur Adresse «Unter den Eichen 135» gefahren. Beim Eintreten in das noch nicht ganz fertiggestellte Gebäude hätte Saurenhaus auf der Seite des repräsentativen Hauseingangs kurz die diskrete Anschrift «SS-WVHA» gesehen. Noch überall im Innern wurde gehämmert und eingerichtet. Aber sie hätten schliesslich in irgendeinem verlassenen Büro einer undurchschaubaren – zugleich machtbewusst und kumpelhaft auftretenden – Persönlichkeit gegenübergesessen. Die hätte Saurenhaus bald mit gewinnendem Lächeln, bald mit drohendem Blick in die Mangel genommen und, als dieser endlich einwilligte, die Sache mit einem Telefonanruf beim Reichsschatzmeister erledigt. In diesem Fall könnte es um sechs Millionen Reichsmark gegangen sein. Schliesslich könnte es ganz privat zu und hergegangen sein: Saurenhaus in langen Gesprächen mit einem noch immer verständnisvollen Boese, der seine Hintermänner gar nicht aufdeckt, aber Saurenhaus nach einigen Tagen Seelenmassage dort hatte, wo er ihn haben wollte. Dann ein kurzes Telefonat, wobei Saurenhaus keine Namen hören konnte. Saurenhaus wieder in der Partei...

Wie man sich das auch immer vorstellen will, es ist zu vermuten, dass es zu demselben Resultat führte: zur Geheimoperation «Recenia Basel». Warum komme ich zu diesem Schluss?

An dieser Stelle muss ich etwas vorgreifen: Wenn Saurenhaus vier Jahre später, 1945, seinen Anwalt im Rekurs gegen die Landesverweisung schreiben lassen wird, dass er «das letzte Mal 1942 länger als einen Tag in Deutschland» gewesen sei, so wird diese sophistische Aussage nur einen Zweck gehabt haben: seine effektive Reisetätigkeit in diesem Jahr zu vertuschen. Gemäss den noch vorhandenen Visaerteilungen der Basler Fremdenpolizei ist er nach der Wiederaufnahme in die NSDAP so häufig «länger als einen Tag» unterwegs, wie nie zuvor und nie wieder: Ende September oder Anfang Oktober 1941 muss er in Italien gewesen sein und kommt vom 5. bis 15. Oktober nochmals nach Berlin. Vom 29. November bis 10. Dezember 1941 bereist er Deutschland ohne genauere Zielangabe. Vom 16. bis 21. Februar 1942 ist er in Italien. Schon eine Woche danach, vom 28. Februar bis 15. März, befindet er sich wieder in Deutschland, ohne nähere Ortsangabe. Vom 23. April bis 30. April ist er ohne jede Zielangabe auf Reisen. Dann ist er vom 30. Mai bis 15. Juni erneut in Deutschland unterwegs und gleich nochmals vom 18. bis 23. Juni. Vom 4. bis 10. Juli reist er nach Mailand. Schon eine Woche später, vom 15. bis 22. Juli, gehts wieder mal nach Berlin. Vom 21. September bis 10. Oktober bereist er Deutschland abermals. Einen knappen Monat später, vom 8. November bis zum 22. November, reist er wieder ohne Zielangabe nach Deutschland und in die Slowakei; schliesslich fährt er vom 5. bis 11. Dezember nochmals nach Italien.

Sollen das alles Geschäftsreisen gewesen sein? Hatte er 1941 bei seinen zahlreichen Aufenthalten in Berlin nicht genügend Zeit, um alle Fragen der Vorgehensweise beim Geschäftsablauf und Informationsaustausch zwischen der «Exportgemeinschaft» und sich selbst zu regeln? Sollten dann fürderhin für die einzelnen Geschäfte nicht Telefonate und Korrespondenzen genügt haben? Wenn er trotzdem die verschiedenen Fabriken hätte besuchen müssen, wozu dann die «Exportgemeinschaft»? Diese hat sich allerdings bereits am 30. Mai 1942 wieder aufgelöst. Die einzelnen Produzenten wollten ihren Export wieder selbst in die Hand nehmen. Gleichentags wurde Saurenhaus als Alleinvertreter für die Abteilung Vistrafasern in Premnitz «Angestellter» der I.G. Farbenindustrie. Doch als ob sich für Saurenhaus nichts geändert hätte, hält die auffällige Reisetätigkeit unverändert an.

Es muss etwas anderes hinter dieser extensiven Reisetätigkeit gesteckt haben. Sie war übrigens auch der Politischen Abteilung des Polizeidepartements Basel aufgefallen, sodass sie Saurenhaus der Spionage verdächtigte. Nur konnte sie dafür keine Beweise finden. Dass es irgendwie mit der Recenia AG an der Wallstrasse 11 zu tun haben könnte, auf diese Idee konnte die Behörde, die sich nicht im Geringsten für Max Boese interessierte, nicht kommen.

Diese häufigen Reisen machen eigentlich am ehesten Sinn, wenn man in ihnen Kurierdienste zwischen dem Dritten Reich und der Schweiz vermutet. Kurierdienste für irgendeine Persönlichkeit der NSDAP, vielleicht den Reichsschatzmeister selbst, Kurierdienste für die SS oder eine führende Figur derselben oder schlicht für einen Industrieboss. Kurz: Kurierdienste für irgendjemanden ganz oben in der Hierarchie, der eine so enge Beziehung zum Reichsschatzmeister hatte, dass er ihn dazu veranlassen konnte, ein Urteil sogar des Obersten Parteigerichts umzustossen, und der zugleich den Geheimagenten Max Boese kannte.

Diese Kurierdienste dürften im Rahmen der Geheimoperation «Recenia Basel» stattgefunden haben. Da diese geheim war, kann man eigentlich nichts von ihr wissen. Aber ich kann aufgrund dessen, was ich bis jetzt erfahren habe, immerhin Vermutungen anstellen, wie sie zustande gekommen und abgelaufen sein könnte.

Entscheidend für den Plan muss die Tatsache gewesen sein, dass die beiden Herren in der gleichen Branche tätig waren: Geheimagent Boese als erfolgreicher Fabrikant und Saurenhaus als erfolgreicher Importeur in der Schweiz. Unter dem Deckmantel der Zellwolle, die von der Recenia AG über die Firma Max Saurenhaus & Cie. in die Schweiz eingeführt wurde, sollte Kapital in die Schweiz verschoben werden. Viel Geld, sehr viel Geld, in bar. In der Schweiz sollte es in verschiedenen Banken auf Nummernkonten in Sicherheit gebracht werden. Gelobt sei das Bankgeheimnis der Schweiz. Natürlich verbot es sich diesem Jemand, dem Urheber der Operation, die Konten unter seinem Namen zu eröffnen. Er plante, einen Strohmann einzusetzen. Gewiss nicht Saurenhaus, den er ja weiter nicht kannte, sondern seinen Vertrauensmann Boese, Direktor der Recenia AG. Allerdings gedachte er, einen Sicherheitsriegel einzurichten: Boese allein sollte nicht berechtigt sein, Geld abzuheben oder die Konten aufzulösen. Dies sollte nur gemeinsam mit ihm möglich sein. Für die Nummernkonten wählte er also einen institutionellen Decknamen: «Agentur Recenia-Merkur». Die Unterschriftsberechtigungen regelte er mit Max Boese in einem

Vertrag. Beide unterschrieben. Saurenhaus, der ja die nötigen Reisen mit seiner Geschäftstätigkeit begründen konnte, sollte der Geldkurier sein, Boese sein Leitoffizier.

Das könnte grosso modo der Plan gewesen sein, mit dem Saurenhaus im September schrittweise bekannt gemacht worden sein dürfte. Es wird ihm sehr mulmig zumute gewesen sein; aber da er keinen anderen Ausweg wusste, wird er sich schliesslich zum Mitwirken verpflichtet haben. Der Irgendwer wird daraufhin seinen Bekannten, den Reichsschatzmeister Schwarz, auf Trab gebracht haben.

Nachdem das am 9. September geregelt war, wird man in den folgenden Wochen die Aktion konkretisiert haben. Für die Schweiz hatte sich für Saurenhaus eine perfekte Tarnung ergeben: Er konnte gegebenenfalls immer das ihm zugegangene Urteil des Gaugerichts vorweisen, das ihn aus der Partei ausgeschlossen hatte. In Deutschland konnte er auf die zentrale Mitgliederkartei verweisen. Publiziert wurde die Wiederaufnahme in die NSDAP nicht. Doch Saurenhaus dürfte zur Bedingung gemacht haben, dass der Name seiner Firma auf keinen Fall im Zusammenhang mit dieser Operation aufscheinen durfte. Der Auftraggeber dürfte Verständnis hierfür gezeigt haben. Dafür war die Recenia AG vorgesehen. Nur hatte diese noch keine Kontakte in der Schweiz. Wie sollte diese also in der Schweiz ins Spiel kommen? Saurenhaus wird die dortigen Modalitäten erklärt und auf die Sektion Textilien des Eidgenössischen Kriegs-, Industrie- und Arbeitsamtes sowie auf die Schweizerische Verrechnungsstelle hingewiesen haben. Man wird einen Weg zur Infiltration gesucht haben. Es sollten die schweizerischen Stellen sein, die Boese mit Saurenhaus in Kontakt brächten. Direktor Boese sollte also die Sektion Textilien direkt anschreiben und ein Gesuch um die Bewilligung zur Fabrikation von Strickware in der Schweiz stellen. Saurenhaus wird vom Rohstoffmangel für die schweizerische Textilindustrie berichtet haben. Ein grosszügiges Importangebot könnte vielleicht Türen öffnen. Boese wird monatlich zwölf Tonnen Zellwolle vorgeschlagen haben, das könne er wohl bewerkstelligen. Es war eine beachtliche Menge, und nur schon deshalb würden wohl die Leute in der Sektion Textilien, die ja mit der Firma Saurenhaus & Cie. vertraut waren, sicherheitshalber Saurenhaus beiziehen. Aber damit es nicht allzu verdächtig aussah, wird Saurenhaus geraten haben, dieses Angebot zusätzlich mit einer Bitte um Importerleichterungen bei der Verrechnungsstelle zu verknüpfen, wie es jeder auf Vorteilnahme bedachte Händler tun würde. Die Abwicklung der Zellwollimporte könnte dann bei Saurenhaus nominell für die Recenia AG erfolgen. Da für die Errichtung eines Fabrikationsbetriebs Finanzen benötigt würden, wäre die Einrichtung eines Bankkontos auf diesen Namen unverdächtig, und von da liesse sich leicht zur Einrichtung von Nummernkonten auf den Titel «Agentur Recenia-Merkur» hinübergleiten. Saurenhaus wird sich ausbedungen haben, dass alles auf den Direktor der Recenia, Max Boese, zu schieben war, sollte er in der Schweiz auffliegen. So ungefähr könnte es gewesen sein. Die Tarnung war perfekt. Saurenhaus reiste schon vor Ende des Monats nach Hause, um Notwendiges zu erledigen und gleich am 27. September das Visum für eine nächste Berlinreise vom 5. bis 15. Oktober zu beantragen. Dann reiste er kurz nach Italien.[137] Die Operation «Recenia Basel» hatte begonnen.

Aber wie das Geld in die Schweiz bringen? Das war nun die spezifische Aufgabe, die bei dieser Aktion Saurenhaus zugefallen sein dürfte. Wie das im Einzelnen ablief? Wenn ich bis jetzt wenigstens von mehr oder weniger plausiblen Indizien ausgehen konnte, so muss ich mich nun völlig auf das Feld der Spekulation begeben. Es mag Falschbuchungen und Umbuchungen grossen Stils, Kontoauflösungen und vieles mehr gegeben haben, am Ende dürfte eine stattliche Summe Reichsmark zu transportieren gewesen sein, Banknoten in kleinen Koffern, dicken Aktentaschen und Paketen. Um keinen Verdacht zu erwecken, musste das zeitlich sehr gestaffelt und geografisch verteilt vonstattengehen. Stichwort: Saurenhaus' zahlreiche Reisen. Und diese Reisen waren nicht ungefährlich. Wenn Saurenhaus in eine Kontrolle geriete und der Inhalt seines Koffers entdeckt würde, wäre er geliefert. Was sollte er dann sagen? Vielleicht war doch etwas Wahres dran, wenn der Rekurs darauf hinwies, dass Saurenhaus bei seinen Reisen in ständiger Angst war.

Für eine klandestine Grenzüberquerung mit verdächtigem Gepäck war der Badische Bahnhof oder – wie er damals hiess – der Deutsche Reichsbahnhof wie geschaffen. Obwohl er verkehrsmässig völlig an Bedeutung verloren hatte, gab es dort zahlreiches Eisenbahnpersonal, an die 600 Mitarbeiter sollen es gewesen sein. Womit waren sie bloss beschäftigt? Man verdächtigte sie der Spionage und Sabotagevorbereitung. Immerhin wurden hundert Reichsbahnangestellte deswegen festgenommen.[138] Für höhere Beamte gab es «Diensttelephonanschlüsse», die nicht über das Schweizer Telefonnetz liefen und somit nicht abgehorcht werden konnten. Saurenhaus, dem dieses deutsche Biotop auf Schweizer Boden nicht unvertraut war, könnte das vieles erleichtert haben. Er musste nicht selbst mit der kompromittierenden Kurierpost durch die Grenzkontrolle, sondern konnte sie – wie früher seine Parteiuniform – im Bahnhof in Sicherheit zwischenlagern und sie dann zu irgendeinem Zeitpunkt auf irgendeine Weise an die Recenia AG, Wallstrasse 11, liefern lassen. So könnte es gewesen sein, mindestens seit sich im Juni 1942 die Recenia AG an der Wallstrasse 11 in Basel niedergelassen hatte. Zuvor wird Saurenhaus das Gepäck in seiner Lörracher Filiale Max Saurenhaus u. Cie. an der Kirchstrasse 7 in Sicherheit gebracht haben, bis Boese endlich in Basel eintraf.

Die Filiale scheint auch anderweitig als Zwischenstation für grenzüberschreitendes Postgut genutzt worden zu sein. Als nach Kriegsende 1945 die Postorganisation in den verschiedenen

Geheimoperation «Recenia Basel»

Besatzungszonen wiederaufgebaut werden musste,[139] scheint es sicherer gewesen zu sein, Briefe für Empfänger in der Schweiz an grenznahe Adressen in der französischen Besatzungszone zu adressieren. So hat etwa der in der Schweiz lebende Schriftsteller Hermann Hesse 1946 in einem Brief den Verleger Peter Suhrkamp in Berlin gebeten, die Antwort «an Max Saurenhaus u. Co. Filiale Lörrach in Lörrach (Baden) Kirchstr. 7» zu schicken.[140] Auf diese Weise wird die Filiale, zu welchem Zweck auch immer, auch früher gedient haben.

Vielleicht stand auch die merkwürdige Aufnahme des offiziell aus der NSDAP Ausgeschlossenen in die NS-Kriegerkameradschaft in diesem Zusammenhang. Haben eventuell Vertrauensmänner des Bahnpersonals bereits dieser Organisation angehört? Nach der Basler Polizei wäre sie am 23. April 1942 erfolgt, also rechtzeitig, bevor Boese in Basel eintraf und der geheime Transfer hätte beginnen können.

Max Boese wird jeweils nur kurzfristig in Basel gewesen sein und vielleicht auch bisweilen einen weiteren Agenten stellvertretend eingesetzt haben. Bei der Fremdenpolizei liess er sich nicht registrieren. Da die Eröffnung von Nummernkonten und dann auch die Einzahlungen zeitlich gestreut werden mussten, um keinen Verdacht zu erwecken, wird Boese tatsächlich alles Mögliche unternommen haben, um Gründe zu schaffen, die den Aufbau des bewilligten Strickereibetriebs verzögerten. Um eben «bewusst Zeit zu gewinnen», wie Saurenhaus es ausdrückte. Saurenhaus wird die Zellwollimporte der Recenia AG betreut haben. Personal brauchte es für diese in Basel also nicht und gewiss keinen «branchenunkundigen Geschäftsführer», den Saurenhaus erwähnte. Nur ein Verwaltungsrat musste der Form halber im Handelsregister eingetragen werden, und der konnte auch aus nur einer Person bestehen. Saurenhaus wählte hierfür seinen Treuhänder, der natürlich über den tatsächlichen Zweck des Ganzen nicht ins Bild gesetzt wurde. Da die Buchführung, die Saurenhaus für die Recenia AG erledigte, nur die mit den Zellwollimporten verbundenen und in einem Bürobetrieb üblichen Einnahmen und Zahlungen erfasste, konnte der Revisor der Verrechnungsstelle nichts Verdächtiges finden. Als Boese seine Aufgabe nach etwas mehr als einem Jahr erledigt hatte, konnte die Firma am 24. Juli 1943 an irgendeinen anderen Ort verlegt und gleichsam als Kapitalreserve Boeses in der Schweiz «stillgelegt» werden. Da die Strickwirkerei nicht realisiert wurde, wird auch das Angebot der monatlichen Lieferungen hinfällig geworden sein. Die Geheimoperation «Recenia Basel» war abgeschlossen.

Saurenhaus wird froh gewesen sein, dass diese aufregende Kuriertätigkeit vorbei war. Er reiste jetzt nicht mehr oft ins Ausland. Das musste er auch nicht, da er ja nun die feste Vertretung der I. G. Farbenindustrie innehatte und dabei ohnehin alles vorgegeben war. Für den Auftraggeber «ganz oben» in Berlin stellte er kein Risiko dar. Er kannte ja die Nummernkonten nicht, konnte also nichts ausplaudern. Und auch wenn, er hätte dann ja seine eigene Rolle bei der Aktion verraten müssen. Saurenhaus hörte jedenfalls nichts mehr davon. Er wurde in Ruhe gelassen. Es war, als hätte es die Geheimaktion «Recenia Basel» nie gegeben...

*

Die Jahre gingen ins Land. In Deutschland hatte eine neue Zeit begonnen, und Boese war nicht wiederaufgetaucht. 1947 veranlasste wohl der Verwaltungsrat Otto Rüttimann-Mergy, als er dem Handelsregister seinen neuen Wohnort melden musste, dass die Briefkastenfirma Recenia AG zu einem Kollegen an der Elisabethenstrasse – also in die Nähe der Wallstrasse 11 – verlegt wurde, was für ihn wie für Saurenhaus praktischer war. Aber lebte der Direktor Boese überhaupt noch? Saurenhaus hatte von ihm nichts mehr gehört, auch nichts von «ganz oben». Vielleicht waren die beiden, wie so viele, in den letzten Kriegstagen verschollen. Oder vielleicht war der Auftraggeber aus Berlin bereits in der Schweiz gewesen und hatte die Nummernkonten nun auf seinen Namen überschreiben lassen. Andernfalls war das Geld wohl drauf und dran, verloren zu gehen. Saurenhaus konnte es einerlei sein. Er wollte nicht mehr daran denken.

*

Das wäre jetzt doch ein schöner Schluss für dieses Kapitel. Ein Schluss, der die Frage nach Rumpelstilzchen irritierend offenliesse. Allein, auf Google Books finden sich noch weitere Textschnipsel und Zeitungsartikel über die Recenia und ihren Direktor Max Boese. Sie stammen allerdings aus einer späteren Zeit, reichen von 1949 bis in die 1970er-Jahre. Mit seiner Firma Recenia ist er schliesslich zu einem bekannten Industriellen geworden. Und reich, sehr reich.

Aber wie überbrücke ich die Lücke seit Ende der Geheimoperation «Recenia Basel» 1943 bis 1949? Ohne Quellen, aber mit einem Verdacht und wenigen Indizien. Ich mache es wie alle Historiker. Ich versuche mir etwas vorzustellen, überlege versuchsweise, wie es weitergegangen sein könnte. Geschichten entstehen, werden geprüft, werden verworfen. Die nächste Spur, die ich habe, ist die Liquidierung und Löschung der Recenia AG im Basler Handelsregister am 3. Oktober 1949. Warum haben Saurenhaus und Rüttimann diesen Briefkasten so lange weiterexistieren lassen? Und weshalb wird er jetzt plötzlich aufgelöst? Ich beginne eine Geschichte zu entwickeln, wie es gewesen sein könnte. Sie beruht auf einigen wenigen Indizien und auf dem, was man über die Entwicklung in Deutschland nach der Stunde null so lesen kann. Sie ist plausibel, aber – wiederum – reine Fiktion.

Es ist die Geschichte eines unerwarteten Besuchs und einer Zugreise voller Erinnerungen geworden…

Wirtschaftswunder

Es war ein goldener Herbsttag, dieser erste Sonntag im Oktober 1949. Max hatte am Morgen den Gottesdienst in der Heiliggeistkirche besucht und am Nachmittag einen langen Spaziergang auf dem Bruderholz bis zum Predigerhof gemacht. Er hatte den weiten Himmel mit flockigen Wölkchen über den Feldern und die leuchtenden Waldränder genossen. Jetzt war er müde. Nach dem Nachtessen machte er es sich in seinem Sessel mit einer Zigarre und einem Buch gemütlich, auf dem Beistelltisch eine Flasche Burgunder. Eben hatte er wieder an seinem Glas genippt, da schrillte der Telefonapparat. Max wunderte sich. Ein Anruf am Sonntag, zu dieser späten Stunde? Wer mochte das wohl sein? Er legte das Buch beiseite und nahm den Hörer von der Gabel. Ob er da richtig bei Saurenhaus sei, fragte eine Stimme. Max bekam Herzklopfen. Diese Stimme. Er kannte sie. Erinnerungen kamen in ihm auf. Erinnerungen an eine schreckliche Zeit. Berlin. Und unvermittelt wusste er es: Max Boese.

«Herr Boese?»

«Ja, der gute alte Herr Boese. Da staunen Sie, was.» Er wolle jetzt nicht lang sprechen. Er sei in Basel eingetroffen und befinde sich im Hotel. Er wolle Saurenhaus morgen früh sehen. Es eile. Die Recenia AG in Basel müsse liquidiert werden. Max schluckte leer, wieder dieses Gefühl des Untergebenen gegenüber seinem Leitoffizier. Doch er wollte deutlich machen, dass diese Zeiten vorbei waren: «Das ist jetzt wirklich etwas kurzfristig, Herr Boese. Tut mir leid, morgen bin ich vollkommen ausgebucht. Aber wenn es nicht anders geht...»

«Es geht nicht anders!»

«Ja, also, wenn es Ihnen nicht anders geht... Erinnern Sie sich noch an den ‹Grünen Heinrich›?»

«Mit der gemütlichen – wie sagte man? – altdeutschen Gaststube? Da waren wir doch ein paar Mal.»

«Genau. Lassen Sie uns dort nach zwölf Uhr treffen. Es kann vielleicht etwas später werden, aber ich werde mich bemühen...»

«Ja, bemühen Sie sich. Ich habe nämlich später einen...»

«Haben Sie eigentlich Herrn Rüttimann schon kontaktiert?»

«Rüttimann?»

«Unseren Verwaltungsrat. Sie müssen sich doch noch an ihn erinnern!»

«Ja, brauchen wir den?»

«Wenn Sie die Firma liquidieren und löschen wollen, braucht es eine Generalversammlung. Die können wir natürlich beim Mittagessen abhalten; aber er müsste schon dabei sein.»

«Ja, können Sie veranlassen, dass er auch kommt?»

«Ich werde mich bemühen, Herr Boese», wiederholte Max, diesmal in einem provokativ gelangweilten Ton.

Rumpelstilzchen

«Danke. Dann bis morgen nach zwölf.» Boese hängte ohne Gruss auf.

*

Sie werden sich getroffen haben, alle drei. In einer etwas angespannten Atmosphäre werden sie gespeist und die Pro-forma-Generalversammlung abgehalten haben. Dabei wird Boese Saurenhaus mit einer grosszügigen Geste überrascht und das gesamte Aktienkapital der Recenia AG Basel auf die Firma Max Saurenhaus & Cie. überschrieben haben. Rüttimann wird ein kurzes Beschlussprotokoll erstellt haben, ohne die Überschreibung zu erwähnen, da die Verbindung der Firmen Recenia und Saurenhaus wie bisher nicht aktenkundig werden sollte. Dann werden sie alle drei unterzeichnet haben. Sie werden sich vor dem «Grünen Heinrich» herzlich von Rüttimann verabschiedet haben und zum Handelsregisteramt gegangen sein. Dort wurde die Firma Recenia AG aufgrund des Beschlusses der Generalversammlung vom 3. Oktober 1949 nach erfolgter Liquidation gelöscht.[141]

Max Boese hatte seinen kleinen Reisekoffer schon bei sich, da er gleich wieder zurückreisen wollte. Saurenhaus wird ihn zum Badischen Bahnhof begleitet haben. Er hätte doch allzu gern gewusst, was mit den Nummernkonten, die Boese angelegt hatte, geschehen war. Aber der rückte es nicht heraus, das würde sich schon erledigen. Wie es denn dem Auftraggeber gehe, wollte Saurenhaus wissen. Boese blieb vage. Es seien schlimme Zeiten gewesen, damals in den letzten Kriegstagen. Viele habe es damals noch erwischt, einige hätten Glück gehabt. Den Auftraggeber habe er bis jetzt noch nicht getroffen. Vor dem Bahnhof wird Boese plötzlich stehen geblieben sein, sich Saurenhaus zugewandt und ihn mit scharfem Blick angeschaut haben. Würde Saurenhaus je etwas über die Bankkonten ausplaudern, würde er alles, was er über ihn wisse, den Basler Polizeibehörden mitteilen. Er habe nämlich die Unterlagen über ihn in der Gestapo behändigt und bei sich. Ein schönes Dossier. Sie werden sich kühl mit einem letzten Händedruck verabschiedet haben. Saurenhaus wird nicht einmal mehr hingeschaut haben, wie Boese die Stufen zum Bahnhofsportal hinaufstieg und verschwand.

*

Als der Zug nach Freiburg anruckelt und Fahrt aufnimmt, als Boese später zum Fenster hinaus unter dem wolkenverhangenen Himmel in der Ferne die Jurakette langsam weggleiten sieht, ist er mit sich zufrieden. Er hat die letzten Spuren der Geheimaktion «Recenia Basel» gelöscht und diesen Saurenhaus abgeschüttelt. In der vorausgegangenen Woche hat er die auf «Agentur Recenia-Merkur» lautenden Nummernkonten auf die «Kommanditgesellschaft Recenia Textilwerk Max Boese» überschreiben können. Die gibt es so noch nicht; aber jetzt kann er an die Arbeit gehen. Er lehnt sich beruhigt zurück. Er hofft, ein wenig zu schlafen; aber da steigen die Erinnerungen hoch.

Was für Zeiten waren das gewesen. Noch immer schaudert es ihn... Ja, wären die Amerikaner doch geblieben, damals in Leipzig... Doch die GIs zogen sich aus Sachsen zurück. Das war... Anfang Juli 1945, ja... Dann kam die Rote Armee... schrecklich. Er hatte bald erkannt, dass für ihn die Situation gefährlich wurde. Dann hatte die sowjetische Militäradministration begonnen, ehemalige Angehörige der SS, der SA, der Gestapo und der NSDAP zu registrieren... Ja, Ende August war das... Im Oktober dann die ersten Enteignungen... Entnazifizierung nannten sie das... Dieser Selbmann, dieser... Das war das Ende. Da gab es für ihn nur eines: nichts wie weg. In den Westen.[142] Über Boeses Gesicht huscht ein Lächeln. Ja, ja, seine Buchhaltungstricks... finanziell hatte er rechtzeitig vorgesorgt... Dennoch, es begann für ihn eine harte Zeit. Was er nicht alles versucht hatte, um irgendwie durchzukommen, in jenem bitterkalten Winter...

Rumpelstilzchen

In den folgenden Jahren… Boese schliesst die Augen, schüttelt den Kopf. Nicht mehr dran denken… Es war ihm nicht anders ergangen als vielen anderen. Boese schaut ernst auf die vorbeigleitende Rheinebene, in der Ferne die Vogesen. Doch die heimliche Kameradschaft unter den ehemaligen Gestapoleuten hatte ihn getragen. Und da war tatsächlich einer, der ihm berichten konnte, dass sein früherer Auftraggeber beim massiven Bombardement Berlins durch die Amerikaner von herabfallenden Trümmerteilen erschlagen worden sei… Im Februar 1945, ja… Man hatte auch in Leipzig davon gesprochen… Auf dem Weg in den Luftschutzkeller des Volksgerichtshofs sei er gewesen… Es habe ihm nicht mehr gereicht.[143] Erfahren hatte er das – wann schon wieder? Einige Zeit später. Schon zwei Jahre her? Wie rasch man die Daten vergisst… Und dann kam die Währungsreform. Am 20. Juni 1948, genau… Boese nickt vor sich hin… Dieses Datum hat sich ihm unauslöschlich eingeprägt. Für ihn hatte es einen Neuanfang bedeutet. Er war nach Berlin gereist. Im britischen Sektor hatte er einen alten Kameraden getroffen. Der war tatsächlich in der Stadtverwaltung untergekommen… Boese muss schmunzeln… Der konnte ihm eine amtliche Todesbescheinigung verschaffen. Boese hatte ja den Vertrag von 1941 bei sich, die Unterschriftsberechtigungen für die Bankkonten. Aber nun war der eigentliche Inhaber tot. Todesbescheinigung und Unterschriftenregelung, das waren schon glaubhafte Argumente, um Zugang zu den Konten zu erhalten. Und jetzt – Boese schaut in die Dämmerung hinaus und lächelt – jetzt hat er wieder Geld, viel Geld.

*

Der nächste Textschnipsel, den mir Google Books anbietet, stammt vom 14. November 1949. Unter diesem Datum liess Boese die Recenia Wirk- und Webwarenfabrik AG von Hartmannsdorf bei Chemnitz nach Düsseldorf verlegen.[144] Es wird wohl bloss um die Sicherung des Firmennamens gegangen sein.

Boese war ja enteignet worden. Warum nur machte er das erst jetzt? Drei Jahre nachdem er sich in den Westen abgesetzt hatte? Ein Grund könnte gewesen sein, dass am 23.Mai 1949 die Bundesrepublik gegründet worden war. Jetzt musste er nicht mehr befürchten, dass die britischen Besatzungsbehörden, in deren Zone Düsseldorf lag, auf die Recenia zugreifen würden. Erinnern wir uns, diese hatte ja vor 1933 in der Hand britischer Aktionäre gelegen, die damals enteignet worden waren. Aber warum hielt er denn überhaupt an diesem Firmennamen fest? Da er ohnehin enteignet war, hätte er doch einen neuen Firmennamen erfinden können. Es gab eigentlich nur einen Grund hierfür, und der bestärkt meinen Verdacht: Die Nummernkonten in der Schweiz liefen – so meine Fiktion – unter dem Titel «Agentur Recenia-Merkur». Als Boese nach erfolgter Währungsreform auf diese zugriff, musste er, um glaubhaft zu wirken, den Namen Recenia weiterverwenden. Um in Zukunft sicher zu sein, konnte er dabei die ursprüngliche Aktiengesellschaft gleich in eine Kommanditgesellschaft umwandeln, die ihm allein jede Handlungsfreiheit liess, da der Kommanditär – so seine Konstruktion – ja tot war. So hatte er den Firmennamen «Kommanditgesellschaft Recenia Textilwerk Max Boese» kreiert. Deshalb liess er auch gleich die Aktiengesellschaft Recenia in Basel verschwinden. Schliesslich muss es ja noch irgendwo unter dem Titel Recenia die Vermögenswerte gegeben haben, die er mit seinen «Falschbuchungen grössten Stils» aus Hartmannsdorf abgezogen hatte.

Jetzt konnte Boese richtig loslegen. Ob er in Düsseldorf etwas aufbaute? Auf die Schnelle kann ich das nicht herausfinden. Aber Google Books bietet den Text aus einem 1982 erschienenen Reiseführer für das Rhein-Main-Gebiet an, der bei Raunheim auf einen beeindruckenden Industriekomplex hinweist, der 1958 entstanden sei. Es handle sich um das ehemalige «Textilwerk Max Boese KG [Kommanditgesellschaft, Anm. d.

A.] RECENIA».[145] Boese hatte wahrscheinlich von Düsseldorf aus bald diesen besseren Standort in Raunheim gefunden, das einige Kilometer südwestlich von Frankfurt gleich neben Flughafen und Autobahn am Mainufer liegt.

Aber in Raunheim geht es nicht mehr um die gute alte Zellwolle, sondern um Jersey. Wie ist es dazu gekommen? In Google Books finde ich einen Hinweis auf das Buch «Mode, Macher, Märkte» von Eleonore Mueller-Stindl, in dem Boese mit seiner Recenia erwähnt wird. Ich hole es in der Bibliothek: In den 1960er-Jahren verbesserten sich Image und Markt mit Chemiefasern. 1963 kamen Mischgewebe auf, und Mitte der 1960er-Jahre lässt sich «eine Riesenwelle in Polyesterfasern» feststellen. Auf diese Welle muss Boese aufgesprungen sein. Die *Melliand textilberichte* meldeten, dass am 17. August 1965 die neue Abteilung «Wirkerei/Strickerei» bei der Recenia mit einer grossen Feier eröffnet worden sei, zu welcher Direktor Max Boese alles, was Rang und Namen hatte, eingeladen hatte.[146]

Was in dieser Abteilung vor sich ging, erfahren wir drei Jahre später aus einem Bericht des *Spiegels*, der auch ein Foto von Max Boese in seiner Werkhalle zeigt: Der Jersey-Stoff wird zum grossen Renner, und Boeses Recenia gehört nun zu dessen Grosslieferanten. Im März 1968 berichtet der *Spiegel* sichtlich beeindruckt: «In den Werkhallen von Max Boese scheppert es rund um die Uhr, auch sonntags, auf 80 Strick-Türmen. Die vier Meter hohen Automaten fertigen einen Stoff, der im vergangenen Jahr zum heissesten Tipp der Textilbranche erkoren wurde: Jersey.» Im Krisenjahr 1967 habe die Recenia allein einen Marktanteil von zwölf Prozent der 35 westdeutschen Produzenten «erstrickt». Da bald vierzig Prozent aller Kleider aus Jersey konfektioniert werden, sieht Boese einer rosigen Zukunft entgegen. Es geht ihm gut. Er tritt als Sponsor von Sportlern auf. Aber er hat viel investiert. Jede der achtzig verfeinerten Rundstrickmaschinen, eigentliche Strickriesen,

Das Wirtschaftswunderkind Max Boese in seinem Textilwerk Recenia. Abbildung im *Spiegel* Nr. 13, 25. März 1968.

kostete gegen 100 000 Deutsche Mark, was für alle Maschinen zusammen gegen acht Millionen Deutsche Mark ausmacht und heute schätzungsweise viermal teurer wäre: 32 Millionen Deutsche Mark also, in heutiger Währung 16 Millionen Euro, der Euro gerechnet zu 2 Deutschen Mark.[147] Kein anderes Unternehmen der Branche kann sich einen solchen Maschinenpark leisten. Spätestens hier mag man sich fragen, woher all dieses Geld gekommen sei. Mit seinen achtzig Maschinen kann Boese der Konkurrenz enteilen. Jede spult stündlich einen 23 Meter langen Jersey-Schlauch ab, der zu 150 Zentimeter breiten Bahnen aufgeschnitten wird. Jersey, immer nur Jersey in allen Farben, Stoffdichten, Gewebestrukturen und mit Stickereieffekten in allen gewünschten Mustern.[148] Aber immer nur Jersey. 1970 findet Boese damit internationale Beachtung. Der «Textile Guide to Europe, 1970» weist auf Seite 60 folgenden Eintrag auf: «RECENIA TEXTILWERK MAX BOESE KG., 6096 Raunheim am Main, Kelsterbacherstrasse 64, Principal Executives M. Boese (Managing Director), J. Weill; Products: Jersey in wool and synthetic fibre, Plant: Raunheim, Sales: 33 700 000 DM, Employees 200.»[149] Gegen 34 Millionen Deutsche Mark Jahresumsatz! Die Commerzbank vermeldet 1971, dass das «Recenia Textilwerk Max Boese KG» zu 95 Prozent Max Boese, Frankfurt (Main), gehöre und zu 5 Prozent Joachim Weill, Frankfurt (Main).[150] Man fühlt sich an Goethes «Zauberlehrling» erinnert: 1971 ist der Jersey-Boom vorbei; aber die Strickmonster produzieren, produzieren, produzieren, produzieren... Überkapazitäten sind entstanden, der Preis erodiert – und Boese hat vollständig auf Jersey gesetzt. Aus Textschnitzeln in Google Books lässt sich erahnen, wie es weitergegangen ist. Die Auftragseingänge sinken 1973 dramatisch, die inzwischen knapp dreihundert Arbeiter müssen auf Kurzarbeit umschalten – vorerst –, das Produktionstempo der Strickmaschinen wird gedrosselt. Die *Frankfurter Allgemeine* nimmt 1974

Wirtschaftswunder

die prekäre Situation der Recenia in Raunheim zum Anlass, auf dieses «schlimme Beispiel» hinzuweisen. «Der im Privatbesitz von Max Boese gehaltene Jersey-Produzent» habe seit Jahren ausschliesslich auf ein Produkt gesetzt und stehe nun vor dem Aus. Im gleichen Jahr wird der Konkurs der Firma vermeldet.

Mit dieser Meldung endet die Geschichte der Textschnipsel von Google Books. Kein Treffer mehr unter Recenia und ihrem Direktor. Max Boese ist ein letztes Mal verschwunden. Sein Scherflein wird er ins Trockene gerettet haben.

*

So. Ich bin am Ende meiner Suche nach Rumpelstilzchen angelangt. Es ist die Geschichte von Max Saurenhaus und Max Boese geworden. Die Geschichte funktioniert. Sie begründet plausibel, warum Saurenhaus, als er sich 1945 um Kopf und Kragen reden musste, von Max Boese zu erzählen begann. Und weshalb er es so erzählte, wie er es tat. Und sie begründet nachvollziehbar, warum Saurenhaus anderes verschwieg. Er sprach nicht vom 9. September 1941; nicht von all den zahlreichen Reisen, bei denen er im Jahr 1942 «länger als einen Tag» unterwegs war. Die Geschichte weckt Verständnis dafür, dass Saurenhaus seit jener Zeit wirklich genug vom Nationalsozialismus gehabt haben dürfte und dieses Missbehagen auf die Dreissigerjahre zurückprojizierte, als er sich «durch dick und dünn» der NSDAP verschrieben hatte und eigentlich dabeigeblieben war. Erinnerungsverfälschung, deren sich der sich Erinnernde gar nicht bewusst ist, nennen das die Psychologen. Es ist schliesslich eine Geschichte geworden, die fiktional, aber plausibel und durch Indizien gestützt, zeigt, wie aus einem Gestapomitglied und höchst aktiven Agenten des nationalsozialistischen Regimes ein Vertreter des Wirtschaftswunders wird, der auf rätselhafte Weise zum Grossindustriellen in der Bundesrepublik Deutschland aufsteigt. Des Rätsels Lösung wäre dann die Geheimaktion «Recenia Basel» gewesen. Hat sie so stattgefunden? Geldverschiebungen der beschriebenen Art sind für die damalige Zeit durchaus denkbar.

Für mich ist diese Frage auch gar nicht so wichtig. Denn es ging mir hier um etwas ganz anderes. Ich habe Sie, liebe Leserin, lieber Leser, auf diese Suche nach Rumpelstilzchen mitgenommen, um Sie miterleben zu lassen, wie ein Historiker agiert, wenn er in den Quellen und in der Literatur auf eine Spur stösst; wie er von jedem Hinweis immer wieder in neue Richtungen gelenkt wird, sich den Hergang immer wieder anders vorstellt; wie er auch in die Irre galoppiert und, wenn sich die Spur verliert, wieder neu und anders ansetzt, um sie wieder aufzunehmen; wie er dabei auf immer wieder neue Spuren stösst, von denen er zunächst nicht die geringste Ahnung hat. Und wie er den Fokus dabei immer wieder verändert, wie es übrigens in diesem ganzen Buch geschehen ist. Diese Spurensuche im Dickicht der Zeugnisse aus der Vergangenheit macht die Faszination dieser beinahe kriminalistischen Spielart des Metiers aus. Sie ist es, die zu neuen Erkenntnissen führt. Um dies zu demonstrieren, genügte hier die Recherche im Internet, auch wenn hier und dort ein einschlägiges Buch zur Hand genommen wurde.

Schliesslich lässt sich bei dieser Geschichte noch etwas viel Wichtigeres zeigen, wenn wir danach fragen, wie «Geschichte» entsteht. Und zwar gerade, weil es sich hier um einen kleinen, für jenen, der Geschichte in hohem Adlerflug überschaut, völlig irrelevanten historischen Vorgang handelt:

Was wäre, wenn Saurenhaus nicht begonnen hätte, von Max Boese zu erzählen? Nichts!

Keine Geschichte. Ich wäre gar nicht auf die Idee gekommen, weiterzurecherchieren. Gerade weil dieser Vorgang nebensächlich und nirgends sonst belegt ist, zeigt sich hier so deutlich wie selten, wie sehr «Geschichte» vom Zufall abhängt. Erzählt Saurenhaus, oder erzählt er nicht? Auf Messers Schneide steht, ob Geschichte werden kann. Werfe ich die gelben Kuverts in den Abfall, oder öffne ich sie? Von diesem Entscheid hing ab, ob dieses Buch geschrieben würde oder nicht, dass es diese «Geschichte», die Sie jetzt gelesen haben werden, überhaupt gibt.

Deutlicher als anderswo wird einem bewusst, dass Geschichte nicht einfach da ist, und man kennt sie oder eben nicht. Auch ist Geschichte nicht wahr, weil man sie eben so kennt. Am Anfang steht, damit «Geschichte» überhaupt werden kann, der Zufall der Quellenüberlieferung und des – immensen – Quellenausfalls. «Geschichte» ist allein schon deswegen nie vergangene Realität.

*

Saurenhaus hat geredet, und so ist es zu einer Geschichte gekommen. Einer weiteren Geschichte von Rumpelstilzchen, man mag sie vielleicht ein «Märchen» nennen. Bin ich ihm auf die Spur gekommen?

Ich bin mir nicht sicher. Vielleicht bin ich Rumpelstilzchen nähergekommen, als ich ahne. Da ich ja vielleicht «Märchen erzählt» habe, dürfen wir uns ruhig vorstellen,

wie Max Saurenhaus, als er an jenem heissen Augusttag 1945 vergnügt die Falknerstrasse hinunter weitergeht zur Hauptpost, nachdem er gerade seinem etwas verdutzten Schwager Paul mitgeteilt hat, dass ihm nichts mehr geschehen könne,...

wie Max Boese, als er 1968 dem *Spiegel*-Journalisten die gewaltige Halle der Recenia mit den achtzig scheppernden, im Neonlicht glänzenden Striktürmen vorstellt und partout nicht in die Kamera schauen will, sondern lächelnd seinen Jersey betrachtet,...

... leise vor sich hin summt:
«Ach, wie gut, dass niemand weiss,
hm hm hmhmhmhm hm.»

Rumpelstilzchen

Farewell!

Es ist so weit. Ich schliesse meine Arbeit ab! Endgültig! Unwiderruflich! Selbst, wenn ich jetzt nochmals auf ein Zeugnis jener Vergangenheit stossen würde, und sei es auch noch so spannend, diesmal lasse ich mich nicht mehr verführen! Es gilt also, von Ihnen, liebe Leserin, lieber Leser, Abschied zu nehmen. Es war ein gemeinsamer Weg voller Überraschungen für mich, und ich hoffe, dass es mir gelungen ist, Sie ein wenig am Making of History und am Jagdfieber teilhaben zu lassen, das den Historiker in den Jagdgründen der Vergangenheit erfasst, in Archiven, Bibliotheken und neuerdings im Internet.

Aber fertig ist diese Geschichte noch lange nicht. Im Internet herumsurfen ist noch lange nicht forschen! Im Gegenteil: Jetzt würde es erst beginnen. Was ich in diesem Buch beschrieben habe, sind lediglich Vorgänge bei der fortschreitenden Vorabklärung für ein Forschungsprojekt. Wenn ich eine richtige Forschung in Angriff genommen hätte, mich wissenschaftlich in diese Thematik hätte vertiefen wollen, um nach Jahren meine Ergebnisse in einer Publikation zu präsentieren – dieses Buch wäre nie entstanden.

Gewiss, ich hätte am Anfang alle Schritte, alle Überlegungen, die ich mit Ihnen gemacht habe, auch allein vorgenommen. Aber das Ganze hätte sich nur in meinem Kopf abgespielt. Ich hätte diesen wunderschönen Frühlingstag, an dem eine milde Brise durchs Zimmer wehte, draussen Kinder spielten und ich die gelben Kuverts öffnete, auch erlebt. Ich hätte in einer Art fröhlichen Wissenschaft Kopfkino erlebt, denn vorstellen muss man sich die Sache allemal. Dann hätte ich aber zu verifizieren begonnen. Und dann wäre es ernst geworden. Ich hätte mich viel intensiver mit dem Forschungsstand und den noch vorhandenen Quellen auseinanderzusetzen begonnen. Ich hätte durchaus, aber wahrscheinlich viel früher, diese Überraschung erlebt, als ich im Archiv mit einer völlig unerwarteten Quellenlage konfrontiert wurde. Und natürlich, ich wäre der Spur Max Boeses

Farewell!

gefolgt, aber nicht nur im Internet. Es hätten Archivreisen nach Deutschland angestanden, und vielleicht hätte gerade diese Spur die Fragestellung und Thematik völlig verändert.

Unabhängig vom bisher Beschriebenen wäre die Arbeit jetzt noch lange nicht zu Ende. Allein über die Nationalsozialisten in Basel gibt es im Staatsarchiv Basel und im Bundesarchiv in Bern noch unzählige Archivschachteln und Aktenmappen voller beschriebener Papiere. Noch niemand hat sie genau angeschaut.

Bei der Arbeit an all diesen Quellen würde ich immer wieder auf neue Spuren stossen, denen zu folgen wäre. Ich würde mit zunehmender Kenntnis immer wieder neue, andere Fragestellungen entwickeln und Fragen, die bisher im Vordergrund standen, fallen lassen. Ich wäre gezwungen, in gewissen Teilbereichen wieder von vorn anzufangen, zum Beispiel müsste ich wieder neu bibliografieren. Es würden sich allmählich wesentliche Problemstellungen herausschälen, und ich würde mich entscheiden, mich auf diese zu fokussieren. Das wäre vielleicht der Augenblick, in dem ich erste Versuche unternähme, das Buch zu schreiben. Und ich wüsste aus Erfahrung, dass es erst ab der dritten Version einigermassen akzeptabel werden würde.

Weil das so ist mit dem Forschen, kann ich jetzt nicht sagen, welches der Inhalt dieses Buchs sein würde und schon gar nicht, wie sein Titel lauten würde. Wahrscheinlich würde der erste Teil noch ganz kurz in der Einleitung figurieren, etwa unter dem Stichwort «Anlass zur Forschung» oder als packendes Beispiel für die ins Auge gefasste Fragestellung. Vielleicht würde auch der zweite Teil noch aufscheinen unter den Beispielen für ein weiter ausgreifendes Problem. Vielleicht würde dem dritten Teil ein ganz anderes Gewicht zukommen. Und immer wäre es ein anderes Buch, das da entstünde.

Wer in der Vergangenheit forscht, muss für alle Möglichkeiten, die sich in den Quellen – auch gegen etablierte Gewiss-

Farewell!

heiten – ankündigen, offenbleiben, und zwar so lange wie möglich. Dann stellt sich Neues, bisher Unbekanntes ein.

Wer so gut organisiert ist, dass er aufgrund der Forschungslage, der aktuellen Trends und der damit verbundenen Vorannahmen genau weiss, was er suchen will, mit dem geschieht etwas Unerfreuliches: Er findet nur das, was er finden will.

So oder so. Es würde am Ende ein Buch entstehen wie aus einem Guss. Ein Kapitel würde sich folgerichtig ans andere reihen, als hätte das von Anfang an so festgestanden, als gäbe es gar keine andere Möglichkeit, diese Geschichte abzuhandeln. Die Fragestellungen würden einleuchten, die Lösungen überzeugen, und eines würde sich aus dem anderen logisch ergeben. Ursprüngliche Fehleinschätzungen, zeitraubende Irrwege und zwischendurch lähmende Selbstzweifel, überholte Problemstellungen und scheinbare Ergebnisse, die sich in nichts auflösten, all dies würde verschwunden sein. Wie die Geschichte wirklich entstanden ist, würde die Leserschaft nie erfahren.

Gerade das aber zu zeigen, das war letztlich die Absicht dieses Buchs. Schon die vermittelnde Zielsetzung hat sich von Teil zu Teil verändert und dem Leser immer wieder eine neue Fokussierung abverlangt. In Teil 1 stand wegen der extrem dünnen Quellenlage das Verhältnis zwischen Fakten und Fiktion im Vordergrund, und eigentlich wäre ich damit zufrieden gewesen, wenn nicht plötzlich alle nur wünschbaren Quellen aufgetaucht wären. So ging es in Teil 2 darum, zu zeigen, wie man mit Quellen umgeht, damit «Geschichte» daraus wird; es ging darum, vorzuführen, wie man Quellenkritik betreibt und immer wieder ergänzende Nachforschungen machen muss, um deren Inhalt richtig verstehen zu können. Die Fiktion spielte nur noch eine kleine Rolle, da die Quellen ja fast alles vorgaben. In Teil 3 schliesslich gings richtig auf die Jagd. Hier sollte demonstriert werden, wie ein Historiker, hat er die Spur aufgenommen, auf allen sich ihm anbietenden Wegen nach Personen und möglichen Zusammenhängen sucht, auch immer wieder

Farewell!

neu argumentiert, um Gewissheit oder zumindest eine Plausibilität herzustellen.

Bei all dem hat sich – gleichsam als Unterlage – eine Geschichte mit vielen Windungen entfaltet, die 1816 in Belgien beginnt, in Basel spielt und 1974 in Deutschland endet, deren Hauptakteure fortlaufend wechseln – und die trotzdem auf merkwürdige Weise als zusammenhängend erfahren werden kann.

*

Paul ist dabei beinahe in Vergessenheit geraten.

Ja, manchmal führen einen die Quellen dahin, wo man eigentlich nicht hinwollte: Aus dem Büchlein für Paul ist ein Buch über Max geworden. Auch das kann geschehen, wenn man gegenüber den Quellen offenbleibt und sich nicht an einer vorgefassten Absicht festklammert. Auch wenn Paul nicht mehr vorgekommen ist, hat die zusätzliche Arbeit doch einen überraschenden Erkenntniszugewinn gebracht. Das Erinnerungszeichen an meinen Vater und seine Generation, das ich mit der ursprünglichen Publikation setzen wollte, hat seine Gültigkeit durchaus behalten. Noch mehr: Hat es nicht an Eindrücklichkeit und Profil gewonnen?

Ist nicht der Nachweis erbracht worden, dass Pauls Entscheid zur Gegenspionage 1933 durchaus Folgen gehabt hat? Allerdings keine offensichtlichen, sondern nur en connaissance de cause feststellbare, so wie es generell für den alltäglichen Widerstand jener Generation der Fall gewesen sein dürfte. Und sein Entscheid, sich 1938 von seinem nationalsozialistischen Schwager für immer zu trennen: Steht er nicht für die Haltung jener widerständigen Generation, während die offizielle Politik lavierte und involvierte Kreise schliesslich einfach darüber hinweggingen?

***

Farewell!

P.S.: Das letzte Geheimnis des Staatsarchivs

Das Buch ist abgeschlossen. Das Manuskript ist auf dem Weg nach Baden in den Verlag. Ich suche im Staatsarchiv Basel noch nach alten Fotos für die Illustrationen. Da treffe ich nochmals den Archivar. Er hat Neuigkeiten. Man habe im Archiv zwei Metallkoffer gefunden voller Mikrofilme. Im Polizeidepartement hatte man Anfang der 1960er-Jahre aus Platzgründen altes Aktenmaterial, das für Personenbeobachtungen definitiv nicht mehr benötigt wurde, vernichtet. Die Kartei aber, die zur Auffindung der Akten diente, wurde damals vor der Vernichtung mikroverfilmt. Das habe man lange nicht gewusst. Der Archivar ist da fündig geworden. Für Max Saurenhaus sind vier B4-Karten nötig gewesen.[151] Ich kann Kopien davon rasch durchsehen. Die Einträge beginnen 1938 und reichen bis 1947. Ich staune über die Dichte der Observation. Auch seine Nähe zum verdächtigen

Farewell!

Max Boese wird vorübergehend bemerkt. Die Vermerke füllen die Karten vorne und hinten und verweisen auf eine Vielzahl unterschiedlicher Informationsquellen, von denen nichts mehr vorhanden ist. Der rasche Augenschein ergibt für mich vor allem eines: Die neu entdeckte Kartei stützt meine Darstellung. Ich muss in meinem Buch nichts ändern.

P.S.: Das letzte Geheimnis des Staatsarchivs

Dank

Zuallererst habe ich Monika zu danken. Sie war schon ziemlich erschrocken, als ihr Mann, der doch über Jahre mit ihr die Freiheit des «dritten Alters» genossen hatte, nun plötzlich und unerwartet in alten Familienakten herumzustöbern begann und langsam in einer Vergangenheit versank, die ihn doch bisher keinen Deut interessiert hatte. Trotzdem hat sie dann auf zahlreichen Spaziergängen, in vielen Gesprächen mitüberlegt, immer wieder wichtige Inputs aus ihrer Familientradition gegeben, mich bei den Archivrecherchen unterstützt und sich schliesslich als alterprobte Erstleserin meiner Texte mit klarsichtiger Kritik nicht zurückgehalten. Dann habe ich meinem älteren Bruder Pascal zu danken für die Überlassung einigen Materials, das er bei der Hausräumung sichergestellt hatte, sowie meinem ältesten Bruder Mathieu, der mir einige alte Fotos zur Verfügung gestellt hat.

Da das Buch nicht für Historiker, sondern für interessierte Laien geschrieben wurde, habe ich den ersten Teil – mein ursprüngliches Büchlein – verschiedenen Freunden und Bekannten zum Probelesen gegeben und nützliche Rückmeldungen erhalten. Hier habe ich zu danken Thomas Moster, der mir auch den Tipp der Parteinummern gab, Marianne Aeschbacher, Hannah Aeschbacher, Anni Lanz und Roswita Schilling. Sabine Goepfert-Kippenberg (Bremen/Basel) und Michael Raske (Frankfurt a. M.) haben mir nicht nur ihr Interesse geschenkt und mitunter anregende Rückschlüsse geboten, sondern auch mit ihren Jugenderinnerungen direkte Einblicke in jene dunklen Jahre Deutschlands gegeben. Klaus Vogel (Berlin) war nicht nur ein fordernder Gesprächspartner, der mich mit seinen Gegenargumenten zur Abfassung des Kapitels «Zeit und Gerechtigkeit» veranlasste, er hat auch im Bundesarchiv Berlin für mich recherchiert. Ruth Heeb-Schlienger hat mich ins Obligationenrecht eingeführt und Lars Jaeger mich bei den Inflations- und Währungsberechnungen unterstützt. Ihnen allen bin ich sehr dankbar. Besonders gedankt sei Doris Tranter, die schliesslich das ganze Buch genau gelesen und mir wichtige formale und textfunktionale Ratschläge gegeben hat.

Ohne die Hilfe der Archivare – das wird jedem Leser klar geworden sein – kann ein solches Buch nicht entstehen. Hier habe ich Heinz Fehlauer, Sachbearbeiter im Bundesarchiv Berlin-Lichterfelde, zu danken für die immer hilfreichen Auskünfte und die speditive Zusendung aller gewünschten Aktenkopien. Ein Dankeschön auch dem Personal des Archivs für Zeitgeschichte in Zürich für Hilfestellung. Im Staatsarchiv Basel-Stadt habe ich nicht nur dem Lesesaalpersonal für die stets kompetenten Auskünfte und Ratschläge zu danken, sondern vor allem Hermann Wichers, der mich bei der Jagd nach Quellen effizient unterstützt und mir gleichsam das Tor zu fundamental neuen Erkenntnissen weit aufgestossen hat.

Schliesslich sei auch Bruno Meier und Denise Schmid vom Verlag Hier und Jetzt gedankt dafür, dass sie sich nicht nur für die Aufnahme dieses Buchs ins Verlagsprogramm entschieden, sondern sich auch intensiv und weiterführend mit dem Text auseinandergesetzt haben.

Die Quellen

Der Inhalt
des Papierkorbs

StA Basel PA 1293 A, B
Es handelt sich um keine wissenschaftliche Edition, bloss eine, die das Lesen und Verstehen erleichtern soll. Der Titel über jedem Stück nennt Absender und Empfänger und das Datum. Dann wird stichwortmässig das äussere Erscheinungsbild angegeben, «zerrissen und wieder zusammengeklebt», ob Original oder Abschrift, ob Hand- oder Maschinenschrift. Es gibt zwei Handschriften, jene von Saurenhaus, die durch seine Unterschrift gesichert ist, und jene von Paul Marchal, PM. Eindeutige Orthografiefehler und Satzzeichen habe ich ohne besonderen Hinweis berichtigt. – Streichungen und Unterstreichungen gebe ich als solche wieder, und Einfügungen signalisiere ich mit spitzen Klammern <...>. Eckige Klammern [...] deuten meine eigenen Ergänzungen an. Normale Klammern gehören also zum Originaltext.

1
Wilhelm Gustloff an
Max Saurenhaus
7.10.1933
Handschriftliche Zusammenfassung durch PM (Blaustift)
Brief von Gustloff an Max vom
7. Okt. 1933
Er dankt ihm herzlich für sein Schreiben, das ihn ermuntert nach dem Herzleid, das Partg. Gilfert mit seinem Bericht verursacht hat. Er ist nun mit dem Umzug beschäftigt nach der Villa Dorean (?). Er hat auch die Feststellung gemacht, dass die Leute in Bern keine Nationalsoz. wollen. Mit dem neuen Gesandten Weizkömer [Weizsäcker] wird es wohl besser werden. Die Leute im Aussenpolitischen Amt in Berlin werden sehr kritisiert und schlimmer als die Kom-

munisten bezeichnet. Es ist leichter, ein Kamel durch eine Öse hindurch zu bringen, als einen Deutschnationalen zum Sozialismus, der eben zum Nationalsozialismus gehört. Gedenkt anfangs November nach Basel oder Zürich zu kommen.

2
Max Saurenhaus an das Aussenpolitische Amt der NSDAP Berlin
10.10.1933
Handschriftliche Abschrift eines Briefentwurfs, PM (Bleistift)
An Aussenpolitisches Amt der N.S.D.A.P Berlin
[PM:] 10. Okt.
Saurenhaus an Aussenpolitisches Amt der N.S.D.A.P Berlin
Betr.: Abteilung Organisation
Zunächst erlaube ich mir Herrn Schumann und Herrn Zelger (?) meinen verbindlichsten Dank für die freundliche Aufnahme während meines Aufenthaltes in Berlin auszusprechen.
In Ergänzung meiner mündlichen Ausführungen möchte ich mir nochmals gestatten darauf hinzuweisen, dass es für uns Auslandsdeutsche, der wir der Nat. soz. deutschen Arbeiter Partei angehören, eine ausserordentliche Beruhigung sein würde, wenn der Landesgruppenführer der Schweiz der N.S.D.A.P., Pg. Gustloff, durch Übertragung des Konsulates in Davos (ev. auch nur als Honorarkonsul) eine amtliche Stellung erhalten würde.
Wir Auslandsdeutsche in der Schweiz sind fast ausschliesslich [in] festem Beruf oder als Angestellter tätig. Täglich erleben wir wegen der Tatsache, dass wir der N.S.D.A.P. angehören, grosse Unannehmlichkeiten wie Zurücksetzungen, Angriffe etc.

Bei meiner Rückkehr finde ich wieder einen typischen Artikel der Nationalzeitung Basel, die Zeitung mit der grössten Auflage in der Schweiz, und der so recht zeigt, in welchen unangenehmen Situationen wir Auslandsdeutsche Nationalsozialisten in der Schweiz stehen (?). Ich möchte Sie auf den Artikel «Achtung vor der Grenze» hinweisen. ~~Der Artikelschreiber J. B. Ruch, Ragaz, hat in einer anderen Zeitung schon einmal ausgeführt, dass die amtliche Vertretung Deutschlands~~ Besonders beachtenswert ist der letzte Abschnitt des Artikels. Der Verfasser (ein bekannter Schweizer Journalist) dieses Artikels hat die gleiche Forderung, nämlich Ausweisung der Stützpunktleiter sowie Amtswalter, ebenso in einem früheren Zeitungsartikel erhoben und gleichzeitig darauf hingewiesen, dass im Gegensatz zu der Parteiorganisation die amtlichen Vertretungen Deutschlands in der Schweiz nicht als nationalsozialistisch zu betrachten sind. ~~Sie sehen in~~ All diesen ~~Ursachen~~ Machenschaften könnte durch Ernennung des Ptg. Gustloff zum Konsul in Davos die Spitze abgebrochen werden. Wenn die Schweiz Pg. Gustloff das Exequator gibt und sie wird es geben, sind derartige Angriffe, die durchaus nicht vereinzelt dastehen, nicht mehr möglich.

Der Inhalt des Papierkorbs

B1
Paul Marchal an
Abteilung Auswärtiges
14.10.1933
Originaldurchschlag auf dünnem
gelbem Papier.
Basel, den 14. Oktober 1933.
An das
Eidg. Politische Departement
Abteilung Auswärtiges
BERN
Mitteilung.
Die Treibereien der nationalsozialistischen Partei in der Schweiz dürften Ihnen bekannt sein.
Vielleicht ist es dennoch von Nutzen für unser Land, wenn ich Sie von Nachstehendem in Kenntnis setze.
Anfangs Oktober war ein Delegierter der deutschen nat. soz. von Basel in Berlin, um mit dem dortigen Aussenpolitischen Amt der N.S.D.A.P. die Organisation der Partei in der Schweiz durchzuberaten.
Die Gruppe soll straffer geführt werden und der Propagandatätigkeit in der Schweiz soll eine ganz besondere Aufmerksamkeit geschenkt werden. Man will die Schweiz nicht mit Waffen erobern, hofft aber durch Verbreitung der nat. soz. Ideen nach und nach eine Annäherung an das III. Reich zu erlangen.
Die verschiedenen Angriffe der schw. Presse gegen die nat. soz. Partei in der Schweiz wurden ebenfalls besprochen. Da man eine Ausweisung befürchtet, will man nun dazu übergehen, den hauptsächlichen «Führern» amtliche Funktionen zu übertragen, damit sie gegen die Zugriffe der eidg. Behörden geschützt sind und auch die Presse ihre Angriffe einstellt. So soll vorerst der Landesgruppenführer Herr Gustloff in Davos ein Konsulat übertragen bekommen, «denn wenn einmal» – so heisst es in dem Bericht – «die Schweiz das Exequator an Pg. Gustloff gibt und sie wird es geben, (!) sind weitere Angriffe nicht mehr möglich.»
In Ihrer Hand liegt es, die deutschen Herren in die gebührenden Schranken zu setzen.

3
Aussenhandelsverband Berlin an
Max Saurenhaus
19.10.1933
Maschinenschriftliche Abschrift
auf kariertem Papier
Berlin, den 19. Oktober 1933
[am Rand grosses I, Bleistift]
Abschrift[152]
Berlin, den 19. Oktober 1933
AUSSENHANDELSVERBAND,
BERLIN NW 7,
Robert Koch Platz 7
(Handelvertragverein)
Herrn
Konsul Max Saurenhaus
Basel
J.Nr. Dr.N./Pf.
Sehr geehrter Herr Konsul!
Die Tatsache, dass der deutsch-feindliche Boykott in einem grossen Teil des Auslandes noch immer andauert und, soweit wir unterrichtet sind, von einem Abflauen wenig zu merken ist, gibt uns Veranlassung, Ihnen die Anregung zu unterbreiten:
Gemeinsam mit den amtlichen deutschen Auslandsvertretungen, wenn möglich den etwaigen Ortsgruppen der N.S.D.A.P. und des Bundes der Auslanddeutschen, den deutschen Auslands-Handelskammern, den Vertrauensleuten des Leipziger Messe Amtes und des Deutschen Auslands Instituts Stuttgart folgende Listen aufzustellen:
1. eine Liste solcher Firmen und Ver-

treter, von denen bekannt ist, dass sie mittelbar oder unmittelbar zum Boykott deutscher Waren auffordern
2. eine Liste von zuverlässigen und geschäftüchtigen Vertretern, wenn möglich arischer Abstammung, möglichst nach Branchen geordnet
3. Listen von Zeitungen
a) deutsch-freundlichen
b) deutsch-feindlichen
Vielfach wird es nötig sein, dass deutsche Firmen ihre Vertretungen im Auslande wechseln und sie in die Hände zuverlässiger deutscher Herren legen. Es wäre daher sehr wertvoll, wenn wir für die in Frage kommenden Länder über solche Listen verfügen.
Selbstverständlich sind wir uns bewusst, dass die Aufmachung solcher Listen geraume Zeit beanspruchen wird und wohl auch nur in gewissem Umfange möglich sein dürfte. Aber auch dann, wenn die Listen zunächst nur wenig Adressen enthalten sollten und eine Ergänzung erst später von Zeit zu Zeit stattfindet, würden sie für uns von unschätzbarem Wert sein. Durch eine Mitarbeit würden Sie sowohl unserem Verband, wie dem deutschen Aussenhandel überhaupt einen grossen Dienst erweisen. Wir wenden uns noch an die angeführten Stellen und bitten sie um ihre Mitarbeit. Um ihre dortigen Adressen festzustellen, empfiehlt es sich, dass Sie sich mit der deutschen Auslandsvertretung in Verbindung setzen. Wir geben diese Anregung auch den übrigen Stellen.

Mit vorzüglicher Hochachtung
Die Geschäftsführung
gez. Niezsche

[Rückseite]
an Konsulate
Ortsgruppen der N.S.D.A.P.
deutsch-schweizerische Handelskammer
Leipziger Messamt
Deutsche Auslandsinstitute
Sehr geehrter Herr Dr.
Der Landesgruppenleiter der N.S.D.A.P. Landesgruppe Schweiz hat mich zum Wirtschaftsberater ernannt und gleichzeitig beauftragt, einer Anregung des Aussenhandelsverbandes Berlin Folge zu leisten

4
Max Saurenhaus an Gustloff
22.10.1933
Handschriftliche Abschrift von PM (Tinte)
Auszug aus einem Brief von Max an Gustloff vom 22. Okt. 1933
Gustloff muss Max über ‹unglaubliche Zustände› auf der Londoner Gesandtschaft unterrichtet haben, worauf Max antwortet, er sei darüber nicht überrascht und wörtlich:
«Die Herren vom A.A. [Auswärtigen Amt] sind noch durchaus capitalistisch verfilzt und können sich an den Sozialismus, der nun einmal einen Hauptbestandteil unserer Bewegung bildet, nicht gewöhnen. Die Herren haben die Köpfe immer noch zu hoch. Nach der Abstimmung wird unser Führer das A.A. gewiss selbst in die Hand nehmen.»[153]
Dann folgt ein längerer Bericht über den Aussenhandelsverband, der nun auch gleichgeschaltet ist und frägt um Erlaubnis, ob er sich [mit] der Sache im Sinne des Nationalsoz. befassen darf.

5
Max Saurenhaus an Gustloff
28.10.1933
Original, Handschrift Max Saurenhaus (Tinte). Briefentwurf auf der Rückseite des Geschäftsbriefs einer Basler Firma, Maschinenschrift, zerrissen und zusammengeklebt.
28./X/33 [PM]
Lieber Herr Gustloff, sehr geehrter Herr Parteigenosse
Für Ihre freundlichen Zeilen vom 27. ds. Mts. sage ich Ihnen meinen besten Dank. Die Verzögerung in der Beantwortung kann ich mir durchaus erklären. Wenn ich bedenke, welche Unmenge von Arbeit allein die hiesige Ortsgruppe gibt und all dieses Material der zahlreichen Ortsgruppen, Stützpunkte usw. aus der Schweiz bei Ihnen zusammenkommt und bearbeitet sein will, so ~~weiss~~ bin ich mir klar, welche Arbeitsmenge sie ~~am Hals haben~~ zu bewältigen haben, zumal Sie offenbar ausser von Ihrer Frau Gemahlin noch keine richtige ~~Mitarbeiter Unterstützung haben Mitarbeiter gefunden haben~~ Unterstützung finden.
Ich nahm davon Vormerkung, dass Sie damit einverstanden sind, ~~dass ich~~ dem Ansuchen des Aussenhandelsverbandes E.V. Berlin ~~entspreche~~ stattzugeben. Ich werde verlangen, dass der Inhalt meines Berichts gegenüber den deutschen Amtsstellen in der Schweiz geheim gehalten wird.
Wünschen Sie von dem gesamten Briefwechsel mit dem Aussenhandelsverband in dieser Sache, sowie von meiner Korrespondenz mit der deutsch/schweizerischen Handelskammer, den deutschen Amtsstellen in der Schweiz usw. Briefdurchschläge oder genügen Briefcopien bei besonders wichtigen Fragen oder etwa alle drei Monate ein Bericht über den Stand der Angelegenheit. Ich bitte Sie höflich, mir darüber Bescheid zu sagen.
Um gegenüber den genannten Stellen (Deutsch/schweizerische Handelskammer, Vertreter Leipziger Messeamt, deutsche Konsulate usw.) ~~in meiner ... auftreten~~ bei meinen Unterhandlungen aktiv legitimiert zu sein, würde es ratsam sein, wenn Sie mich zum Wirtschaftsberater der ~~Landesgruppe~~ N.S.D.A.P. Landesgruppe Schweiz ernennen würden. Bei jedem Gau in Deutschland ist ein Wirtschaftsberater vorhanden, so dass auch für die Schweiz eine solche Stelle durchaus berechtigt ist und sicherlich auch im Interesse der Landesgruppe liegen würde. Ich wäre Ihnen zu ausserordentlichem Dank verbunden, wenn Sie mich zum Wirtschaftsberater ~~der NSDAP~~ ernennen würden und Sie können versichert sein, dass Sie einen stets treuen und zuverlässigen Mitarbeiter an mir finden werden, der mit Ihnen durch dick und dünn geht.
Mit vielen herzlichen Grüssen von Haus zu Haus Ihr M»

6
Max Saurenhaus: Entwurf Rundbrief (undatiert)
Original, Handschrift Max Saurenhaus (Tinte). Entwurf, zerrissen und zusammenklebt. Auf Rückseite Formular Mitgliederbeitrag.
Sehr geehrter Herr Parteigenosse!
~~In Anlage sen~~
~~Der Landesgruppenleiter der N.S.D.A.P.~~
~~Herr~~
Pg. Gustloff hat mich zum Wirtschaftsberater ~~der Landesgruppe~~ N.S.D.A.P. der Landesgruppe Schweiz ernannt.

Rückseite: Maschinenschriftliches Formular:
«N.S.D.A.P., Ortsgruppe Basel
Kassenwart:
Max Saurenhaus, Basel
Gundeldingerstrasse 190
Postscheckkonto Basel V 10030
Sehr geehrter Parteigenosse/genossin!
Bei Durchsicht meiner Kassenkartei finde ich, dass bei Ihnen noch folgende Beiträge rückständig sind:
Da ich in kurzer Zeit mit der Landesgruppe abrechnen muss, bitte ich, mir umgehend die entsprechende Ueberweisung zugehen zu lassen. Einzahlungsschein füge ich bei.
Nach Eintreffen der Ueberweisung werde ich Ihnen die Beitragsmarken sofort übersenden.
Sollten Sie aus irgend einem Grunde Ausstand wünschen, so bitte ich um Ihre Mitteilung. Nach der Anweisung der Reichsleitung der N.S.D.A.P. ist ein Pg., der infolge Erwerbslosigkeit nicht in der Lage ist, seiner Beitragspflicht nachzukommen, von der Beitragszahlung während der Dauer der Erwerbslosigkeit befreit. In einem solchen Falle ist jedoch eine kurze Mitteilung an den Ortsgruppenleiter oder mich notwendig.
Heil Hitler!»
Unterschrift: Max Saurenhaus [Blaustift]
Stempel: MAX SAURENHAUS, Basel, Gundeldingerstrasse 190
Rundstempel: Adler, Hakenkreuz in Lorbeerkranz haltend, darunter: Kassenwart.
Umschrift: Nationalsoz. Deutsche Arbeiterpartei * Ortsgruppe Basel *

7
Max Saurenhaus: Entwürfe für ein Rundschreiben
(undatiert)
Original, Handschrift Max Saurenhaus, Auf Rückseite Formular Mitgliederbeitrag, Entwurf zerrissen und zusammengeklebt.
1. Konsulate
2. Ortsgruppen N.S.D.A.P.
3. Deutsch/schweizerische Handelskammer
4. Leipziger Messeamte
5. Deutsches Ausland Institut
Sehr geehrter Herr Doktor!
wie Ihnen jedenfalls bekannt, bin
Der Landesgruppenleiter der N.S.D.A.P. Landesgruppe Schweiz hat mich zum Wirtschaftsberater ernannt und gleichzeitig beauftragt, einer Anregung des Aussenhandelsverbandes Berlin Folge zu leisten.
In der Anlage gestatte ich mir Ihnen die Abschrift eines Schreibens
Sehr geehrte Herren Parteigenossen
In Anlage sen
Der Landesgruppenleiter der N.S.D.A.P.
Herrn Pg. Gustloff hat mich zum Wirtschaftsberater der Landesgruppe N.S.D.A.P. der Landesgruppe Schweiz ernannt.

8
Max Saurenhaus: Rundschreiben zur Anfrage des Aussenhandelsverbands Berlin
(undatiert)
Original, Handschrift Max Saurenhaus (Tinte). Entwurf, zerrissen und zusammenklebt. Auf Rückseite Formular Mitgliederbeitrag.
Sehr geehrter Herr Parteigenosse,
Pg. Gustloff hat mich zum Wirtschaftsberater der NSADP Landesgruppe Schweiz ernannt.

Der Inhalt des Papierkorbs

In der Anlage gestatte ich mir Ihnen die Abschrift eines Schreibens des Aussenhandelsverbandes E.V. Berlin zur [unlesbar] Kenntnisnahme zu übersenden. Der Landesgruppenleiter hat mich beauftragt ~~die im vor~~ die vom Auslandhandelsverband angeregte Angelegenheit zu bearbeiten. Ich bitte, mir mitzuteilen, ob die dortige Ortsgruppe in der Lage ist ~~in der Angelegenheit~~ die vom Aussenhandelsverband ~~angeregte weise~~ gewünschten Unterlagen ~~für~~ aus dem dortigen Bezirk zu beschaffen, nämlich.
1.
2.
3.
Ich würde es für ratsam halten, die Sache einem zuverlässigen Pg., vielleicht am besten durch einen Kaufmann, bearbeiten zu lassen. Die Unterlagen für Punkt 3 könnte allenfalls [?] der Pressewart liefern.
Zum Schluss bitte ich, die Angelegenheit durchaus vertraulich zu behandeln.
Ich sehe gern Ihrer vorläufigen Nachricht entgegen und ich zeichne mit Heil Hitler!

9
Max Saurenhaus an Wilhelm Gustloff
(undatiert)
Original, Handschrift Max Saurenhaus, Entwurf auf Rückseite Formular Mitgliederbeitrag, zerrissen und zusammengeklebt.
Lieber Pg. Gustloff!
~~wegen~~ In der Sache Aussenhandelsverband möchte ich mich laut beiliegendem Schreiben zur Mitarbeit an die Ortsgruppen bez.w. Stützpunkte der N.S.D.A.P. Landesgruppe Schweiz wenden.

Würden Sie mir bitte die Anschriften [der] einzelnen Ortsgruppen – usw. mitteilen ev. unter Angabe der Anschrift der Kreisleiter mit Angabe, welche Ortsgruppen pp.[?] den Kreisleitern unterstehen. Soweit Kreisleiter vorhanden sind, leite ich die Schreiben über die Kreisleiter. Falls Sie es wünschen, kann auch die ganze Sache über die Landesgruppe geleitet werden. Sie müssten mir nur in diesem Falle angeben, wieviel solcher Schreiben ich Ihnen zusenden soll.
Mit herzlichen Grüssen von Haus zu Haus
Heil Hitler
MS

10
Max Saurenhaus an die Reichsgeschäftsführung der Arbeitsgemeinschaft Katholischer Deutscher (AKD)
Handschriftliche Zusammenfassung von PM (Blaustift u. Ergänzung mit Bleistift)
Reichsgeschäftsführung A.K.D.
Berlin
<der Arbeitsgemeinschaft Katholischer Deutscher>
30/X/33
Max berichtet, wie einzelne Blätter der Innerschweiz mit den nationalsoz. Ideen sympathisieren, während andere Blätter einesteils günstige Berichte bringen, dann aber auch Greuelmeldungen wiedergeben. «Wir Katholiken haben ein ganz besonderes Interesse, damit die nationalsoz. Ideen an Ausdehnung gewinnen, besonders dass die Länder, die an Deutschland anstossen, [sie] gerecht beurteilen. Ich trete Ihrem Verein bei und bezahle heute die 6 Frs. ein. Ich halte mich zu Ihrer Verfügung betr. Organisation und Tätigkeit.»

Die Quellen

B2
Paul Marchal an Abteilung
Auswärtiges
7.11.1933
Originaldurchschlag auf dünnem
gelbem Papier.
An das Eidgenössische Politische
Departement
Abteilung für Auswärtiges
BERN
Basel den 7. November 1933
Mitteilung Nr. 2
Am 14. Oktober 1933 ging Ihnen die Meldung zu betr. der eventl. Ernennung des Landesgruppenführers in der Schweiz der NSDAP in Davos. In dieser Angelegenheit antwortet nun das A.P. der N.S.D.A.P. in Berlin am 26. Oktober 1933:
«Was die Übertragung des Konsulats in Davos an Pg. Gustloff anbetrifft, so muss das Aussenpolitische Amt aus finanziellen Gründen auf diese Neueinrichtung verzichten. Pg. Gustloff bleibt aber für diesen Posten vorgemerkt.»
Ferner wird ein eingesandter Artikel der Nationalzeitung Basel vom 30. Sept. 1933 «Die Achtung der Grenze» verdankt. Dieser Artikel spricht am Schluss von der Notwendigkeit die deutsche NSDAP auszuweisen.
Die Ortsgruppe Basel erneuert nun ihren Antrag nach Berlin und schreibt, dass es für die hiesigen Pg. eine ausserordentliche Beruhigung wäre, wenn dem Antrag entsprochen würde. Die Lage für die NSDAP in der Schweiz sei sehr heikel und man habe das Gefühl, auf einem Pulverfass zu sitzen. – Was Wunder, wenn man sich der unlauteren Machenschaften bewusst ist, von denen die beiliegenden Briefcopien Zeugnis ablegen. Weiter wird betont, dass die Errichtung des Konsulats in Davos ja keine besonderen finanziellen Aufwendungen verursache, da es sich ja lediglich um ein Honorarkonsulat handeln würde. Die Situation der Partei in der Schweiz werde von Tag zu Tag unhaltbarer, besonders für die leitenden Organe. Der Obmann der hiesigen Gruppe beklagt sich über die terrormässigen Zustände, die hier herrschen. Ein weiterer Vorsteher der Partei in Basel missbraucht schon jetzt seine Stellung als Konsul eines kleinen südamerikanischen Staates um von Zugriffen der Behörden geschützt zu sein.

Vom Aussenpolitischen Amt sind nun die Massnahmen zur Förderung des deutschen Exports dem Aussenhandelsverband in Berlin übertragen worden.

Ich werde die Angelegenheit weiter verfolgen und Ihnen berichten. Ich betone, dass ich keiner politischen Partei angehöre und keiner der genannten Personen schaden möchte. Ich finde aber, dass es meine Pflicht ist, die Landesbehörde von diesen Vorgängen zu unterrichten.

Abschrift No. I.
Berlin den 19. Oktober 1933
Aussenhandelsverband Berlin NW 7, Robert Koch Platz 7
(Handelsvertragsverein)
An die NSDAP Basel, z.Hd. des Herrn X Basel
Zeichen J.Nr.Dr.N./Pf.
Sehr geehrte Herren!
Die Tatsache, dass der deutsch-feindliche Boykott in einem grossen Teil des Auslandes noch immer andauert und soweit wir unterrichtet sind, von einem Abflauen wenig zu merken ist, gibt uns Veranlassung, Ihnen die Anregung zu unterbreiten:
Gemeinsam mit den amtlichen deutschen Auslandsvertretungen, wenn

möglich mit den etwaigen Ortsgruppen der NSDAP und des Bundes der Auslanddeutschen, den deutschen Auslands-Handelskammern, den Vertrauensleuten des Leipziger Messe Amtes und des Deutschen Auslands Instituts Stuttgart folgende Listen aufzustellen:

1. eine Liste solcher Firmen und Vertreter, von denen bekannt ist, dass sie mittelbar oder unmittelbar zum Boykott deutscher Waren auffordern.
2. eine Liste von zuverlässigen und geschäftstüchtigen Vertretern, wenn möglich arischer Abstammung, möglichst nach Branchen geordnet.
3. Listen von Zeitungen:
a) deutsch-freundlichen
b) deutsch-feindlichen

Vielfach wird es nötig sein, dass deutsche Firmen ihre Vertretungen im Ausland wechseln und sie in die Hände zuverlässiger deutscher Herren legen. Es wäre daher sehr wertvoll, wenn wir für die in Frage kommenden Länder über solche Listen verfügen.

Selbstverständlich sind wir uns bewusst, dass die Aufmachung solcher Listen geraume Zeit beanspruchen wird und wohl auch nur in gewissem Umfange möglich sein dürfte. Aber auch dann, wenn die Listen zunächst nur wenig Adressen enthalten sollten und eine Ergänzung erst später von Zeit zu Zeit stattfindet, würden sie für uns von unschätzbarem Wert sein. Durch eine Mitarbeit würden Sie sowohl unserem Verband wie dem deutschen Aussenhandel überhaupt einen grossen Dienst erweisen.

Wir wenden uns noch an die angeführten Stellen und bitten sie um ihre Mitarbeit. Um ihre dortigen Adressen festzustellen, empfiehlt es sich, dass Sie sich mit der dortigen Auslandsvertretung in Verbindung zu setzen. Wir geben diese Anregung auch den übrigen Stellen.

Mit vorzüglicher Hochachtung die Geschäftsführung
gez. Niezsche

Darauf frägt die hiesige Ortsgruppe den Landesgruppenführer Herr Gustloff in Davos an, ob er damit einverstanden sei, dass man dieser Anregung Folge geben [soll] und bittet gleichzeitig eines ihrer Mitglieder zum Wirtschaftsberater der N.S.D.A.P. Landesgruppe Schweiz zu ernennen.

Dieser Bitte wird entsprochen und der Kassenwart der hiesigen Ortsgruppe zum Wirtschaftsberater der N.S.D.A.P. Landesgruppe Schweiz ernannt.

Am 27. Okt. 1933 schreibt Herr Gustloff wörtlich:

«Bitten möchte ich Sie, dem Gesuch der Aussenhandelsvertretung zu entsprechen, allerdings würde ich raten, dem Verband zu schreiben, dass Ihre Auskünfte gegenüber den Amtsstellen in der Schweiz (Konsulate etc.) streng geheim zu halten sind, da diese nicht als verlässig bezeichnet werden können.»

Von Basel aus wird nun an den Aussenhandelsverband in Berlin was folgt geschrieben: (Anfangs November 1933)

«Wir kommen zurück auf Ihr gesch. Schreiben vom 19.v.M. Ohne Zweifel ist unbedingt eine Gegenmassnahme gegen die gegen Deutschland gerichtete Boykottbewegung dringend erforderlich. Es wird von gewissen Kreisen geheim aber sehr stark gegen Deutschland gearbeitet und zwar ist in der letzten Zeit eher eine Verschärfung festzustellen als ein Abflauen des Boykotts.

Die Quellen

Wir sind gerne bereit, die von Ihnen angeregte Arbeit durchzuführen. Auf Wunsch des Landesgruppenführers in der Schweiz der N.S.D.A.P. müssen wir aber zur Bedingung machen, dass den amtlichen deutschen Stellen im Ausland (deutsche Konsulate, Gesandtschaften usw.) das von uns zur Verfügung gestellte Material nicht zur Kenntnis gebracht wird. Der Landesgruppenführer der Schweiz hat diese Anregung nach reiflicher Überlegung getroffen. Wir haben auch mit einem Konsulat in der Schweiz die denkbar schlechtesten Erfahrungen gemacht. Wir würden überhaupt empfehlen, die Sache vertraulich zu behandeln, da es nicht im deutschen Interesse liegt, dass Ihre Schritte an der Öffentlichkeit bekannt werden.»
Ein anderer Brief aus Basel sagt: «Gerade in den letzten Tagen haben wir festgestellt, dass die Vertretung einer grossen deutschen Firma in einer ausgesprochen deutschfeindlichen Hand liegt.»
In einem weiteren Schreiben werden die übrigen Ortsgruppen in der Schweiz und Kreisleiter zur Mitarbeit aufgefordert.

B3
Paul Marchal an Abteilung Auswärtiges
8.11.1933
Originaldurchschlag auf dünnem gelbem Papier.
Basel den 8. November 1933
An das Eidgenössische Politische Departement
(Abteilung für Auswärtiges)
BERN
Am 14. Oktober 1933 ging Ihnen die Meldung zu betr. der eventl. Ernennung des Landesgruppenführers in der Schweiz der N.S.D.A.P. in Davos zu.

Das A.P. der N.S.D.A.P. in Berlin antwortet nun, dass aus finanziellen Gründen auf diese Einrichtung einstweilen verzichtet werden müsse. Pg. Gustloff sei aber für diesen Posten vorgemerkt. In übrigen wird ein eingesandter Artikel der Nationalzeitung in Basel vom 30. Sept. 1933 «Die Achtung der Grenze» verdankt.
Die Ortsgruppe Basel erneuert nun ihren Antrag nach Berlin und schreibt, dass es für die hiesigen Pg. eine ausserordentliche Beruhigung wäre, wenn dem Antrag entsprochen würde. Die Lage für die N.S.D.A.P. in der Schweiz sei sehr heikel und man habe das Gefühl, auf einem Pulverfass zu sitzen. – Was wunder, wenn man sich der unlauteren Machenschaften bewusst ist, von denen der nachfolgende Bericht Zeugnis ablegt. Weiter wird betont, dass die Ernennung von Pg. G. zum deutschen Konsul ja mit keinen grösseren Kosten verbunden wäre, da es sich ja nur um ein Honorar-Konsulat handeln würde. Die Situation in der Schweiz werde von Tag zu Tag unhaltbarer für die Partei, speziell für die leitenden Organe. Der Obmann in Basel beklagt sich übrigens über terrormässige Zustände, die hier herrschen. Einstweilen ist vom A.P. Amt in Berlin der Aussenhandelsverband in Berlin mit den Massnahmen zur Förderung des deutschen Exports beauftragt worden. Dieser Verband wendet sich nun wie folgt an seine Vertrauensleute in der Schweiz.
[folgt Briefkopie wie in B2, aber ohne interne Aktenzeichen und ohne Anschrift]
Der Landesgruppenführer in der Schweiz beauftragt die Ortsgruppe in Basel, dem Gesuch zu entsprechen und ernennt den hiesigen Kas-

senwart zum Wirtschaftsberater der NSDAP in der Schweiz. Es wird jedoch daran die Bedingung geknüpft, dass den deutschen Amtsstellen in der Schweiz von diesen Auskünften keine Mitteilung gemacht wird, da dieselben nicht zuverlässig sind (!). Unter diesem Vorbehalt erklärt sich die hiesige Ortsgruppe nun bereit, dem Wunsche des Aussenhandelsverband zu entsprechen und schon wird mitgeteilt, dass Vertretungen von deutschen Firmen in ausgesprochen deutschfeindlichen Händen liegen. Die weiteren Ortsgruppen und Kreisleiter in der Schweiz werden zur Mitarbeit aufgefordert.

Ich werde Sie weiter unterrichtet halten, falls ich neuerdings Nachrichten erfahre, die von Interesse sind. Sie können versichert sein, dass meine Mitteilungen den Tatsachen entsprechen. Wenn die Behörden einmal einschreiten müssen, werden sie sich sofort von der Richtigkeit meiner Meldungen überzeugen. Es sei noch erwähnt, dass ein Hauptbeteiligter der N.S.D.A.P. als Konsul eines ganz unbedeutenden überseeischen Staates sich der Exterritorialität rühmt. Ich vermute, dass das belastende Material dort in Sicherheit gebracht wird. Endlich bitte ich Sie noch, die Meldung als vertraulich zu behandeln. Seien Sie überzeugt, dass es einzig die Pflicht meinem Vaterlande gegenüber ist, die mich zu diesem Schritte veranlasst.

11
Max Saurenhaus an Deutsches Ausland-Institut in Stuttgart nach 4.12.1933
Original, Handschrift Max Saurenhaus, Briefentwurf, zerrissen und wieder zusammengeklebt, unvollständig.

Betrifft: Ihr Tagb. Nr. Mh/Pf
Die N.S.D.A.P. Ortsgruppe Basel übergibt mir Ihr Schreiben vom 4. Dezember 1933 an Sauermann, Ortsgruppe Basel der N.S.D.A.P. Basel. Ich bitte Sie, in Zukunft allen Briefverkehr an folgende Adresse zu richten: Konsul Max Saurenhaus, Basel, Gundeldingerstrasse 190.
Die Bezeichnung N.S.D.A.P. bitte ich wegzulassen, da dies im Auslande die Beförderungssicherheit der Briefe nicht erhöht.
Ich bin damit beschäftigt, eine genaue Liste über die Einstellung der Tages-, Wochen- und Monatszeitungen der Schweiz zusammenzustellen. Ich bitte Sie, sich aber noch eine Woche zu gedulden, da die Zusammenstellung nicht schneller möglich ist. Durch dieses Schreiben wird auch ihr

12
Max Saurenhaus an Gustloff
22.11.1933
Original, Handschrift Max Saurenhaus, Entwurf, zerrissen und zusammengeklebt, Handschrift von PM (Kugelschreiber): Brief von Max Saurenhaus.
Basel, den 22. Nov. 1933
Lieber Kamerad Gustloff!
Ihre freundl. Zeilen vom 17. ds. Mts. gelangten in meinen Besitz. Mit grossem Interesse ~~nach~~ nahm ich von dem Inhalt Ihres Schreibens Kenntnis. Jetzt darf es kein Nachgeben geben. Länger als vielleicht noch ein halbes Jahr kann der Zustand <mit den deutschen Auslandvertretungen> nicht andauern. Auch die Herren vom A.A. werden wir klein kriegen.
Sehr zu bedauern ist, dass der Leiter der Auslandsabteilung sich w[ieder] von Herrn v. N. hat einwickeln lassen. Diese Gefahr besteht immer. Ich

habe es hier gerade erlebt, wo wir bei der deutschen Kolonie eine vollständige Niederlage erlitten haben. In der deutschen Kolonie ist heute im Vorstande noch ein Mann tätig, der sich in schlimmster Art, d. h. in der Art der ~~Auslands~~ jüdischen Emigranten eifrig betätigt hat. Es ist mir nicht gelungen, diesen Mann zu entfernen, weil Pg. Böhmer sich vom Konsul hat einwickeln lassen. Ich schreibe Ihnen dies nicht um Pg. Böhmer anzuschwärzen. Pg. Böhmer arbeitet ganz kolossal für die Partei und leistet sehr viel, aber auf diesem Gebiet hat er versagt. Der Konsul hat ihm doch imponiert. Schlimm ist dies nicht, wenn ich auch blamiert bin, denn in einem halben Jahr ist die N.S.D.A.P. Ortsgruppe Basel die deutsche Kolonie. ~~Die Leute~~ Unsere Gegner, natürlich alles Deutschnationale, haben nur unseren Sieg etwas herausgeschoben. Machen Sie nur gelegentlich Pg. Böhmer darauf aufmerksam, dass er sich von dem Konsul nicht einwickeln lassen soll. Einliegend sende ich Ihnen den Entwurf zu meinem Antrag an das A.P.A. Wenn Sie noch etwas aendern wollen, so bitte ich, dies zu tun. Ich kann Ihnen nur sagen, dass das A.P.A. restlos ~~so denkt~~ über das A.A. denkt wie Sie und ich. Das A.P.A. ist empört über das A.A. (sowohl Herr Zelger, als Herr Schumann und Herr Daiz) und alle Herren wollen, dass baldmöglichst eine Aenderung eintritt. Ich bin geschäftlich augenblicklich sehr in Anspruch genommen. Aber die Sache ist so wichtig, dass, wenn Sie oder ein anderer Herr nicht fahren kann, ich einfach die Zeit zu einer Fahrt nach Berlin nehmen muss. Wir <u>müssen</u> unser Ziel erreichen im Interesse der Partei und im Interesse der Parteigenossen in der Schweiz.

13
Einladung zur Amtswaltertagung
29.11.1933
Original Rotodruck, handschriftliche Notizen von Max Saurenhaus.
ORTSGRUPPE ZÜRICH
der
N.S.D.A.P.
Schweizergasse 14
Zürich, den 29. Nov. 1933
An
alle Ortsgruppen und Stützpunkte der N.S.D.A.P.
in der Schweiz u. Liechtenstein
Nr. 2
Betrifft Amtswaltertagung.
Programm
2. Dezember,
19 Uhr: Amtswaltertagung im Hotel Commercio, I Zürich, Schützengasse Nr. 8
3. Dezember,
9 Uhr: Fortsetzung der Amtswaltertagung daselbst.
11 Uhr: Kundgebung in der «Linde», Zürich-Oberstrass, Universitätsstr. 91
(Tram 10 ab Bahnhof)
Anschliessend daran gemeinsames Mittagessen (Eintopfgericht)
Diejenigen Amtswalter, welche mir ihre Ankunft angegeben haben, werden an der Bahn abgeholt. Andernfalls bitte ich, sogleich nach Ankunft auf der Geschäftsstelle «Wellnerhaus», Schweizergasse 14 (am Löwebplatz) zwecks Quartieranweisung vorzusprechen.
Heil Hitler!
Gez. Berchem
Ortsgruppenleiter

Handschrift Max Saurenhaus:
5 Fahrkarten
Auf Rückseite Entwurfsversuch
Dankesrede, Handschrift Max

Der Inhalt des Papierkorbs

Saurenhaus (Bleistift).
Verbindlichster Dank
~~aus~~ Ihnen allen aus dem Herzen
Ich stehe im Wirtschaftsleben
~~seit Gründung der Ortsgruppe~~
12 Karten Am Renz [?]
4 selbs

14
Liste der Amtswalter der NSDAP
Schweiz (undatiert)
**Kopie einer Zusammenstellung, PM
(Bleistift).**
Amtswalter:
Landesgruppenführer:
W. Gustloff, Davos
Adjutant: F. Jansen-Alder, Davos
Propaganda: E. Kloetzel, Zürich,
Ottikerstr. 61
Presse: H. Flöter, Riva San Vitale,
Tessin
Vorsteher der Uschla-Schweiz[154]:
Otto Werdle, Ragaz (Bad)
Wirtschaftsberater:
Konsul Max Saurenhaus, Gundel-
dingerstr. 190
Kreisleiter Mittel Schweiz:
z. Z. nicht besetzt
Kreisleiter Westschweiz:
Max Göhring
Genf, 24 Av. Wilhelm Favre
Kantone Genf, Waadt, Neuchâtel,
Freiburg
Bern: E. Pafrath, Gesellschaftsstr. 37
Genf: H. Schneider, 8 rue de la
Ratissance (?)
Glarus: Joh. Martin, Pension Heer,
Rathausplatz
Lausanne: Heinz Rudolph, Av.
Grammont 10
Lugano:
Luzern: Franz Liebl
A. Ahrens, Pilatusstr. 18
Thun: Pfarrer C. Dölken Thun/ D…
esch[?]
Zürich: H. Berchem, Weinbergstr. 44

15
Max Saurenhaus an das Deutsche
Ausland Institut Stuttgart
(nach 18.11.1933)
**Original, Handschrift Max Sauren-
haus, Briefentwurf, zerrissen und
zusammengeklebt.**

Deutsches Ausland Institut Stuttgart
Stuttgart
Haus des Deutschtums
(Parteibogen mit Rotodruck)
Betrifft Ihr Zeichen Tagb. Nr. Mh/Pf
Sehr geehrte Herren!
Ihr Schreiben vom 18. Nov. gelangt
in meinen Besitz.
Mit grossem Interesse nahm ich von
Ihren Ausführungen Kenntnis. Aus
dem beigefügten Rundschreiben er-
sah ich, dass Sie bereits im gleichen
Sinne tätig sind, wie der Aussenhandelsverband E.V. Berlin.
In der Vertreterfrage bezw. in der
Boykottfrage habe ich ~~jetzt~~ die Arbeit
hier aufgenommen. Ich werde Ihnen
in dieser Angelegenheit gern später
berichten. Eine Aufstellung über a.
deutschfreundliche, b. deutschfeind-
liche Zeitungen in der Schweiz kann
ich Ihnen auf Wunsch liefern.
Es würde mich ebenfalls freuen,
wenn ein regelmässiger Briefwechsel
aus unserer Korrespondenz entstehen
würde. Teilen Sie mir bitte den Auf-
gabenkreis des Deutschen Ausland
Institut mit.
Ich begrüsse Sie und zeichne mit
Deut[schem Gruss]

16
Max Saurenhaus an Ernst Böhmer
(undatiert)
Original, Handschrift Max Saurenhaus, nur Fetzen mit Briefkopf und Anrede.
Rundstempel: Adler mit Lorbeerkranz und Hakenkreuz, **darunter** Kassenwart, **Umschrift:** * Nationalsoz. Deutsche Arbeiterpartei * Ortsgruppe Basel *
Herrn
Ernst Böhmer
Basel
Lieber Herr Böh[mer]
Mit Ein[...]
[...] den einliegen[den] [...]

17
Offizieller Briefkopf der Ortsgruppe Basel
(undatiert)
Original, wohl Probeabdruck in deutscher Frakturschrift mit handschriftlicher Korrektur von Max Saurenhaus.
Nationalsozialistische Deutsche Arbeiterpartei
zentriert:
Landesgruppe Schweiz
links: Ortsgruppe Basel
Anschrift:
Postfach 342 <38> Basel <16>
Propagandaleitung Basel
Anschrift:
Postfach 38 Basel 16
zentriert: «Freiheit und Brot», **darunter gross:** Reichsadler mit Hakenkreuz im Lorbeerkranz
rechts: Zentralorgan der Landesgruppe
«Der Reichsdeutsche»
Schriftleitung: Zürich 7
Bestellung durch die Propagandaleitung Basel
Basel, den

18
Richtlinien des Auslandverlags Berlin für Vertrauensleute
(undatiert)
Original, Druck auf Flugpostpapier, gelocht für Ordner.
Allgemeine Richtlinien für die Herren Vertrauensleute des ECHO (Auslandverlag G.m.b.H. Berlin W2) bei ihrer ehrenamtlichen Mitwirkung an der deutschen Exportförderung.
Wir stellen unseren Vertrauensleuten unentgeltlich unsere gesamte Organisation sowie unseren Einfluss bei den Industriefirmen zur Verfügung. Unsere Leistungen für die Vertrauensleute umfassen u. a.:
– Geschäftsverbindungen für die Vertrauensleute selbst und die von ihnen empfohlenen Firmen ihres Einflussbereiches werden von uns hergestellt;
– Vertretungen angesehener deutscher Firmen werden von uns beschafft;
– Abnehmer, Importeure, Makler bzw. Kompensationspartner für in Deutschland benötigte Erzeugnisse, insbesondere Rohstoffe, werden von uns ermittelt;
– Erfindungen, die für Deutschland interessant sind, werden von uns untergebracht;
– Gedankenaustausch zwischen deutschen Unternehmungen und solchen der gleichen Fachgruppe in dem Einflussbereich der Vertrauensleute werden von uns herbeigeführt;
– Referenz-Auskünfte. Wir stehen den in Deutschland Verbindung suchenden Firmen als Auskunftstelle gern zur Verfügung, wenn sie uns Referenzen aufgeben;
– Schlichtung von Streitigkeiten zwischen Firmen des Einflussbereiches der Vertrauensleute und Firmen in Deutschland wird durch uns versucht,

Der Inhalt des Papierkorbs

Nachweis von Rechtsanwälten;
- Das Echo in einer der vier verschiedenen monatlichen Sprachenausgaben (deutsch, englisch, spanisch, französisch) wird den Vertrauensleuten von uns regelmässig zugestellt;
- Probehefte des Echo werden an Firmen übermittelt, die die Vertrauensleute uns aufgeben.

Wir erbitten die Mitarbeit unserer Herren Vertrauensleute in den nachbezeichneten Fällen auf Grund ihrer persönlichen Kenntnisse der Verhältnisse ihres Einflussbereichs:
- Geschäftsmöglichkeiten im Einflussbereich der Vertrauensleute bitten wir uns mitzuteilen;
- Ausschreibungen im Einflussbereich der Vertrauensleute, die für Deutschland Interesse haben, bitten wir uns rechtzeitig bekanntzugeben (Lastenheft oder genaue Beschreibung und Bedingungen unbedingt erforderlich, um zeitraubende Rückfragen zu vermeiden);
- Vertreter, die fachkundig und zuverlässig sind, bitten wir uns auf Anfrage zu benennen;
- Beratung unserer Vertriebsabteilung seitens der Vertrauensleute bei der Auswahl des Empfängerkreises für DAS ECHO ist sehr willkommen;
- Auskünfte über Firmen des Einflussbereiches der Vertrauensleute bitten wir uns auf Anfordern zu erteilen (sofern eigene Informationen nicht ausreichend sind und eine Auskunftei in Anspruch genommen werden muss, werden die entstehenden üblichen Auslagen vergütet);
- Schlichtung von Streitigkeiten zwischen deutschen Firmen und solchen des Einflussbereiches der Vertrauensleute bitten wir auf Anforderung zu versuchen;
- Fragebogen: Suchen Sie? bitten wir in möglichst grossem Umfang bei allen irgendwie zugänglichen Firmen ihres Einflussbereiches anzubringen, auch bei solchen, die bisher mit Deutschland noch nicht arbeiteten (dieser Fragebogen steht in deutscher, englischer, französischer, spanischer, italienischer, portugiesischer und polnischer Sprache zur Verfügung).

19
Einträge im Taschenkalender,
Blatt 2. bis 8. April 1936
Handschrift Max Saurenhaus.

2. April Donnerstag: Ganzer Tag Geschäft, Karl zum ersten Mal lange Hosen
3. April Freitag: Ganzer Tag Geschäft, Versteigerung Isak von Ostade, Tisch für Lori
4. April Samstag: Briefausgabe
5. April Sonntag: Ganzer Tag Geschäft
6. April Montag: Ganzer Tag Geschäft
7. April Dienstag: Geschäft [?]
8. April Mittwoch: Ganzer Tag Geschäft. Abends 2 Flaschen Wein getrunken, total besoffen und gekotzt.

20
Max Saurenhaus an Walter
Malletke, Berlin
4.5.1937
Original, Schreibmaschine
Durchschlagskopie.

Herrn
Walter Malletke
Berlin-Wilmersdorf
Sehr geehrter Herr Malletke!
Ihre freundl. Mitteilung vom 29. pass. gelangte in meinen Besitz.
An einen Freihafen in Lyon (das heisst einen Freihafen im Binnenlande) hat die Schweiz sehr wenig Inte-

resse. Anders liegen die Verhältnisse, wenn der Schweiz in einer Seestadt, etwa Genua, Hamburg, Marseille usw. eine Freizone eingeräumt würde. Wie Sie wissen, bemüht sich Genua sehr in dieser Richtung.

Der Grund, warum Frankreich die Einräumung einer Freizone in Lyon der Schweiz vorschlaegt, liegt darin, dass Frankreich hofft, auf diese Weise von der Schweiz guenstige Bedingungen bei der Verhandlung über den Vertrag betreffend Abflussregulierung des Genfersees zu erreichen. Wahrscheinlich sprechen auch militaerische Rücksichten mit, wie dies seiner Zeit, das heisst vor dem Weltkriege, bei dem Bau der Oberalp-Furka-Bahn der Fall war, die in der gleichen Richtung verlaeuft und die seiner Zeit nur auf Betreiben Frankreichs gebaut wurde.

Mit deutschem Gruss

Der Inhalt des Papierkorbs

Akten aus
dem Bundesarchiv
Berlin

a) Im Irrgarten der Parteibürokratie:
«Parteikorrespondenz»
R 9361 II/875140

1
Aufnahmeabteilung.
Schw./Gr.
München, den 1. Dez. 1931
An die Auslandabteilung der
NSDAP
z. Hd. des Herrn Dr. Hans Nieland,
M.d.R.
Hamburg 1
Burchardstr. 8
Sprinkenhof
Anliegend übersenden wir Ihnen Mitgliedskarte für den durch die Gauleitung Baden in Zugang gebrachten Pg. Max Saurenhaus, Basel, geb. 27. 1. 89, Mitgl. Nr. 676368 mit dem Ersuchen um Weiterleitung.
RM 1.– für Aufnahmegebühr ist bereits bezahlt.
Heil.

[Die gedruckten Formulare 2 bis 4
und 6 werden in Schreibmaschinenschrift und versal wiedergegeben]

2
GESCHÄFTS-NR I/25/41 AO
IN SACHEN
Max Saurenhaus in Basel Schweiz,
Gundeldinger-Str. 190
MITGLIEDS.-NUMMER 676 364 HAT
DIE I. KAMMER DES OBERSTEN
PARTEIGERICHTS DER NSDAP
AUF DIE AM 29. Mai 1941 EINGE-
GANGENE BESCHWERDE des Gauleiters der AO. vom 20. Mai 1941
GEGEN DAS URTEIL DES GAUGE-
RICHTS der Auslands-Organisation
vom 22.4.1941 IN DER SITZUNG
VOM 2. Juli 1941 UNTER MITWIR-
KUNG DES RICHTERS PG. Knopp
als Vorsitzender und der Richter

PG. Dr. Rhode, Pg. Teiwes FÜR
RECHT ERKANNT: I. Die Beschwerde wird zurückgewiesen. II. Das
Oberste Parteigericht entlässt den
Angeschuldigten aus der NDSAP.
Zur Kenntnisnahme an die Reichskartei der NSDAP
[Stempel:]
Für die Richtigkeit München,
den 4. Aug. 1941
Der Leiter der Geschäftsstelle
[NSDAP-Rundstempel mit Adler
und Hakenkreuz im Lorbeerkranz:]
Nationalsoz. Deutsche Arbeiterpartei * Oberstes Parteigericht *
[Stempel:] Eingegangen 8. Aug.
1941 Reichsleitung der NSDAP
Zentraleinlaufamt
[Stempel:]: Erledigt 9. Aug. 1941
[signiert] Ha
[Stempel:] 73209
[Handschriftl. Vermerk:] Noch nicht
rechtskräftig! Neuen Beschluss abwarten! K[egel]
[Stempel:] 9. Sept. 1941

3
REICHSLEITUNG NSDAP.
REICHSKARTEIAMT
MÜNCHEN, DEN 13. Aug. 1941
KONTROLL-NR.: 73209
AN DEN GAUSCHATZMEISTER DES
GAUES Auslandsorgan. KARTEIABTEILUNG IN BERLIN
Das Oberste Partei-Gericht meldet
uns laut Beschluss vom: 2.7.41
Aktenzeichen: I/25/41 A.O.
den Parteigenossen Saurenhaus Max
geboren 27.1.89 Mitgl.Nr. 676 368
als entlassen.
Obiger Parteigenosse wurde daher
in der Reichskartei als Mitglied gestrichen.
Wir bitten um gleichlautende Änderung der Gau- sowie Ortsgruppenkartei. Rückmeldung mit Ihrer monatlichen Veränderungsmeldung ist
nicht erforderlich.
Ha./el.
Heil Hitler!
[Unterschrift] i.V Habersbrunner
Stempel: Habersbrunner
Reichshauptstellenleiter
[NSDAP-Rundstempel mit Adler
und Hakenkreuz im Lorbeerkranz:]
Nationalsoz. Deutsche Arbeiterpartei
* Reichskarteiamt Reichsleitung *
[Stempel:] Zu Jhren Akten
[Stempel:] Eing. Hpst. M'wesen
19. Aug. 1941, Verteiler, weiterleiten
an das Amt ...

4
NATIONALSOZIALISTISCHE
DEUTSCHE ARBEITERPARTEI
OBERSTES PARTEIGERICHT
I. KAMMER
MÜNCHEN 33, DEN
9. September 1941
ARCISSTRASSE 15
FERNRUF 5 19 31
ORTSRUF 57 98
DIES. AKTENZ.: I/25/41 AO.
Dr.Rh./T.
DORT. AKTENZ.: ---
[Stempel:] Eingegangen
9. Sept.1941 Reichsleitung der
NSDAP Zentraleinlaufamt

An die Reichskartei der NSDAP,
München 33
Betr.: Max Saurenhaus,
Basel; Mitgl. Nr. 676 368.
Es wird gebeten, die am 4. August
1941 zugestellte Beschlussausfertigung des Beschlusses des Obersten
Parteigerichts vom 2. Juli 1941, deren Übersendung irrtümlich erfolgt
ist, an das Oberste Parteigericht zurückzugeben.
Heil Hitler!

Akten aus dem Bundesarchiv Berlin

[Unterschrift] Dr. Rhode
[NSDAP-Rundstempel mit Adler und Hakenkreuz im Lorbeerkranz:]
Nationalsoz. Deutsche Arbeiterpartei * Oberstes Parteigericht *
[Handschriftl.Vermerk] lt. telef. Besprechung mit Dr. Rhode ist der Beschluss noch nicht rechtskräftig. Neuen Beschluss abwarten K[egel] Stempel: 9. Sept. 1941

5
K Va Ke/ha/el 9.41
München, den 9. Sept. 1941
An den
Gauschatzmeister der Auslands-Organisation der NSDAP
z. Hd. Herrn Theodor Leonhardt
Berlin
Mitgliedschaft des Parteigenossen Max Saurenhaus, geb. 27.1.89 Mitgl. Nr. 676.368.
Unter Bezugnahme auf unseren Kontrollschein Nr. 73.209 vom 1.7.41 wollen Sie davon Kenntnis nehmen, dass der Beschluss des Obersten Parteigerichtes vom 2.7.41 betr. Parteigenossen
Saurenhaus Max geb. 27.1.89 Mitgl. Nr. 676.368 eingetr. 1.10.31 laut Mitteilung des Obersten Parteigerichtes noch nicht rechtskräftig geworden ist.
Von einem neuerlichen Beschluss werden wir Sie zur gegebenen Zeit verständigen
Heil Hitler!
[Kegel]
Hauptbereichsleiter

6
NATIONALSOZIALISTISCHE DEUTSCHE ARBEITERPARTEI
DIE LEITUNG DER AUSLANDSORGANISATION
BANKKONTO: GIROKONTO 2400, BEI DER BERLINER STADTBANK, GIROKASSE 131
POSTCHECKKONTO: BERLIN 69 55
FERNSPRECHER: SAMMELNUMMER 86 73 81
POSTANSCHRIFT: BERLIN-WILMERSDORF 1, POSTFACH 20
DRAHTANSCHRIFT: ELHOB, BERLIN
Skn/Es. GAUSCHATZMEISTER 28 716
ZCH.: Mitgliedschaftswesen
BERLIN-WILMERSDORF 1, DEN 25. September 1941
WESTFÄLISCHE STRASSE 1
GEGENSTAND: Mitgliedschaft des Pg. Max Saurenhaus, geb. 27.1.1889, Mitgl.-Nr. 676368
An den
Herrn Reichsschatzmeister der NSDAP
München 33
Der Eingang Ihrer Zuschrift vom 9.9.1941 Zeichen K Va Ke/ha/el 9.4 wird bestätigt.
Aufgrund Ihrer Ausführungen wurde Pg. S. wieder im Mitgliederstand der Auslands-Organisation aufgenommen. Der am 13.8.1941 übersandte Kontrollschein Nr. 73 209 wird, da gegenstandslos, zurückgesandt.
Anlage
Heil Hitler!
Der Schatzmeister
i. A. [Grewe] [Unterschrift]
Gauhauptstellenleiter
[Stempel] Eingegannen 29. Sept. 1941 Reichsleitung der NSDAP Zentraleinlaufamt
[Stempel] erledigt 1. OKT. 1941 [signiert] Ha[bersbrunner]
[handschriftlich] ablegen

Die Quellen

b) Saurenhaus und die I.G. Farbenindustrie Aktiengesellschaft Berlin: Akte R 8128/14097

1
I.G. FARBENINDUSTRIE AKTIENGESELLSCHAFT,
BERLIN SO 36
Juristische Abteilung
Firma Max Saurenhaus
Basel/Schweiz
per Einschreiben
Vistrafaser-Verkauf Ausland Kz/Mi
30.5.1942
Vertretervertrag.
Wir beziehen uns auf das Ihnen von der Export-Gemeinschaft für Zellwolle G.m.b.H., Berlin, unter gleichem Datum übermittelte Schreiben, betreffend Auflösung der EGZ und Kündigung des Vertretervertrages. Ab 1. Juni d. J. wird der Verkauf also wieder von den einzelnen Zellwoll-Erzeugern direkt vorgenommen werden. Wir sind nun, wie seinerzeit mit Ihrem sehr geehrten Herrn Saurenhaus besprochen, bereit, Ihnen die Vertretung unserer Vistra-, Aceta- und Cupramafaser für die Schweiz zu übergeben und gestatten uns, Ihnen anbei den entsprechenden Vertretervertrag in dreifacher Ausfertigung zuzustellen mit der Bitte, uns diesen, sofern Sie damit einverstanden sind, mit Ihrer Unterschrift versehen, wieder zurückzusenden. Wir werden dann unsererseits die Verträge unterschreiben und Ihnen ein Exemplar für Ihre Akten zugehen lassen.
Zu Ihrer persönlichen Orientierung teilen wir Ihnen noch mit, dass es sich bei diesem Vertrag um ein Abkommen handelt, das hinsichtlich der Gestaltung des Vertragstextes allen anderen Vertretern deutscher Zellwollwerke in gleicher Form übermittelt wurde.

Wir hoffen auf eine freundschaftliche, der Zellwolleidee dienende Zusammenarbeit und begrüssen Sie hochachtungsvoll
I.G. Farbenindustrie Aktiengesellschaft
gez. van Beek
[Stempel] Durchschlag

2
Vertreter-Vertrag
[überklebt] Kdg. Not. 1.12., 1.3., 1.6. u. 1.9. St.K.
zwischen der Zellwolle erzeugenden Firma I.G. Farbenindustrie Aktiengesellschaft, Berlin SO 36 Lohmühlenstrasse 65/67 und der Firma Max Saurenhaus, Basel 2, Wallstrasse 11 (hierunter genannt Vertreter) wird folgendes vereinbart.
§ 1 Bezirk
Die Erzeugerfirma überträgt dem Vertreter den provisionsweisen Verkauf der von ihr hergestellten Vistrafaser, Acetatfaser und Cupramafaser für die Schweiz.
§ 2 Allgemeine Verpflichtungen
Der Vertreter verpflichtet sich, nach seinem besten Wissen und Gewissen die Interessen der Erzeugerfirma wahrzunehmen und den Verkauf nach besten Kräften zu fördern. Er wird hinsichtlich der Abwicklung der Geschäfte den Anweisungen der Erzeugerfirma folgen und wird sich stets in seinen Äusserungen und Handlungen alles dessen enthalten, was den Interessen der Erzeugerfirma und denjenigen der anderen Zellwollerzeuger schaden kann, sowie Geschäftsgeheimnisse der Erzeugerfirma oder der dieser angeschlossenen Gesellschaften, soweit solche Geschäftsgeheimnisse zur Kenntnis des Vertreters kommen sollten, strikte Verschwiegenheit halten.

Akten aus dem Bundesarchiv Berlin

§ 3 Tätigkeit
Im einzelnen verpflichtet sich der Vertreter, die Kunden regelmässig zu besuchen und den Anweisungen der Erzeugerfirma entsprechend zu beraten und zu betreuen.
Der Vertreter hat die Marktlage zu beobachten und seine Kunden auf Kreditfähigkeit sowie Einhaltung der Zahlungsbedingungen zu überwachen.
Die Erzeugerfirma behält sich ihrerseits darüber hinaus vor, den Bezirk durch Bevollmächtigte bereisen zu lassen.
Der Vertreter ist hinsichtlich der Preisstellung sowie der Verkaufs- und Zahlungsbedingungen an die Anweisungen der Erzeugerfirma gebunden.
Die von dem Vertreter vermittelten Geschäfte bedürfen zu ihrer Rechtswirksamkeit der jeweiligen offiziellen Bestätigung durch die Erzeugerfirma.
§ 4 Wettbewerbsverbot
Es ist dem Vertreter untersagt, für ausserdeutsche Zellwollwerke tätig zu sein.
Der Vertreter verpflichtet sich, direkte oder indirekte Handelsgeschäfte in Zellwolle nicht zu betreiben.
§ 5 Korrespondenz
Die Erzeugerfirma ist berechtigt, jederzeit in die Korrespondenz des Vertreters Einsicht zu nehmen, soweit sich diese auf die Geschäfte aus diesem Vertrag bezieht. Falls er im Einverständnis mit der Erzeugerfirma weitere deutsche Zellwollwerke vertritt, muss der Vertreter die gesamte auf seine geschäftliche Verbindung mit der Erzeugerfirma und deren Kunden bezügliche Korrespondenz getrennt von den übrigen Korrespondenzen halten.

§ 6 Inkasso
Die Überweisung der Rechnungsbeträge seitens der Kundschaft erfolgt in der Regel an die in den Rechnungen der Erzeugerfirma aufgegebene Zahlstelle. Falls ausnahmsweise der Vertreter Zahlungen entgegennimmt, wozu er eine ausdrückliche Ermächtigung der Erzeugerfirma besitzen muss, sind diese Zahlungen sofort an die von der Erzeugerfirma zu bestimmende Stelle abzuführen. Der Vertreter ist verpflichtet, die Erzeugerfirma gegebenenfalls bei der Einholung von Akzepten bei der Kundschaft, sowie bei der Durchführung der Zahlungen gegen Dokumente nach Kräften zu unterstützen.
§ 7 Provision
Der Provisionssatz beträgt 1½% (in Worten eineinhalb von Hundert) [eingeklebt] Gemäss Schrb. vom 25.1.1944 wird der Provisionssatz rückwirkend vom 1.1.1943 auf 2% erhöht.
Die Abrechnung der Provision erfolgt vierteljährlich durch die Erzeugerfirma.
Der Vertreter hat Anspruch auf Provision für die in seinem Vertreterbezirk getätigten Geschäfte, unbeschadet, ob diese durch oder ohne Vermittlung des Vertreters zustandegekommen sind. Für Geschäfte, deren Gegenwert infolge Insolvenz des Kunden nicht voll eingeht, entfällt der Provisionsanspruch für den nicht bezahlten Teil. Die Provision wird von dem eingegangenen Nettobetrag der Faktura errechnet. Der Provisionsanspruch entsteht erst nach Zahlungseingang.
§ 8 Delkredere
Die Übernahme eines Delkrederes durch den Vertreter für alle von ihm vermittelten Lieferungen kann später vereinbart werden.

Die Quellen

§ 9 Auslagen
Porti-, Telegramm- und Telefonspesen in direktem Verkehr mit der Erzeugerfirma gehen zu Lasten der Erzeugerfirma und werden von ihr vergütet.
§ 10 Vertragsdauer
Der Vertrag tritt mit dem 1.7.1942 in Kraft und wird auf unbestimmte Zeit geschlossen. Er kann von jeder der vertragschliessenden Parteien zum Ende eines Kalendermonats jederzeit mit einer Frist von 3 Monaten mittels eingeschriebenem Brief gekündigt werden. Die Erzeugerfirma behält sich vor, nach ausgesprochener Kündigung unter Fortzahlung der Provision bis zum Ablauf des Vertrages den Verkauf ihrer Produkte sofort in andere Hände zu legen oder selbst zu übernehmen.
§ 11 Fristlose Kündigung und Auflösung des Vertrages
Jedwede von der Erzeugerfirma als schwerwiegend angesehene Verletzung der Pflichten des Vertreters oder Schädigung der Interessen der Erzeugerfirma berechtigen die Erzeugerfirma zur Kündigung ohne Einhaltung der Kündigungsfrist. In diesen Fällen sind sämtliche Ansprüche auf Zahlung von Provision mit sofortiger Wirkung hinfällig.
Der Vertrag gilt als aufgelöst, wenn der Vertreter die Zahlungen einstellt oder in Konkurs gerät, wenn der Vertreter stirbt oder die Firma der Vertretung auf einen Dritten übergeht. In diesem Fällen bleibt jedoch der Provisionsanspruch gemäss § 7 bestehen.
§ 12 Übertragung der Rechte und Pflichten
Rechte und Pflichten, die sich für den Vertreter aus diesem Vertrag ergeben, können nur mit Zustimmung der Erzeugerfirma auf Dritte übertragen werden. Ferner dürfen Untervertretungen nur mit besonderem Einverständnis der Erzeugerfirma eingesetzt werden.
§ 13 Nachträgliche Änderungen
Nachträgliche Änderungen oder Ergänzungen dieses Vertrages bedürfen schriftlicher Bestätigung in Form eines Anhanges zu diesem Vertrag.
§ 14 Anzuwendendes Recht und Gerichtsstand
Dieser Vertrag ist ausschliesslich dem deutschen Recht unterworfen. Als Gerichtsstand für die Austragung etwa aus dieser Abmachung entstehender Streitigkeiten wird das Amtsgericht bczw. Landgericht Berlin vereinbart. Bei Klagen gegen den Vertreter kann die Erzeugerfirma auch das für die Niederlassung des Vertreters zuständige Gericht anrufen.
Datum 9. Juni 1942
Unterschriften

3
Abschrift!
Firma
Max Saurenhaus & Cie
Basel 2
Wallstrasse 11
z. Zt. Premnitz/Westhaverland (2)
Abt. Vistrafaser-Verkauf Ausland
Kz/JNw.
25.1.1944
Sehr geehrter Herr Saurenhaus,
wir nehmen höflichst Bezug auf die kürzlich zwischen Ihnen und unserem Herrn Direktor van Beek in Basel geführte Besprechung betreffend die Provisionsfrage. Wir sind gleichfalls der Auffassung, dass der Ihnen bisher gewährte Provisionssatz von 1½ in Anbetracht der mit der Unterbringung der Kontingente verbundenen relativ umfangreichen Arbeiten und Bemühungen sowie zur Deckung

aller anfallenden Unkosten zu gering bemessen ist, was nicht zuletzt darauf zurückzuführen sein dürfte, dass im vorigen Jahr bei Festsetzung des vorerwähnten Provisionssatzes die in Rede stehende Jahresmenge nur etwa zur Hälfte erreicht worden war.
Wir finden uns infolgedessen bereit, Ihren Provisionssatz, rückwirkend vom 1.1.1943, auf 2% zu erhöhen, womit wir Sie einverstanden hoffen.
Eine Kreditnote über die im Vorjahr von Ihnen getätigte Verkäufe durchgeführten Lieferungen nach-zu-vergütende Provision von ½% gestatten wir uns, Ihnen mit separater Post zu überreichen.
Wir begrüssen Sie
Hochachtungsvoll!
I. G. Farbenindustrie
Aktiengesellschaft
gez. van Beek
gez. ppa. Goy

Akten aus dem Staatsarchiv Basel

PD-REG 3a Nr. 202 286

Die Ausweisungsverfügung
Verfügung des Polizeidepartements
des Kantons Basel-Stadt
(Diese Verfügung gilt auch für das
Gebiet des Fürstentums Liechtenstein)
Gestützt auf Art. 10, Abs, 1, lit. a des
Bundesgesetzes über Aufenthalt und
Niederlassung der Ausländer vom
26. Mai 1931
wird
Name: Saurenhaus-Marchal
Vorname: Max
Geburtsdatum: 27. Januar 1889
Heimat: Deutschland
Familienstand: verheiratet
wohnhaft:
Gundeldingerstrasse 190
Niedergelassen seit:
2. September 1925
Kontr.-Nr. AK 202286
[Stempel]
«Wegen Missbrauchs des Gastrechts
durch schwere Missachtung von
Ordnungsvorschriften und weil die
weitere Anwesenheit das öffentliche
Interesse erheblich schädigen oder
gefährden würde, auf unbestimmte
Zeit aus dem Gebiete der Schweiz
ausgewiesen.»
Diese Verfügung erstreckt sich auch
auf die Ehefrau Ernestina Saurenhaus-Marchal, geb. 21. Januar 1891.
Basel, den 21. Juni 1945
Polizeidepartement
der Vorsteher
Brechbühl

Mittelung dieser Verfügung an:
Kontrollbureau: 26. Juni 1945
[Stempel]
Strafenregister: 29. Juni 1945
[Stempel]
Politische Abteilung: 2. Juli 1945

[Stempel]
Journal: 6. Juli 1945 [Stempel]

Das Verhör
Basel, den 5. Juli 1945
Auf Vorladung erscheint und gibt
auf Befragung an:
z. P. Maximilian Saurenhaus
(s. Vorladung)
z. S.:
Fr.: Haben Sie die Ausweisverfügung
des Polizeidepartementes Basel-Stadt erhalten?
At.: Ja.
Vo.: Sie waren Mitglied der NSDAP.
At.: Ja, seit 1932.
Fr.: Geschah Ihr Beitritt zur NSDAP
freiwillig?
At.: Ja, mein Beitritt erfolgte eigentlich freiwillig. Ich bin seit 1925 in
der Schweiz ansässig. Von 1925 bis
1938 war ich Direktor im Geschäft
meines Schwiegervaters M. Marchal
AG, Textilrohstoffe. Anno 1938 habe
ich dann in der gleichen Branche in
Basel ein eigenes, auf meinen Namen lautendes Geschäft eröffnet.
Meine geschäftlichen Beziehungen,
die ich von jeher mit Deutschland
unterhalten habe, erforderten eigentlich einen Beitritt zur Partei. Richtig
ist, ich hatte in Deutschland einen
Freund in der Fa. Gütermann & Co.,
in Gutach, Regierungsrat Welter.
Dieser sagte schon damals zu mir,
ich solle der Partei beitreten, da dies
für mich von Vorteil wäre, auch für
mein Geschäft. Die Fa. Gütermann
war zudem eigentlich dieses Geschäft mit dem wir immer die grössten und sichersten Abschlüsse tätigen
konnten, richtig es war das Geschäft
von dem unsere Existenz abhing. Im
übrigen ist es richtig, ich war damals
selbst der Ansicht, dass nur der Nationalsozialismus die damaligen in

Deutschland herrschenden Verhältnisse versuchen würde zu beseitigen, indem er alles tun werde um an die Macht zu kommen. Ich habe dann aber eingesehen, dass bei der ganzen Sache verschiedenes nicht stimmte und habe mich bereits im September 1934 vollständig zurückgezogen. Ich habe von diesem Zeitpunkt an auch keinerlei Parteiversammlung mehr besucht und andere Veranstaltungen der Deutschen nur unter Druck des Konsulates und dies zwar nur ein Mal. In der Folge bin ich dann sogar anno 1941 nach einem durchgeführten Parteiausschlussverfahren aus der Partei ausgeschlossen worden, wegen Zuwiderhandlung gegen Parteiinteressen. Ich hatte alle meine Kinder ins Schweizerbürgerrecht aufnehmen lassen und zwar anno 1938 und 1939.

Fr.: Wo haben Sie Ihr Mitgliedbuch und wissen Sie noch welche Parteinummer Sie hatten?

At.: Während des genannten Verfahrens wurde ich aufgefordert das Parteibuch abzugeben, was ich auch getan habe. Meine Mitgliedernummer war 676 368.

Fr.: Haben Sie in der Partei irgendein Amt oder eine Funktion ausgeübt?

At.: Ja, ich war bis 28. September 1934 stellvertretender Ortsgruppenleiter von Basel. Dieses Amt legte ich damals nieder, mit dem Bemerken, ich sei mit der Entwicklung der NSDAP nicht einverstanden.

Fr.: Welche Beiträge und wie lange haben Sie diese bezahlt?

At.: Früher bezahlte ich glaublich Fr. 4.– monatlich. Später kam dann die Weisung, dass die Beiträge dem Einkommen entsprechend entrichtet werden müssen und von da ab zahlte ich monatlich Fr. 8.–. Ich habe die Beiträge bis zu meinem Ausschluss bezahlt und auch nachher noch bis 1945. Dies deshalb, weil mir trotz meinem Ausschluss immer noch weiter Zahlungsaufforderungen zugingen. Ich habe mit meinem Sohn darüber gesprochen und wir kamen überein, trotz Ausschluss weiter zu zahlen. Dies geschah alles wegen meiner geschäftlichen Verbindungen in Deutschland. Ich habe auch während des Krieges mit Deutschland grosse Geschäfte gemacht und um keine neuen Reibereien und dadurch geschäftliche Schwierigkeiten entstehen zu lassen, habe ich weiter bezahlt.

Fr.: Sie waren doch überzeugter Nationalsozialist?

At.: Nein, das war ich nie.

Vo.: Das ist kaum glaublich. Sie hätten doch sonst nicht sogar das Amt eines stellvertretenden Ortsgruppenleiters in Basel innegehabt. Zumindest müssen Sie vor 1934 vom Nationalsozialismus und seiner Zukunft überzeugt gewesen sein.

At.: Es ist so, wie ich es sage. Ich war aus rein geschäftlichen, d.h. materiellen Gründen dabei. Ich bin immer ein guter Katholik gewesen. Ich kann beweisen, dass ich bereits anno 1932 deswegen mit dem verstorbenen Dekan Mäder in Basel korrespondiert habe, ob irgendeine Möglichkeit besteht, einem Parteimitglied die Sakramente zu verweigern. Ich habe auch mit verschiedenen Geistlichen darüber gesprochen und immer meiner Ansicht Ausdruck gegeben, dass ich, sofern diese Möglichkeit irgendeinmal in Betracht käme, ungeachtet all meiner geschäftlichen Erfolge etc. mich vollständig von der Partei loslösen würde. Ich werde in meinem Rekurs näher darauf eingehen.

Die Quellen

Vo.: Sie haben doch in all den Jahren in der Schweiz Propaganda für den Nationalsozialismus getrieben.
At.: Das stimmt nicht. Ich habe nie davon Gebrauch gemacht, dass ich in der Partei bin. Nicht einmal meine engsten Freunde haben das gewusst.
Vo.: Es ist uns bekannt, dass Sie anno 1941 den Auftrag erhielten, in der Schweiz ein nationalsozialistisches Propagandaheft, eine eigentliche Werbeschrift in Druck zu geben. Sie haben damals Schritte in Basel und sonst unternommen, um den Druck zu ermöglichen.
At.: Das stimmt nicht. Ich wurde ja damals aus der Partei ausgeschlossen.
Vo.: Es ist uns damals beim Vorgehen gegen die schweizerischen Naziorganisationen ein Schreiben in die Hände gefallen, wonach Ihnen der Verlag «Das Echo» in Deutschland den Auftrag erteilt hat. Es wurden Verhandlungen mit der Buchdruckerei zum Hirzen in Basel gepflogen, wonach 10 000 dieser Hefte im Umfang von 52 Seiten, wovon 32 Seiten Text, hätten hergestellt werden sollen.
At.: Ich kann mich nicht erinnern.
Vo.: Unsere damaligen Erhebungen nach dem Auffinden dieses Schreibens in der Druckerei Hirzen haben ergeben, dass diese Druckerei von einer anderen Druckerei und zwar von der Firma Bürgi an der Pfeffingerstrasse in Basel den Auftrag erhalten hat, event. den Druck dieses Werbeheftes zu übernehmen. Weitere Feststellungen haben ergeben, dass Sie der letztgenannten Druckerei Auftrag erteilten, den Druck durchzuführen.
At.: Ja, ich erinnere mich nun. Der deutsche Werberat der Deutschen Wirtschaft hatte damals glaublich in Zürich eine Ausstellung über Kunststoffe lanciert. Da sollte glaube ich ein solches Heft zur Verteilung gelangen. Um was es sich eigentlich gehandelt hat, weiss ich nicht. Ich habe vom Echo die Bitte erhalten in der Schweiz einen Drucker zu suchen und habe das getan. Ob aus der Sache etwas geworden ist oder nicht, weiss ich nicht.
Fr.: Warum hat man sich denn an Sie gewendet?
At.: Ich war der wichtigste Kunststoffhändler in der Schweiz und ich nehme an, dass man sich deshalb an mich wandte. Mit Parteipolitik hatte das nichts zu tun, es war eine rein wirtschaftliche Angelegenheit.
Vo.: Sie haben sich doch auch damit befasst, sogenannte schwarze Listen von Firmen und Vertretern zu Handen Deutschlands aufzustellen, die sich mittelbar oder unmittelbar zum Boykott deutscher Waren hergaben und aufforderten, ebenso eine Liste von zuverlässigen Vertretern arischer Abstammung verschiedener Branchen und 3. Listen von Zeitungen die deutschfreundlich und solchen die deutschfeindlich waren. Dies mussten Sie im Auftrage des Aussenhandelsverbandes Berlin NW 7 tun.
At.: An diese Sache erinnere ich mich nicht mehr. Es liegt auch schon lange zurück seit 1933. Ich will dies gar nicht bestreiten, denn dies war damals gang und gäbe. Es wird schon so sein, dass ich den Auftrag angenommen und ausgeführt habe. Nein, das ist nicht richtig, ob er ausgeführt worden ist, weiss ich nicht, bestimmt war ich aber dafür.
Vo.: Sie haben nach unseren Feststellungen während den Kriegsjahren mit deutschen Persönlichkeiten, die in die Schweiz kamen und die uns als stark spionageverdächtig bekannt

Akten aus dem Staatsarchiv Basel

gewesen sind, Verbindung gehabt. Sie wurden von solchen Leuten aufgesucht.

At.: Es ist richtig, zu mir sind sehr viele Leute aus Deutschland gekommen. Es handelte sich aber immer nur um Geschäftsbesuche. Ich vertrete in der Schweiz 12 Werke aus Deutschland von Kunststoffen. Dadurch wurde ich eben zwangsläufig von den verschiedenen Direktoren und Bevollmächtigten aufgesucht. Dass es darunter Leute gehabt haben soll, die mit Spionage zu tun hatten, weiss ich nicht. Ich habe mit diesen Leuten immer nur geschäftlich verhandelt. Einer war allerdings darunter der mir nie recht gefallen hat. Ich hatte immer die Ansicht, dass dieser Mann nicht geschäftlich hier zu tun hatte, sondern dass er eher beauftragt war, SS Gelder in die Schweiz zu verschieben. Positives wusste ich nie, auch heute nicht. Es handelt sich um einen gewissen Max Böse. Dieser ist Besitzer einer Strickwarenfabrik in Deutschland und ist eigentlich durch Empfehlung des Kriegs-, Industrie- und Arbeitsamtes, Sektion Textilien, an mich gewiesen worden. Dies deshalb, weil Böse behauptete, nein er konnte dies, jeden Monat 12 000 Kilo Zellwolle in die Schweiz zu bringen. Da Zellwolle ein Kunststoff ist und die Einfuhr von Kunststoffen zu 95% (Zellwolle) durch mich geht, wurde er eben an mich gewiesen. Mein Misstrauen gegen Böse war immer rege, sodass ich auf eine Anfrage anno 1944 von Seiten der Eidg. Fremdenpolizei, ob Böse in die Schweiz kommen müsse, mit Nein geantwortet habe. In der Folge hat es dann strafrechtliche Verwicklungen mit einem Bevollmächtigten des Böse gegeben.

Fr.: Welche Reisen haben Sie während dem Krieg in Deutschland ausgeführt und was war der jeweilige Zweck?

At.: Alle meine ausgeführten Reisen waren rein geschäftlicher Natur und fallen in die Zeit von Kriegsbeginn bis 1942. Bei diesen mehrtägigen Aufenthalten in Deutschland habe ich mich in Berlin, Köln, Konstanz, Wien und Pressburg aufgehalten. Ferner bin ich seit 1942 im Besitze einer Grenzkarte, die ich ebenfalls zum Zwecke meiner Geschäfte benötigte. Mit dieser Grenzkarte konnte ich wöchentlich 3 Mal nach Deutschland, Lörrach und Weil. Ich habe in Lörrach eine Filiale meines Geschäftes. In letzter Zeit habe ich aber von diesem Recht nicht mehr viel Gebrauch gemacht. Ferner habe ich anno 1944 noch einige Male (3 Mal) ein Visum erhalten, bin aber immer nur einen Tag draussen gewesen. Einmal davon in Grenzach. Diese Visa's benötigte ich deshalb, weil ich in Lörrach bei der Deutschen Bank Gelder aus meinen Liegenschaften abheben musste und dazu konnte ich die Grenzkarte nicht gebrauchen.

Vo.: Es scheint trotz Ihrer Versicherung, Sie seien seit 1934 nicht mehr für Nazismus gewesen und trotz Ihrem Ausschluss aus der Partei nicht ganz klar zu sein, dass Ihre Einstellung sich wirklich geändert hat. Dies geht aus verschiedenen Erwägungen hervor. Es ist uns bekannt, dass Sie sehr enge Beziehungen mit dem deutschen Konsulat in Basel, sowie mit Konsul von Haeften gehabt haben. Ferner haben Sie immer wieder Geldbeträge von Fr. 20.–, 10.–, ja von Fr. 100.– zu Unterstützungszwecken an deutsche Organisationen bezahlt. Ferner waren Sie doch ausser in der Partei auch noch in anderen NS-Organisationen. Mit all

Die Quellen

dieser Tätigkeit haben Sie sich doch bis zum Schluss zu Deutschland und dessen System bekannt.
At.: Meine Beziehungen zum deutschen Konsulat waren sehr schlecht. Sie beschränkten sich auf schriftlichen Verkehr, soweit dieser mit meiner geschäftlichen Tätigkeit in Verbindung stand. Mit Konsul von Haeften kam ich überhaupt nicht zusammen. Sicher seit meinem Ausschluss aus der Partei nicht mehr. Dass ich bis zum Schluss an die verschiedenen NS-Organisationen Beiträge geleistet habe, ist richtig. Dies aber wiederum im Hinblick auf meine Geschäfte in Deutschland und auf Grund von Besprechungen mit meinem Sohn: Karl Saurenhaus, in seiner Eigenschaft als Verwaltungsrat der Firma. Wir kamen eben zum Schluss, dass uns keine andere Wahl blieb als zu bezahlen, also aus Existenzgründen. Diese Beitragsleistungen stehen aber in keinem Verhältnis zu den Zahlungen, die ich der Schweiz gegenüber seit Jahren geleistet habe. Ich war im weiteren Mitglied der Deutschen Kolonie und der Kriegsgräberfürsorge. In letzterer war ich seit über 19 Jahren, also schon vor der Machtübernahme. Eine Aufforderung zum Eintritt in die DAF anno 1934, habe ich grundsätzlich abgelehnt. Damals wurde ich auch angegangen der NS-Kriegerkameradschaft beizutreten was ich auch abgelehnt habe.
Vo.: Wir haben in Korrespondenzen des Geiler eine Liste festgestellt, über Eintritte in die NS-Kriegerkameradschaft. Darin figurieren Sie als eingetreten unter dem 23.4.1942. Wie erklären Sie sich das?
At.: Ich kann mir das nicht erklären, ich bin meines Wissens da nie drin gewesen.

Fr.: Haben Sie in der Schweiz deutsche Verwandte und Familienangehörige, die bei irgendwelchen NS-Organisationen oder der Partei Mitglied waren und irgend ein Amt bekleideten?
At.: Nein, ich besitze keinerlei Verwandte in der Schweiz. Betr. meinen Familienangehörigen ist zu sagen: Meine Frau ist gebürtige Belgierin, in Basel geboren und ist nirgends Mitglied gewesen. Meine Kinder sind wie bereits erwähnt alle Schweizer und zwar waren sie auf mein Verlangen, sie waren noch minderjährig, Schweizer geworden. Anno 1934 wurde ich übrigens auch aufgefordert, die Kinder in die HJ zu geben, was ich auch grundsätzlich abgelehnt habe.
Fr.: Wie standen Sie zur Schweiz als Demokratie?
At.: Ich bin und war gegenüber der Schweiz immer gut eingestellt und bejahe die Demokratie voll und ganz. Ich habe schon manchen Deutschen, der sich bei mir über dies oder jenes in der Schweiz beklagte, gesagt, er solle nach Deutschland gehen, dies stände ihm frei, die Schweiz halte ihn nicht zurück. Wenn ich nicht so gegenüber der Schweiz gestanden hätte, so hätte ich nicht meine Kinder alle Schweizer werden lassen.
Dass ich zur Schweiz gestanden habe, kann ich auch dadurch beweisen, ich habe seit meinem Aufenthalt in der Schweiz immer freiwillig an alle möglichen staatlichen, privaten, militärischen Institutionen Zahlungen entrichtet. Ich habe auch Wehranleihe etc. gezeichnet, trotzdem uns dies als Deutschen verboten war. Ich habe auch allen meinen Angestellten, alle sind Schweizer, wenn sie im Militärdienst gewesen sind, den vollen Ge-

Akten aus dem Staatsarchiv Basel

halt bezahlt. Ich werde in meinem Rekurs im einzelnen von diesen Beweisen Gebrauch machen.

Fr.: Haben Sie seit Ihrem Aufenthalt in der Schweiz, d.h. seit der Machtübernahme in Deutschland, von Ihrem Stimmrecht als Deutscher in Deutschland Gebrauch gemacht?

At.: Ich habe anno 1933 mir pro forma einen Stempel in den Pass geben lassen, dass ich an der Abstimmung teilgenommen habe. Ob ich tatsächlich gestimmt habe, weiss ich nicht mehr. Ich erinnere mich nur noch, es waren damals irgendwelche Machenschaften, wodurch man gegenüber der Parteileitung und dem Konsulat beweisen konnte, man habe an der Abstimmung teilgenommen. In Wirklichkeit brauchte man aber gar nicht zu stimmen. Sicher bin ich, dass es so war: bei der 1. Abstimmung habe ich meine Stimme abgegeben. Bei der 2. Abstimmung habe ich vom oberwähnten Verfahren Gebrauch gemacht und bei der 3. Abstimmung habe ich überhaupt nichts unternommen. Wann diese Abstimmungen genau waren, weiss ich nicht mehr.

Fr.: Ergänzungen oder Berichtigungen?

At.: Ich möchte nur noch erwähnen, dass ich nie im «braunen Haus» gewesen bin, trotzdem ich oft genug Einladungen zur Teilnahme an Veranstaltungen etc. erhalten habe. Ich möchte sagen, dass ich zahlreichen in Deutschland lebenden Schweizern geholfen habe und nach Möglichkeit grosse Dienste erwiesen habe. Ebenso habe ich der schweizerischen Wirtschaft grosse Dienste erwiesen. Darüber werde ich im Rekurs näher berichten und die Beweise erbringen. Sonst keine Ergänzungen und Berichtigungen.

i./f.
selbst gelesen und bestätigt:
Hebrust. Det. [Unterschrift]
Max Saurenhaus [Unterschrift]

SK-REG 10-3-3-(1)

Der Rekurs

An den Regierungsrat des Kantons Basel-Stadt, Basel

Sehr geehrter Herr Präsident, sehr geehrte Herren Regierungsräte!

I.

Im Namen und im Auftrag des Herrn Max Saurenhaus-Marchal (Beilage 1) gestatte ich mir hiermit, zu rekurrieren gegen die vom Polizeidepartement am 26. Juni 1945 verfügte, Saurenhaus am 29. Juni mitgeteilte Ausweisung aus der Schweiz. (Beilage 2)

Ich stelle den Antrag, diese Verfügung gänzlich aufzuheben, eventuell sie nicht auf die ebenfalls von ihr betroffene Ehefrau des Referenten auszudehnen.

Sodann ersuche ich den Präsidenten des Regierungsrates, anzuordnen, dass der Vollzug der Ausweisungsverfügung aufgeschoben wird.

II.

Der Begründung des Rekurses muss ich einige Bemerkungen zum Verfahren vorausschicken. Der Rekurrent gehört zu denjenigen, welche sich durch nationalsozialistische Betätigung unwürdig gemacht haben sollen, weiter in der Schweiz bleiben zu dürfen. Ich verstehe es durchaus, dass diese Art von Ausweisungen rasch verfügt werden mussten und dass man deshalb bei ihnen nur auf die vorhandenen Akten abstellte und den Departementsentscheid fällte, ohne die Betroffenen vorher einzuvernehmen.

Die Quellen

Der Rekurrent wurde zur «Entgegennahme der Begründung» vorgeladen. Was sich dann abspielte, verdient diese Bezeichnung eigentlich nicht; es war vielmehr die Nachholung des bisher unterbliebenen Verhörs durch den Detektiven.
Da der Rekurrent bisher nie etwas mit der Polizei zu tun hatte, ferner herzkrank ist, so war er bei der Vernehmung sehr aufgeregt und seine Antworten liessen deshalb an Genauigkeit zu wünschen übrig, auch war er auf verschiedene Vorhaltungen nicht vorbereitet. Er begrüsst es deshalb, dass er auf die ihm gemachten Vorwürfe zurückkommen und genauere Aufklärung geben kann.
Der verhörende Detektiv ersuchte den Rekurrenten um Auskunft über diejenigen Punkte, welche ihm, dem Detektiven belastend erschienen. Das Dossier enthält jedoch auch manches, was zur Entlastung des Rekurrenten dient. Auch dürfte sein Gesamteindruck und auch der einzelner Aktenstücke, wenn sie nach ihrem Inhalt und im Zusammenhang beurteilt werden, günstiger sein, als wenn man auf einzelne Wendungen abstellt, wie das beim Verhör geschehen ist.
Der Rekurrent wandte sich erst nach dieser Entgegennahme dieser Begründung an mich; ich konnte das Protokoll über sie einsehen. Damit fällt jedoch die Einschränkung der Verteidigungsmöglichkeit nicht dahin, die darin besteht, dass weder der Rekurrent noch sein Anwalt Kenntnis von dem ganzen, belastenden sowohl als entlastenden Material erhalten. Ich ersuche deshalb, dass mir noch nachträglich Einsicht in das gesamte Dossier gewährt wird und dass ich dazu mich noch äussern kann.

III.
Der Rekurrent wurde 1889 in Köln geboren, wuchs dort auf, kam als junger Kaufmann nach England und übernahm nach dem Weltkrieg die elterliche Kolonialwarenhandlung in Köln. Im Jahre 1920 verheiratete er sich mit Fräulein Erna Marchal, der Tochter des Herrn Mathieu Marchal-Bornheim in Basel. Dieser war Dieser war [!] Inhaber eines Handelsgeschäftes mit Seide, Florettseide, Textilien etc.; Belgier, jedoch seit langen Jahren in Basel ansässig. 24 Jahre lang war er belgischer Konsul in Basel.
Aus diesen Umständen erklärt es sich, dass nach dem ersten Weltkriege die Stimmung der Familie Marchal gegenüber Deutschland nicht günstig war; die junge Frau des Rekurrenten fühlte sich in Köln nicht wohl und da dieser zudem im Geschäfte des Schwiegervaters gut verwendet werden konnte, so verkaufte er 1925 das elterliche Geschäft in Köln, siedelte nach Basel über und trat in das Geschäft des Schwiegervaters ein. Als nach dessen Tod das Geschäft an die Erben überging, blieb er dessen hauptsächlichster Leiter bis zum Jahre 1938. Damals wurden 2 Firmen gebildet, die eine M. Marchal A. G. aus den übrigen Mitgliedern der Familie Marchal, die andere M. Saurenhaus & Cie. A.G. vom Rekurrenten. Die beiden Firmen teilten sich in die Geschäfte ungefähr in der Weise, dass sich die Firma Marchal mehr mit natürlichen Textilfasern, die Firma Max Saurenhaus mehr mit den künstlichen befasste. Beide Firmen standen und stehen immer noch im besten Verhältnis zu einander und unterstützen sich gegenseitig mit ihren Geschäften. Der Rekurrent ist von Haus aus ka-

Akten aus dem Staatsarchiv Basel

tholisch. Er hat seine religiöse Ueberzeugung nicht nur ererbt und betätigt sie nicht nur gewohnheitsgemäss aus Ueberlieferung, sondern aus voller innerer Überzeugung. Auch die Familie Marchal ist katholisch.

Der Rekurrent ist Rheinländer. Im Rheinland war man immer bekanntermassen viel demokratischer eingestellt als im übrigen Preussen, ja man stand zu diesem in einer eigentlichen Opposition, weil man sich als Angehörige eines annektierten Gebietes vorkam und auch in verschiedener Hinsicht schlechter behandelt wurde als die Preussen im engeren Sinn. Der Schwiegervater des Rekurrenten war als Belgier ebenfalls demokratisch gesinnt und hatte fast zeitlebens sich in der Schweiz aufgehalten und die schweizerischen Einrichtungen geschätzt. Unter diesen Verhältnissen fiel es dem Rekurrenten nicht schwer, sich mit der schweizerischen Demokratie vertraut zu machen, sie zu verstehen und zu billigen.

IV.

1. Der Rekurrent ist tatsächlich im Jahre 1932 der NSDAP beigetreten. Es geschah dies auf den dringenden Rat von Regierungsrat Welter in Waldkirch i./Br. Dieser war einer der leitenden Herren der Firma Gütermann & Cie. in Gutach bei Freiburg. Mit ihr arbeitete die Firma Marchal so intensiv zusammen, dass wohl 90% des ganzen Umsatzes der Firma, aus Geschäften mit Gütermann und Cie. bestand. Die vier an der Firma Marchal beteiligten Familien, Marchal-Bornheim, Marchal-Weiss, Frau Marchal geschiedene Brunner und Saurenhaus-Marchal, lebten also fast gänzlich aus dem Geschäft mit der Firma Gütermann. Das lässt sich heute noch aus den Büchern der Firma Marchal nachweisen. Unter diesen Umständen ist es gewiss zu verstehen, dass der Rekurrent dem Drängen des Herrn Welter nachgab. Diesen mögen verschiedene Gründe dazu bewogen haben. Die Herren Gütermann sind nicht arisch, Welter selbst war mit einer nicht reinarischen Frau verheiratet. Deshalb mochte er darauf bedacht sein, sich in jeder sonstigen Beziehung mit dem nationalsozialistischen Regime möglichst gut zu stellen und möglichst wenig Angriffspunkte zu bieten. Dazu gehörte, dass sein Vertreter, als welcher der Rekurrent betrachtet werden konnte, der Partei angehörte. Sodann kam damals die staatliche Bewirtschaftung in Deutschland auf, welche einen regen Verkehr mit den Behörden für alle beteiligten Firmen bedingte. Welter zog es vor, dass der Rekurrent diesen Verkehr für die Firma Gütermann & Cie. besorgte, als dass er oder einer der Herren Gütermann sich an diese wenden mussten. Herr Welter kann sich allerdings hierüber nicht mehr aussprechen. Die Verfolgung aller Nicht-Arier in Deutschland führte dazu, dass er und später seine Frau den Freitod suchten. Dagegen leben Angehörige der Familie Gütermann zum Teil in der Schweiz. Der Rekurrent behält sich vor, von diesen noch Zeugnisse beizubringen.

Der Rekurrent gesteht allerdings offen, dass er dem Drängen Welters umsoeher nachgeben konnte, als er die damals ja weit verbreitete Ansicht teilte, der Nationalsozialismus werde die damals wirklich chaotischen Zustände in Deutschland beenden und eine Besserung herbeiführen. Trotz seiner demokratischen Grundeinstellung sah der Rekurrent keine

Gefahr darin, dass das Volk, das am Abgrund steht, sich vor ihm zu retten sucht, indem es sich einer strafferen Regierung anvertraut. Damals wurde von der nationalsozialistischen Partei auch der Grundsatz verkündet, der Nationalsozialismus sei kein Exportartikel und die Partei erklärte laut und deutlich, auf dem Boden des positiven Christentums zu stehen. Infolgedessen kamen anfänglich dem Rekurrenten keine Bedenken gegen seinen Parteieintritt, weder aus Rücksicht auf die Schweiz noch aus seiner religiösen Überzeugung heraus. Immer wieder wurde von den leitenden Leuten betont, dass sich die Deutschen und insbesondere die Deutschen in der Schweiz nicht in schweizerische Verhältnisse einzumischen hätten.

Der Rekurrent hat dann in der Folge 1933 und 1934 an einigen Parteiversammlungen teil genommen. Die Partei war damals in Basel sehr klein. Jedes Mitglied hatte ein Amt und der Rekurrent wurde als stellvertretender Ortsgruppenleiter bezeichnet. Mit der Zeit, so etwa in der zweiten Hälfte 1933 stiegen dem Rekurrenten jedoch Bedenken auf, ob die Erklärungen und Behauptungen der Partei auch ehrlich gemeint seien. Es zeigten sich insbesondere auf religiösem Gebiete Erscheinungen, die dem Rekurrenten als überzeugten Katholiken zu denken gaben, sodass er sich fragen musste, wie weit er noch mitmachen könne. Er hat sich deshalb an seinen Pfarrer, Hochwürdigen Herrn Robert Mäder gewandt, der ihm allerdings bestätigte, dass nach seinen Feststellungen die Zugehörigkeit zur Partei kirchlich nicht verboten und ihren Mitgliedern der Zutritt zu den Sakramenten nicht verwehrt sei. (Beilage 3)

Die Beseitigung der Gruppe Röhm im Sommer 1934 und das was mit ihr zusammen hing, steigerten dann die Bedenken des Rekurrenten so sehr, dass er sich entschloss die Konsequenzen zu ziehen. Er teilte der Ortsgruppe am 28. September 1934 mit, dass er sein Amt als stellvertretender Ortsgruppenleiter niederlege. Er wurde dann auch als solcher mit Brief vom 9. Okt. 1934 entlassen. (Beilage 4)

Seit dem 28. September 1934 hat sich infolgedessen der Rekurrent um nichts mehr gekümmert, was die Partei anbetraf, und er ist seit diesem Tage nie mehr, trotz fortgesetzter Einladungen zu sogenannten Pflichtversammlungen, zu einer Parteiversammlung gegangen.

Einmal, es mag im Jahre 1941 oder 1942 gewesen sein, wurde er vom Deutschen Konsulat aus besonders unter Druck gesetzt, an einer deutschen Veranstaltung, die jedoch keine Parteiversammlung, sondern für die gesamte deutsche Kolonie berechnet war, im Kasino teilzunehmen. Er begab sich dorthin. Diese Veranstaltung war wie ein heidnischer Gottesdienst angeordnet und widerte den Rekurrenten derart an, dass er niemehr, auch nicht auf Druck hin, einer Einladung zu einer deutschen Versammlung Folge leistete. Er war also in den letzten 11 Jahren an keiner Parteiversammlung und nur einmal an einer deutschen Veranstaltung. Das sogenannte Braune Haus in der St. Albanvorstadt hat er nie betreten. Wenn im Jahr 1934 der Ehrgeiz des Rekurrenten grösser gewesen wäre als sein Anstandsgefühl der Schweiz gegenüber und als seine religiöse Ueberzeugung, so hätte er unter dem Naziregime das, was man eine grosse Karriere nennt, machen können. Es

Akten aus dem Staatsarchiv Basel

wurde 1933 aus Parteikreisen denn auch verschiedentlich nahegelegt. Formell blieb der Rekurrent nach dem Rücktritt als stellvertretender Ortsgruppenleiter Mitglied der Partei und entrichtete Parteibeiträge. Weiter hatte er mit der Partei nichts zu tun. Gegen Ende 1940 wurde ihm dann mitgeteilt, dass ein Ausschlussverfahren gegen ihn eingeleitet sei, weil er ehrenrührig und den Bestrebungen der Partei zuwidergehandelt habe, indem er seine drei Kinder in der Schweiz habe einbürgern lassen. (Beilage 5 & 6)
Der Rekurrent wehrte sich nicht dagegen, da er längst so etwas erwartet hatte, war doch seinerzeit vom Konsulat, als dieses von den Einbürgerungsabsichten Kenntnis erhalten hatte, darauf aufmerksam gemacht worden, dass er mit dieser Einbürgerung seine Pflicht als Deutscher verletze. Das Gaugericht der Auslandsorganisation erkannte dann auch auf seine Entlassung. (Beilage 7)
2. Der Rekurrent ist auch keinen anderen nationalsozialistischen Organisationen beigetreten. 1934 vor seiner Amtsniederlegung wurde er zwar aufgefordert, sich der Arbeitsfront und der Nazikriegerorganisation anzuschliessen. Ebenso sollte damals seine Frau sich in die Frauenorganisation aufnehmen lassen und die Kinder sollten in der Hitlerjugend mitmachen.
Alle diese Aufforderungen lehnte der Rekurrent trotz massiver Drohungen ab.
Wenn bei einer, bei Geiler aufgefundenen Liste angegeben wird, er habe sich 1942 in die Nazikriegerorganisation aufnehmen lassen, so ist diese Liste unrichtig. Vielleicht hat Geiler mit der Anführung von Leuten in dieser Liste, die der Organisation gar nicht angehörten, einen guten Eindruck über seine Werbetätigkeit hervorrufen wollen. Seit 1934 hat der Rekurrent keine Aufforderung mehr erhalten dieser Kriegerorganisation beizutreten. Er kennt die Leute dieser Organisation nicht und hat auch nie Beiträge an sie bezahlt.
Hingegen ist der Rekurrent schon 1926 der Kriegsgräberfürsorge beigetreten, eine Organisation, welche schon 1919 gegründet wurde und wie sich aus den Daten von selbst ergibt, ursprünglich gar nicht nationalsozialistisch sein konnte. Später wurde sie dann allerdings, wie alles in Deutschland, gleichgeschaltet.
Der Rekurrent hielt auch strenge darauf, dass seine Angestellten keine Beziehungen zu nationalsozialistischen Organisationen anknüpften. Als eine von ihnen, Frau Frei-Keller Jeannette, welche für ihn öfters geschäftliche Besorgungen auf dem Konsulat oder im Braunen Hause erledigte, einmal von einem Beamten in die Wirtschaft eingeladen wurde, riet der Rekurrent ihr strenge davon ab, dieser oder ähnlichen Einladungen Folge zu leisten. (Beweis Frau Frei Jeannette, Zeugin)
Der Rekurrent hat allerdings nach Rücksprache mit seinem Sohn die Beiträge an die Partei weiterbezahlt und auch sonst für verschiedene deutsche Sammlungen und Zwecke gespendet. Alle diese Zahlungen wurden absichtlich, nach Vereinbarung mit dem Sohn des Rekurrenten über das Postcheckkonto geleitet, da Vater und Sohn keine Heimlichkeiten der Schweiz gegenüber wollten aufkommen lassen. Daher ist das Polizeidepartement auch genau über diese Zahlungen orientiert. Ihre Höhe

steht in keinem Verhältnis zu dem, was der Rekurrent an schweizerische nationale und wohltätige Zwecke leistete. Der Rekurrent gibt hierüber eine Aufstellung für die Jahre 1941 bis 1944 zu den Akten. (Beilage 8) 1936 hat der Rekurrent schweizerische Wehranleihe gezeichnet (Beilage 9). Obschon er darauf aufmerksam gemacht worden war, dass ein Deutscher das nicht tun dürfe. 1942 gab der Rekurrent für die schweizerische Nationalspende Fr. 100.–. Für das Rote Kreuz Kinderhilfe Fr. 500.–. (Beilagen 10 & 11) (2017: 532 resp. 2658 Fr.) Ebenfalls Fr. 500.– überwies er der Schweizerspende, ohne Vermerk für Verwendung für ein bestimmtes Land.

Der Detektiv hat bei der Einvernahme auch von der Fünften Kolonne gesprochen. Es ist darauf aufmerksam zu machen, dass dieser Ausdruck erst 1940 aufgekommen ist und 1932–34, als der Rekurrent bei der Partei mitmachte, noch gar nicht bekannt war. Aus der genauen Beachtung der Zeit ergibt sich die Unrichtigkeit der Eintragung in die Liste Geilers. Nach dieser soll der Beitritt 1942 erfolgt sein, also nachdem das Urteil des Gaugerichtes über den Ausschluss aus der Partei ergangen war.

3. In einem Brief an den Aussenhandelsverband in Berlin vom 19. Okt. 1933, soll sich der Rekurrent bereit erklärt haben, Auskunft über Firmen zu geben, welche den Boykott deutscher Waren mitmachten oder nicht arisch waren. Der Rekurrent wird wahrscheinlich diese Erklärung abgegeben haben, er kann sich aber nicht erinnern, ob und wie weit eine Erledigung erfolgt ist. Diese kann keinesfalls einen grossen Umfang angenommen haben, denn die ganze Sache fällt in die Zeit, in welcher dem Rekurrenten schon Bedenken bezüglich der Partei aufgestiegen waren. Zum Boykott deutscher Waren wurde damals in der Schweiz von parteipolitischer Seite aufgefordert; die amtlichen schweizerischen Stellen sahen diese Bewegung gar nicht gerne, weil sie davon eine Beeinträchtigung des Wirtschaftsverkehrs befürchteten, an welchem die Schweiz ein grosses Interesse besass. Der Rekurrent selbst war für den Import deutscher Waren nach der Schweiz tätig und wurde deshalb direkt vom Boykott betroffen. Unter diesen Umständen erachtete er es als nichts unerlaubtes, wenn er sich gegen die Boykottbestrebungen zur Wehr setzte.

Wie wenig antisemitisch der Rekurrent eingestellt war und ist, ergibt sich schon aus seinem Verhältnis zu der Firma Gütermann & Cie. Er glaubt deshalb nicht, dass er nicht rein arische Firmen denunziert hat, wohl aber kann es sein, dass er auf Anfrage hin das Ariertum einzelner Firmen bestätigte.

Zu beachten ist, dass 1933 keine Vorschriften in der Schweiz gegen den wirtschaftlichen Nachrichtendienst bestand [!].

4. Dem Rekurrenten wurde vorgehalten, dass er nationalsozialistische Propaganda betrieben habe, indem er eine Propagandaschrift in der Druckerei zum Hirzen habe herstellen lassen.

Zum vorneherein sei bemerkt, dass der Rekurrent nie in einer solchen Sache mit der Druckerei zum Hirzen verkehrte. Im Mai 1941 erhielt er von der Firma ECHO, Auslandsverlag GmbH in Berlin, eine Anfrage bezüglich des Druckes einer Werbeschrift für die Schau neuer deutscher Werkstoffe, welche die Deutsche Handelskammer in der Schweiz, in Zürich im Herbst 1941 veranstalten wollte. Man war an ihn gelangt, offenbar weil er als Importeur von Zellstoff mit einem der wichtigsten neuen deutschen Werkstoffe zu tun hatte. Diese Anfrage sandte der Rekurrent an die Druckerei Bürki & Gross, welcher er hie und da auch Druckaufträge erteilt und fragte an, ob sie Interesse an dieser Sache habe, eventuell soll sie Firmen angeben, welche sich der Angelegenheit annehmen würden. (Beilagen 13 & 14)

Ohne dass der Rekurrent etwas davon erfuhr, leiteten Bürgi & Gross die Anfrage an die Druckerei zum Hirzen weiter. Ob die betr. Reklameschrift überhaupt gedruckt worden ist, ist dem Rekurrenten nicht bekannt.

Hingegen hat die fragliche Ausstellung stattgefunden. Aus der Beilage 14 ergibt sich, dass dies mit Wissen und mit Unterstützung der schweizerischen Behörden geschehen ist, wurde doch zu damit verbundenen Veranstaltungen auch ein Saal in der Eidg. Techn. Hochschule zur Verfügung gestellt. Es lag eben auch seitens der Schweiz ein grosses Interesse vor, die neuen deutschen Werkstoffe, ihre Eigenschaften und ihre Verwendung kennen zu lernen. Es handelte sich also bei dem Ganzen nicht um eine nationalsozialistische Propaganda für Ideen und Ziele der Partei, sondern um eine wirtschaftliche Veranstaltung. (Beilage 15)

5. Womöglich noch harmloser verhält es sich mit der Unterstützung einer Feier des 100sten Geburtstag einer Deutschen Staatsangehörigen, Frau Frey-Fittig. Daraus möchte man äusserst gute Beziehungen des Rekurrenten zum Deutschen Konsulat konstruieren. Der Hergang der Sache ist folgender. Vom Geschäftsverkehr her kennt der Rekurrent einen auf der Schweiz. Volksbank tätigen Herrn, Hans Bertolf-Suter. Dieser wandte sich an ihn, in seiner Eigenschaft als Mitglied des Stiftungsrates des Altersheim Fyrobe St. Mattäus. Er war dabei allerdings der Meinung, der Rekurrent stehe in guten Beziehungen zum Deutschen Konsulat. Der Rekurrent mochte Herrn Bertolf nicht mitteilen und auseinandersetzen, dass das keineswegs der Fall sei und andererseits wollte er ihm doch behilflich sein, die 100.jährige etwas feiern zu lassen. Er wählte dann den Weg, offiziell von der Firma Max Saurenhaus & Cie. an das Deutsche Konsulat zu schreiben und, um eine Abweisung zu verhüten, selbst eine Beteiligung an der Gratulationsspende zuzusichern. (Beilagen 16 & 17) Tatsächlich war das Verhältnis des Rekurrenten zum Deutschen Konsulat und zum Deutschen Konsul van Haeften schlecht, was sich ja ohne weiteres schon aus dem erfolgreich durchgeführten Ausschlussverfahren ergibt. Der Rekurrent ging deshalb nie persönlich zum Deutschen Konsulat, sondern sandte stets eine Angestellte hin, wenn er ein Visum nötig hatte. Wären die Beziehungen des Rekurrenten zum Deutschen Konsulat so gut gewesen, wie ihm vorgehalten wurde, so hätte im Falle der Frau Frei doch ein telephonischer Anruf genügt.

6. Der rege Geschäftsverkehr, in welchem der Rekurrent mit deutschen Firmen stand, brachte es mit sich, dass er häufig von Deutschen hier in Basel Besuche aus geschäftlichen Gründen erhielt. Auch hierfür hat sich

der Detektiv beim Verhör interessiert und besonders hat der Fall Boese seine Aufmerksamkeit erweckt.
Dieser Herr Max Boese erschien im Juni 1942 mit einem Schreiben der Schweiz. Verrechnungsstelle und der Sektion für Textilien des KIAA bei dem Rekurrenten, er wies sich als der Besitzer der Recenia A.G. in Hartmannsdorf bei Chemnitz/Sachsen aus, einer der grössten und modernsten Wirkereifabriken Deutschlands. Aus den Schreiben der beiden Stellen ging hervor, dass Boese die Erlaubnis zur Errichtung einer Wirkerei in der Schweiz erhalten hatte und das mit der Schweiz. Verrechnungsstelle Sonderabmachungen über die Verrechnungen der Importware festgelegt wurden.
Es werden amtliche Erkundigungen hierüber bei der Schweiz. Verrechnungsstelle, bei der Textilsektion und beim Schweiz. Textil-Syndikat in Zürich beantragt.
Der Firma Saurenhaus & Cie. A.G. teilte Boese mit, dass er die deutsche Genehmigung besitze, monatlich 12 000 kg Zellwolle aus Deutschland nach der Schweiz zu exportieren. Da die Firma Max Saurenhaus & Cie. A.G. fast der alleinige Importeur deutscher Zellwolle war, musste sich Boese an diese wenden. Es bestand damals in der Schweiz. Textilindustrie ein grosser Mangel an Rohstoff, sodass das von Boese vorgeschlagene Geschäft vom schweiz. Standpunkt aus sehr interessant war. Daraus erklärt sich auch, dass Boese von den schweiz. amtlichen und halbamtlichen Stellen begünstigt und dem Rekurrenten empfohlen wurde. Infolgedessen half der Rekurrent Boese zur Gründung einer Zweigfirma in der Schweiz. Diese nahm ihren Sitz in einem Bureau der Liegenschaft Wallstrasse 11, also im gleichen Hause, in welchem sich auch die Geschäftsräume der Firma Max Saurenhaus & Cie. A.G. befindet und das den Erben Marchal gehört. Boese stellte einen schweiz. Geschäftsführer an, der branchenunkundig war. Wo Fachkenntnisse notwendig waren, wurde der Rekurrent beigezogen, der, weil die Importe durch ihn gingen, ja sowieso weitgehend bei den Geschäften mitwirken musste. Der Rekurrent gewann von Boese rasch einen schlechten Eindruck. Auf die Vorschriften der schweiz. Behörden wollte dieser wenig Rücksicht nehmen. Er drückte sich um bestimmte Entscheidungen, brachte Verwirrung in die Geschäfte hinein und zwar nicht nur unbewusst, sondern sogar bewusst, um Zeit zu gewinnen. Schliesslich stiegen dem Rekurrenten auch Bedenken auf, dass hinter Boese in Deutschland unsaubere Elemente stecken mussten. Persönlich kam er dann auf Grund der Tatsache, dass Boese in Deutschland jede nur denkbare Genehmigung erhalten konnte, zur Vermutung, dass Boese für die SS Kapitalschiebungen vornehme. Diese Vermutung hat sich allerdings später als falsch herausgestellt, den Rekurrenten aber veranlasst sofort Schritte zu unternehmen. Das Bestreben Boeses, in der Schweiz Gelder freizubekommen, die nicht dem Verrechnungsverkehr unterlagen, veranlasste den Rekurrenten, die Schweiz. Verrechnungsstelle in Zürich aufmerksam zu machen und zwar mündlich. Er sprach mit Herrn Dr. Böi. Sodann wandte er sich an die Sektion für Textilien in St. Gallen und zwar ebenfalls mündlich. Er brachte seine Bedenken beim Stellvertreter

Akten aus dem Staatsarchiv Basel

des Chefs, Herrn Dr. A. Wiegner, vor. Auch die Eidg. Fremdenpolizei in Bern orientierte der Rekurrent über seine Bedenken gegenüber Boese, indem er, als diese eine der üblichen telephonischen Anfragen über die Notwendigkeit der Einreise Boeses an ihn richtete, von der Erteilung der Bewilligung abriet. Von dort an hatte Boese Schwierigkeit mit der Einreise nach der Schweiz.

Das Bureau an der Wallstrasse wurde der Recenia A.G. selbstverständlich gekündigt. Sie zog dann nach der Gerbergasse 20 um. Ihr fachmännischer Berater an Stelle des Rekurrenten dürfte Herr Fritz Schuhmacher-Kalb, der Inhaber der Firma F.A. Schuhmacher A.G., Falknerstr. 12 in Basel sein. Wir beantragen amtliche Erkundigungen über das Obige bei der Verrechnungsstelle, dem Textil-Syndikat, der Sektion für Textilien und der Fremdenpolizei. Was mit Boese seither gegangen ist, weiss der Rekurrent nicht genau. Seines Wissens konnte er noch mehrmals, jedoch unter strenger polizeilicher Beobachtung in die Schweiz einreisen. Der Rekurrent, bezw. seine Firma, wurden von der Recenia A.G. in Basel mehrfach mit Klagen bedroht, ohne dass jedoch eine solche eingereicht worden wäre. Am 17. Februar 1944 wurde der Rekurrent in einer Strafsache Haefeli, der sich Unterschlagungen gegenüber Boese schuldig gemacht haben soll, als Zeuge bei der Staatsanwaltschaft Basel einvernommen. Dabei hat er ihr sehr deutlich Aufschluss über Boese gegeben. Wir beantragen, das aus den Strafsachen Haefeli festzustellen.

Zusammenfassend ist zu sagen, dass der Rekurrent, trotzdem die Geschäftsverbindung mit Boese für seine Firma sehr erträgreich war, keinen Augenblick zögerte, unter Hintansetzung seiner eigenen grossen Interessen die schweiz. Behörden über Boese aufzuklären, sobald er Verdacht geschöpft hatte, dieser könnte sich gegen schweiz. Interessen vergehen. Dabei kannte er allerdings keine bestimmten Tatsachen, er konnte durch seinen Hinweis nur bewirken, dass die schweiz. Stellen Untersuchungen gegen Boese einleiteten. Seitens der Verrechnungsstelle geschah das in der Weise, dass zunächst der ganze Geschäftsverkehr Boeses, der durch die Firma Max Saurenhaus gegangen war, von einem Revisor nachgesehen wurde.

Im Falle Boese hat sich der Rekurrent somit im Interesse der Schweiz für die Verhinderung nazistischer Umtriebe eingesetzt.

7. Die zahlreichen Reisen des Rekurrenten nach Deutschland erklären sich ohne weiteres aus seinen intensiven geschäftlichen Beziehungen und verfolgten lediglich geschäftliche Zwecke. Immerhin suchte der Rekurrent seine Reisen möglichst einzuschränken, denn bei dem Drucke, dem in den letzten Jahren die Partei und das Deutsche Konsulat auf alle Deutschen ausübte. war der Rekurrent natürlich stets exponiert und er lebte auf seinen Reisen deshalb in ständiger Angst. Das letzte Mal war er 1942 länger als einen Tag in Deutschland, nachher wurden ihm zwar noch einige Visas erteilt, die er aber nur benützte, um rasch in Lörrach Geld abzuheben, das aus Mieteingängen bei der Deutschen Bank lag.

Bei seinen Besuchen in Deutschland war der Rekurrent oft von einem schweiz. Freund, nämlich Herrn Charles Brand-Waeffler, begleitet, der bezeugen kann, dass der Rekurrent bei diesen Auslandsreisen

Die Quellen

stets für die Schweiz eingetreten ist, sodass ihm oft entgegengehalten worden ist, er sei «verschweizert». (Erkundigungen bei Herrn Charles Brand-Waeffler, Oberwilerstr. 36) Wenn der Rekurrent es wagte, nach Deutschland zu reisen, so geschah es, weil er sich auf den Schutz einer kaufmännischen und industriellen Schicht glaubte verlassen zu dürfen, die zwar gegen die Partei eingestellt war, welche aber wegen ihrer wirtschaftlichen Bedeutung geschont wurde und Einfluss hatte. Es gehörten dazu die I. G. Farben, die Phrix-Gruppe und andere.
V.
Zu seiner Entlastung und für den Nachweis seiner schweizerfreundlichen Einstellung beruft sich der Rekurrent auf folgendes.
1. Nachdem sein Sohn das schweizerischerseits erforderliche Alter zur Einbürgerung erreicht hatte, legte er ihm nahe, Schweizerbürger zu werden. Der Sohn war hiezu gerne bereit, da er von Vater und Mutter durchaus im demokratischen Sinne erzogen worden war. Die Einbürgerung erfolgte dann auch anstandslos. Vom Deutschen Konsulat aus wurde der Rekurrent wegen dieses Verhaltens getadelt.
Dennoch kam er 1939 um die Einbürgerung seiner Töchter ein, die inzwischen ebenfalls das notwendige Alter erreicht hatten. Auch hier ergaben sich schweizerischerseits keine Anstände. Auf die Frage des schweizerischen Beamten, warum der Rekurrent sich persönlich nicht ebenfalls einbürgern lasse, sagte er ihm, er könne das zu seinem grossen Bedauern aus geschäftlichen Gründen nicht tun. Diese Bemerkung wurde zu den Akten genommen.

Wie wir schon bemerkt haben, war sich der Rekurrent bewusst, dass er wegen dieser Einbürgerung, mit der NSDAP Schwierigkeiten bekommen werde. Er war bereit, alle diese Konsequenzen auf sich zu nehmen, weil es sich um seine Kinder handelte, die noch ihr Leben vor sich haben, weil er Wert darauf legte, dass diese Bürger eines anständigen Staates würden. Darin kommt die wahre Gesinnung des Rekurrenten zum Ausdruck.
2. Das Deutsche Konsulat legte der Firma Max Saurenhaus & Cie. AG nahe, auch Deutsche einzustellen. Die Firma lehnte dies ab. Sie hat stets nur schweiz. Angestellte beschäftigt. Wir legen eine Liste mit den Personalien der Angestellten bei. (Beilage 18)
Einen, nur einige Tage im Monat tätigen Buchhalter beschäftigte der Rekurrent nur, weil er ihm als Auslandschweizer empfohlen worden war.
Um einen kleinen Beitrag an die schweiz. Kriegsopfer zu leisten, hat die Firma Max Saurenhaus & Cie AG den zum Militärdienst eingezogenen Angestellten, Bühler & Heman, stets den vollen Gehalt ausbezahlt.
3. Durch seine sehr grossen Zellwollimporte hat der Rekurrent der Schweiz während des Krieges bedeutende Dienste erwiesen, die auch von der Behörde anerkannt wurden. (Beilage 19)
Die Einfuhren sind um so wertvoller für die Schweiz gewesen, als Deutschland durch keinen Handelsvertrag gebunden war, Zellwolle nach der Schweiz zu liefern. Es handelte sich also um rein zusätzliche Importe (Erkundigungen bei der Sektion für Textilien, beim Textil-Syndikat und beim Eidg. Volksdepartement [!]).
Im ganzen wurden durch die persön-

lichen Bemühungen des Rekurrenten während des Krieges aus Deutschland & der Slowakei etwa 5 Millionen kg Zellwolle nach der Schweiz importiert. Da zur Herstellung eines Kilos 3 Kilo Kohle erforderlich sind, wurden 15 Millionen Kg Kohle erspart. Die Importe des Rekurrenten ermöglichten die Beschäftigung von 1000 Personen während des ganzen Krieges in der Schweiz.
Die Bemühungen des Rekurrenten bez. der Preise ersparten der Schweiz Millionenbeträge, denn der Basispreis für deutsche und slowakische Zellwolle betrug Fr. 2.85 per kg, während für italienische Fr. 4.50 bezahlt werden musste. (Amtliche Erkundigungen bei den obgenannten Stellen) Dem Rekurrenten wurden bei diesen Bemühungen fortgesetzt von den deutschen Parteistellen Schwierigkeiten bereitet. Diese wollten die Notlage der Schweiz ausnützen, um möglichst hohe Preise zu erzielen. Dem gegenüber machte der Rekurrent geltend, dass auch an die Zeiten nach dem Kriege gedacht werden müsse. Er wurde hierin von seinen deutschen Freunden, der schon erwähnten Schicht, unterstützt. Diese seine Geschäftsfreunde sind denn auch schon, wie der Rekurrent von ihnen zuverlässig erfahren hat, von den amerikanischen Besatzungsbehörden beauftragt, den Neuaufbau der Kunstseide- und Zellwollindustrie in den von den Westmächten besetzten deutschen Gebieten vorzunehmen. Der Rekurrent ist überzeugt, dass die Verbindung mit ihnen es ihm ermöglichen wird, wiederum im Interesse der schweiz. Volkswirtschaft geschäftlich tätig zu sein insbesondere da er das Englische vollständig beherrscht.

Welche Bedeutung der Zellwolleeinfuhr nach der Schweiz zukommt, geht daraus hervor, dass der Vorsitzende des Textil-Syndikates in dessen Generalversammlung vom 14. Juni 1945 den Importeuren besonders dankte. Der Rekurrent ist aber bei weitem der grösste Zellwollimporteur der Schweiz. Er hat 12 deutsche Werke vertreten.
4. Soweit es dem Rekurrenten möglich war, nahm der Rekurrent während des Krieges schweiz. Interessen in Deutschland und in deutschbesetzten Gebieten wahr. Seine Bemühungen waren natürlich dadurch gehemmt, dass er befürchten musste, die Stelle, wo er Schritte unternahm, kenne seine schlechte Einstellung zur Partei und zum Deutschen Konsulat in Basel.
Der Industrie-Gesellschaft für Schappe in Basel half der Rekurrent nach Möglichkeit, die Schwierigkeiten zu überwinden, die bei den Behörden in Soulzmatt (Elsass) und in Zell i./Wiesental auftraten. Der bekannte Otto Schneewind, welcher den Rekurrenten als einen Konkurrenten betrachtete, scheint die Absicht gehabt zu haben, deutscher Kommissar der Fabriken der Industrie-Gesellschaft für Schappe in Soulzmatt zu werden. Er zeigte deshalb den dortigen Direktor Louis Brand, den Bruder von Charles Brand-Waeffler und den Rekurrenten an. Louis Brand wurde verhaftet und der Rekurrent unterstützte nach Möglichkeit die Bestrebungen, seine Freilassung zu erwirken. In der Folge fanden Verhandlungen in Berlin statt, zu welchen selbstverständlich der Rekurrent nicht stellte [!]. Für ihn und für Brand setzte sich dort die I. G. Farben, deren Vertreter ja der Rekurrent war, ein.

Die Quellen

Ohne Erfolg bemühte sich der Rekurrent die Enkelkinder des schweiz. Bürgers, Hans Schweizer in Luzern, aus Holland in die Schweiz zu bringen. (Beilagen 20 & 21)

Dem schweiz. Bürger, Fritz Schlumpf, der in Malmerspach (Elsass) Direktor einer Kammgarnspinnerei ist, half der Rekurrent in jeder gewünschten Weise, dass er während des Krieges Besuch in der Schweiz machen konnte.

Dem schweiz. Bürger, Samuel Habersaat, der in Berlin in einer deutschen Kunstseidenfabrik tätig ist oder wohl besser war, erwies der Rekurrent jeden möglichen Dienst und ist verschiedentlich für ihn eingetreten.

Er bemühte sich, Herrn Merian-de Pourtalès, Dir. der Floretspinnerei Ringwald, die Einreise in das besetzte Frankreich zu beschaffen. Schliesslich müssen noch die zahlreichen Bemühungen für die verschiedenen Mitglieder der schon früher erwähnten Familie Gütermann erwähnt werden. Es handelt sich dabei um eine weitverzweigte internationale Grossfamilie, deren Mitglieder teils jüdisch teils halbjüdisch sind, in verschiedenen Staaten wohnhaft und tätig sind; mehrere davon in der Schweiz.

Der Rekurrent hatte oft Gelegenheit sich für Angehörige dieser Familie einzusetzen. Aus seiner Korrespondenz, die er beilegt, ergibt sich dies, obschon natürlich das meiste nicht auf schriftlichem Wege erledigt wurde. (Beilage 22–28)

In den Briefen nach Perosa (Beilage 23) hat einzig der Satz eine Bedeutung, dass es gut wäre, wenn Herr Arthur Gütermann einmal etwas bei Herrn Heinrich Gütermann von sich hören liesse. Der andere Inhalt war nur bestimmt, um der Zensur diese Mitteilung zu verdecken. Frau Mac Donald (Beilagen 25–27) gehört ebenfalls zur Familie Gütermann, sie ist Engländerin. Im Übrigen wird auf den Inhalt dieser Beilage verwiesen. Beilage 28 spricht für sich selbst. Inzwischen war am 10. Juli 1945 Herr Kurt Gütermann, der Schweizer ist, bei dem Rekurrenten. Er anerbot sich durch den Konsularagenten in Freiburg i/Br. bescheinigen zu lassen, dass der Rekurrent vor und während des Krieges der Familie und der Firma Gütermann in Gutsch sehr viele Dienste erwiesen habe.

5. Ueber die Einstellung und den Charakter des Rekurrenten können folgende Personen Auskunft erteilen. Herr Eugen Schellenberg, Direktor der Kammgarnspinnerei Bürglen, Herr Dr. Hans Franz Sarasin, der erste Direktor der Industrie-Gesellschaft für Schappe. Dieser bestätigte unlängst, bei einem Gespräch über politische Verhältnisse, er habe festgestellt, dass der Rekurrent durch seinen Aufenthalt in der Schweiz durchaus schweizerisch eingestellt sei und in einer späteren Unterredung sagte er, er sei bereit, dies jedermann gegenüber zu bestätigen.

Der schweiz. Konsul in Mühlhausen, Herr Kunz, mit welchem der Rekurrent wegen seines Verkehrs mit elsässischen Firmen sehr viel zu tun hatte. Der schweiz. Konsularagent, Herr Zwicky, in Freiburg i/Br. Herr Friedrich Trefzer, Pfarrvikar, Byfangweg 8. Dieser kennt als Geistlicher genau die religiöse Einstellung des Rekurrenten und weiss, dass der Rekurrent aus dieser heraus immer mehr zur Ablehnung des Nationalsozialismus gekommen ist.

VI.
Die Ehefrau des Rekurrenten ist zwar von Haus aus Belgierin, sie ist jedoch in der Schweiz geboren und aufgewachsen und nur wenige Jahre ausserhalb der Schweiz gewesen. Sie fühlt sich hier in Basel zu Hause und denkt durchaus schweizerisch. Die Kinder des Rekurrenten sind alle Schweizer geworden, sie werden auf alle Fälle in der Schweiz bleiben. Erstreckt sich die Ausweisungsverfügung auch auf die Ehefrau des Rekurrenten, so bedeutet das für diese das Verlassen der Heimat und die Trennung von den Kindern. So sehr der Rekurrent an seiner Frau hängt, so könnte er von ihr doch das Opfer nicht verlangen, dass sie mit ihm komme und Heimat und Kinder verlasse. Die gesamte Verwandtschaft der Gattin des Rekurrenten, die Angehörigen der Familie Marchal befindet sich in der Schweiz. Die Gesundheit von Frau Saurenhaus ist erschüttert. Sie steht seit 7 Jahren ständig in ärztlicher Behandlung. Die Ausweisung aus der Schweiz hätte für sie gewiss die schwersten gesundheitlichen Folgen. (Beilage 29) Gegen Frau Saurenhaus liegt nichts Nachteiliges vor. Der Rekurrent beantragt deshalb für sich und in ihrem Namen, in keinem Falle die Ausweisung auch auf seine Frau zu erstrecken. Dass in der Regel beide Ehegatten ausgewiesen werden, wenn Gründe nur gegen einen vorliegen, geschieht zum Schutze der Familiengemeinschaft. Diese wird in dem vorliegenden Fall jedoch besser gewahrt, wenn die Mutter bei den Kindern bleiben kann, als wenn sie sich von diesen trennen und mit ihrem Gatten einem ungewissen Los im Ausland entgegengehen müsste.

VII.
Das Gesuch um Aufschub des Vollzugs ist darin begründet, dass nach dem Vorgebrachten eine gewisse Aussicht auf Aufhebung der Ausweisungsverfügung gegenüber dem Rekurrenten besteht und dass er erst, wenn der Rekurs wider Erwarten dennoch sollte abgewiesen werden, seine geschäftlichen Verhältnisse dementsprechend neu ordnen und gestalten kann, wobei er offen gestanden noch ganz und gar nicht weiss, wie das geschehen soll.

VIII.
Zusammenfassend ist zu sagen: Der Rekurrent hat allerdings in den ersten Jahren nach der Machtergreifung des Nationalsozialismus in Deutschland mit vielen anderen geglaubt, dieser könne bessere Verhältnisse schaffen, und er liess sich durch die falschen Behauptungen der leitenden Stellen der Nationalsozialistischen Partei einige Zeit lang über das wahre Wesen und über die wirklichen Ziele dieser Bewegung täuschen. Deshalb und auch zur Wahrung eigener geschäftlicher Interessen und solcher einer mit ihm in regem Verkehr stehenden nicht arischen Firma trat er der Partei bei und übernahm in ihr eine Funktion. Sobald er aber, und zwar geschah das verhältnismässig früh, an der Ehrlichkeit und an den guten Zielen der nationalsozialistischen Partei zu zweifeln begann, legte er seine Funktion nieder und zog sich so weit von der Partei und der nationalsozialistischen Bewegung überhaupt zurück, als er das mit seiner geschäftlichen Existenz vereinbaren konnte. Er gefährdete diese sogar, indem er seiner wahren Gesinnung entsprechend seine Kinder in der Schweiz ein-

bürgern liess und indem er sich für Schweizer und für schweizerische Interessen verwendete. Ja er hat sich sogar in der Abwehr nationalsozialistischer Umtriebe betätigt (Fall Boese). Seine frühzeitige Abkehr vom Nationalsozialismus und sein nachheriges Verhalten wiegen seine frühere Tätigkeit bei weitem auf und lassen es durchaus zu, dass er nicht aus der Schweiz ausgewiesen wird wegen eines Verhaltens, das mehr als 10 Jahre zurückliegt und nach den damaligen Zeitumständen viel milder zu beurteilen ist, als dasselbe Verhalten in späteren Jahren und namentlich in Kriegszeiten.

Wir bitten Sie sehr geehrter Herr Präsident, sehr geehrte Herren Regierungsräte, aus diesen Erwägungen nicht nur von der Ausweisung der Ehefrau des Rekurrenten, sondern auch von derjenigen des Rekurrenten selbst absehen zu wollen.

Mit der Versicherung vorzüglicher Hochachtung Namens des Rekurrenten
[Unterschrift] Dr. Rudolf Niederhauser

Basel, den 12. Juli 1945
Beilagen gemäss Verzeichnis.
Beilagenverzeichnis im Rekurs Max Saurenhaus-Marchal betreffend Ausweisung
1. Vollmacht
2. Protokollauszug des Polizeidepartementes
3. Kartenbrief von Pfarrer Mäder
4. Photokopie eines Briefes des Kreisleiters der NSDAP an Saurenhaus vom 9. Okt.1934
5. Eröffnungsbeschluss des Gaugerichts der Auslandsorganisation vom 20. Nov. 1940 (Photokopie 1. Seite)
6. Von demselben Photokopie (2. Seite)
7. Photokopie des Urteils des Gaugerichts der Auslandsorganisation vom 22.April 1941
8. Verzeichnis der Spenden und wohltätigen Zuwendungen
9. Bescheinigung der Zeichnung für die Wehranleihe
10. Bescheinigung einer Gabe für die Schweiz. Nationalspende vom 26. März 1942
11. Bestätigung einer Gabe für das Kinderhilfswerk vom 28. April 1942
12. Bestätigung einer Gabe an die Schweizerspende
13. Durchschlag eines Briefes Saurenhaus an Bürki & Gross vom 31. März 1941
14. Programm der Schau neuer deutscher Werkstoffe im Herbst 1941 in Zürich
15. Zirkular der Deutschen Handelskammer in der Schweiz vom 17. Sept. 1941 betr. vorgenannte Schau
16. Brief Hans Bertolf an Saurenhaus vom 5.7.45
17. Durchschlag eines Briefes Saurenhaus an Deutsches Konsulat vom 8.11.43
18. Verzeichnis der Angestellten des Rekurrenten
19. Photokopie eines Briefes der Sektion für Textilien an Saurenhaus vom 5.4.44
20. Brief des Deutschen Konsulates Basel an Frl. Schweizer, Luzern vom 33. März 1944
21. Brief von Hans Schweizer, Territet an Saurenhaus vom 4.4.44
22. Durchschlag eines Briefes von Saurenhaus an Heinrich Gütermann, Küsnacht, vom 17.12.43
23. Durchschlag eines Briefes von Saurenhaus an Soc.Gütermann, Perosa, vom 17.12.43

Akten aus dem Staatsarchiv Basel

24. Korrespondenzkarte von C. Mac Donald an Max Saurenhaus vom 5.6.45
25. Abschrift obiger Karte mit Schreibmaschine
26. Durchschlag eines Briefes Saurenhaus an Frau Mac Donald, Blonay, vom 12.6.45
27. Durchschlag eines Briefes von Saurenhaus an Frau Christ-de Neuville vom 12.6.45
28. Brief Kurt Gütermann an Saurenhaus vom 26. Juni 45
29. Arztzeugnis von Dr. Eduard von Sury vom 9. Juli 1945

PD-REG 3a Nr. 202 286

Die Stellungnahme der Politischen Abteilung
Polizeidepartement Basel-Stadt
POLITISCHE ABTEILUNG
Spiegelhof
Telephon 3 39 54
Ref.: Hss
BASEL, den 25. Juli, 1945
An das Polizeidepartement Baselstadt
Betrifft: Rekurs SAURENHAUS-Marchal, Maximilian, Deutscher, geb. 27.I.1889 1889 – Kaufmann – Gundeldingerstr. 190 Basel
Der Rekurrent ist freiwillig und in der Einstellung, dass der Nationalsozialismus eine Mission zu erfüllen habe, 1932 der Partei beigetreten. In früheren Jahren rühmte er sich öfters damit, die niedere Parteinummer 676 368 besessen zu haben. Anfangs bekleidete er das Amt eines Kassenwarts der NSDAP, vorübergehend das eines Ortsgruppenleiters. Eine eigentliche Funktion übernahm er im wirtschaftlichen Sektor der Partei. Zunächst wurde er Wirtschaftsberater beim Deutschen Reichskriegerbund (Kyffhäuserbund) der Gebietsinspektion Baden, Bezirksverband Lörrach. 1937 ersuchte er um Entlassung aus diesem Verbande und übernahm den Vorsitz des «Heimatdienstes, G.m.b.H., Exportgeschäft für die Deutschen im Ausland», das für Deutschland von hohem Interesse war. In der Eigenschaft eines Wirtschaftsberaters wurde er 1933 vom Aussenhandelsverband Berlin NW 7 angegangen, Listen von Firmen aufzustellen, die mittelbar oder unmittelbar zum Boykott deutscher Waren auffordern, ferner eine Liste von zuverlässigen und geschäftstüchtigen

Vertretern, wenn möglich arischer Abstammung und drittens Listen von deutschfreundlichen und deutschfeindlichen Zeitungen. Der Rekurrent bestritt in der Einvernahme nicht, diesen Auftrag angenommen und wahrscheinlich auch ausgeführt zu haben. Auch der Rekurs kann gegen diese Tatsache nichts einwenden. S. half somit dazu mit, auf seinem Wirtschaftsgebiet dem Nationalsozialismus die ersten Einblicke in die schweizerische Wirtschaftsstruktur gegeben zu haben. Später hätte man ein solches Verhalten als wirtschaftlichen Nachrichtendienst bezeichnet. Politisch war der Petent in jenen Jahren sehr regsam. So stand er mit Gustloff in Davos in weitgehender Verbindung. Sein Interesse am Aufkommen des Nationalsozialismus in der Schweiz geht aus seinem Schreiben vom Oktober 1933 an das Aussenpolitische Amt in Berlin hervor, in dem S. seiner Befürchtung Ausdruck gibt, dass die NSDAP in der Schweiz ausgerottet werde. Um dem Zugriff zu entgehen, schlug er vor, die Hauptführer mit offiziellen Missionen zu betreuen. So sollte Parteigenosse Gustloff zum Konsul von Davos ernannt werden. Noch 1936/37 zeigte er sich in Lörrach in SA-Uniform. Einer Aussageperson wies er eine Photographie vor, auf der er in Parteiuniform neben Gauleiter Wagner steht. Seine Einstellung um 1940 wurde uns dahin umschrieben, dass er Feuer und Flamme für das heutige deutsche Regime sei.

Im November 1940 wurde Saurenhaus eine Ausschlussankündigung aus der Partei zugestellt, der am 22.4.1941 der rechtskräftige Parteiausschluss folgte. Grund für diese Massregel war die 1937/38 erfolgte Einbürgerung der drei Kinder Saurenhaus, die sich mit den Regeln der Partei nicht vertrug. Trotz dieser formellen Nichtzugehörigkeit zur Partei blieb er dennoch in einem Abhängigkeitsverhältnis zu ihr und der deutschen Sache stehen. Dies geht aus folgenden Vorkommnissen hervor:

1. zahlt er die Parteibeiträge bis zum Jahre 1945 weiter. Ferner trat S. laut vorgefundenen Korrespondenzen 1942 der NS-Kriegerkameradschaft bei. Dieser Eintritt wird allerdings vom Petenten als ihm nicht mehr erinnerlich nicht zugegeben.

2. Am 26.5.1941 teilte ihm der Auslandverlag «Das Echo» in Deutschland mit, dass er anlässlich einer vom Werberat der Deutschen Wirtschaft in der Schweiz vorgesehenen Veranstaltung eine einmalige Broschüre herauszugeben plane. Saurenhaus wurde angefragt, diese Werbeschrift in Druck zu geben. Saurenhaus hat dazu Schritte unternommen und deswegen mit einer Basler Druckerei korrespondiert. Sein Einwand, dass er nicht gewusst habe, um was es eigentlich sich genau gehandelt habe, stellt eine sehr schwache Rechtfertigung dar.

Man kann sich fragen, ob der Beitrag, den der Petent in der Vorkriegszeit am Aufkommen des Nationalsozialismus in der Schweiz geleistet hat, mit einem anderen Masstab zu messen ist, als etwa die aktive Teilnahme eines Auslanddeutschen während des Krieges. Jedenfalls stand es für jeden Einsichtigen fest, dass die immense Tätigkeit des Nationalsozialismus in den 30er Jahren notwendigerweise zum Krieg führen musste. Den imperialistischen Machtanspruch des Nationalsozialismus hat demnach S. nicht verdammt, sonst hätte er nicht

noch um 1940 für dieses Regime Feuer und Flamme sein können. Ein eigentlicher Bruch mit dem System kam auch im Krieg nicht zustande. Die Bereitwilligkeit, Werbeaufträge weiterzugeben und die Mitgliederbeiträge weiter zu zahlen, sind hiefür eindeutige Beweise. Saurenhaus hat sich demnach nicht anders verhalten als mancher andere Deutsche mit weniger Geld und einflussreichen geschäftlichen Beziehungen. Statt dass er wie diese zum DTSV ging, hat er sich wirtschaftlich nützlich zu machen versucht. Er muss demnach als zunächst aktiver, dann als stiller Werber für die Sache des Regimes bezeichnet werden. Das Festhalten an der Ausweisungsverfügung, die sich nahelegt, könnte höchstens aus menschlichen Gründen in Frage gestellt werden, durch die Tatsache nämlich, dass er sich verschiedenen Auslandsschweizern gegenüber hilfreich erwies.
DER CHEF DER POLITISCHEN ABTEILUNG:
Müller [Unterschrift]

Nach dem vorstehenden Bericht müssten wir Abweisung des Rekurses beantragen. Bei den vielen positiven Momenten (in der Rekursschrift rot angestrichen) glauben wir aber eine Befürwortung des Rekurses rechtfertigen zu können.
26.7.1945.

Herrn Dep. Vorsteher

[Stempel] KONTROLLBUREAU
KANT. FREMDENPOLIZEI
DER VORSTEHER
FJenny [Unterschrift]
[Hd. Fritz Brechbühls, nachträglich gestrichen]

Abweisung des Rekurses
Brechbühl
28.7.45
Ich kenne Saurenhaus seit Jahren persönlich und ersuche, den getroffenen Entscheid in Wiedererwägung zu ziehen. Saurenhaus hat sich 1934 vom Nationalsozialismus distanziert. Es handelt sich um einen vertrauenswürdigen Menschen der unserm Lande immer wohlgesinnt war und wirtschaftlich sehr nützlich war. In der Zeit der deutschen Siege hat er nicht mit seinem Deutschtum geprahlt, wie dies viele seiner Landsleute taten. Der Bericht der Politischen Abteilung berührt nur die negativen Momente und tritt auf die vielen positiven Punkte überhaupt nicht ein. Ich verbürge mich für die Person Saurenhaus aus voller Überzeugung.
KONTROLLBUREAU,
Kantonale Fremdenpolizei
der Adjunkt: Bickel [Unterschrift]
Hrn. Departementsvorsteher [Stempel] 30. Juli 1945
[Hd. Fritz Brechbühls]
Gutheissung der Einsprache

Brechbühl
30.7.45

Die Quellen

Anmerkungen

1. https://www.nzz.ch/schweiz/schweizer-geschichte/blick-zurueck-der-blutzeuge-vom-buendnerland-ld.4723; Frankfurters Erinnerungsbericht: https://www.commentarymagazine.com/articles/i-kill-a-nazi-gauleitermemoir-of-a-jewish-assassin/ (10.9.2018).
2. Schwarz, Stephan: Ernst von Weizsäckers Beziehungen zur Schweiz (1933–45). Ein Beitrag zur Geschichte der Diplomatie (Geist und Werk der Zeiten 101). Bern 2007, S. 247f.
3. Allerdings habe ich es für Teil 1 redaktionell überarbeitet. Das ursprüngliche Vorwort und das Nachwort sind verschwunden, verschiedene sich aufdrängende Verweise auf spätere Erkenntnisse sind eingebaut worden. Aber der ursprüngliche Gehalt, die ursprünglichen Wertungen, die später überholt werden, sind beibehalten worden.
4. Bollier, Peter: Die NSDAP unter dem Alpenfirn. Geschichte einer existenziellen Herausforderung für Davos, Graubünden und die Schweiz (Bündner Monatsblatt 2016), S. 29–60.
5. Die Briefe: Staatsarchiv Basel PA 1293 A.
6. Bericht des Regierungsrats 1946, 27 (erst seit 1935).
7. Das Folgende nach Staatsarchiv Basel PD-REG 5a 8-1-1 1932–1933.
8. Der Reichsdeutsche 7.7.1933. Zu den Basler Verhältnissen siehe: Meier, Martin: Die NS-Organisationen in Basel, in: Guth, Nadja et al. (Hg.). Reduit Basel, S. 65–74.
9. Bericht des Regierungsrats 1946, S. 27–29.
10. Bericht des Regierungsrats 1946, S. 12–18.
11. Bollier (siehe Anm. 4).
12. Bollier (siehe Anm. 4), S. 76, 90f., 164, 354f.
13. Lachmann, Günter: Der Nationalsozialismus in der Schweiz 1931–1945. Ein Beitrag zur Geschichte der Auslands-Organisation der NSDAP. Dissertationsschrift Freie Universität Berlin, 18.12.1962, S. 25.
14. Humbel, Kurt: Nationalsozialistische Propaganda in der Schweiz 1931–1939. Bern 1976, S. 33. Basel wird nicht erwähnt.
15. Meier (siehe Anm. 8).
16. Bühler, Kai Arne: Die Etablierung der nationalsozialistischen Herrschaft in Deutschland im Spiegel der bürgerlich-liberalen Presse von Basel. Die Basler Nachrichten und National-Zeitung in den Jahren 1933/34, in: Basler Zeitschrift für Geschichte und Altertumskunde 117, 2017, S. 187–217, hier 200 Anm. 46.
17. Staatsarchiv Basel PD-REG 5a 9-3-3-2 Ortsgruppe Basel, Gästebuch des deutschen Heims (1941–1944), 5a 9-3-2, Schliessung des deutschen Heims (1945) und 5a 9-3-3. Bei der Schliessung beschlagnahmte Materialien und Gegenstände.
18. Staatsarchiv Basel PD-REG 5a 8-1-1 Allgemeine Akten 1932–1947.
19. Bundesarchiv Bern E4320B#1968/195#129* 1940–1947.
20. Die Nummern in Klammern verweisen auf die im Anhang unter «Der Inhalt des Papierkorbs» edierten Quellen. – Der Inhalt des Papierkorbs findet sich unter Staatsarchiv Basel PA 1293a B.
21. Schwarz (siehe Anm. 2), S. 248f.
22. Bericht des Regierungsrats 1946, S. 12.
23. Schwarz (siehe Anm. 2), S. 239.
24. Künftig Staatsarchiv Basel PA 1293.
25. Staatsarchiv Basel PA 1293: Heiratsurk Mülheim a. Rh. von 1888; Attest der Belgischen Botschaft Bern von 1894 (Michels Alter).
26. https://forum.ahnenforschung.net/showthread.php?t=59978 (20.7.2018).
27. Nah dran, weit weg. Geschichte des Kantons Basel-Land, Bd. 5, Armut und Reichtum, 19. und 20. Jahrhundert, S. 27–40.
28. Zu dieser Schule siehe Kocher, Alois: Die katholische Schule zu Basel von den Anfängen bis zur Aufhebung 1884, in: Basler Zeitschrift für Geschichte und Altertumskunde 75, 1975, S. 121–220. Freundliche Mitteilung von Dr. Patrick Braun.
29. Basler Volksblatt 1931, Nachruf Mathieu Marchal.

Anmerkungen

30 Staatsarchiv Basel PA 1293: 1880 Congé définitif.
31 Kantonsblatt Basel-Stadt 1885, 1. Halbjahr, S. 99, ohne Hinweis auf Handelsregistereintrag, ohne Datum.
32 Kantonsblatt Basel-Stadt 1898, 2. Halbjahr, S. 639f.
33 Staatsarchiv Basel PA 1293: Ernennungsurkunde.
34 Staatsarchiv Basel, AHA Civilstand, Eheregister A, M 1.38, Nr. 760.
35 Staatsarchiv Basel PA 1293: Handschriftlicher Lebenslauf von Paul Marchal; Erinnerung an den 14. August 1913, maschinenschriftliche Aufzeichnung, April 1986.
36 Staatsarchiv Basel PA 1293: Erinnerung an den Kriegsausbruch 1914, maschinenschriftliche Aufzeichnung 1986 und Lebenslauf.
37 Staatsarchiv Basel PA 1293: Annahmeurkunde der Demission mit Erlaubnis zum Titel consul honoraire.
38 Staatsarchiv Basel PA 1293: Geburtsschein, 26. Sept. 1917, Stempel des Zivilstandsamts.
39 Staatsarchiv Basel PA 1293: Belgische Notariatsakten, 1707–1937.
40 Staatsarchiv Basel PA 1293: Menuvorschlag Basler Stadtcasino.
41 Staatsarchiv Basel PA 1293: Erinnerung 1914 (wie Anm. 36).
42 Staatsarchiv Basel PA 1293: Das kleine Buch der Nähseide, Leipzig 1939 (Broschüre 75-jähriges Jubiläum von Gütermann & Co.); Kap. 50 Zollhandbuch. https://www.ezv.admin.ch/ezv/de/home/suche.html#seidenabfälle: 50_seide.pdf; http://www.swissmountainsilk.swiss/de/geschichte (19.5.2018).
43 http://de.metapedia.org/wiki/Vistrafaser (19.5.2018); Hans, Dominik: Vistra, das weiße Gold Deutschlands. Die Geschichte einer weltbewegenden Erfindung. Leipzig 1936.
44 Wikipedia, Kunstseide.
45 Kantonsblatt Basel-Stadt 1928, 1. Halbjahr, S. 165.
46 Kantonsblatt Basel-Stadt 1931, 1. Halbjahr, S. 336.
47 Kantonsblatt Basel-Stadt 1931, 2. Halbjahr, S. 223.
48 Bollier (siehe Anm. 4), S. 23, 40, 45, 58, 117, 122, 130, 133.
49 Gemeint ist wohl die Reichstags-«wahl» verbunden mit der Frage, ob die Politik, die zum Austritt aus dem Völkerbund geführt hat, gebilligt werde, am 12.11.1933.
50 Laut Geschäftsbericht des Bundesrats für das Jahr 1927, S. 69, erhielt Max Saurenhaus das Exequatur für das Konsulat von Nicaragua, dessen Regierung ihn vorgeschlagen hatte, im Jahr 1927.
51 USchlA = Untersuchungs- und Schlichtungsausschuss der NSDAP.
52 Bollier (siehe Anm. 4), S. 164.
53 Bollier (siehe Anm. 4), S. 100f., 159, 165f., 342.
54 Bollier (siehe Anm. 4), S. 354f.
55 Hahn, Patrick von: «Sauberer» als Bern? Schweizerische und Basler Politik gegenüber den nationalsozialistischen Organisationen in der Schweiz (1931–1946), in: Schweizerische Zeitschrift für Geschichte 51, 2001, S. 46–58.
56 Staatsarchiv Basel PD-REG 9-3-3-2.
57 Staatsarchiv Basel PA 1293: «Ein Tag im Hitler-Deutschland 1938».
58 Kantonsblatt Basel-Stadt 1941, 1. Halbjahr, S. 128.
59 Kantonsblatt Basel-Stadt 1940, 2. Halbjahr, S. 280.
60 Kantonsblatt Basel-Stadt 1941, 2. Halbjahr, S. 43.
61 Alle Angaben zu Saurenhausens Beziehung zu deutschen Firmen nach Bundesarchiv Berlin Akte R 8128/14097.
62 Kantonsblatt Basel-Stadt 1942, 2. Halbjahr, S. 205, Karl wurde am 7.6.1921 geboren, Auskunft Einwohneramt Basel-Stadt vom 1.2.2018.
63 Kantonsblatt Basel-Stadt 1941, 2. Halbjahr, S. 166.
64 Kantonsblatt Basel-Stadt 1944, 1. Halbjahr, S. 358.
65 Siehe unten zu Quellen zu I.G. Farbenindustrie Nr. 3.
66 Bundesarchiv Berlin Akte R 8128/14097.
67 Kantonsblatt Basel-Stadt 1944, 2. Halbjahr, S. 167.
68 Kantonsblatt Basel-Stadt 1945, 1. Halbjahr, S. 8.
69 Bericht des Regierungsrats 1946, S. 169, 185–188.

Anmerkungen

70 https://invenio.bundesarchiv.de/basys2-invenio/main.xhtml (10.8.2018).
71 Kantonsblatt Basel-Stadt 1946, 1. Halbjahr, S. 17, 214.
72 https://de.wikipedia.org/wiki/I.G._Farben: Auflösung nach 1945 (1.9.2018).
73 Kantonsblatt Basel-Stadt 1960, 1. Halbjahr, (8.3.1960).
74 Kantonsblatt Basel-Stadt 1982, 1. Halbjahr, S. 799.
75 Erinnerung meines Bruders Pascal.
76 Kantonsblatt Basel-Stadt 1948, S. 27 (25.7.1947).
77 Kantonsblatt Basel-Stadt 1964, S. 97 (30.1.1964).
78 Urner, Klaus: Die Schweiz muss noch geschluckt werden! Hitlers Aktionspläne gegen die Schweiz: zwei Studien zur Bedrohungslage der Schweiz im Zweiten Weltkrieg. Zürich 1990; Tanner, Jakob: Reduit national und Aussenwirtschaft, in: Sarasin, Philipp; Wecker, Regina (Hg.). Raubgold – Reduit – Flüchtlinge. Zürich 1998.
79 Zum Folgenden gibt es natürlich eine überreiche Literatur. An dieser Frage Interessierte seien auf folgenden anregenden Forschungsbericht verwiesen: Deluermoz, Quentin; Singaravélou, Pierre: Explorer le champ des possibles. Approches contrefactuelles et futurs non advenus en histoire, in: Revue d'histoire moderne et contemporaine, 2012/3 (n° 59-3), S. 70–95. DOI: 10.3917/rhmc.593.0070. https://www.cairn.info/revue-d-histoire-moderne-et-contemporaine-2012-3-page-70.htm (18.01.2018).
80 Berger, Stefan; Conrad, Christoph; Marchal, Guy P. (Hg.): Writing the Nation. National Historiographies and the Making of Nation States in 19th and 20th Century Europe, 8 Bde. Basingstoke 2008–2015.
81 Hierüber gibt es natürlich eine reiche Literatur. Selber habe ich die Problematik an mittelalterlichen Befunden erörtert in: Marchal, Guy P.: Memoria, Fama, Mos maiorum. Vergangenheit in mündlicher Überlieferung im Mittelalter, unter besonderer Berücksichtigung der Zeugenaussagen in Arezzo von 1170/80, in: J. von Ungern-Sternberg, J.; Reinau, Hj. (Hg.). Vergangenheit in mündlicher Ueberlieferung (Coloquium Rauricum 1), Stuttgart 1988, S. 289–320. Theoretisch vertieft in: Marchal, Guy P.: De la mémoire communicative à la mémoire culturelle. Le passé dans les témoignages d'Arezzo et de Sienne (1177–1180), in: Annales HSS 56, mai–juin 2001, no. 3, S- 563–589.
82 Eidgenössischer Staatskalender 1933, Politisches Departement, S. 85, 89, 91, 93.
83 Siehe Anm. 50.
84 Eidgenössischer Staatskalender 1928, Politisches Departement, S. 91.
85 https://www.wikipedia.org/wiki/Geschichte_Nicaraguas (16.4.2018).
86 Siehe Anm. 20.
87 Mai, Jürgen: 100 Jahre Industriestandort Premnitz. Neue Produktionslinien mit Vistra (http://www.maz-online.de/Lokales/Havelland/Neue-Produktionslinien-mit-Vistra [20.3.2018]); Mai, Jürgen: Premnitz: die Wiege der Viskose (https://www.moz.de/landkreise/havelland/rathenow/rathenow-artikel/dg/0/1/1449385/ [1.6.2018]); Borkin, Joseph: Die unheilige Allianz der I. G. Farben. Eine Interessengemeinschaft im Dritten Reich. Frankfurt/New York 1981, bes. S. 105–118 (betr. Auschwitz, Bunaproduktion); Office of Military Government for Germany, United States, U. S. Group Control Council – Finance Division: Ermittlungen gegen die I. G. Farbenindustrie AG (September 1945), Nördlingen 1986.
88 Geschäftsbericht des Bundesrates für das Jahr 1933, S. 73–75.
89 Bollier (siehe Anm. 4), S. 142–170.
90 Geschäftsbericht des Bundesrates für das Jahr 1934, S. 70–73.
91 Meier (siehe Anm. 8), S. 70f.
92 Marchal, Guy P.: Schweizer Gebrauchsgeschichte. Geschichtsbilder, Mythenbildung und nationale Identität. Basel 2006, ²2007, S. 125–138, 146–148; Wüest, Markus: Die «Stiftung: Luzerner Spiele». Ein vergessenes Kapitel aus der geistigen Landesverteidigung, in: Jahrbuch der

Historischen Gesellschaft Luzern 8, 1990, S. 2–34.
93 Marchal, Guy P.: Geschichtskultur und Geschichtspolitik, in: traverse, 2012, S. 44–59.
94 Staatsarchiv Basel, PD_REG 14a 9-6 61792; 9-7 202286.
95 Staatsarchiv Basel PA 1293.
96 Kantonsblatt Basel 1927 1. Halbjahr, S. 238.
97 Kantonsblatt Basel 1928 2. Halbjahr, S. 255.
98 Alles Folgende nach PD_REG 3a Nr. 202286.
99 Staatsarchiv Basel PD-REG 1a 1938–1497.
100 www.portal-stat.admin. ch/lik_rechner/d/lik_rechner.htm (20.4.2018).
101 Alles Folgende nach PD_REG 3a Nr. 202286.
102 In der St. Alban-Vorstadt 12 in Basel, auch Deutsches Heim genannt. Hier führte die NSDAP ab 1941 ihre Anlässe, Feste und Parteitreffen durch.
103 Ernst Röhm war langjähriger Führer der Sturmabteilung (SA) der Nationalsozialisten. Aufgrund ideologischer Differenzen liess Hitler im Juli 1934 Röhm und weitere SA-Funktionäre ermorden, angeblich wegen eines kurz bevorstehenden, von Röhm angezettelten Putsches.
104 Siehe Anm. 20.
105 Zur Phrix-Gruppe: Finger, Jürgen; Keller, Sven; Wirsching, Andreas: Dr. Oetker und der Nationalsozialismus. Geschichte eines Familienunternehmens (1939–1945). München 2013, bes. Krieg und Profit S. 239–338, bes. S. 314, 317, 322, 524, 526; zur I.G. Farben siehe Anm. 87.
106 Bollier (siehe Anm. 4).
107 https://de.wikipedia.org/wiki/Kyffh%C3%A4userbund (9.7.2018).
108 Alles Folgende nach: Führer, Kurt: Der Deutsche Reichskriegerbund Kyffhäuser 1930–1934. Politik, Ideologie und Funktion eines «unpolitischen» Verbandes, in: Militärgeschichtliche Mitteilungen, 1984, 2, S. 57–76.
109 Boberach, Heinz: Ämter, Abkürzungen, Aktionen des NS-Staates. Handbuch für die Benutzung von Quellen der nationalsozialistischen Zeit: Amtsbezeichnungen, Ränge und Verwaltungsgliederungen, Abkürzungen und nichtmilitärische Tarnbezeichnungen, im Auftrag des Instituts für Zeitgeschichte bearb. von Heinz Boberach, Rolf Thommes und Hermann Weiss (Texte und Materialien zur Zeitgeschichte 5). München 1997.
110 https://de.metapedia.org/wiki/NS-Reichskriegerbund#Kriegerkameradschaften (12.7.2018).
111 Meier (siehe Anm. 8), S. 67.
112 PD-REG 5a 8-1-2-3 (1945–1947).
113 http://universaar.uni-saarland.de/journals/index.php/tg/article/viewArticle/849/892 (14.7.2018). theologie.geschichte, Bd. 9 (2014): Zuber, Brigitte: Die Arbeitsgemeinschaft katholischer Deutscher (AKD) in München und Kardinal Faulhaber (15.7.2018).
114 Richter, Reinhard: Nationales Denken im Katholizismus der Weimarer Republik. Münster 2000 (Diss. Bochum 2000), S. 163.
115 Die Karrieren im Kontrollbüro lassen sich im sog. Staatskalender «Verzeichnis der Behörden und Beamten des Kantons Basel-Stadt sowie der Schweizerischen Bundesbehörden für das Jahr ...» verfolgen.
116 Kantonsblatt Basel-Stadt 1942, 2. Jahreshälfte, S. 16: 25.6.1942.
117 Kantonsblatt Basel-Stadt 1943, 2. Jahreshälfte, S. 63.
118 Kantonsblatt Basel-Stadt 1943, 2. Jahreshälfte, S. 193.
119 Kantonsblatt Basel-Stadt 1947, 2. Jahreshälfte, S. 316.
120 Kantonsblatt Basel-Stadt 1949, 2. Jahreshälfte, S. 248.
121 Bundesarchiv Berlin NS 9 / 2089.
122 Schleusener, Jan: Die Enteignung Fritz Thyssens. Vermögensentzug und Rückerstattung. Paderborn 2018, bes. S. 64–70, 91f.
123 Selbmann, Fritz: Acht Jahre und ein Tag. Bilder aus den Gründerjahren der DDR. Autobiographie 1945–53. Neues Leben. Berlin 1999.
124 Google Books «Max Saurenhaus».
125 Lükemann, Ulf: Der Reichsschatzmeister der NSDAP: ein Beitrag zur

Anmerkungen

inneren Parteistruktur, Diss. Phil. Fr. Univ. Berlin, 1963; http://www.zukunft-braucht-erinnerung.de/franz-xaver-schwarz (28.8.2018).
126 Ebd., S. 49–93; Hüttenberger, Peter: Die Gauleiter: Studie zum Wandel des Machtgefüges in der NSDAP (Schriftenreihe der Vierteljahrshefte für Zeitgeschichte 19), Stuttgart 1969, S. 129, 131.
127 Ebd., S. 30–42; Westemeier, Jens: Himmlers Krieger. Joachim Peiper und die Junkerschulgeneration der Waffen-SS in Krieg und Nachkriegszeit ... Paderborn 2014, S. 92, 668.
128 Der Dienstkalender Heinrich Himmlers 1941/42, Hamburg 1999, S. 101, 206, 280.
129 Kellerhoff, Sven Felix: Die NSDAP. Stuttgart 2017, S. 190.
130 Naasner, Walter: SS-Wirtschaft und SS-Verwaltung. «Das SS-Wirtschafts-Verwaltungshauptamt und die unter seiner Dienstaufsicht stehenden wirtschaftlichen Unternehmungen» und weitere Dokumente (Schriften des Bundesarchivs 45a), Düsseldorf 1998. Schulte, Jan Erik: Zwangsarbeit und Vernichtung. Das Wirtschaftsimperium der SS: Oswald Pohl und das SS-Wirtschafts-Verwaltungshauptamt 1933–1945. Paderborn 2001.
131 Naasner, S. 19–21.
132 Ebd., S. 107–109.
133 Ebd., S. 335–338.
134 Bundesarchiv Berlin: Reichsstelle für Textilwirtschaft, https://invenio.bundesarchiv.de/basys2-invenio/main.xhtml;jsessionid=ZyfoJePAbCVq0gQqHxxHUwoF (15.7.2018).
135 https://invenio.bundesarchiv.de/basys2-invenio/main.xhtml;jsessionid=SrQJbtqOuSyqu-QvbCLJiGbk (15.7.2018).
136 Staatsarchiv Basel, PD-REG 3a Nr. 202286.
137 Ebd. Es findet sich nur das vom Generalkonsulat in Mailand ausgestellte Rückreisevisum für die Zeit vom 27.9. bis 6.10.1941.
138 https://de.wikipedia.org/wiki/Basel_Badischer_Bahnhof#cite_ref-21 (13.9.2018).
139 https://de.wikipedia.org/wiki/Oberpostdirektion#Franz%C3%B6sische_Besatzungszone (11.9.2018).
140 Hesse, Hermann: Gesammelte Briefe, Dritter Band 1936–1948. Frankfurt a. M. 1982, Nr. 329, S. 329f. (6.3.1946).
141 Kantonsblatt Basel-Stadt 1949, 2. Jahreshälfte, S. 248.
142 https://www.leipzig.de/fileadmin/mediendatenbank/leipzig-de/Stadt/02.1_Dez1_Allgemeine_Verwaltung/10.9_Stadtarchiv/Ausstellungen/Leipzig_am_Ende_des_Krieges.pdf. (5.8.2018).
143 https://de.wikipedia.org/wiki/Luftangriffe_der_Alliierten_auf_Berlin#24./25._M%C3%A4rz_1944 (5.8.2018).
144 Börsen- und Wirtschaftshandbuch-Kalender 1951, S. 129.
145 Schymik, Franz: Das Rhein-Main-Gebiet. Bohmtraeger 1982, S. 87.
146 Melliand textilberichte, Band 46, 1965.
147 https://inflationsrechner.list-of.info/ (20.9.2018). Vergleich 1965–2015.
148 Alle Details, die über das unter Google Books Einsehbare hinausgehen, stammen aus: Mueller-Stindl, Eleonore: Mode, Macher, Märkte. Von der Haute Couture auf die Strasse – 50 Jahre Mode von 1946 bis 1996. Frankfurt a. M. 1997; Der Spiegel, Band 13, 1968, Jersey. Masche in der Mappe.
149 Textile guide to Europe, 1970. Noyes Data S.A., 1970.
150 Wer gehört zu wem. Commerzbank, 1971, S. 514.
151 Staatsarchiv Basel PD-REG 5a 3-7 13.
152 Von diesem Schreiben gibt es eine zweite, identische Abschrift, überschrieben mit: Abschrift No. I., bei der aber die Adresse anonymisiert ist: An die N.S.D.A.P. Basel, z. H. Herrn X Basel.
153 Gemeint ist wohl die Reichstags«wahl», verbunden mit der Frage, ob die Politik, die zum Austritt aus dem Völkerbund geführt hat, gebilligt werde, am 12.11.1933.
154 USchlA = Untersuchungs- und Schlichtungsausschuss der NSDAP.

Bildnachweis

Umschlagbild: Naima Schalcher, Dokumente Staatsarchiv Basel-Stadt, PA 1293a B
S. 30: Staatsarchiv Basel-Stadt, NEG 2091
S. 42: Staatsarchiv Basel-Stadt, PA 1293a B
S. 53: Privatarchiv Mathieu Machal, Diane la Capelle
S. 62: Staatsarchiv Basel-Stadt, NEG 02091 b
S. 67: Privatarchiv Mathieu Marchal, Diane la Capelle
S. 87: Staatsarchiv Basel-Stadt, PA 1293a B
S. 104 und Umschlagklappe: Privatsammlung Mathieu Marchal, Diane la Capelle
S. 108: Staatsarchiv Basel-Stadt, PA 1293
S. 120/121: Bundesarchiv Berlin, Digitalisierte NSDAP-Mitgliederkartei Nr. 676368
S. 154: Staatsarchiv Basel-Stadt, PD-REG 14a 9-6 61792
S. 167: Staatsarchiv Basel-Stadt, PD-REG 3a 202286 2
S. 209: Staatsarchiv Basel-Stadt, PD-REG 3a 202286 1
S. 294: Der Spiegel, Nummer 13, 25.3.1968

Der Verlag Hier und Jetzt wird vom Bundesamt für Kultur mit einem Strukturbeitrag für die Jahre 2016–2020 unterstützt.

Mit weiteren Beiträgen haben das Buchprojekt unterstützt:
Berta Hess-Cohn-Stiftung
Forschungskommission Universität Luzern

Dieses Buch ist nach den aktuellen Rechtschreibregeln verfasst. Quellenzitate werden jedoch in originaler Schreibweise wiedergegeben. Hinzufügungen sind in [eckigen Klammern] eingeschlossen, Auslassungen mit […] gekennzeichnet.

Gestaltung und Satz: Simone Farner, Naima Schalcher, Zürich
Bildbearbeitung: Benjamin Roffler, Hier und Jetzt
Druck und Bindung: Beltz, Grafische Betriebe, Bad Langensalza

© 2019 Hier und Jetzt, Verlag für Kultur und Geschichte GmbH, Baden, Schweiz
www.hierundjetzt.ch
ISBN Druckausgabe 978-3-03919-498-8
ISBN E-Book 978-3-03919-961-7